云南通史

何耀华　总主编

第三卷
唐　五代　宋时期
（公元618—1254年）

林超民　段玉明　主编

中国社会科学出版社

图版1　大理崇圣寺三塔（南诏　大理）

图版2　大姚白塔（南诏）

图版 3　弥渡南诏建极铁柱

图版 4　石雕侍女俑（南诏）

图版 5　骑牛陶俑（南诏）

图版 6　红砂石释迦牟尼佛像（南诏）

图版 7　黄砂石佛陀头像（南诏）

图版 8　如来佛金像（千寻塔出土　南诏）

图版 10　大势至菩萨银立像（南诏）

图版 9　铜鎏金佛像

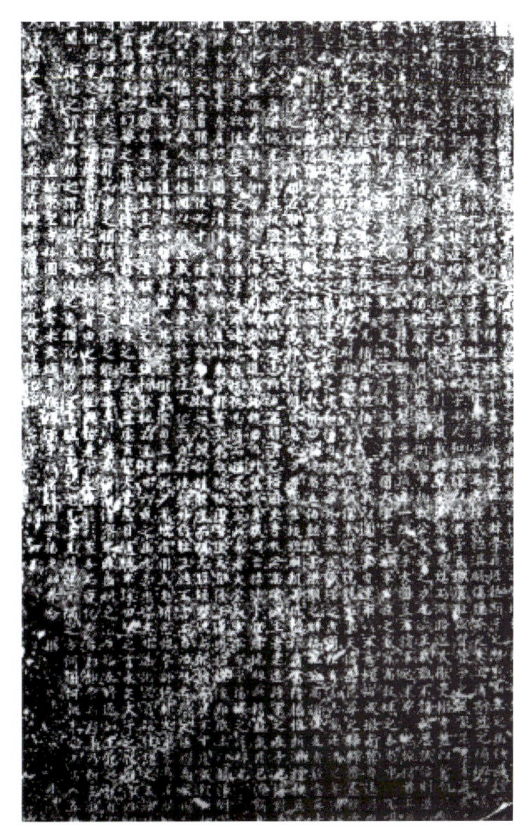

图版 11　王仁求碑（初唐）

图版 12　大唐天宝战士冢

图版 13　南诏德化碑及碑铭

图版 14　南诏德化碑　碑亭

图版 15　南诏中兴二年图传之一

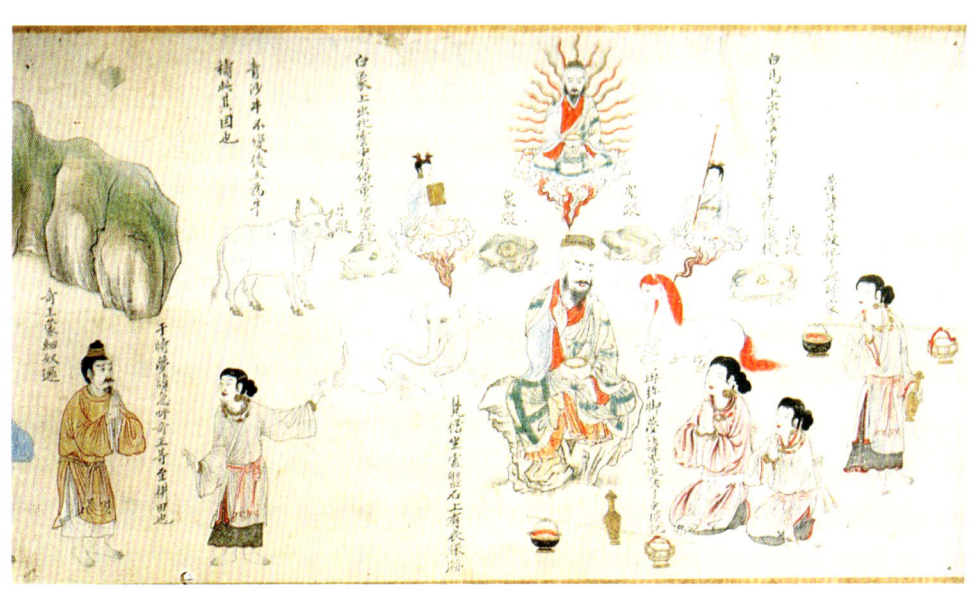

图版 16　南诏中兴二年图传之二

图版 17　南诏中兴二年图传之三

图版 18　南诏中兴二年图传之四

图版 19　南诏中兴二年图传之五

图版 20　南诏中兴二年图传之六

图版 21　剑川石宝山石窟　阿央白（女阴）　　　图版 22　剑川石钟山石窟　甘露观音

图版 23　剑川石宝山石窟　华严三圣

图版 24　剑川石宝山石窟　普贤与象奴

图版 25　剑川石宝山石窟　细奴逻

图版 26　剑川石宝山石窟　阁罗凤议政

图版 27　剑川石宝山石窟　异牟寻坐朝

图版 28　剑川石宝山石窟　《维摩诘经变》中的问疾品

图版 29　剑川石宝山石窟　释迦牟尼像

图版 30　剑川石宝山石窟　观音幻化梵僧像

图版 31　竹林七贤铜镜

图版 32　凤鸟纹绿釉砖

图版 33　银质鎏金镶珠金翅鸟（千寻塔出土）

图版 34　铜金刚橛

图版 35　刻佛金饰片　　　　　　　　　图版 36　刻佛银饰片

图版 37　安宁法华寺石窟　卧佛

图版 38　安宁法华寺　观音像

图版 39　大理挖色石窟

图版40　昆明地藏寺大理国经幢

图版41　大理国经幢　西方广目天王

图版42　大理国经幢基座

图版 43　金银三尊像

图版 44　金质阿嵯耶观音
　　　　（千寻塔出土）　　　图版 45　水晶佛像　　　图版 46　铜质虚空藏菩萨坐像

图版47 大理国描工张胜温画梵像(之一)

图版48 大理国描工张胜温画梵像(之二)　　　　图版49 大理段氏与三十七部盟誓碑

云南通史·第三卷

目　　录

前言 ……………………………………………………………（1）

第一编　唐代云南

第一章　招抚云南 ……………………………………………（9）
　　第一节　唐初云南族类 ………………………………………（9）
　　第二节　南宁州都督府的建立 ………………………………（12）
　　第三节　姚州都督府的建立 …………………………………（20）

第二章　南诏兴起 ……………………………………………（29）
　　第一节　唐初洱海地区的形势 ………………………………（29）
　　第二节　南诏统一洱海地区 …………………………………（39）

第三章　天宝战争 ……………………………………………（45）
　　第一节　南诏兼并爨部 ………………………………………（45）
　　第二节　泸南之役 ……………………………………………（49）
　　第三节　西洱河之战 …………………………………………（52）

第四章　弃蕃归唐 ……………………………………………（58）
　　第一节　南诏拓展 ……………………………………………（58）
　　第二节　骚扰蜀川 ……………………………………………（62）

第三节 李泌方略 …………………………………………… (65)
  第四节 韦皋妙计 …………………………………………… (68)
  第五节 苍山会盟 …………………………………………… (70)
  第六节 云南安抚使司的设置 ……………………………… (75)

第五章 社会经济 ………………………………………………… (80)
  第一节 疆域与政区 ………………………………………… (80)
  第二节 政治制度 …………………………………………… (86)
  第三节 军事体制 …………………………………………… (94)
  第四节 社会经济 …………………………………………… (96)
  第五节 南诏城镇 …………………………………………… (101)
  第六节 南诏交通 …………………………………………… (108)

第六章 谨遵盟约 ………………………………………………… (115)
  第一节 迁徙与融合 ………………………………………… (115)
  第二节 共抗吐蕃 …………………………………………… (117)
  第三节 文化交流 …………………………………………… (120)

第七章 南诏族类 ………………………………………………… (124)
  第一节 汉人移民 …………………………………………… (124)
  第二节 白族形成 …………………………………………… (137)
  第三节 爨 …………………………………………………… (159)
  第四节 昆明蛮 ……………………………………………… (163)
  第五节 其他族类 …………………………………………… (167)

第八章 南诏邻国 ………………………………………………… (174)
  第一节 骠国 ………………………………………………… (174)
  第二节 弥诺国 弥臣国 …………………………………… (178)
  第三节 昆仑国 ……………………………………………… (179)
  第四节 大秦婆罗门国 小婆罗门国 ……………………… (180)
  第五节 女王国 ……………………………………………… (180)

第六节　水真腊国　陆真腊国 ………………………………… (181)
第七节　参半国 …………………………………………………… (182)

第九章　背约叛命 ……………………………………………………… (183)
第一节　侵掠成都 ………………………………………………… (183)
第二节　袭扰安南 ………………………………………………… (187)
第三节　唐复安南 ………………………………………………… (193)
第四节　再寇西川 ………………………………………………… (197)

第十章　衰亡之路 ……………………………………………………… (205)
第一节　和亲之议 ………………………………………………… (205)
第二节　南诏衰亡 ………………………………………………… (210)

第二编　五代与宋代云南

第十一章　大理国的建立 …………………………………………… (215)
第一节　长和、天兴与义宁政权的更替 ………………………… (215)
第二节　段氏贵族统治势力的崛起 ……………………………… (218)
第三节　大理政权的建立 ………………………………………… (225)

第十二章　大理前期的政治状况 …………………………………… (229)
第一节　大理政权的初步稳固 …………………………………… (229)
第二节　统治内部的矛盾冲突 …………………………………… (231)
第三节　高氏大中政权的建立 …………………………………… (236)

第十三章　大理的政治制度 ………………………………………… (243)
第一节　大理的疆域与行政区划 ………………………………… (243)
第二节　大理的职官制度 ………………………………………… (250)
第三节　大理的军事制度 ………………………………………… (263)

第十四章　大理的经济状况 ……（267）
- 第一节　农业的发展 ……（267）
- 第二节　畜牧业的兴盛 ……（271）
- 第三节　手工业的繁荣 ……（275）
- 第四节　商业与对宋朝的贸易 ……（287）

第十五章　大理的民族组成 ……（302）
- 第一节　"白蛮"各部 ……（302）
- 第二节　"乌蛮"各部 ……（307）
- 第三节　"金齿百夷"各部 ……（311）
- 第四节　其他族类 ……（318）

第十六章　大理与宋朝的关系 ……（323）
- 第一节　大理与北宋关系 ……（323）
- 第二节　侬智高与大理 ……（325）
- 第三节　大理与北宋关系的新发展 ……（327）
- 第四节　大理与南宋关系 ……（329）

第十七章　大理与东南亚各国的关系 ……（332）
- 第一节　大理与交趾 ……（332）
- 第二节　大理与缅国 ……（334）

第十八章　大理后期的政治状况 ……（337）
- 第一节　后理政权的形成 ……（337）
- 第二节　后理统治的危机 ……（340）
- 第三节　蒙古平定大理 ……（348）

第十九章　南诏大理的文化 ……（353）
- 第一节　语言文字 ……（353）
- 第二节　文学与史学 ……（356）
- 第三节　美术与乐舞 ……（363）

第四节　宗教信仰 …………………………………………（370）

唐五代宋时期云南历史大事记 …………………………………（377）

参考文献 …………………………………………………………（409）

后记 ………………………………………………………………（421）

图版目录

图版 1　大理崇圣寺三塔（南诏 大理）
图版 2　大姚白塔（南诏）
图版 3　弥渡南诏建极铁柱
图版 4　石雕侍女俑（南诏）
图版 5　骑牛陶俑（南诏）
图版 6　红砂石释迦牟尼佛像（南诏）
图版 7　黄砂石佛陀头像（南诏）
图版 8　如来佛金像（千寻塔出土 南诏）
图版 9　铜鎏金佛像
图版 10　大势至菩萨银立像（南诏）
图版 11　王仁求碑（初唐）
图版 12　大唐天宝战士冢
图版 13　南诏德化碑及碑铭
图版 14　南诏德化碑 碑亭
图版 15　南诏中兴二年图传之一
图版 16　南诏中兴二年图传之二
图版 17　南诏中兴二年图传之三
图版 18　南诏中兴二年图传之四
图版 19　南诏中兴二年图传之五
图版 20　南诏中兴二年图传之六
图版 21　剑川石宝山石窟 阿央白（女阴）
图版 22　剑川石宝山石窟 甘露观音
图版 23　剑川石宝山石窟 华严三圣

图版 24　剑川石宝山石窟　普贤与象奴
图版 25　剑川石宝山石窟　细奴逻
图版 26　剑川石宝山石窟　阁罗凤议政
图版 27　剑川石宝山石窟　异牟寻坐朝
图版 28　剑川石宝山石窟《维摩诘经变》中的问疾品
图版 29　剑川石宝山石窟　释迦牟尼像
图版 30　剑川石宝山石窟　观音幻化梵僧像
图版 31　竹林七贤铜镜
图版 32　凤鸟纹绿釉砖
图版 33　银质鎏金镶珠金翅鸟（千寻塔出土）
图版 34　铜金刚橛
图版 35　刻佛金饰片
图版 36　刻佛银饰片
图版 37　安宁法华寺石窟　卧佛
图版 38　安宁法华寺　观音像
图版 39　大理挖色石窟
图版 40　昆明地藏寺大理国经幢
图版 41　大理国经幢　西方广目天王
图版 42　大理国经幢　基座
图版 43　金银三尊像
图版 44　金质阿嵯耶观音（千寻塔出土）
图版 45　水晶佛像
图版 46　铜质虚空藏菩萨坐像
图版 47　大理国描工张胜温画梵像（之一）
图版 48　大理国描工张胜温画梵像（之二）
图版 49　大理段氏与三十七部盟誓碑

前　言

公元 6 世纪到 13 世纪中叶，亦即中国唐王朝、五代、宋王朝时期，是中国统一的多民族国家日益巩固，民族间的交流日益频繁，民族融合日益深入的时期。这一时期，华夏文化空前繁荣，并对周边族类产生极大影响，"华夷同风"成为历史发展的主流。

这一时期，云南先后出现了南诏、大长和、大天兴、大义宁、大理国政权。大长和、大天兴、大义宁三个政权为期短暂。南诏伴唐代共兴衰，大理与宋朝相始终，先后在中国历史上起过巨大作用。

南诏历史研究最先在学术界引起争议的是南诏王室的族属问题。1876 年，戴·哈威·圣丹尼斯（D. Hervey de Saint-Denys）在法国出版了《中国的哀牢族》一书，提出哀牢的后裔泰族人建立南诏的观点。1885 年，英国学者拉古伯里（Terrien de Lacouperie）在为 A. R. 柯奎的著作《在掸族间》所写的一篇题为《掸族发源地》的导言中提到：泰族原居于四川、陕西山谷间，与来自中国北方之民族渗混，复与蒙吉蔑语族杂居，遂成泰族。"泰族在公元 629 年建立了大南诏国"，"完成了业已由楚国开始，由滇国继后的对泰掸族的统一事业。……自公元 860 年起，它以大理国的国号继续生存，直到被蒙古人征服"。将中国视为泰族的发源之地，系统地提出了"南诏泰族王国说"理论。[①] 1887 年，拉古伯里发表其著作《早

---

① Terrien de Lacouperie: The cradle of the Shan Race, Introduction to A. R. Colquhoun (1885, Amongst the Shans.) 参见王吉林《唐代南诏与李唐关系之研究》，台北联鸣文化有限公司 1982 年版；贺圣达：《"南诏泰族王国说"的由来与破产》，载《中国社会科学》1990 年第 3 期；沈静芳：《泰人建立南诏国说质疑》，载《东南亚》1989 年第 2 期。

期中国文明的起源》，在这部著作中，他进一步宣称在中国人从西亚来到中国以前，当地最早的居民是泰人。① 从19世纪末到20世纪初，英、法、德、美各国的一大批研究东南亚史、云南边疆史地的"汉学家"、传教士、殖民地政府官员，大多承袭了了拉古伯里"南诏泰族王国说"理论。1923年，在暹罗的美国传教士杜德出版其专著《泰族》一书。他认为泰族发源于中国华北的黄河流域，后因汉族压迫，南迁到云南并建立了南诏国家。至公元13世纪，元朝军队攻灭大理，泰族才迁到中南半岛，建立了暹罗王朝。英国学者伍德撰写了《暹罗史》一书，亦强调哀牢夷为泰族祖先，认为三国时的南中大姓孟获是泰族王，唐代六诏和统一洱海区域、进而统一云南全境的南诏是"泰族复告独立，蔚然成为强盛之帝国"。

德国学者克勒纳在《南诏故都考察记》一文中，将皮罗阁说成是"泰皇子"，认为云南省会昆明是在民国时期才改称为"昆明"，其原因是"为了纪念三世纪之孔明"。②

这一时期，日本学者如铃木俊、曾我部静雄等人发表了《关于"南诏"的字义及六诏的住地》和《关于越析诏（磨些诏）以及磨些蛮的住地》等论文③，这些论文主要探讨了有关唐初洱海地区六诏的名称、地理位置等相关问题，在涉及南诏与大理国族属时，一再重弹南诏、大理国都是泰族建立的，元朝忽必烈占领云南以后，才把泰族驱入暹罗的论调。

1939年10月，方国瑜先生在《益世报·边疆周刊》上分两期发表《僰人与白子》的论文，本着"纯为史实之陈述，不欲因宣传而曲解历史"④的实事求是的精神，驳斥"南诏泰族王国说"理论，论证了南诏为"僰子"所建立。接着他又发表《南诏是否泰族国家》一文，指出，南诏管辖的民族甚为复杂，而其主体，则为西洱河蛮，即白蛮。随着南诏、大理国疆土的日益扩大和六节度二都督、八府四郡的设立，渐称白子，明代以后又称民家，与摆夷（泰族）绝非一族。由于明代李元阳所撰万历

---

① 参见沈静芳《泰人建立南诏国说质疑》，载《东南亚》1989年第2期。
② 参见王吉林《唐代南诏与李唐关系之研究》，台北联鸣文化有限公司1982年版，第17页。
③ ［日］林谦一郎：《白族的形成及其对周围民族的影响》，第5页，云南大学1995年博士论文电脑打印稿。
④ 方国瑜：《僰人与白子》，载《益世报》1939年10月2日《边疆周刊》，第40期。

《云南通志》改称僰人为白人，又称摆夷为僰夷，致使名称混乱。元代及明初所谓的僰人，断非摆夷，而是白子，摆夷在当时则称百夷、白夷、伯夷或白衣。因而僰人与摆夷是两个民族。方先生以历史文献，特别是白古通系书籍的记载的僰人与摆夷之习俗，论证南诏与摆夷为两族，"吾人以遍寻中国史料，既不能证明南诏为泰族，又可逐处证明南诏非泰族，则舍中国史料而倡与之不能相容之说者，非愚则诬也"①。1947 年，许云樵先生在《南洋学报》上发表《南诏非泰族故国考》一文，从"南诏为泰族故国说之由来"、"考南诏语文知非泰族故国"、"考南诏习俗亦证明非泰族"、"南诏应为爨族而非泰族"、"考种族分布知泰族非南诏土著"、"泰族更非自长江流域南迁者"六个部分，批驳了"南诏泰族故国说"，证明"泰族既非大理土著，而为热带民族，则其发源地当不能求之于长江流域，是故拉古柏氏者首倡之泰族起源及大举南迁之说，皆当推翻矣。考之史籍，拉古柏氏之论据，实均建立于沙滩上者"②。

1950 年以后，方国瑜又多次著文指出，南诏建国前，居住在洱海区域的昆明蛮、哀牢夷、白蛮诸部，由于经济联系的密切而造成统一，又由政治统一结合为一体，到公元 9 世纪中叶形成白族；南诏王室及广大居民应是白族。刘尧汉《南诏蒙氏家族属于彝族之新证》③一文通过作者在巍山发现的三份彝文宗谱的分析，认为南诏为彝族先民所建立的政权。江应樑《南诏不是泰族建立的国家》④一文认为，"南诏大理的语言、历史、文物、古迹，以至民间传说，祖先神灵，今天都只能在白族、彝族中找到，在傣族中是点滴都得不到的"；"南诏王室蒙氏不是傣族或傣语支各族中任何一族，而是属于彝族系统的乌蛮"。李绍明《巍山文物与南诏历史——南诏统治者系出彝族新证》⑤对南诏发源地巍宝山等遗址及彝族民间传说进行详细分析研究，认为南诏王室出于彝族先民。宋蜀华《唐宋

---

① 方国瑜：《南诏是否泰族国家》，载《新动向》第二卷第六期，民国二十八年（1939年）十二月。
② 许云樵：《南诏非泰族故国考》，载《南洋学报》第四卷第二辑，民国三十六年（1947年）十二月。
③ 载《历史研究》1954 年第 2 期。
④ 载江应樑《民族研究文集》，民族出版社 1992 年版。
⑤ 载《中央民族学院学报》1978 年第 4 期。

时期傣族的政治发展及其和南诏大理政权的关系》[①] 认为，傣族在南诏、大理政权统治下，未能形成一个统一政权。唐宋时期傣族的分布已和今天的分布基本一致，南诏大理统治中心的洱海地区不是傣族分布区，不可能有傣族政权的建立。陈碧笙《试论白族源于南诏》[②]，杨永新、赵寅松《试论南诏王室的族属问题》[③] 认为，白族自古以来就是以洱海地区为其主要活动区域的土著民族。洱海众多部族随着南诏的统一形成了白族。南诏王室蒙氏在部落向部族的过渡中就已经是白族先民的一个组成部分，他们并不存在彝族白族化的问题。

早在"南诏泰族王国说"理论提出初期，就遭到部分西方学者的质疑。1904年，法国学者伯希和在其著作《交广印度两道考》中列举了南诏一些有别于泰人的文化特征，如父子连名制，指出南诏文化与泰文化的不同，对"南诏泰族王国"说持否定意见。1929年，R.格鲁塞在他的著作《远东史》中，支持H.马司伯乐提出的南诏是罗罗建立的观点。1958年，G.H.鲁斯在《缅甸史中的早期暹人》一书中，通过对樊绰《蛮书》的研究，推测南诏国是由罗罗，即藏缅语族民族建立的国家。1967年，M.伯纳克莫尔出版其专著《南诏的民族问题》，在书中建议放弃"南诏泰族王国说"理论。此外，法国著名学者、东南亚古代史研究专家塞代史在1975年出版的《东南亚的印度化国家》中也说："长期以来，人们一直相信泰人于公元8世纪在云南建立了南诏国。现在看来，南诏的居民实质上操一种藏缅语——倮倮语或民家语"，从而否定了"南诏是泰族建立的国家"的观点[④]。

2005年，陈吕范主编的《泰族起源与南诏国研究文集》三册由中国书籍出版社出版。书中收录了中、泰两国学者研究泰族起源和南诏国史的各种观点，是中泰学术界研究该泰族起源与南诏国关系的标志性成果。"南诏非泰族建立"说成为中泰学者的共识，宣告"南诏泰族王国"说寿终正寝。

本书在撰写过程中，尊重前人研究成果，凡诸家之说，都认真学习，

---

① 载《中央民族学院学报》1986年第3期。
② 载《厦门大学学报》1956年第2期。
③ 载《民族研究》1984年第3期。
④ 关于"南诏泰族王国"说的由来与破产，参看赵启燕《白族研究一百年》云南大学博士学位论文，2008年11月。

对的采纳,误的辨正,力求在前人的基础上,有所发明,有所创新。

本书以方国瑜先生"中国历史发展的整体性"的理论为指导,强调"我国国土之内,自古以来居住着不同的民族,由于社会生活的共同要求,相互联系、相互影响,而且相互融合,发展了共同的社会、经济、文化,构成一个整体。在整体之内的各组,各有具体情况,社会发展不平衡,政权形式是不同的,但都是国家主权区域是一致的,不容许以政权形势之不同,而认为国家主权有差别"。[①]

本书以《云南通史》总主编何耀华教授在绪论中提出的"融合、统一:云南历史发展的主轴"为纲,论述云南土著族类相互融合、土著族类与汉族移民相互融合的历史。土著族类与融入土著的汉族移民共同建立的南诏、大理国把云南历史推向一个新阶段。云南从族类林立、互不统属走向统一,统一又推动了族类融合。南诏、大理国的统一,为元朝统一云南铺就了道路。

本书以中国历史发展的整体性为视角,论述唐代唐王朝和吐蕃、南诏三者的关系。唐朝支持南诏统一洱海区域,抗衡吐蕃;南诏依靠吐蕃在天宝战事中打败唐朝。唐朝分离南诏与吐蕃的联盟,先后与吐蕃、南诏会盟,逐渐改变唐朝在西南的被动局面,加强了唐朝、吐蕃、南诏三大政权间在政治、经济、文化的联系。

本书对南诏大理的社会经济没有简单地用"奴隶制"、"封建制"等概念说明南诏、大理的社会经济状态,而是从历史资料出发,实事求是地论述南诏、大理的生产、生活、经济与社会结构。

本书比较注意社会生活的历史。对南诏、大理的社会生活尽可能地予以关注。对于南诏、大理的婚姻、丧葬、饮食、服饰、居住等都做了简要的叙述。

本书对南诏、大理国与南亚、东南亚诸国的关系做了尽可能多的论述。南诏、大理国不是一个封闭的王国,在与南亚、东南亚诸国相互交流中,积极学习、主动引进,促进了南诏、大理国的社会、经济、文化的发展,对南亚、东南产生巨大而深远的影响,至今依然回荡不已。

本书运用文献,不仅注意汉文正史的历史文献,也注意"白古通"系的地方文献,并把两者结合起来考证,力求实事求是,做到所有的史实

[①] 林超民编:《方国瑜文集》第一辑,云南教育出版社2001年版,第17页。

都有坚实的史料依据。运用文献的同时，十分注意考古的新资料。利用近年来考古新资料，重新阐释唐宋时期云南的历史。还注意运用民族学、人类学、语言学的新资料。在运用史料上，注意到史料的时间、空间、族属。对以往被认为凭空编造的"白子国"等传说，做了言之成理，令人信服的考说。

唐代至宋代，云南人民创建了南诏和大理国两个在中外历史上影响至深的政权，掀起过惊心动魄的巨浪洪涛，谱写了精彩壮丽的史诗华章，有值得学习的经验，更具汲取的教训。研究这段波浪壮阔的历史，对于正在建设统一、和谐、富强、繁荣新天地的当今社会无疑有不言而喻的积极意义。

林超民

第一编

唐代云南

第一章

招抚云南

第一节 唐初云南族类

唐代初年，云南族类繁多，未形成统一的政治组织，可以粗略地分为几个大的群体。而每一个大的群体，亦非统一，不过是族类相近，混成一个群体。以地区而言，滇池及其以东地区，洱海及其以西地区，自汉代以来即成为两个大的区域。滇池区域以"滇"为大；洱海区域，以昆明为大。滇池及其以东地区为爨的势力范围。洱海地区则是酋邦林立，较大的有六个，称为六诏。

一 爨

滇池及其以东地区，为爨氏统治范围。爨为南中大姓之一，始显于蜀汉，迄晋而盛。自李成失败以后，爨氏称强，统率建宁、兴古诸郡，雄视一隅。值中原南北纷争，爨氏日益坐大，渐成称霸之局。爨氏统治地区称为爨地，爨地居民以叟为主，称为爨人，爨之部族称爨部。滇东地区的爨人，大约在刘宋时期分成东、西两部。樊绰《云南志》说："西爨，白蛮也；东爨，乌蛮也。当天宝中，东北自曲、靖州，西南至宣城，邑落相望，牛马被野。在石城、昆川、曲轭、晋宁、喻献、安宁至龙和城，谓之西爨；在曲、靖州、弥鹿川、升麻川、南至步头，谓之东爨。"东爨的地域，为初唐时期的曲、靖、协、麻四州之地，相当于今云南昭通地区、曲靖地区北部和贵州西部地区。东爨地区的部族，见于文献记录的，有从石门（今云南巧家）至昆川（今云南昆明）交通沿线的阿旁部落、阿夔部落、阿芋部落、暴蛮部落、卢鹿部落等。这些部落统称为东爨乌蛮。其男性头发绾成椎髻，女人则披头散发。"无布帛，男女悉披牛羊皮"。"见人无礼节拜跪,三译四译,乃与华通"①。崇拜鬼,主祭的巫师称为鬼主,大部落有大鬼主,小部落有小鬼主。每年每户必须出一头牛或一只羊,到鬼主家祭献。大小事都要经鬼主用雄鸡的两髀骨刺以竹签,视其纹路多少与向背以定吉凶。

西爨的地域,为初唐时的南宁州、昆州、黎州、归州、潘州、威州、求州、升麻、螺山以及僚子、和蛮之地,相当于今云南的滇池地区、曲靖地区、楚雄州东部、红河州、文山州等地。东西两爨的中心区域位置,相对为东北与西南,并非正东与正西,之所以称为东爨与西爨,是大概而言。西爨地区的部族统称为"白蛮",其族系与东爨乌蛮相同。

东爨乌蛮与西爨白蛮同为"爨蛮",他们有共同的风俗、共同的语言、共同的鬼主崇拜,其主体为汉晋时期的"叟",即今彝族的先民。西爨白蛮受汉族经济文化的影响较大,社会经济较为发展,文化与汉族较为接近;东爨乌蛮受汉族经济文化的影响较小,社会经济相对落后,文化上保持本民族的固有特点较多。东爨乌蛮与西爨白蛮,是同"爨蛮"族系,因地域不同,经济发展的程度不同,受汉文化影响的深浅不同,而形成乌蛮(生蛮)与白蛮(熟蛮)的差别。

二 昆明

洱海地区的居民在汉代是昆明②。东汉末年,其他部族逐渐迁入洱海地区,有从滇东北和滇池地区迁来汉姓和僰人;从澜沧江以西迁来的哀牢;从金沙江以北迁来的磨些蛮。汉姓和僰人主要聚居在洱海以南、以东的今下关、凤仪、祥云、弥渡等地,形成一个以张氏为首的酋邦,称为"白子国"。昆明人则因外族的迁入逐渐退居洱海以北的今剑川、洱源等地。晋时,洱海以北的昆明人称为"上方夷";洱海以南的汉姓和僰人称为"下方夷"。唐代前期,洱海地区诸部也分为"乌蛮"与"白蛮"。乌蛮包括昆明蛮、哀牢蛮、磨些蛮诸部;白蛮包括青蛉蛮、西洱河蛮、云南蛮、弄栋蛮和汉姓。乌蛮分布在蒙舍(今巍山)、蒙嶲(今漾濞)、浪穹(今洱源)、邓赕(今邓川)、施浪(今剑川)、越析(今宾川)等地。白蛮则分布在渠敛(今大理凤仪)、勃弄(今弥渡)、

---

① 赵吕甫:《云南志校释》,中国社会科学出版社1985年版,第36页。
② 林超民:《论汉唐间西南地区的昆明》,载《民族研究》1982年第6期。

越析（今宾川）、云南（今祥云）、青蛉（今大姚）、弄栋（今姚安）等地。

乌蛮主要从事游牧业，他们随水草畜牧，夏处高山，冬入深谷，具有游牧民族"尚战死，恶病亡"①的慓悍之风，各部均有胜兵数万。白蛮主要从事农业生产，其耕种的方式与收获的产量与中原地区大体相同，社会经济发展的水平，与富庶的蜀川（今四川）相当，已是人口众多生活殷实的富裕地区。白蛮社会尚无世袭的大酋长，数十百户为聚落，各据山川，互不统率。白蛮的语言与汉族大体相同，所以说其发音最正。乌蛮中除蒙舍蛮与汉语接近外，其他都与汉语有所不同，如有的名称与汉语叫法不一，"四声讹重"②。白蛮的服饰与汉略同，住房上栋下宇，也悉与汉同。白蛮诸部中的大部分人有姓氏，如杨、李、赵、张、董等，皆为汉姓。白蛮人死后三日内埋葬，依照汉法建筑墓穴。乌蛮不行墓葬，人死后三日焚尸，其骨灰埋掩在土壤里。

三　乌蛮与白蛮

洱海地区众多的蛮族，以社会经济发展的先进与落后，受汉族文化影响的大小而区别为乌蛮与白蛮，在经济、文化上与汉族接近的称为白蛮；反之，则称为乌蛮。白蛮的生产方式、语言、姓氏、服饰、葬法等，已深受汉文化的影响，只是在某些风俗习惯上仍保持着"蛮"的特点，是介于"蛮"和"汉"之间的部族。乌蛮则是在经济文化、风俗习惯等方面保持固有特点，并受汉文化影响较小的蛮族。

巂州（今四川西昌）地区诸蛮，也分为乌蛮与白蛮。邛部有六姓，其中一姓为白蛮，五姓为乌蛮，而初裹的五姓，全是乌蛮；东钦蛮的两姓，全是白蛮。其他如傈僳蛮、雷蛮、梦蛮诸部也有乌蛮、白蛮的分别。巂州诸蛮以姓氏区分为乌蛮、白蛮，其具体内容不详于记录。据明代的《炎徼纪闻》、《松潘边图》及地方志书，可推知巂州地区以大姓为乌蛮（黑人），以小姓为白蛮（白人），与近代西昌彝族以贵族（大姓）为黑彝，被贵族控制的曲诺（百姓）为白彝的情况相类似。巂州地区乌蛮与白蛮服饰有明显的区别：乌蛮"妇人衣黑缯，其长曳地"；

---

① （宋）欧阳修、宋祁等：《新唐书》卷二二二《南蛮传》，百衲本。
② 赵吕甫：《云南志校释》，中国社会科学出版社1985年版，第297页。

白蛮"妇人衣白缯，长不过膝"①。服饰色彩与长短的不同反映了大姓、小姓的差别与等级的高低。

唐代云南，"群蛮种类，多不可记"②。乌蛮与白蛮的称谓，泛指各地社会文化高低不一的族类，不同地区有不同含义。爨地是以同一族系（爨）不同地区社会经济发展水平高低不同的部落区分为乌蛮、白蛮；洱海地区则是以不同族系的社会文化类型区别为乌蛮与白蛮；巂州地区是同一族系以不同的姓氏与社会等级区别为乌蛮与白蛮。所以，虽然同用"乌蛮"、"白蛮"的称谓，在不同的地区有不同的具体内容与实际情况，不能混为一谈。"蛮"是南方西南民族的统称，不是具体民族的专用名称。"乌"、"白"二字所要说明的是：同一族系中不同集团间或同一地区族系间，社会经济文化的高低差异，风俗习惯的文野区别，汉化程度的深浅。白蛮的社会经济相对进步一些，乌蛮的社会经济相对落后一些；白蛮的汉化程度深一些，乌蛮较为稳定地保持着本民族的固有特质而较少改变。因之，"乌蛮"和"白蛮"也是不同文化类型的人们共同的泛称，不是具体族名的专门名称。明确这一点，不仅对我们认识唐代云南诸民族有重要意义，而且对我们认识今天云南诸民族的源流有重要意义。

第二节 南宁州都督府的建立

一 南中局势

汉晋以降，云南地区一直是大姓割据、称王自雄的局面。隋朝统一后，力图打破此一状况，委使设州，几度用兵，但终隋之世，并没有彻底结束爨氏称雄割据的状况。因此，唐朝建立之初，仍不得不在隋朝的基础上，继续对云南地区开拓经营，以求获得有效的控制。

武德元年（公元618年），"唐王既克关中，以书谕诸郡县。于是东自商洛，南尽巴蜀，郡县长吏及盗贼渠帅，氐、羌酋长，争遣子弟入见请降，有司复书，日以百数"③。唐高祖意欲以"招抚"方式一统中国，愿降者固众，但抗拒不附者也不少，不得不动之以武。故其总的结果是，中原与江

---

① （宋）欧阳修、宋祁等：《新唐书》卷二二二《南蛮传》，百衲本。
② 同上。
③ （唐）杜佑：《通典》卷一八七《边防·南蛮上》。

南地区，大体是用武力平定；而在西南地区，"招抚"则取得了明显成效。

唐初对西南地区的"招抚"，由益州总管主持。益州总管府所辖包括今云南大部地区，后来虽一度改为"西南道行台"，再改为都督府，而管辖范围没有大的变化。自三国以来，历经六朝，大姓势力称霸南中。隋开皇十七年（公元597年），史万岁奉命率大军进入云南，平定爨氏，俘其首领爨翫，使爨氏割据势力遭到巨大打击，统治区域向东退缩。唐高祖即位后，为了加快对西南地区的经营，积极招抚云南。新兴的唐王朝认识到爨氏在西南地区维持长期稳定关系中的重要性。高宗即位之后，采取的第一个措施就是恢复被隋朝处死的爨翫之子爨弘达的自由，委任其为昆州刺史，令其将亡父遗骸运回故土安葬。爨弘达是公元602年隋远征南宁的大战中抓捕的俘虏之一，他和爨氏家族的其他人被当做人质扣留在隋朝的都城，充当奴仆达十六年之久。如此长久的岁月无疑在爨氏上层人物的生活中产生了极大影响。使他们深受中原华夏文化的影响。获得自由的爨弘达感激涕零，回到昆州后，即联络两爨诸部归顺了唐朝。与此同时，益州（今四川成都）刺史段纶亦派遣俞大施到南宁地区招怀抚慰，成效也很显著。至武德三年（公元620年）夏，爨地诸部全部降服唐朝，并派遣使团至京城朝贡。同年，唐在云南设置南宁州总管府。次年，唐又派巂州治中吉弘伟出使南宁，加强与爨部的联系。云南东部地区由是纳入了唐王朝的实际控制之中。武德四年（公元621年），唐朝在爨地设置南宁州总管府，接着命韦仁寿至南宁抚慰，置南宁州都督府，筑城立公廨，以爨弘达为都督，使听令于巂州都督府。爨弘达子孙承袭都督之职。自贞观以后至开元、天宝年间，南宁州诸部朝贡不绝。唐朝在南宁地区的统治呈现稳定的局面。

在任用爨弘达以降南宁州的同时，唐也开始向西招抚西洱河地区，武德四年（公元621年），巂州治中吉弘伟前往爨地巡视，顺路进到洱海区域"昆弥"部，在爨氏归附的影响下，昆弥的首领也归顺唐朝并遣使朝贡。同年，唐朝即派遣兵马到西洱河地区戍守。"安抚大使李英，以此州内人多姓姚，故置姚州，管州三十二。麟德元年（公元664年），移姚州治于弄栋川，自是朝贡不绝"。[①] 李英其人，两《唐书》无传，故此一段史实难于稽考。姚州都督府包有蜀汉、两晋时云南郡故地，但州县名称与汉晋时不同，而且州县数目也时有变动。武德年间，在洱海地区设置姚

---

① （后晋）刘昫等：《旧唐书》卷四十一《地理志》，百衲本。

（今云南姚安）、褒（今云南大姚）、衺（今云南祥云东北）、微（今云南永仁）、宗（今云南祥云）、匡（今云南弥渡红崖）、曾（今云南大理凤仪）、尹（今云南云龙）、摩（今云南元谋）九州，先隶南宁州都督府，至麟德元年（公元664年）隶姚州都督府，管22州，即原来9州加新设的于、异、五陵、袖、和往、舍利、范邓、野共、洪朗、日南、眉邓、登备、洛诺13州。这13州仅有州名而无注说，不能详其地理。其区域较小，不过一小邑镇而已，其位置则在洱海以北地区。西洱河区域，在公元7世纪60年代已纳入唐王朝的控制之下。

  唐初，朝廷不断派遣官员深入云南，建立统治机构。但这些官员中不少人贪婪暴虐，不得人心。如益州刺史段纶，专恣狂傲，"生杀自已，乃高下恣情，多所凌傲"①。窦轨为益州道行台左仆射，"其部众无贵贱少长，不恭命立斩之。每日，吏士多被鞭挞，流血满庭，见者莫不重足股栗"。② 由于边官疆吏的贪婪无耻，"类皆受贿，边人患之，或有叛者"③。因而，虽然东部爨地与西洱河地区均已归顺唐朝，云南地区的局势却并未就此安宁，乃至出现动荡。为进一步稳定云南，唐高祖起用隋朝旧吏韦仁寿为巂州都督府长史，检校南宁州都督。韦仁寿是京兆万年人，隋大业末为蜀郡司法书佐，断狱允公，"得罪者皆自以韦君所论，死无恨"④。韦氏受命为南宁州都督，"寄治越巂，诏岁一按行尉劳。仁寿将五百人，循西洱河，开地数千里，称诏置七州十五县，酋豪皆来宾见，即授以牧宰，威令简严，人人安悦"。⑤ 当地诸部对韦仁寿公正宽厚的政策十分满意，纷纷要求他长期留下。在多次挽留后，韦仁寿坚持他必须服从朝廷指令返回巂州，"夷夏父老乃悲啼阻行，遣子弟随贡方物，天子大悦"⑥。韦仁寿回到巂州后不久，即上书朝廷，请求把治所移至南宁州，并派兵到南宁地区戍守。唐高祖诏准了他的建议，并命令益州刺史派兵护送韦仁寿前往南宁州。但益州刺史窦轨嫉妒其功，借口山獠方叛，未可远略，拒不派兵护送他前往。一年后，韦仁寿在巂州病故，其议遂罢。韦仁寿任巂州都督，不

---

  ① （宋）王钦若、杨亿等：《册府元龟》卷六九八《牧守部·专恣门》。
  ② （后晋）刘昫等：《旧唐书》卷六十一《窦轨传》，百衲本。
  ③ （后晋）刘昫等：《旧唐书》卷一八五《韦仁寿传》，百衲本。
  ④ 同上。
  ⑤ 同上。
  ⑥ 同上。

仅对新附云南地区的稳定起了积极作用，而且把唐王朝对西洱河地区的控制拓向更宽的地域。

二 羁縻州郡之建立

唐朝建立，武德元年（公元618年）改隋蜀郡为益州，置总管府，管州十七，其中戎、巂、南宁、昆、恭五州在云南地区。为了进一步控制云南，武德三年（公元620年），唐又另置巂州总管府，七年（公元624年）改为都督府，总理云南事务。太宗即位，贞观六年（公元632年）复置戎州都督府，以巂州和戎州二都督府并为经略云南的据点。从益州郡托管到并置二都督府总理，表明对云南地区的经营在唐初的政治格局中日益变得重要。

唐初对云南的经营，集中在南宁（滇池）地区与西洱河地区。

武德元年（公元618年）唐开南中，置南宁、昆、恭等州。稍后，唐高祖以爨翫的儿子爨弘达为昆州刺史，令其奉父丧归，企图通过他来有效联络控制南宁州诸部。与此同时，益州刺史段纶亦派俞大施至南宁州，治共范川，收复南宁地区。武德四年（公元621年），南宁诸部"皆纳款，贡方物"①。就在这一年，唐在云南地区设立了南宁州总管府。接着，唐廷命韦仁寿至南宁抚慰，改置南宁州都督府，筑城立公廨，以爨弘达为羁縻都督，听令于巂州都督府。唐在南宁地区的政权逐步巩固。武德八年（公元625年）移南宁州都督府于本郡，仍为羁縻都督，自后未改都督之职，爨弘达死后子孙承袭，以至爨氏灭亡。

在经营南宁地区的同时，唐也开始深入西洱河地区设置州县。武德四年（公元621年），吉弘纬奉命招抚昆明蛮诸部。是年底，昆明蛮诸部因求内附。接着，韦仁寿又将兵五百人至西洱河，"承制置八州十七县，授其豪帅为牧宰"。②至韦仁寿后，唐在西洱河地区的政权亦逐步巩固。

与对云南地区的经营相配合，初唐在云南的设治也逐步绵密。武德元年，唐改隋犍为郡为戎州，贞观六年（公元632年）设置都督府，督戎、郎、昆、曲、协、黎、盘、曾、钩、髳、尹、匡、褎、宗、靡、姚、微十七州。戎州都督府所领此十七州，除戎州以外，其余十六州都在南宁州之地。

---

① （宋）欧阳修、宋祁等：《新唐书》卷二二二《南蛮传》，百衲本。
② （后晋）刘昫等：《旧唐书》卷一八五《韦仁寿传》，百衲本。

武德元年，唐开南中，置南宁州。武德四年（公元621年）设置总管府，管南宁（郎）、恭（曲）、协、昆、尹、曾、姚、西濮髳、西宋（宗）九州。武德五年（公元622年）罢总管府，这一年的冬天又重新设置，寄治于巂州。武德七年（公元624年）改为南宁州都督府，督西宁（黎）、豫（縻）、西平（盘）、利（微）、南云（匡）、磨（褒）、南笼（钩）七州，与前九州合为十六州。武德八年（公元625年）将都督移至味县（今曲靖麒麟区），设府治理南宁地区。贞观六年（公元632年）罢都督府而隶属于戎州，到贞观八年（公元634年）改南宁州为郎州，设都督府。郎州为羁縻州都督，而戎州为边州都督；郎州隶属于戎州都督。到开元五年（公元716年）又复名南宁州都督府。武德、贞观年间，以爨弘达任南宁州都督，自此以后，爨氏世袭都督之职，先为南宁州都督，后为郎州都督，至开元年间爨归王又任南宁州都督。

爨氏自东晋后期为宁州大长，称霸于宁州，历南朝、北周、隋直至唐天宝约四百年，受中原王朝委派，得其封号，奉其正朔，向其贡赋，服从中原王朝统治，中原王朝则通过爨氏对南宁地区实行羁縻统治。

唐初设南宁州都督，领十六州。贞观六年（公元632年），以南宁州都督的十六州寄治于戎州。其后又设靖州，贞观二十二年（公元648年）设置麻州，贞观二十三年（公元649年）设置望、傍、求、邱、览等州。麟德元年（公元664年）分南宁州西部之地设姚州都督府，仍属南宁州的有武德七年（公元624年）所设的郎、昆、协、曲、黎、盘、钩七州，及贞观年间所设的靖、麻、望、傍、览、邱、求、谳罗八州，又后设在"益州郡界内"的英、声、勤、威、泸、慈、归武、严、汤、武德、奏龙、武镇、南唐等州，还有在石门路的播陵、钳、界灵、高、切骑、品、从、柯连、碾卫九州，武德、贞观年间所设合为三十六州。这也就是《旧唐书·地理志》所说，开宝元年（公元742年）戎州都督羁縻三十六州，同时也是开元末年南宁州都督所属的羁縻州之数。南宁州地名，就是西晋以来的宁州，东晋、宋、齐并设宁州。西魏设宁州于彭原郡，北周置宁州于南豳郡，便把南中宁州改为南宁州。又北周于天和五年（公元570年）置西宁州于越巂郡，有别于南、北宁州。至隋设南宁州总管府，南宁已成为对云南的总称而习用。至唐初置南宁州，后设总管府，又改都督府，就是晋以来宁州的地名。其范围相当于今天昆明市、玉溪市、曲靖市、昭通市、红河州、文山州以及贵州省西部地区。

三 羁縻州郡之特点

唐初在云南地区所设的羁縻府州有四个特点：(1)"即其部落列置州县"，也就是以部落的分布、活动范围作为羁縻府州行政区划的基础；(2)以当地酋长夷帅为都督、刺史，递相统率，皆得世袭，并由边州都督统领节制；(3)居民不直接向国家缴纳赋税，户口不呈送户部，由本部酋长向朝廷进献象征臣服的方物土产，同时向都督府呈送一定贡纳；(4)可以保留本部兵卒，守疆卫土，受边州都督府节制，服从朝廷调遣。无可否认，就唐初的政治形式而言，此一特殊的政治建制对于新附云南地区的稳定具有积极的意义，符合当时云南社会的实际状况。但同时应该看到，由于窦轨之类的地方大员大多刚愎自用，不识大体，所以，尽管唐高祖治理西南有较好的方略，但没有能够贯彻执行，加之这一政治建制中也隐含了某些不稳定的因素，为其后的唐王朝经营云南埋下了祸根。

附录：唐代前期南宁州都督府建置表

都督府	州名	县名	今 地
南宁州都督府	郎州		曲靖市、文山市、嵩明县等地
		味	曲靖市麒麟区
		同乐	陆良
		升麻	寻甸
		同起	马龙
		新丰	宜良
		陇提	师宗
		泉麻	弥勒
	麻州		宣威
	曲州		昭阳区、鲁甸、永善、会泽县等地
		朱提	昭通市昭阳区
		唐兴	会泽
	协州		镇雄、威信、彝良、大关、盐津、绥江等地
		东安	镇雄
		西安	彝良

续表

都督府	州名	县名	今 地
南宁州都督府		湖津	大关
	靖州		贵州省威宁、水城、毕节、赫章、普安等地
		靖川	贵州省威宁
		分协	贵州省毕节
	盘州		云南省富源、罗平，贵州省盘县、普安等地
		附唐	贵州省普安
		平夷	云南省富源
		盘水	罗平
	黎州		澄江、江川、玉溪、通海、建水、石屏蒙自、个旧等地
		梁水	建水
		降	江川
	昆州		昆明市
		益宁	呈贡
		晋宁	晋宁
		安宁	安宁
		秦臧	富民
	钩州		昆阳、易门等地
		望水	昆阳
		唐封	易门
	求州		武定
	傍州		牟定
	觅州		楚雄、双柏
	邱州		南华
	化州		楚雄吕合
	钳州		此三州距离石门不远，在盐津县境及附近
	播陵州		
	武德州		
	柯连州	柯连	此四州地界相近，在今昭通市区域
		罗名	
		新城	

续表

都督府	州名	县名	今　地
南宁州都督府	滴州	拱平	
		扫宫	
		罗谷	
		碾卫	
		麻金	
		涪麻	
	切骑州	柳池	
		奏禄	
		通识	
	哥灵州		会泽县
	武镇州		嵩明县
	咸州		通海县
	品州		蒙自县
	从州		疑为今金平、元阳等地
	泸慈州		宣威北、威宁南
	严州		此四州地望疑在今河口、屏边、马关、文山、砚山等地
	汤望州		
	归武州		
	奏龙州		
	英州		此三州地望疑在今邱北、西畴、麻栗坡、广南、富宁等地
	声州		
	勤州		
	连州		此数州地望限于记录，难以确考
	南州		
	德州		
	为州		
	洛州		
	移州		
	悦州		
	镜州		
	筠州		

续表

都督府	州名	县名	今地
南宁州都督府	志州		
	浪川州		
	骋州		
	盈州		盐津县
	武昌州		
	扶德州		
	播朗州		
	信州		此数州地望限于资料，难以确考
	居州		
	炎居		
	驯州		

第三节　姚州都督府的建立

一　洱海区域之建置

自汉代以来，今云南大体分为两个重要部分，即以滇池为中心的滇东区域和以洱海为中心的滇西区域，也就是汉代的滇与昆明故地。隋末唐初，滇东区域，以今昆明为中心，是两爨的势力范围。滇西区域，以今大理为中心，分布着昆明、哀牢、僰人、汉姓、西洱河诸蛮。唐初招抚云南，虽然在两大区域均有成效，但滇东两爨之地的效果似乎更为明显，控制较为稳定，而以洱海为中心的滇西区域则并未深入，已附诸部亦时有反复。故至太宗、高宗两朝，唐王朝不得不继续经略其地，以求长治久安。

唐太宗时，以郎州（今曲靖）为中心，自东向西洱河地区推进，"开青蛉、弄栋为县，爨蛮之西，有徒莫祇蛮、俭望蛮，贞观二十三年（公元649年）内属，以其地为旁、望、览、丘、求五州，隶朗州都督府。"[1]青蛉为今大姚县，弄栋为今姚安县，这是通往西洱河的咽喉要道。旁州为今牟定县，望州为今楚雄广通，览州为今双柏，丘州为今南华，求州为今武定。由此可知，唐太宗时，今楚雄彝族自治州已由唐朝逐步设州建县，

---

[1]（宋）欧阳修、宋祁等：《新唐书》卷二二二《南蛮传》，百衲本。

打开了通往滇西的道路。与此同时，唐太宗又以巂州（今四川西昌）为中心，南下经松外蛮居地进取西洱河，由巂州都督负责。

唐初，在今四川省盐边县及其西南，居住着一些少数民族部落，统称为"松外诸蛮"，隶属于巂州都督府。从巂州到西洱河，"其地有数十百部落，大者五六百户，小者二三百户。无大君长，有数十姓，以杨、李、赵、董为名家。各据山川，不相役属。自云其先本汉人。有城郭村邑，弓矢矛铤。言语虽小讹舛，大略与中夏同。有文字，颇解阴阳历书"。① 贞观年间，松外诸蛮不时与唐政府发生冲突，使得唐从蜀经西洱河通往印度的道路阻断隔绝。贞观十九年（公元645年），巂州都督刘伯英上疏，建议出师讨击松外诸蛮，以打通经西洱河通往天竺之道。为确保巂州地区的安全，使西洱河天竺道畅通无阻，唐太宗采纳了刘伯英的建议，于贞观二十二年（公元648年）派右武侯将军梁建方，率领蜀十二州之兵进讨松外蛮。松外蛮首领双舍率部众抵抗，被梁建方击溃败走。唐军杀获十余万人，群蛮震骇，退保于山谷之中。梁建方遣使劝谕，降者七十余部，户十万九千。遂即在当地设置牢州，统辖松外、寻声、林开三县，以其渠帅担任县令，所统各部莫不感悦。寻声即双舍，在今四川省盐边县城区，而松外在城北，林开又在城西。所谓"松外诸蛮"就是今四川盐边地区以及其西南部的少数民族部落，唐初隶属于巂州地区。

紧接着，梁建方又派遣奇兵，从巂州南下千五百里，奔袭西洱河蛮，其首领杨盛等闻讯惊慌失措，打算逃遁。梁建方派遣使臣前往劝谕招抚，杨盛当即投降归顺，派遣首领十人至梁建方军中进呈贡物，表示臣服；西洱河大首领杨同外、东洱河大首领杨敛、松外首领蒙羽还亲自到唐廷朝拜，唐分别授予他们官职爵位。梁建方的军事行动，把唐王朝对云南的有效控制直接推到了西洱河地区，为唐王朝的进一步向西拓展打开了通道。

第二年春天，徙莫祇蛮、俭望蛮亦投降内附。这两个族类居住于爨统治地区的西边。唐王朝在云南统治的羁縻州县的数目在这一地区有所增加。

二 糜州都督府之建立

随着唐王朝对云南的控制向西推进，为了更有效地统治西洱河地区，

---

① （唐）梁建方：《西洱河风土记》，见方国瑜主编《云南史料丛刊》第二卷，云南大学出版社1998年版，第216页。

保持西洱河天竺道的畅通无阻，仅南宁州都督府的力量已是明显不够，而且唐王朝不愿意给任南宁州都督的爨氏以太大的权力，以免其势力坐大，尾大不掉，贞观三年（公元649年），唐在南宁州与西洱河之间的縻州（縻又作靡，縻州原名西豫州，武德七年置）增设都督府。《新唐书·地理志》说：縻州都督"督靡（今元谋）、望（今楚雄广通）、谢罗（今禄丰）三州"。其实，縻州都督所管当不止此三州，大小勃弄、青蛉、弄栋等地亦当隶属其统辖。这里的居民有白水蛮、青蛉蛮、弄栋蛮、大勃弄和小勃弄二川蛮。縻州都督府的位置在今姚安（姚州）、永仁（微州）、禄丰（望州）之间，即今云南省元谋县地，北接巂州，东邻朗州，西为姚州。縻州都督府是唐震慑招抚巂州都督府以南、朗州都督府以西的西洱河诸蛮的重要据点。

增设縻州都督府，本是为了加强唐对西洱河地区的统治，但都督府建立后政苛役繁，边吏贪虐，引起了白水蛮和勃弄、弄栋诸部的怨恨。永徽二年（公元651年），白水蛮起而反抗。大勃弄酋帅杨承颠组织军队，任命将帅，大举进攻縻州（按：《新唐书》等误为麻州）。縻州都督任怀玉招抚无效，高宗遂命左领将军赵孝祖为郎道行军总管，与任怀玉共同征讨白水蛮。至罗忤侯山（即罗婺，在今武定县境），蛮酋秃磨蒲和大鬼主都干，率领部众，塞菁口阻拦，据险抗拒，赵孝祖大破之，乘势挺进，进抵周近水（发源于楚雄北流入金沙江之龙川），大酋俭弥于、鬼主董朴，濒水为栅，以轻骑迎战，均被赵孝祖战败而斩。此时，又值大雪天气，蛮人饥冻，死亡略尽。赵孝祖上书朝廷说，"贞观中讨昆州乌蛮，始开青蛉、弄栋为州县。弄栋之西，有小勃弄、大勃弄二川，恒扇诱弄栋，欲使之反。其勃弄以西，与黄瓜、叶榆、西洱河相接，人众殷实，多于蜀川，无大酋长，好结仇怨，今因白水之兵，请便西讨，抚而安之"。① 弄栋在今姚安，勃弄在今弥渡，黄瓜（当为阳瓜）在今巍山，叶榆在今大理，西洱河即今洱海。于是，赵孝祖于永徽三年（公元652年）夏率大军西进。小勃弄酋长殁盛屯守白旗城（今弥渡红崖）拒战，赵孝祖率万骑攻陷白旗城，杀了殁盛。接着，唐军又攻占了大勃弄，生擒酋长杨承颠。余众屯于险要，大者有众数万人，小者也有数千人，都被赵孝祖先后破降之。至

---

① （宋）司马光：《资治通鉴》卷一九九《唐纪十五·高宗上之上》高宗永徽二年。

此，西南夷遂平定下来①。显庆元年（公元656年），西洱河蛮大首领杨栋附显，和蛮大首领王罗祈，郎（今云南曲靖）、梨（今玉溪）、盘（今富源）、昆（今昆明）四州大首领王伽冲，均率部落降服了唐朝，并派使团入朝参拜，贡献方物。经过赵孝祖的征讨，唐在云南的统治进一步得到了巩固和扩大，稳定的局面持续了许多年。

三 姚州都督府之建立

如前所述，唐初治理西洱河地区，主要是以巂州都督府为其基地，有时亦以戎州都督府作为据点。贞观二十三年（公元649年）设縻州都督府后，縻州成为唐王朝经营西洱河地区的前哨阵地。在长期的政治招徕与军事征讨之后，西洱河蛮各部先后降服，唐在西洱河地区广设州县，并委任当地酋长担任州县长官。随着唐在这一地区的开拓与羁縻顺利进行，为加强对洱海区域的管理，似有必要在此建立单独的行政治区。于是，高宗龙朔中（公元661—663年），武陵县主簿石子仁上书，建议朝廷在此设立姚州，以便控制此一地区。贞观末年吐蕃兴起，向外扩张，南下深入西洱河地区，原先已归附唐朝的一些部落，在吐蕃的军事压力下，叛唐降蕃。此一新的形势，也要求唐王朝加强对西洱河地区的控制。于是，为巩固唐对西洱河地区的统治，抵御吐蕃的入侵，唐于麟德元年（公元664年）五月，将李英所置的姚州移于弄栋川（今云南姚安），升为都督府，每年差募五百士兵镇守。姚州都督府的建立，加强了唐王朝对西洱河地区的统治。朝廷通过姚州都督府直接管理、控制西洱河为中心的滇西区域，而不必再经过巂州都督府或戎州都督府。

姚州都督府包有蜀汉、两晋时云南郡故地，相当于今云南省大理白族自治州的境界。武德年间在西洱河地区设置姚（今云南姚安）、褒（今云南大姚）、微（今云南永仁）、髳（今云南大姚石羊镇）等九州，先隶属于南宁州（郎州）都督府，至麟德元年改由姚州都督府统辖，并新设十三州，共管二十二州。新增的州，散见于记录的地名有：波州（今云南祥云云南驿）、蒙舍州（今云南巍山）、阳瓜州（今云南巍山以北）、河东州（今云南大理凤仪）、越析州（今云南宾川）、浪穹州（今云南洱源）、邆睒州（今洱源邓川）、双祝州（今云南南涧）等。姚州都督府建立后，

---

① （宋）欧阳修、宋祁等：《新唐书》卷二二二《南蛮传》，百衲本。

又先后增设十州,到天宝初年,姚州都督府领三十二州。因姚州都督府所领三十二州为云南郡故地,所以姚州又称云南郡,二名互用,或合称"姚州云南郡"。姚州都督府主要管辖西洱河诸蛮部,同时也治理永昌郡(今云南保山)故地。咸亨三年(公元672年),永昌蛮反叛,唐廷征调梁、益十八州之兵,募士卒五千三百人,遣右卫副帅梁积寿为姚州道行军总管,率兵前往永昌讨伐。① 随着永昌蛮的平定,永昌郡故地亦重归于唐的版图,由姚州都督府统领。

唐代,西洱河地区有一条道路与吐蕃相通,具体路线是由洱河经云南、姚州,北渡金沙江,至越巂(四川西昌),再北上黎州(今四川汉源)、雅州(今四川理县东北)、邛州、茂州(今四川茂县、汶川),向西进入吐蕃。这是一条具有战略意义的交通要道。吐蕃控制这条路线可深入西洱河地区,对西川形成包围之势。唐控制这条路线,则可以巂州为据点治理云南,割断吐蕃入云南之路,对吐蕃实行反包围。因此,这条通道上的战略要地茂州,就成为唐与吐蕃双方争夺的重点②。仪凤三年(公元678年),唐王朝命益州长史李孝逸,招募剑南兵于茂州西南筑安戎城,以截断吐蕃通往云南诸蛮的道路。安戎城地势险要,是控制吐蕃与云南交通的要塞。但此时吐蕃已成为一个拥有强大军事力量的政权,仅一安戎城已无法阻挡其南下西洱河。况且,吐蕃与云南的交通并非一定要经过安戎城,安戎城西南的雅州(今四川理县东北)也是吐蕃与西川、云南交通的一个连接地。在雅州的西部尚有三条道路,吐蕃通过这些艰险的小路一直与西南诸蛮保持着各种交往。吐蕃、西川、云南相连的交通线须经过"生羌"居住的地区,其中一些小路为唐朝与吐蕃所不知,生羌却了如指掌。永隆元年(公元680年),吐蕃以熟悉地形的生羌为向导,成功地从唐朝手中夺取了安戎城,使该城成为吐蕃进攻唐的前哨阵地。《新唐书·吐蕃传》说:"初,剑南度茂州之西筑安戎城,以连其鄙。俄为生羌导虏取之以守。因并西洱河诸蛮,尽臣羊同、党项、诸羌。其地东与松、茂、巂接。南极婆罗门,西取四镇,北抵突厥,幅员余万里,汉魏诸戎所

---

① 按:梁积寿讨伐永昌蛮的年代,《新唐书·本纪》《册府元龟》《资治通鉴》俱作咸亨三年,唯《新唐书·南蛮传》作咸亨五年。今弃五年(公元674年)之说。

② 按:今四川的茂县、汶川仍然是四川与青海、西藏间主要公路所必经的交通重镇。

无也。"①

安戎城失守，吐蕃长驱直入云南，西洱河诸蛮皆归降于吐蕃。在吐蕃的支持下，诸蛮纷纷反叛唐朝，唐朝在姚州的长史李孝让、辛文协皆被诸蛮所杀。于是，唐王朝从剑南派遣郎将赵武贵率蜀军前往征讨，结果战败。朝廷又接连派将军李义总等率师进击，亦屡遭惨败，不得已只好放弃姚州都督府。

姚州失守，郎州都督府面临吐蕃的威胁。郎州都督、刺史皆为爨氏子孙世袭，他们名为朝廷命官，实为当地豪酋，形同独立。为保卫爨地免遭吐蕃侵害，昆州刺史爨乾福于垂拱四年（公元688年）上书朝廷，请求再置姚州都督府。《旧唐书》卷九十一《张柬之传》载："至垂拱四年，蛮郎将王宝善、昆州刺史爨乾福又请置州。奏言所有课税，自出姚府管内，更不劳扰蜀中。"为了抵御吐蕃在洱海地区的扩张，确保西南边境的稳固，加之爨氏保证支撑姚州都督府的所有课税，唐王朝采纳了爨乾福的建议，在垂拱四年（公元688年）左右重建了姚州都督府。姚州都督府的重建，在洱河地区诸蛮部中产生了重大影响。当安戎城陷落、姚州弃置后，曾降附吐蕃的洱河北部二十五个部落，于永昌元年（公元689年）在浪穹诏（今云南洱源）酋长领袖傍昔时的率领下，又背弃吐蕃归附了唐朝。他们入朝的使团在唐廷受到热情的接待，傍昔时被委任为浪穹州刺史，以姚州管内大酋长的身份，代表唐朝统领西洱河诸部。唐王朝方面则派监察御史裴怀古，至云南招抚西南夷诸部。裴氏申明赏罚，威怀有度，原先反唐附蕃的诸蛮部，相率前来归附。至长寿年间（公元692—693年），永昌蛮大首领董期率部落两万余户归附唐朝。永昌蛮原居于澜沧江以西的广大地区，自东晋末年以后，南中大姓与晋统治者争扰，永昌诸蛮不仅与中原王朝的联系稀少，而且与滇池、洱海两区域的往来亦相当疏远。永昌蛮的归附，并由姚州都督府统领，表明了唐在云南统治的进一步深入。

唐在云南的进展，吐蕃在西南的退缩，与唐朝和吐蕃在西北的争夺密切相关。这时，唐将王孝杰在西域攻伐吐蕃，收复了安西四镇；吐蕃内部因发生骚乱，无力顾及西南。裴怀古利用这一有利时机，以怀柔抚绥的策略，在云南诸蛮中取得了明显的效果。当他离开姚州之时，当地

---

① （宋）欧阳修、宋祁等：《新唐书》卷二一六《吐蕃传》，百衲本。

蛮夷诸部为其树碑立传，并派使臣到朝廷称颂他的德政，请求让裴怀古再次到姚州任职。朝廷诏准，任命裴怀古为姚州都督，但裴怀古因病未能再至。

　　裴怀古之后，在姚州都督府的其他官员毫无安边振邦之心，"唯知诡谋狡算，恣情割剥，贪叨劫掠，积以为常。煽动酋渠，遘成朋党，折支诡笑，取媚蛮夷，拜跪趋伏，无复惭耻。提挈子弟，啸引凶愚，聚会蒲博，一掷累万"。① 而从剑南逃到这里的流浪汉和从中原流窜来的亡命徒竟超过两千余户，他们专以掠夺为业。姚州诸蛮因不堪忍受，再次掀起反抗，杀死了录事参军李棱。延载元年（公元694年），唐在金沙江以南加强守备，置镇七所，并从剑南征调士兵前往戍守，从而又导致了蜀中的动荡与骚扰。姚府总管的五十七州，"巨猾游客，不可胜数"，"不问夷夏，负罪并深，见道路劫杀，不能禁止"。②

　　蜀州刺史张柬之看到姚州官员的贪婪暴虐与束手无策，认为继续维持唐在姚州的统治已毫无利益可言，便上书朝廷，曰："省罢姚州，使隶巂府，岁时朝觐，同之蕃国。泸南诸镇，亦皆悉废，于泸北置关。百姓自非奉使入蕃，不许交通往来。增巂府兵选，择清良宰牧以统理之。"③ 张柬之的这种建议与朝廷巩固西南边疆的根本利益是不相容的。因为省罢姚州，不仅不利于抗击吐蕃对西南的侵犯，保卫剑南，而且不利于唐在西北抵抗吐蕃的政治与军事行动。所以，他的建议理所当然地被武则天否定了。

　　如果说唐初对云南地区的经营主要还是为了开疆拓地，那么围绕姚州都督府的兴废，则由于吐蕃的崛起，唐与吐蕃在西北、西南的广泛对峙，而具有了战略上的意义。鉴于军事上的需要，唐王朝已经不可以放弃以洱海为中心的滇西地区。但很明显，在新的政治形势下，过去那种直接经营云南的方式，对唐王朝而言已是力不从心，必须寻找新的控制方式。正是在此一政治背景下，居于洱海以南的南诏部落获得了极好的发展契机。

---

① （后晋）刘昫等：《旧唐书》卷九十一《张柬之传》。
② 同上。
③ 同上。

附录：唐代前期㸌州都督府、姚州都督府建置表

都督府	州 名	县 名	今 地
㸌州都督府	㸌州		元谋
		磨豫	元谋
		七部	元谋北部
	望州		禄丰广通
	谤罗州		禄丰县北
姚州都督府	姚州		姚安
		姚城	姚安县城
		泸南	姚安城北妙光寺大街
		长明	姚安城东前场镇
	褒州		大姚
		乐疆	大姚城北麻街
		杨彼	大姚县城
	徽州		永仁
		深利	永仁县城
		十部	永仁北部仁和
	髳州		祥云、大姚三岔河
		青蛉	大姚白盐井
		濮水	祥云北十二关
		铜山	祥云乔甸街
		岐星	祥云东部楚场
	宗州		祥云
		宗居	祥云云南驿
		石塔	
		河西	祥云普棚
	匡州		弥渡红崖
		勃弄	弥渡
		匡川	永平
	曾州		大理凤仪
		曾	大理凤仪
		三部	大理县境

续表

都督府	州 名	县 名	今 地
姚州都督府	曾州	神泉	大理县境
		龙亭	大理县境
		长和	大理县境
	尹州		云龙
		马邑	
		天池	
		盐泉	
		甘泉	
		涌泉	
	遵备州		洱源邓川
	舍利州		洱源青索
	洛诺州		洱源海坝
	和往州		洱源新城
	野共州		鹤庆姜邑
	袖州		丽江
	眉邓州		兰坪
	洪朗州		兰坪营盘街
	遵赕州		洱源邓川
	于州		
	异州		
	五陵州		
	范邓州		
	日南州		
	波州		祥云
	蒙舍州		巍山
	阳瓜州		漾濞
	河东州		大理凤仪
	越析州		宾川
	双祝州		
	浪穹州		洱源

第二章

南诏兴起

第一节 唐初洱海地区的形势

一 上方夷与下方夷

唐代初期，昆明与哀牢是洱海地区非常重要的两支部族。它们的活动与南诏历史关系极密，直接牵涉南诏政权的族属及其相关问题。

昆明是洱海地区最古老的居民。杜佑《通典》卷一百八十七说："昆弥国，一曰昆明，西南夷也。在爨之西，洱河为界，即叶榆河。"《新唐书·南诏传》也说："昆明蛮，一曰昆弥，以西洱河为境，即叶榆河也。"所谓昆明蛮，就是秦汉以来在今洱海地区居住的昆明。《资治通鉴》武德四年（公元621年）："昆明遣使内附。昆明即汉之昆明。"昆明又作昆弥。"弥"、"明"同音异写。西洱河（叶榆河）也作昆弥河，以昆弥（明）而得名，也就是汉代的昆明池。今邓川流入洱海的河名为弥苴江，原当作怯苴江。怯苴为带子之意，则弥苴河为弥河的一条带子，足见洱海原名弥河。自秦汉以来，昆明一直是这一地区的主要居民。但到唐代初期，昆明的住地已发生了较大变化。蜀汉建兴三年（公元225年）在洱海地区设云南郡。晋怀帝永嘉五年（公元311年），宁州刺史王逊分永昌、云南两郡设立河阳郡。晋成帝时，又把河阳郡一分为二，即东河阳、西河阳两郡，同时分云南郡，立兴宁郡。蜀汉时的云南郡至此分为云南、兴宁、河阳三郡。边郡的建立大都以部落组织为基础。晋时云南郡县的分合与部族的分布发展，显然有密切关系。亦即是说，晋时云南郡分为三个郡绝非偶然。西汉时，洱海区域以昆明为主要居民。东汉末年以来，僰、汉逐渐迁到洱海地区，人口渐多，势力渐盛，自成区域。《华阳国志·南中志》记云南郡有"上方、下方夷。"《汉书·董贤传》说："上方之情，乐也；下方之情，哀也。"颜思古《注》引孟康曰："上方，谓北与东也；下方，谓南与西也。"洱海地区大都以北为上，以南为下，龙首关在北称上关，龙尾关在南称下关。樊绰《云南志》卷四称"铁桥上下"，亦指铁桥南北。今洱海白族语言中大多以上下表南北的方位。所以，"上方夷"当指已退居到洱海东北的昆明，而"下方夷"则指从滇东北迁来的爨和汉姓。

樊绰《云南志》卷六说："昆明城，在东泸之西，去龙口十六日程。"以昆明作为城镇地名此为最早。此地产盐，故为蜀川、吐蕃、南诏争夺的重地，见于记录较多。《元和郡县志》卷三三"巂州"说：昆明县，"本汉定筰县也，属越巂国，去郡三百里。出盐铁，夷皆用之。汉将张嶷杀其豪师，获盐铁之利。后没蛮夷。周武帝立定筰镇。武德二年（公元619年）于镇置昆明县。盖南接昆明之地，故因为名"。此昆明县为今四川省盐源县，因其南与昆明人相接，故称昆明县。则唐代初期的"昆明国"，南以西洱河为境，北与昆明县相邻，金沙江从中流过。

综上所述，唐初昆明人分布的范围是：以洱源、剑川、鹤庆为中心，南到洱海，北至昆明县（今四川盐源），东到今华坪县的金沙江畔，西到维西县以南的澜沧江边。

哀牢原居住在澜沧江以西，是永昌濮人中的一个较大的部落。在西汉时，已有哀牢人迁至澜沧江以东。《汉书·地理志》"青蛉县"说："北濮水出徼外，东南至来唯入劳。"又"秦臧县"说："牛兰山，即水所出，南至双柏入濮。"劳水即澜沧江，濮水即礼社江，北濮水即漾濞江，即水是禄丰江①。漾濞江下游、礼社江上游并称濮水，以濮人居住得名，哀牢就是濮人。可见，今漾濞、巍山及其南部，景东北部，在西汉时已有哀牢居住。东汉设置永昌郡，管理叶榆蛮（昆明）和哀牢（濮）。蜀汉分昆明地为云南郡，哀牢地为永昌郡。永昌所领八县即以哀牢为主要居，其中博南（今永平）、比苏（今云龙）两县在澜沧江以东。《华阳国志·南中志》"永昌郡"说："李恢迁濮民数千落于云南、建宁界，以实二郡。"这是用政治、军事力量，有组织地把濮人（哀牢）由澜沧江以西迁至滇池、洱海地的一次大规模移民。自此以后，哀牢人已分布于滇池和洱海地区，而以洱海地区为多。《太平御览》卷七九一《永昌郡传》说："云南郡治

---

① 方国瑜：《中国西南历史地理考释》上册，中华书局1987年版，第64页。

云南县，亦多有夷濮，分布山野。"濮人（哀牢）已成为云南郡（即洱海地区）的主要居民。《华阳国志·南中志》"永昌郡"载哀牢九隆故事说："南中昆明祖之，故诸葛亮为其图谱也。"昆明人不是哀牢九隆的后裔，自然不会以九隆为祖。所说当是昆明区域（云南郡）的哀牢人追溯祖先所述九隆故事。诸葛亮所作为哀牢图谱，由此可知蜀汉时期，哀牢已在洱海地区建立部落。《三国志·李恢传》说："赋出叟、濮、耕牛、战马、金银、犀革、充继军资，于时费用不乏。"濮即哀牢，在当时云南郡的经济中已占重要地位。

唐代初期，哀牢依然居住在澜沧江以西的广大地区，同时也东迁至洱海区域，成为当地的主要居民之一，大部分居住在洱海南今巍山、漾濞一带。

二 六诏

约在贞观末年，洱海周围的昆明与哀牢部落逐渐形成十多个酋邦，各称为"诏"①。所谓"诏"，有两个含义：一指酋邦首领，即"王"之意；二指酋邦，即部落之意②。这些酋邦相互兼并，逐步形成六个大的酋邦，称为"六诏"。

关于"六诏"，文献所记名称各异。按樊绰《云南志》、《新唐书·南诏传》、《南诏野史》诸书记载，当是蒙舍诏、蒙巂诏、邆赕诏、浪穹诏、施浪诏、越析诏六个酋邦。兹将它们的情况分述于下。

蒙舍诏 樊绰《云南志》卷三说："蒙舍一诏也。居蒙舍川，在诸部

---

① 按：洱海诸诏兴起的时间，两《唐书》以为在蜀汉时。细考文献及诸诏世系，其立诏最早不过贞观二十三年（公元649年）。

② 按：所谓"诏"，据有的学者考察，是当时洱海地区少数民族的语言，意为王。如《新唐书·南诏传》即称："夷语王为诏。"《南诏德化碑》称南诏王皮逻阁时用"先诏"字2次，用"先王"1次；称南诏王阁逻凤时用"诏"字8次，用"王"字7次。由此可证，"诏"为王者之意当有根据，亦可解释为"首领"或"酋长"。由于当时各诏的经济发展和阶级分化，出现了统治者，他们集政治和军事权力于一身，并凌驾于人民之上，于是各诏首领把用于个人称呼的"诏"作为整个部落的称呼，故有蒙舍诏（南诏）等"六诏"或"八诏"之称。然而，亦有学者认为，以"诏"称王当是受到了氐羌的影响，可以在早期的氐羌文化中找到例证，如范义田先生首先揭示出来的"符诏"、"桓诏"等。参见范义田《云南古代民族之史的分析》（商务印书馆1944年版），邵献书《南诏和大理国》（吉林教育出版社1990年版），第5页，徐家瑞《大理古代文化史稿》（生活·读书·新知三联书店1979年版），第180—181页，等。

落之南，故称南诏也。"其地在今云南省巍山县，因位于诸酋邦的南部，故称为南诏。蒙舍诏为哀牢建立的酋邦，其酋长姓蒙，立诏之主名为舍龙，即以蒙舍（龙）为酋邦名称，后又用作地名。皮罗阁以前的蒙舍诏世系各书载称不一，综合考订或为：舍龙—龙独逻（即细奴逻）—逻盛—盛逻皮—皮罗阁[①]。

蒙嶲诏 樊绰《云南志》卷三说："蒙嶲一诏最大。"又卷五说："当五诏俱存，而蒙舍北有蒙嶲诏，阳瓜州也，同在一川。"可知蒙嶲与蒙舍同在一个川原，即一个坝子。则巍山西北的漾濞当为蒙嶲诏也。其他五诏地广不过数十里，而蒙嶲独广，故说最大。蒙嶲诏在窦滂《云南别录》中亦称漾濞诏，以漾濞江流经其地而得名[②]。据《王仁求碑》说："阳瓜州刺史蒙俭，实始其乱，咸亨之岁，犬羊大扰。"疑此蒙俭即蒙嶲诏主，以蒙为姓。而蒙嶲诏主从嶲辅首开始，可能其部落到嶲辅首时强大，故以蒙嶲作为部落地名。蒙嶲诏世系可得而考者为：嶲辅首—佉阳照—照原—原罗。

邆赕诏 樊绰《云南志》卷三说：浪穹"诏主丰时，丰咩俱在浪穹。后丰咩袭邆赕居之，由是各为一诏"。"邆赕，一诏也，主丰咩，初袭邆赕"。又卷五说："邆州城，旧邆川也。南去龙口城十五里，初望欠部落居之，后浪穹丰咩袭而夺之。"其地在今云南省洱源县邓川区，为昆明建立的酋邦。邆赕诏又称越澹诏。越与邆形近而音误，赕与澹同音异写。邆赕诏世系可得而考者为：丰咩—咩罗皮—皮罗邓—邓罗颠—颠文托。

浪穹诏 樊绰《云南志》未明白记浪穹诏地理。卷三说："诏主丰时，丰咩兄弟，俱在浪穹。后丰咩袭邆赕居之，由是各为一诏。丰时卒，子时罗铎立，时罗铎卒，子铎罗望立为浪穹州刺史。"张九龄《曲江文集》卷十三《敕蛮首领铎罗望书》说："故姚州管内大酋长郎傍时嫡孙，将军铎罗望，卿之先祖，输忠奉国，遽闻徂逝，深怆于怀。……卿宜缵承先业，以副朕心。故遣宿卫首领王白于姚州都督达溪守珪计会，就彼吊慰。便授卿袭浪穹川刺史。"《资治通鉴》卷二〇四《唐纪》：则天永昌元年（公元688年）五月，"浪穹州蛮酋傍时昔等二十五部，先附吐蕃，至

[①] 按：龙独逻有的书作迦独庞，或当为庞迦独，"庞"为"龙"误，舍龙——龙迦独父子连名。

[②] 按：备、濞同音异写，漾备即漾濞。

是来降，以傍时昔为浪穹州刺史，令统其众"。此处之傍时昔即《曲江集》中的傍时，昔字系衍文。当是浪穹州诏主丰时，"丰"与"傍"读音相近。知唐时在此设浪穹州，并以诏主为刺史。据《元史·地理志》诸书考究，故浪穹诏在今洱源县。关于浪穹诏的世系据樊绰《云南志》卷三可得而考者为：丰时（亦作那傍时，傍时昔）—时罗铎—铎罗望—望偏—偏罗矣—矣罗君。

施浪诏　《新唐书·南诏传》说：施浪诏，其王施望欠居矣苴和城。樊绰《云南志》卷三说："施浪，一诏也。诏主施望欠。初阁罗凤据石和城，俘施各皮，而望欠援绝。后与丰咩子咩罗皮同伐蒙归义。又皆败溃，退保矣苴和城。"知矣苴和城为施浪诏的根据地。疑"矣"字为"牟"字之误。"牟苴和"与"蒙次和"之音相近。因此杨慎《滇载记》说："施浪诏今浪穹县蒙次和之地。"万历《云南通志》卷二亦说："蒙次和山东浪穹县治东北四十里，三面险峻，一面临河，六诏时，施浪诏居焉。"但是樊绰《云南志》卷三说："归义稍从江口进兵，胁其部落。无几施望欠众溃，仅以家族之半西走永昌。"则牟苴和应在江口。"樊志"卷五说：邆川城旧邆州地。南去龙口城十五里，初望欠部落居之，后浪穹诏丰咩袭而夺之。施望欠迁之何处，"樊志"无明文，疑即牟苴和，当距邆赕不远。"樊志"称："浪穹、邆赕、施浪，总谓之浪人，故云'三浪诏'也。"又说："南诏既破剑川，尽获施浪部落，三浪悉平。"知施浪与浪穹、邆赕邻近。"樊志"卷五说："邓川城……东北有史郎川"，施浪与史郎音相近，疑在今邆川东北之青索乡，在弥苴河入洱海口之东，正与"归义稍从江口进兵"相合。牟苴和城在江口，即在弥苴河口，以弥苴河得名。青索乡即牟苴和，一名史郎川。"樊志"说："蛮谓山坡为和。"则矣苴和在弥苴河畔山坡上。《资治通鉴》引窦滂《云南别录》，"六诏"中无施浪诏，而有蒙越诏，蒙越当为牟苴的音转，知蒙越诏即施浪诏。[①] 施浪诏的居民为昆明。施浪诏邦酋可得而考者为：施望欠—施望千—千旁罗颠。

越析诏　樊绰《云南志》卷三说："越析，一诏也。亦谓之麽些诏，部落在宾居，旧越析州也，去囊葱山一日程。"卷二说："囊葱山在西洱河东隅，河流俯啮山根，面对宾居越析山。"可知越析诏在洱海东岸。

---

① 参见方国瑜《中国西南历史地理考释》上册，中华书局1987年版，第361、362页。

"樊志"卷五说：渠敛赵"东北至毛郎川，又东北至宾居汤，又北至越析州，麽些诏故地也。""樊志"卷一说："渠敛赵至龙尾城三十里"，即赵州，今大理凤仪，凤仪东北有宾居，宾居北面是宾川。则越析州在今宾川，而今宾川宾居街为越析诏所在地。越析诏一名麽些诏，以其诏主和居民主要是麽些族而得名。麽些原居定筰，即今四川盐源、盐边地区，后逐渐渡过金沙江南下，到越析组织部落，后为皮罗阁打败，又渡过金沙江北上。越析诏世系可得而考者为：波冲——于赠。

洱海区域的六诏中，邆赕诏、浪穹诏、施浪诏位置相邻，"总谓之浪人"[①]，合称"三浪诏"。"六诏"势力相当，互不臣服，雄峙于西洱河一带蛮部之中。

"六诏"以外，另有石桥、石和、白崖、剑川诸诏。石桥诏，因石桥城得名，其地在今下关一带，世系无考；石和诏，因石和城得名，其地在今大理凤仪一带，世系无考；白崖（诏），因白崖城得名，其地在今弥渡红崖一带，首领时傍为皮罗阁的外甥；剑川（诏），其地在今剑川，首领矣罗识与白崖（诏）关系甚笃，势力壮大后，与白崖并谋诏位不果，不以"诏"称。此四部落势力不如"六诏"强大。"六诏"加上石桥、石和二诏，又称"八诏"。

洱海地区的昆明、哀牢、麽些等乌蛮诸部的社会经济与汉晋时期相比有了较大的发展。虽然基本上还是随水草畜牧，但已有了定居的农业生产，种植粳稻等作物。因其游牧不像北方草原牧民那样千里辗转，而是夏处高山，冬入深谷，因此，可相对稳定在一个地区，逐渐构筑城邑，组织为诏（酋邦）。各诏已建立起较严密的军事和政治机构，有较大的酋长，掌握着世袭王权，拥有胜兵数万，具有"尚战死，恶病亡"的风尚。从无大君长，到形成拥有胜兵数万的"六诏"或"八诏"政权，是云南历史的巨大进步。

三　蒙舍诏的崛起

在洱海地区的诸诏落中，蒙舍诏（南诏）的发展最为引人注目，直接影响了此地区乃至云南历史的进程。

根据各种传说和记载，蒙舍诏始祖舍龙（又名龙伽独）原为永昌哀

[①]　（唐）樊绰：《蛮书》卷三《六诏第三》，聚珍本。

牢部落，为避仇家始迁至洱海以南的巍山。蒙舍哀牢源于永昌，学术界没有太大争议，蒙舍自己也称"本永昌沙壹之源"①，但是否迟至舍龙之时方才迁居巍山，则就有待进一步研究了。

迁至巍山以后，原为游牧部落的蒙舍部落开始定居下来，并逐渐转入了农耕。蒋彬《南诏源流纪要》称："舍龙自哀牢将奴罗居蒙舍，耕于巍山之麓，数有神异，孳牧繁衍，部众日盛。"在根据《巍山起因》而绘的《南诏图传》上，就有细奴罗躬耕巍山的画面。而当地传说巍宝山麓的前新村就是当年细奴罗耕牧的地方。所谓"数有神异"，（胡蔚本）《南诏野史》称："唐太宗贞观初，其父舍龙又名龙伽独，将奴罗自哀牢避难至蒙舍川，耕于巍山。一日，有老僧，美髯，冠赤莲冠，披袈裟，持钵至奴罗家乞食。时奴罗与子罗盛炎方耕巍山之下，其姑与妇将往饷，见僧乞食，遂食之。再炊往饷，僧坐不去。姑妇持饷中道，僧已在彼，复乞食，姑妇又食之。返而复炊，持饷至巍山，则见僧坐盘石上，前有青牛，左白象，右白马，上复云气。云中二童子，一执铁杖于左，一执方金镜于右。姑妇惊喜，复以所饷供之。僧问何所愿？姑妇不知对。僧曰：奕叶相承。及趣奴罗等至，则但见一人持钵，坐五色云中，而盘石上，惟余衣痕及牛象马之迹耳。"在《南诏图传》上，我们也可以见到这一组画面。神僧之神迹当然不可相信，它是蒙氏父子为了表明自己受命于天的宣传。但说他们发迹之初曾经借助某种宗教（主要是佛教）的影响，则未尝没有可能。考古工作者近年在巍山龙宇图城旧址附近发现一批佛教造像，其风格类似北朝，与后来的佛教造像颇不一致，同时发现的还有一座寺院遗址②。这一年代颇早的佛教遗迹，似乎可以印证蒙舍发迹之初与佛教的某种关系。

经过舍龙与细奴罗父子两代的经营，蒙舍诏社会经济迅速发展。樊绰《云南志》卷五称："蒙舍川，罗盛已上之地。旧为蒙舍州，去龙尾城一日程。当五诏俱存，而蒙舍北有蒙巂诏，即阳瓜州也。同在一川，地气有瘴，肥沃宜稻禾。又有大池，周回数十里，多鱼及菱芡之属。川中水东南

---

① （唐）樊绰：《蛮书》卷三《六诏第三》，见木芹《云南志补注》，云南人民出版社1995年版，第36页。

② 按：关于此一发现的详细考古报告至今尚未发表，仅有二三中短讯登载在《云南文物》杂志上。

与勃弄合流。南有笼麼些川。凡遵川河，蒙舍谓之川赕。然邑落人众，蔬果水菱之味，则蒙舍为尤殷。"虽与蒙巂诏同处一川，其社会经济却有后来居上的势头。

四 白子国的衰亡

在洱海地区，除了属于乌蛮的"六诏"或"八诏"外，与之相互错居的还有众多应属白蛮的部落。其中，从滇东北和滇池地区迁来的汉姓和僰，构成了洱海地区白蛮部落的主体。

僰是云南一个古老的族类，大约在秦汉之际从巴蜀迁到滇东北。汉武帝建元六年（公元前135年）设置犍为郡，因僰散居于南部特设犍为南部都尉，作为专门管理僰的官员。东汉永初元年（公元107年），改犍为南部都尉为属国都尉，"属国都尉主蛮夷降者"[①]。建安二十六年（公元215年），蜀汉在犍为属国的基础上设置朱提郡，成为单独的行政区划。朱提地区当以僰为主要居民。朱提郡所领四县都有僰，人口较少[②]。东汉末期以后，滇东的大姓势力不断膨胀，建宁爨氏争雄称霸，四处扩张。爨部叟人逐渐向朱提迁移，到西晋时形成强大势力，压制和排挤当地的僰。西晋末年，建宁大姓与蜀李雄联合反抗晋朝，战争长年不断，朱提适当要冲，当地的僰不堪其苦，被迫迁往他乡以避战乱。《华阳国志·南中志》说："晋民或入交州，或入永昌。"与战火连天、战乱不息的朱提郡相比，滇西的永昌、云南两郡却比较安宁，且为爨氏势力所不及。加之这里的自然条件亦比朱提郡好一些。于是僰纷纷迁往滇西，大多定居于洱海区域。

所谓汉姓，是指落籍在云南的汉族移民，在相当长的时期中，他们逐渐"变服从俗"，融合于当地族类之中，中原汉人将他们视为"蛮夷"，而他们却不忘自己是汉人的后裔，或多或少保存着汉族的传统文化。最明显的是他们一直保持汉族的姓氏。说他们是"蛮夷"，他们却是汉族移民的后裔，为汉族的血统；说他们是"汉族"，他们又与当地民族融合在一起。为此，我们把他们称为汉姓，既有别于"蛮夷"，又区别于"汉人"。汉晋时期云南的汉族移民，主要是被调遣到边地屯田戍守留居不归的士卒

[①] （宋）范晔：《后汉书》志二十八《百官志五》，百衲本。
[②] 《续汉书·郡国志》载犍为属国只有7938户，37187人。所领仅朱提、汉阳两县。后来朱提领四县，增加了堂狼、南广两县，但人口也不会太多。

和少数官员，且大都在滇池以东地区。见于记录的，如东汉、三国时，总称南中居民为"夷汉"、"夷晋"或"民夷"者甚多。在两晋时，总称南中居民为"夷"或"民夷"。《云南金石目略初稿》据采访著录，1921年在祥云县高官堡出土一批晋砖，有的砖上有"五和"二字，有的有"太康八年王氏作"字样。1955年11月，在姚安阳派水库工地发现西晋早期古墓，墓砖有如下几种字样："泰始二年"、"咸宁元年吕士氏作"、"咸宁四年中大夫李氏作"、"大吉羊"。祥云和姚安出土的晋砖上的"王氏"、"李氏"等，皆为汉姓。从晋砖所记年号知为早期文物。这些有字晋砖为墓葬用砖，其墓主在姚安、祥云居住的年代当更早。至迟在三国蜀汉时，他们已在这里定居。到初唐时，洱海地区已有为数不少的汉姓，"以杨、李、赵、董为名家"，"自云其先本汉人"①。

从东汉晚期起，迁往洱海地区的僰人和汉人逐渐以白崖（今弥渡红崖）为中心，形成一个较大的酋邦，称为"白子国"，因白子国在云南郡（今云南大理白族自治州）境内，所以又称作"云南国"。三国时，南中大姓与夷帅联合反蜀，诸葛亮于建兴三年（公元225年）亲自率兵南征，从今四川会理南渡金沙江，经永仁到今姚安、祥云、南华一带，招徕"白子国"诸部，以云南县（今祥云县）为中心建立云南郡，以永昌大姓吕凯为云南郡太守，同时册封"白子国"的酋长龙佑那为"王"，赐姓张，因其为西洱河蛮的大酋长，所以封作"西洱河候"。自此以降，"张氏传三十三世"②，世守其地③。

唐武德年间，韦仁寿率兵五百人至西洱河地区，招抚西洱河诸蛮，白子国的首领张乐进求亦率部归附唐朝，被封为"云南镇守将军"、"云南国诏"，也就是"云南郡王"。唐通过张氏对白子国及西洱河诸蛮实行羁縻统治。

唐贞观年间，白子国的社会经济有相当大的发展。农业在经济生活中已占主导地位，不仅有五谷的种植，还有蔬菜、水果、桑麻的栽培。农作物的品种、耕种、经营和收获（产量）与中原汉族地区不相上下。白子

---

① （唐）杜佑：《通典》卷一八七《南蛮上·松外诸蛮》。

② （明）倪辂集：《南诏野史》，见方国瑜主编《云南史料丛刊》第四卷，云南大学出版社1998年版，第774页。

③ 按：据（胡蔚本）《南诏野史》称，龙佑那曾"迁国澄江"。然据各种已有文献与考古资料判断，此说恐误。

国已有文字，颇知阴阳历数，建有城郭，其民众的富足程度与蜀地相等，有赵、杨、李、董、张等大姓贵族出现。但白子国是一个较为松散的酋邦，有数十百个部落群，大的部落有五六百户，小的也有二三百户，各据山川，没有君长。其经济文化虽较乌蛮更为发展一些，但在中古自然经济时代，两者的绝对判别不是很大。特别是在政治军事方面，白子国诸部显得特别脆弱，各据山川的三五百户的村社，只能成为乌蛮"胜兵数万"的打击与统治对象。

贞观二十二年（公元648年），唐廷派将军梁建方征讨松外蛮，待平定后，又遣大军南下，直打到西洱河。永徽三年（公元652年），赵孝祖征伐白水蛮，乘胜深入白子国的中心勃弄地区（今云南弥渡），大破西洱河诸蛮。经过这两次军事打击，白子国已濒临土崩瓦解的境地。

与白子国的衰亡相反，居于其南的蒙舍诏此时正当蓬勃发展时期，它一方面通过战场扩大自己的地盘，另一方面又借助宗教神化自己的权威。据《僰古通纪浅述》称，白子国酋长张乐进求闻观音命细奴罗为国王，"其心不怿"，于是召集诸部酋长，准备九鼎牺牲，相约细奴罗至白崖铁柱，"观效于天，卜其吉者而王之"。白崖铁柱传为诸葛亮南征时所立，"上列天地日月星辰雷电云雨，中界神明之像，号曰天尊柱"，被诸侯夷主、僰酋长视为神柱，时时会而祭之。祭卜的结果，有神鸟立于细奴罗肩上八日不去，"众皆惊服"。由是，张乐进求遂让位于细奴罗，并以其女嫁之。但很明显，此一传说是南诏后期为了某种政治需要而炮制的神话，不可引为凭信。实际的情形是，当白子国衰落的时候，其南面势力逐渐强大的蒙舍诏（南诏）首领细奴罗乘机对白子国发动进攻，张乐进求战败投降，白子国最后宣告灭亡。白子国的灭亡，不仅使南诏占有了洱海一带最为富庶的地区，而且控制了滇东滇西的往来通道，对其以后的发展起了至关重要的作用。

灭白子国后，势力已经颇强的细奴罗正式建"大蒙国"，号"奇王"或"奇嘉王"，并在峩㟼图山筑城，以为"都城"。考古工作者曾在巍山县城西北的龙宇图峩㟼图山发掘出一座南诏古城，高于地面200米，文化层20—40厘米，发现南诏有字瓦、瓦当、滴水、鸱吻、花砖、柱础等建筑材料若干。其有字瓦上的某些文字与太和城遗址的相同，而莲花纹瓦当的图案又与长安兴庆宫遗址的相似[①]。细奴罗所筑的龙宇图城是否就是此

---

① 参见云南省博物馆《云南巍山峩㟼图山南诏遗址的发掘》，载《考古》1959年第3期。

一遗址，还需要做更多的研究。但不管怎样，蒙舍诏曾经在此筑城则应没有多大疑义。由此而下，蒙舍诏开始步入了统一云南的道路。

第二节　南诏统一洱海地区

一　唐朝与吐蕃在洱海区域的争夺

南诏在唐朝支持下兼并白子国后，为表示感激之情，于高宗永徽四年（公元653年），细奴罗派儿子罗盛（有时误写为罗盛炎）至长安朝拜，高宗接见了他，任命细奴罗为巍州（今云南巍山）刺史，赐以锦袍。其后南诏又多次遣使入唐贡献，每次皆得到召见，并赏赐锦袍、锦袖、紫袍。西洱河诸蛮降于吐蕃后，唐罢弃姚州，南诏与唐的关系由此隔绝。及武后垂拱四年（公元688年），唐朝再置姚州都督府。第二年，早已继承诏位的罗盛亲自到京师朝拜，可见南诏对唐的仰慕、忠诚和依赖，唐朝赐予金带、锦袍等。唐朝与南诏的亲密关系已远在其他酋邦五诏和西洱河诸部之上。

神龙元年（公元705年），中宗即位，监察御史李知古上书，建议征讨已降附吐蕃的姚州诸蛮，削除为吐蕃利用其充当向导之作用。朝廷遂令李知古征调剑南兵前往讨击。姚州诸蛮归降后，李知古又请建筑城池，列置州县，向当地诸部征收重税。黄门侍郎徐坚认为不可，他说："蛮夷羁縻以属，不宜与中国同法，恐劳师远伐，益不赏损。"[①] 但李知古却置之不理，不仅调发剑南兵筑城，而且欲诛其豪杰，掠子妇为奴婢，结果激起群蛮的怨怒，蛮酋傍名引吐蕃兵攻打李知古，将其斩首，以其尸祭天。从此姚巂道路断绝，连年不能畅通，洱海地区又为吐蕃控制。唯有南诏依然奉唐朝正朔，成为姚州诸蛮中唯一忠于唐朝的地方酋长。

李知古的失败，导致唐朝在西南之威望一落千丈。姚州群蛮往昔虽投靠吐蕃，但还有归附唐朝的时候，可谓"首鼠两端"，在唐朝与吐蕃之间周旋，至此，则投靠吐蕃坚定不移。唐朝对云南经略一开始较为顺利，逐步进去，势头尚好。但由于到云南来的官吏将帅的颟顸粗暴，致使葬送优势，坐失良机，处于被动艰难之境。

唐为保卫姚州，抗击吐蕃，于景龙元年（公元707年）派监察御史

---

① （宋）欧阳修、宋祁等：《新唐书》卷一百九十九《徐坚传》，百衲本。

唐九征为姚巂道讨击使，进讨深入到洱海地区的吐蕃。"唐九征为监察御史，监灵武诸军，时吐蕃入寇蜀汉，九征率兵出永昌郡千余里讨之，累战皆捷。时吐蕃以铁索跨漾水、漾水为桥，以通西洱河，蛮筑城以镇之。九征尽刊其城垒，焚其二桥，命管记闾邱均勒石于剑川，建铁碑于滇池，以纪功焉"。① 唐九征征讨吐蕃取得大胜，焚毁二座铁索桥，截断吐蕃进入西洱河地区的通道。战役结束后，命书记闾邱均在剑川勒石建碑，立铁柱于洱海以北②，以纪念这次战役的巨大胜利。这个铁柱是唐对洱海地区实行有效统治的标志。

　　唐朝与吐蕃在洱海地区的激烈争夺，其胜负关系到唐朝政权的生死存亡。因为吐蕃向东扩张，尽盗河湟，不仅西北边陲不得安宁，王畿也受到威胁；吐蕃入寇蜀西及西洱河地区又使唐朝西南边疆的安全面临危机。北起秦陇，南至蜀滇，尽为吐蕃攻占，唐已陷于两面受敌的危险境地。为改变被动挨打的局面，唐决定从洱海地区抗击吐蕃，以与西北相配合，形成对吐蕃的钳形包围。因此，巩固姚州都督府就成为保卫唐王朝全局战略的重要措施。而要巩固姚州都督府，就必须依靠洱海诸蛮；洱海诸蛮的向背关系着姚州都督府的命运。为此，姚州都督府的首要任务就是隔断吐蕃与洱海诸蛮的联系，招待诸蛮。唐九征焚毁吐蕃漾、濞两铁索桥后，西洱河诸蛮又由降附吐蕃而羁属于唐朝。开元年间，浪穹诏为洱海六诏中实力最大的酋邦，其在唐朝与吐蕃之间"数反复"而为唐朝所防范。浪穹诏主傍时（又作舟傍时、丰时）去世，唐廷立即扶其嫡孙铎罗望为诏主，并承袭浪穹州刺史官职，下诏书称赞傍时输忠奉国，希望铎罗望继承先业，忠于唐朝，镇遏吐蕃，缓扶部众。但是，洱海六诏中，浪穹诏与邆赕诏、施浪诏都在洱海以北，靠近吐蕃边界，首当其冲地受到吐蕃的武力征讨，经常在吐蕃的胁迫下，充当对抗姚州都督府的马前卒；而浪穹诏等也想利用吐蕃势力图谋称霸洱海。所以，他们很快又投到吐蕃的怀抱中，于开元元年（公元713年）寇扰姚州，杀死都督李蒙。开元三年（公元715年），"十月辛酉（十三日），巂州蛮寇边，右骁卫将军李玄道伐之"③。

---

　　① （唐）刘肃：《大唐新语》卷十一《褒锡》二十三，见方国瑜主编《云南史料丛刊》第二卷，云南大学出版社1998年版，第363页。
　　② 按：刘肃《大唐新语》称唐九征"建铁柱于滇池"。其说不可信，滇池当为洱海之误。
　　③ （宋）欧阳修、宋祁等：《新唐书》卷五《本纪·玄宗纪》，百衲本。

李玄道率剑南西川戎、泸、巴、梁、凤等州的士卒三万人,加上原已驻守当地的兵马,共同征讨洱海诸蛮,使唐在洱海地区的统治暂时得到稳定。

吐蕃攻占安戎城后,控制了通往西南诸蛮的道路,进而占据了西南重镇昆明城(今四川盐源)①。此城原为定笮镇,唐高祖武德二年(公元619年)为南接昆明(洱海区域)之故,改为昆明县。昆明城盛产盐、铁,无论在经济、交通方面,还是在政治、军事上都占据着十分重要的战略位置。吐蕃占据昆明城既可获盐铁之利,又可控制洱海诸蛮,进逼姚州,成为唐在西南边疆的严重威胁。吐蕃与唐朝在云南的争夺与昆明城有巨大关系。开元十七年(公元729年)二月,唐派巂州都督张审素(又作张守素)攻破昆明城,杀获万人②,并于此设置昆明军,派兵五千余人驻守。这是唐北抗吐蕃,南抚蛮夷,巩固姚州都督府的重要战略措施。开元十九年(公元731年),洱海地区渠浪州大酋杨盛颠反叛,唐派内常侍高守信为南道招抚处置使前往征讨,拔掉其九座城池,进一步巩固了唐在洱海地区的统治。

为截断吐蕃进入云南的道路,配合西北抗击吐蕃的战事和支持南诏统一洱海的军事行动,开元二十六年(公元738年),剑南节度使王昱,与河西节度使萧炅、陇右节度使杜希望等,分道经略,共讨吐蕃。同年九月,王昱率兵攻打被吐蕃占据的安戎城,因该城地势险要,唐屡攻不克,王昱决定筑两城于其侧,设营寨于蓬婆岭下。吐蕃派大军救援,王昱大败,弃甲而遁,死者有数千人。第二年年底,唐廷任命章仇兼琼为剑南节度使。开元二十八年(公元740年)三月,章仇兼琼派谍潜入安戎城中与吐蕃翟都局结谋,以翟都局做内应,引唐军入城。吐蕃将卒战败,安戎城又回到唐朝手中。吐蕃曾多次派兵反攻,皆失败而去,唐把安戎城更名为平戎城。收复昆明、安戎两城,不仅巩固了唐在西南地区的统治,也为南诏的兴起创造了条件。

二 南诏统一洱海区域

从元隆元年(公元680年)吐蕃攻占安戎城后的半个世纪间,洱海地区成为唐朝与吐蕃激烈争夺的战场,处于唐朝、吐蕃争夺间的洱海诸

---

① 按:昆明县,本为定笮县,周武帝立定笮镇,武德二年(公元619年)于镇置昆明县。
② (后晋)刘昫等:《旧唐书》卷八《玄宗本纪》,百衲本。

部，谁的力量大就依附谁，来去无定，叛降无常。唐为镇遏吐蕃，迫切需要在洱海建立一个统一而强大的地方政权，与唐形成犄角之势，使吐蕃既不敢东犯河湟，又不敢南图西南。姚州都督府的力量显然不够，必须依靠当地蛮夷的力量，实行以夷制夷的策略。唐朝指使剑南节度使王昱，要利用西洱河诸蛮的纷争，控制西洱河地区，使之成为北抗吐蕃的前沿阵地。唐朝给王昱的敕书说："蛮夷相攻，中国大利，自古如此，卿所知之。然吐蕃请和，近与结约，群蛮翻附，彼将有词。卿可审筹其宜，就中处置，使蛮落不失望，吐蕃又无憾词。柔远怀来，在卿良算。"[①] 蒙舍诏（南诏）在洱海诸部的南部，受吐蕃影响较小；在唐朝与吐蕃的争夺中，蒙舍诏表面上始终与唐朝保持臣属、亲善的关系。即便在洱海诸蛮纷纷反叛唐朝降附吐蕃之时，蒙舍诏依然坚定不移地奉唐朝正朔，尤其难能可贵，被唐朝视为忠信可靠的地方势力而特别倚重。在唐朝的支持下，蒙舍诏征服河蛮，兼并白子国，取得洱海最富庶的地区，势力逐渐强大。蒙舍诏很想称雄于洱海地区，但要吞并其他五诏还是相当困难的，因为五诏有吐蕃的支持和保护，所以他要统一洱海地区非有唐朝的支持不可。正是在唐、吐争夺，六诏争霸的复杂矛盾中，唐与蒙舍诏必须联合起来，在洱海地区建立一个由姚州都督府统辖的地方政权，才能统治洱海诸部，抗击吐蕃。

蒙舍诏兼并五诏，首先是从征服与之相邻的蒙嶲诏开始。蒙嶲诏位于蒙舍诏北部，二者同在一川。蒙嶲诏的首领崔辅首死后，因无子，由其弟佉阳照继位。佉阳照死后，其子照原继位，照原双目失明，其子原罗曾被送到蒙舍诏充当人质。蒙舍诏首领皮罗阁早已有兼吞蒙嶲诏之意，便推恩施利，收买原罗，并将他送回蒙嶲诏以为内应。原罗返回蒙嶲诏仅几个月，蒙舍诏便发兵征讨蒙嶲诏，杀死照原，驱逐原罗，遂并其地。具体时间史无确载，约在唐开元十八年（公元730年）。

兼并蒙嶲诏后，蒙舍诏开始向西洱河进军。皮罗阁率兵攻打石桥城（今云南下关），其子阁罗凤与唐将严正诲联合进攻石和城（今云南大理凤仪）。开元二十四年（公元736年），蒙舍诏在剑南节度使的支持下，兼并了越析诏[②]。当时白蛮豪族张寻求与越析诏主波冲之妻私通，阴谋暗

[①] 《唐丞相曲江张先生文集》卷八，参见方国瑜主编《云南史料丛刊》第二卷，《曲江集敕书·敕剑南节度使王昱书》，云南大学出版社1998年版，第126页。

[②] 按：樊绰《蛮书》卷三记南诏灭越析诏在贞元年间，恐误。

害波冲，剑南节度使王昱巡边至姚州时，将张寻求严酷鞭笞致死，"遂移其诸部落，以地并于南诏"①。波冲无子，其侄儿于赠率众反抗，失败后携家众渡泸水（今金沙江），定居于双舍（今四川盐边）境内。方圆一百二十里，周廻石岸。"于赠部落亦名杨堕，居河之东北，后蒙归义隔泸城临逼于赠，再战皆败。长男阁罗凤自请将兵进，乃击破杨堕，于赠投泸水死。"②

开元二十五年（公元737年），皮罗阁联合邆赕诏主之子、邆赕州刺史咩罗皮，共同出兵夺取了河蛮的太和城（今云南大理太和）和大厘城（今云南大理喜州），咩罗皮分据大厘城。咩罗皮是皮罗阁的外甥，弱而无谋，皮罗阁乘其脚跟未稳，便袭夺大厘城。咩罗皮退入邆赕，因不甘大厘城被夺，便联络浪穹、施浪两诏，南下进攻皮罗阁。皮罗阁夺得大厘城后，北上筑龙口城（今大理上关）以为保障。闻"三浪诏"兵来攻，率众拒战，三浪诏大败，皮罗阁乘胜追击，攻占了邆赕诏，咩罗皮被迫退居野共州（今云南鹤庆姜邑）。浪穹诏因兵败，率部落退保剑川（今云南剑川），称"剑浪诏"，其故地为南诏所夺。施浪诏兵败后退保牟苴和城（今云南洱源县青索乡）③。牟苴和城在弥苴河的河口，三面是险峻的高山，一面临河，地势颇为险要，皮罗阁从江口进兵，攻占了该城。施浪诏主施望欠兵众溃败，仅以家族之半，西奔永昌（今云南保山）。但南诏早已派兵驻守澜沧江东，截断其退路。施望欠计无所出，只好将以美貌著称的女儿遗南献给皮罗阁，施望欠才得以渡过澜沧江。施望欠的弟弟施望千，当牟苴和城被攻破之时，北上投靠吐蕃，吐蕃立其为"诏"，归于剑川，拥众数万人。施浪诏故地则为南诏占据。作为皮罗阁外甥的白崖（诏）首领时傍，率部参加了蒙舍诏兼并其他诸诏的战争。在邆赕诏失败后，时傍一度占据邆川城，并招徕三浪诏各部落人口数千，引起蒙舍诏的猜忌，最后也被阁罗凤所杀。

诸本《南诏野史》记有"火烧松明楼"的传说：蒙舍诏主皮罗阁命人用松树易燃的部分盖了一楼，称松明楼。然后通知五诏酋长，至楼参加

---

① （唐）樊绰：《蛮书》卷三《六诏第三》，见木芹《云南志补注》，云南人民出版社1995年版，第32页。

② 木芹：《云南志补注》卷三《六诏第三》，云南人民出版社1995年版，第32页。

③ 按：牟苴和城原作矣苴和城，"矣"为"牟"之误。

六月二十四日的星回节祭祖。除越析诏于赠未到之外，其余四诏皆应召而至。届时，皮罗阁乘众人酒酣之际，偷偷下楼，命人点燃松楼，四诏酋长皆被烧死。此一传说虽非信史，但其母题却明显是来于蒙舍诏统一洱海地区的历史事实，多少折射出了这场统一战争的残酷性。

开元二十六年（公元738年），蒙舍诏统一了洱海地区。这是唐朝"分道经略，以讨吐蕃"的重大成果，即使蒙舍诏达到并灭五诏、在洱海地区建立统一政权的目的，又实现了唐朝破吐蕃、靖边寇的愿望。为嘉奖皮罗阁完成统一洱海地区的功勋，唐廷于开元二十六年九月戊午（公元738年9月23日）册封他为"云南王"，并给其四个儿子加晋爵：长男阁罗凤授特进兼阳瓜州刺史，次男成节为蒙舍州刺史，三子崇道为官河东州刺史，四子成进为双祝州刺史。翌年，皮罗阁迁居太和城。

在南诏统一洱海地区的过程中，唐朝起了决定性的作用。如唐朝先后攻拔昆明、安戎两城，使吐蕃无力顾及姚州，为南诏统一洱海地区创造了条件。在攻灭五诏时，唐先派剑南节度使王昱巡边，又派严正诲、王承训等将领率兵协同作战[①]。

唐朝对蒙舍诏的扶持及援助大体分为三个阶段，即蒙舍诏主细奴罗兴于巍山，唐支持其征服白子国，并封为巍州刺史，此为第一阶段；细奴罗传罗盛、盛罗皮至皮罗阁而强盛，唐廷授皮罗阁为越国公，赐名蒙归义，此为第二阶段；在巂州、姚州两都督府的支持下，皮罗阁兼并五诏，统一洱海诸部后，唐廷封其为"云南王"，此为第三阶段。这样，在唐王朝一步步的扶持下，南诏终于完成了统一洱海地区的大业，揭开了其雄峙云南一个半世纪之久的历史。

[①]《南诏德化碑》："洎先诏（阁罗凤）与御史严正诲谋静边寇，先王（皮罗阁）统军打石桥城，差诏与严正诲攻石和子。父子分师，两殄凶丑，加左领军卫大将军。无何，又与中使王承训同破剑川。"

第三章

天宝战争

第一节　南诏兼并爨部

一　爨氏离心

唐朝扶持南诏统一洱海地区，主要是为了加强对云南的控制。统一以前，洱海各部或潜通吐蕃，或公然叛唐，在唐吐相争相持的紧张局面中常常搞得唐廷极难措手。与此不同，蒙舍诏一直坚持奉唐正朔，即使在李知古被杀、姚巂路断的情况下依然坚定不移地忠于唐朝。唐廷误其忠信，认为可以引为控制西南的砥柱，遂竭力助其统一洱海诸部。在其《封蒙归义云南王制》中，唐廷的此一用心表述得非常清楚："古之封建，誓以山河，义在畴庸，故无虚授。西南蛮都大酋帅特进越国公赐紫袍金钿带七事归义，挺秀西南，是称酋杰，仁而有勇，孝乃兼忠；怀驭众之长材，秉事君之劲节。瞻言诸部，或有奸人，潜通犬戎，敢肆蜂虿。遂能躬摆甲胄，总率骁雄，深入长驱，左萦右拂，凡厥丑类，应时诛翦。戎功若此，朝宠宜加，俾膺胙土之荣，以励捍城之士。"① 唐廷封皮罗阁为"云南王"，不过是想借此督励那些愿意为唐"胙土"、"捍城"的边夷，并希望他能更好地起到"誓以山河，义在畴庸"的守土之责。洱海地区统一以后，借助南诏的力量，唐对云南西部的控制得到加强。在皮罗阁被封为"云南王"后的第三年，唐剑南节度使章仇兼琼收复安戎城，截断了吐蕃南下西洱河的道路，更加确保了唐对云南西部的控制。

与此同时，由爨氏控制的云南东部虽在名义上早已内附，实质上却各

---

① 《全唐文》卷二十四，见方国瑜主编《云南史料丛刊》第二卷，云南大学出版社1998年版，第131页。

自独立，唐之势力一直无法有效控制此一地区，影响到唐朝西南边疆的稳固。为彻底改变滇池及其以东广大地区被爨氏控制，再次在广大区域设置州县，加强统治，稳定边疆，唐廷决定把云南周围的安南都护府（今越南河内）、戎州都督府（今四川宜宾）、巂州都督府（今四川西昌）与云南的姚州都督府（今云南姚安）、郎州都督府（今云南曲靖）连接起来。把这几个重要的军事与政治区域连接起来的枢纽就是滇池地区的安宁。天宝初年，剑南节度使章仇兼琼在滇池之滨修筑安宁城（今云南安宁），以此为据点，经过爨地，开通由戎州至滇池、由巂州经姚州至滇池的道路，然后从安宁南下开通步头（今云南元江）沿红河直达安南的道路。安宁城的建筑与步头路的开拓，是唐朝巩固郎州与姚州，控制爨氏诸部，北抗吐蕃，南抚安南的重要战略措施。安宁城不仅是连接戎州、郎州、巂州、姚州、安南的交通枢纽，而且盛产食盐，供应爨地诸部。交通与盐铁之利，使安宁在政治、经济、军事等方面都具有极重要的战略地位。筑城修路，意味着唐朝在这一地区统治的加强和爨氏称霸滇池及其以东地区的终结。

对唐廷的如意打算，爨氏诸部深有所知，于是利用筑城修路给当地百姓带来的沉重负担即所谓"赋重役繁，政苛人弊"[1]，鼓动民众联合起来，推举南宁州都督爨归王作首领，围打安宁城，杀死了筑城使竹灵倩，占据了安宁城。参加这次斗争的还有昆州刺史爨日进、梨州刺史爨琪、求州刺史爨守懿、螺山大鬼主爨彦昌、南宁州大鬼主爨崇道等。爨氏诸部联合起来阻挠安宁城的建筑，根本原因不是赋役繁重，而是因为其危及爨氏在滇池及其以东广大地区的统治，这是他们安身立命的根基，所以不得不拼死相抗，亡命相争。

二　南诏东进

自安戎城战役以后，章仇兼琼一路官运亨通，深得唐玄宗的信任。事件发生后，章氏自将一切过错归之诸爨，"不量成败，妄奏是非"[2]。唐廷听信章氏所言，立即派中使孙希庄、御史韩洽、都督李宓等人率兵前往征

---

[1] 《南诏德化碑》，见方国瑜主编《云南史料丛刊》第二卷，云南大学出版社1998年版，第378页。

[2] 同上。

讨。同时，唐廷采取了一个极为失误的措施，即诏令南诏首领皮罗阁予以配合，给了南诏势力渗入诸爨的绝佳机会。南诏蒙归义得到朝廷的指令，即刻率大军挥师东进。当南诏大军抵达波州（今云南祥云）时，爨归王及爨崇道兄弟等人得知皮罗阁率领南诏大军兵临爨地，即派人前去请降拜谢，并请求皮罗阁代为"奏雪前事"。①皮罗阁代为上书朝廷，往返二十五天，唐廷下诏宽恕爨氏，赦免其一切罪过。"天恩降中使孙希庄、御史韩洽、都督李泌等，委先招讨。诸爨畏威怀德，再至安宁"②。经南诏蒙归义和协诸爨，反抗修路筑城的诸爨被迫退去，唐朝继续修筑安宁城。章仇兼琼因功进京，升任户部尚书。筑路建城事件虽然平息，获得好处的却既不是爨氏诸部，也不是唐朝政府，而是野心勃勃的南诏。通过施惠诸爨，代为昭雪，爨氏诸部深怀南诏之德，引为依靠。南诏由之获得了染指爨氏诸部的合法权力。

侍御史李宓继章仇兼琼之后经营两爨，深知诸爨团结一体的力量，决定采取分化瓦解的策略，挑起爨氏诸部内讧，自相残杀，然后各个击破，最终置爨氏诸部于死地。按此策略，李宓首先利用爨氏内部的矛盾，煽动爨崇道杀死其叔父爨归王，后来又杀死其弟爨日进。爨地诸酋领认为爨崇道屠戮骨肉，天地不容，乃各兴师予以征讨。《南诏德化碑》记述此事："其李宓忘国家大计，蹑章仇诡踪，务求进官荣。宓阻扇东爨，遂激崇道，令杀归王。议者纷纭，人各有志。"在这种危急情况下，爨归王的妻子阿姹走投父母，称兵相持，并私自遣使至南诏求援。由于南诏的介入，唐在爨氏诸部的威望已不足恃。故其危急之时，爨氏诸部不求助于唐而转求于南诏。皮罗阁以"务遏乱萌，思绍先绩"③为由，即刻派大军将段忠国等人，与唐朝中使黎敬义、都督李宓等人齐赴安宁，再次和协诸爨。皮罗阁还上书唐廷，让归王的儿子爨守隅承袭父职，充当南宁州都督，并将女儿嫁与他为妻。同时，又将另一个女儿许配给爨崇道的儿子爨辅朝。表面上，南诏是在为唐分忧，而实际上，是在破坏李宓的如意打算。李宓的分化策略看似成功，而不知其愈成功，则爨氏倒向南诏的可能性愈大。故

---

① （唐）樊绰：《蛮书》卷四《名类第四》，木芹：《云南志补注》，云南人民出版社1995年版，第47页。

② 《南诏德化碑》，见方国瑜主编《云南史料丛刊》第二卷，云南大学出版社1998年版，第378页。

③ 同上。

《南诏德化碑》称:"而李宓矫伪居心,尚行反间,更令崇道谋杀日进。东爨诸酋,并皆惊恐,曰:'归王,崇道叔也;日进,弟也。信彼谗构,煞戮至亲。骨肉既自相屠,天地之所不佑。'乃各兴师,召我同讨。"李宓自以为得计,殊不知其如意打算已是司马昭之心,路人皆知。其结果,就是引起诸爨氏诸部更加反感,也就更加向南诏靠拢。

爨崇道虽然得到李宓的支持,但却不能号令诸爨。不仅如此,因其弑叔杀弟,反倒激起诸爨纷纷归心南诏。爨崇道内怀忿恨,依然与爨守隅母子日相攻伐。阿奼再次进求皮罗阁援助,皮罗阁遂派"兴师问罪"之大军东进,"行次昆川,信宿,而曲轭川溃散,崇道走黎州。归义尽俘其家族羽党,并杀辅朝而取其女。崇道俄亦被杀,诸爨由是离弱"。① 其时约在天宝五年(公元 746 年)②。经此打击,爨氏在滇东的统治彻底崩溃。

及至此时,李宓方才醒悟,唐所面临的大敌不是爨氏诸部,而是南诏。于是,抓住南诏出兵讨爨崇道父子一事,李宓上书朝廷,诬其谋反,意欲一并去之。按《南诏德化碑》称,皮罗阁出兵是得到李宓授意的。如此出尔反尔,使南诏相当不满。剑南节度使郭虚己知悉其情,为之开解,始才没有激变南诏。直到后来,《南诏德化碑》仍对此事耿耿于怀,称:"李宓外形忠正,佯假我郡兵,内蕴奸欺,妄陈我违背。赖节度郭虚己仁鉴,方表我无辜。李宓寻被贬流,崇道因而亡溃。"

爨氏诸部三度变乱,每一次都使南诏在滇东的影响加大,唐朝的影响缩小。虽然《南诏德化碑》将爨氏诸部变乱的责任统统推给章仇兼琼、李宓二人,而南诏诡诈反复、包藏祸心,其实也是很清楚的。与李宓的策略一样,在处理爨氏诸部的问题上,南诏也是采取两面政策,也是想利用爨氏诸部自相残杀。所不同的,李宓所扶持的是爨崇道父子,而南诏所扶持的是阿奼母子。但比李宓更加高明的是,南诏自始至终都表现出一副貌

---

① (唐)樊绰:《蛮书》卷四《名类第四》,木芹:《云南志补注》,云南人民出版社 1995 年版,第 47 页。

② 按:南诏兼并爨部的时间史无记载。据史事推测,当在剑南节度使章仇兼琼与郭虚己交替之时。据《颜鲁公集》卷六《鲜于仲通神道碑》说:天宝五年"郭虚己代章仇兼琼节度"。《旧唐书·南诏传》说:天宝四年章仇兼琼遣使至云南,天宝七年鲜于仲通为剑南节度。所以,南诏灭爨当在天宝五年左右。

似公正的样子，故而特别具有欺骗性，致使爨崇道父子全不防备①。最后，南诏终于如愿以偿地兼并了爨氏诸部，完成了统一云南东部的任务。

天宝七年（公元748年），南诏王皮罗阁卒，其子阁罗凤为诏主袭云南王。同年，阁罗凤命令进驻爨区的将领昆川城使杨牟利，用武力胁迫爨区二十余万户白蛮西迁永昌②，而乌蛮因其散居林谷"故得不徙"③。至此，滇池地区的东爨乌蛮与西爨白蛮并皆崩溃。

第二节　泸南之役

一　张虔陀之死

前面说过，开步头路是唐朝西南总体防御的关键步骤。而筑安宁城，则既是保证步头路畅通的重要环节，也是控制爨地诸蛮的根本措施。但是，南诏兼并爨氏诸部的行动，大出唐的意外，打乱了唐的全盘计划，影响到了唐的整个西南防御。特别是安宁盐井的失控，不仅会使唐失去控制爨地诸蛮的本钱，而且可能为南诏如虎添翼，促其坐大。故从长远考虑，唐不可能不有所行动。唐与南诏的冲突只是时间早晚的事情。但为共同对付吐蕃，双方表面上还维持着和平友好的局面。即使如此，在郭虚已为剑南节度使时（公元746—749年），唐与南诏的关系已经变得非常紧张，随时都有破裂的危险。

天宝七年（748年），皮罗阁死，唐试图立阁罗凤的异母兄弟诚节为王，以建立臣服唐朝的地方政权。但诚节在夺权斗争中失败，阁罗凤取得王位，诚节以不忠不孝的罪名被贬斥流放。这样，直接推荐诚节为王的云南郡太守张虔陀便与阁罗凤结下了怨仇。为稳定南诏，唐朝只好接受既成事实，派使黎敬仪持节册封阁罗凤继袭云南王，并封其子凤迦异为鸿胪上

---

① 参见王吉林：《唐代南诏与李唐关系之研究》，台湾东吴大学出版社1976年版，第193—195页。

② 按：尤中《唐宋时期的"白蛮"（白族）》（转见赵吕甫《云南志校释》，中国社会科学出版社1985年版，第129页）以为"二十余万户"应为"二千余户"之误，原指爨氏家族中主要统治者及其部分亲兵随从，其他绝大多数白蛮人口并未迁动。又，王叔武《关于白族族源问题》（载《历史研究》1957年第4期）以为此之永昌应指洱海周围。

③ （唐）樊绰：《蛮书》卷四《名类第四》，见木芹《云南志补注》，云南人民出版社1995年版，第48页。

卿兼阳瓜州刺史、都知兵马大将。与此同时，唐则暗中秣马厉兵，准备出兵南诏，从其手中夺回滇东的控制权。云南郡太守张虔陀亦在云南缮甲练兵，图谋对付南诏，同时加倍征收南诏课赋，以求困弊南诏。

《南诏德化碑》说："天宝七载，先王即世，皇上念功旌孝，悼往抚存，遣中使黎敬仪持节册袭云南王。长男迦异时年十岁，以天宝入朝，授鸿胪少卿，因册袭次，又加授上卿，兼阳瓜州刺史都知兵马大将。既衔厚眷，思竭忠称，子弟朝不绝书，进献府无余月。"知当时虽因爨地问题使唐廷与南诏间的矛盾凸显，但在总体上、在表面上，双方仍保持友好合作的关系。天宝八年，唐玄宗洋洋自得地说："今西戎摧殄，北房归降，南蛮（即南诏）、东夷咸来稽颡，可谓四海无事，万里廓清"。[1] 然而，唐玄宗自夸的话音未落，西南边疆就发生了震动唐朝的"天宝战争"。

天宝八年（公元749年），唐玄宗命令特进何履光率十道兵马，从安南沿步头路北上，进攻南诏。何履光的此次进兵，从其后来的结果可以推测，主要是为了打通步头路和夺回安宁盐井[2]。同时任命熟悉云南情况的鲜于仲通为剑南节度使，招募兵马，准备南下，以配合何履光的军事行动。由此看出，即使没有后来发生的一系列突变，唐朝也已经开始部署对南诏的军事行动了。

天宝九年（公元750年），即位不久的阁罗凤携妻子往成都谒见鲜于仲通。途经姚州，云南郡太守张虔陀不仅侮辱阁罗凤的妻子，而且大肆勒索财物。遭到阁罗凤拒绝后，张虔陀大怒，一面辱骂阁罗凤，一面上章朝廷，告发南诏意欲谋反。阁罗凤本来就对张虔陀深有隔阂，认为张虔陀在很多事情上都是故意与之过不去。《南诏德化碑》曾数其罪过有六："吐蕃是汉积仇，遂与阴谋，拟共灭我，一也；诚节王之庶弟，以其不忠不孝，贬在长沙，而彼奏归，拟令间我，二也；崇道蔑盟构逆，罪合诛夷，而却收录与宿，欲令仇我，三也；应与我恶者并授官荣，与我好者，咸遭抑屈，务在下我，四也；筑城收质，缮甲练兵，密欲袭我，五也；重科白直，倍税军粮，征求无度，务使弊我，六也。"

---

[1] 宋敏求编：《唐大诏令集》卷九《天宝八载册尊号敕》，商务印书馆1959年版，第54页。

[2] 参见王吉林《唐代南诏与李唐关系之研究》，台湾东吴大学出版社1976年版，第202页。

即当此时，阁罗凤终于忍无可忍，起兵围攻姚州。《新唐书·南蛮传》记载此事："故事南诏尝与妻子谒都督，过云南，太守张虔陀私之，多所求丐，阁罗凤不应。虔陀数诟靳之，阴表其罪。由是忿怨反，发兵攻虔陀，杀之，取姚州及小夷州凡三十二。"杀张虔陀后，南诏继续攻破安宁，城使王克昭战死。

二 鲜于仲通之败

消息传到京城，本已部署进攻南诏的唐廷，终于找到了正式出兵的口实，于是令剑南节度使鲜于仲通，统率八万大军进攻南诏。鲜于仲通一路从戎州（今四川宜宾）沿南溪路下，大将军李晖由巂州（今四川西昌）沿会同路进，安南都督王知进自安南（今越南河内）沿步头路进。数道合势，必欲一鼓而定南诏。步头一路因有何履光先行，进兵神速，很快便收复了安宁。《新唐书·南蛮传》称："初，安宁城有五盐井，人得煮鬻自给。玄宗诏特进何履光以兵定南诏境，取安宁城及井，复立马援铜柱乃还。"时在天宝十年（公元751年）之初①。从《南诏德化碑》之"二城复置，幸荣自新"判断，除安宁外，南诏军队也当撤出了姚州。

鲜于仲通大军南渡泸水（今金沙江），进至曲靖。阁罗凤自知兵弱力单，难以相抗，遂遣其首领杨子芬与云南录事参军姜如之前往谢罪请和，声称唐与南诏产生猜忌是由于张虔陀的挑拨，表示愿意奉还所虏获的唐朝军士，同时指出吐蕃势力仍在浪穹（今云南洱源）一带，对南诏或以兵众相威逼，或以厚利相诱导，如南诏与唐朝再互相争斗，恐吐蕃坐收渔人之利，那时，云南就非唐朝所有了。谢表除了将唐与南诏冲突的责任归罪唐臣之外，整篇都在以归顺吐蕃威胁鲜于仲通。鲜于仲通大怒，囚其使臣，挥军进至白崖城（今云南弥渡红崖）。南诏再次遣使恳切地陈述利害，请求和解，但鲜于仲通自恃兵多将广，诋呵使臣，唯言屠戮，继续挥师西进。兵至洱海附近，鲜于仲通命将军王天运率领骁雄精兵，绕道出点苍山西侧，试图腹背交袭南诏，一举而下。《南诏德化碑》记载此事："往因张卿谗构，遂令蕃汉生猜。赞普今见观衅浪穹，或以众相威，或以利相导，尚如蚌鹬交守，恐为渔父所擒。伏乞居

---

① 按：何履光出兵在天宝八年，而至天宝十年方破安宁，其中原因尚待研究。

存见亡，在得思失，二城复置，幸容自新。仲通殊不招承，劲至江口。我又切陈丹欸，至于再三。仲通拂谏，弃亲阻兵，安忍吐发，唯言屠戮，行使皆被诋呵。仍前差将军王天运帅领骁雄，自点苍山西，欲腹背交袭。"在和解绝对无望的情况下，阁罗凤一面鼓动南诏军民抵御唐军进攻，一面派遣首领杨利等前往浪穹向吐蕃神川都督求援。吐蕃御史论若赞立即派兵相助，"通变察情，分师入救"①。时鲜于仲通大军陈兵于西洱河一带。南诏、吐蕃军队纵兵夜袭，大败鲜于仲通。大将军王天运战死，鲜于仲通弃师而遁，几乎是只身逃回了成都，其子鲜于昊力战而殁，士卒死者六万有余。时在天宝十年（公元751年）四月。

南诏取胜后，阁罗凤派其子铎传、酋长赵全邓、杨传磨等率六十人的使团，携带重帛珍宝，出使吐蕃，深表谢意。吐蕃回赐阁罗凤金冠、锦袍、金宝带、金帐等大量礼品，与南诏结为"兄弟之国"。天宝十一年（公元752年）正月初一，吐蕃正式册封南诏为"赞普钟南国大诏"，意即吐蕃赞普之弟，云南国的大王。南诏不再奉唐朝正朔，将天宝十一年改为"赞普钟元年"。吐蕃赐给南诏金印，以其号为"东帝"。为此，南诏与吐蕃结盟，共同反对唐朝。

第三节　西洱河之战

一　杨国忠误国

泸南之役惨败后，时兼兵部侍郎的杨国忠公然欺骗唐玄宗，"掩其败状，仍叙其战功"②，庆祝胜利。事后，杨国忠更兼领益部，权知蜀郡都督府长史，充剑南节度副使，知节度事。次年，杨国忠再兼京兆尹，不久又取代李林甫为相。与此同时，泸南败将鲜于仲通也被推荐为京兆尹。数万唐军在南诏全军覆没的事实，经过一番颠倒黑白的掩饰，反而成了杨国忠、鲜于仲通等人加官晋爵的功绩。

杨国忠为相以后，继续谎报南诏军情。《资治通鉴》卷二一六记载：天宝十一年六月甲子，"杨国忠奏吐蕃兵六十万救南诏，剑南兵击破之于

---

① 《南诏德化碑》，见方国瑜主编《云南史料丛刊》第二卷，云南大学出版社1998年版，第379页。

② （后晋）刘昫等：《旧唐书》卷一○六《杨国忠传》，百衲本。

云南，克敌隰州等三城，捕虏六千三百，以道远，简壮者千余人及酋长降者献之"。此之奏报绝不可信，第一，吐蕃出兵未尝有达六十万者；第二，泸南之役，八万之众尚且不能相抗神川都督之兵，况六十万乎！按《新唐书·吐蕃传》载："是时，吐蕃与蛮阁罗凤联兵攻泸南。剑南节度使杨国忠以奸罔上，自言破蛮众六万于云南，拔故洪州等三城，献俘口。"即明言杨国忠之奏属于谎报[1]。由于新败之余，募兵不易，整个天宝十一年，唐廷其实未对南诏采取任何军事行动。

泸南之役的失败，使唐在云南经营数十年取得的成果几乎丧失殆尽。为了恢复对云南的控制，天宝十二年（公元753年），唐廷派汉中郡太守司空龚礼、内史贾奇俊率兵前往姚州，修缮城池，拟恢复姚州都督府，并任命贾瓘为姚州都督，企图重建唐朝在泸南地区的统治。此时，南诏已经归附吐蕃，自然无法容忍唐廷再置姚州。于是，趁唐朝筑城未就之际，南诏派兵绝其粮道，并派大将军洪光乘等与神州都知兵马使论绮里徐等同围姚州，"信宿未逾，破如拉朽"[2]，唐兵全军覆没，贾瓘被俘。南诏占领姚州都督府及其管辖的全部州县。

此时，唐朝军队的素质，尤其是那些由汉人边将所控制的武装，已明显地削弱了。为保卫边防而设计的兵农合一、轮流应征的旧府兵制已经完全崩坏。那些已死的或逃亡的士卒没有得到补充，战马、驮牛、武装、器械和粮粮供应实际上已捉襟见肘。常有这样的情况：那些已死或逃亡的士卒的名字仍然保留在花名册上，以便腐败的军队官员能以他们的名义骗取供给而使个人发财致富。资料表明，从开元二十二年（公元734年）起，征兵的程序被破坏了。整个制度已充满了腐败丑恶的现象，府兵徒有官吏兵员而已。

杨国忠本人虽是不学无术，却总以无功云南为耻，必欲建立奇功。所以，泸南败师不久，唐即又在中原大肆征募士兵，准备卷土重来。当时唐朝的府兵制已经崩坏，所谓猛将精兵大都派到西北地区戍守，被征召入伍的士卒通常是一些未经军事训练的无赖子弟与市井负贩。与此同时，唐还

---

[1] 参见王吉林《唐代南诏与李唐关系之研究》，台湾东吴大学出版社1976年版，第206页。

[2] 《南诏德化碑》，见方国瑜主编《云南史料丛刊》第二卷，云南大学出版社1998年版，第380页。

下令在西京及河北招募兵丁。由于唐军一再败于云南，且以瘴疠，役者视为畏途，重新召兵困难重重。杨国忠便遣御史分道捕人，铐送征兵所，并下令征召享有免除兵役特权的勋户壮丁入伍，乃至用哄骗手段将穷人押送边地征战。《新唐书·杨国忠传》记载此事："国忠虽当国，常领剑南召募，使遣戍泸南。饷路险乏，举无还者。旧勋户免行，所以宠战功。国忠令当行者，先取勋家，故士无斗志。凡募法，愿奋者则籍之。国忠岁遣宋昱、郑昂、韦缙以御史迫促郡县，吏穷无以应，乃诡设饷，召贫弱者，密缚置室中，衣絮衣，械而送屯。亡者以送吏代之，人人思乱。"当时诗人李白就曾以《古风》一诗，谴责了杨国忠此次强征北方士兵开赴云南发动战争的暴行。后来，诗人白居易在《新丰折臂翁》一诗中也作了类似的谴责："无何天宝大征兵，户有三丁点一丁。点得驱将何出去？五月万里云南行。闻道云南有泸水，椒花落时瘴烟起；大军涉涉水如汤，未过十人二三死。村南村北哭声哀，儿别爷娘夫别妻；皆云前后征蛮者，千万人行无一回！"为了逃避兵役，诗人所遇老翁甚至不惜自断手臂，此次征兵之不易由此可见。大军出征时，行者怨愁，父母妻子相送，哭声震野。

二 李宓惨败

天宝十三年（公元754年），唐朝征召兵卒十余万，加上转输粮饷的辎重近二十万人，由将军李宓率领，第三次征讨南诏。云南都督兼御史李宓、广府节度何履光、中使萨道悬逊三人统领秦陇及安南兵卒，"顿营垅坪，广布军威。乃舟楫备修，拟水陆俱进"。南诏得报，令军将王乐宽等潜军偷袭造船之师，"伏尸遍毗舍之野"①。造船之师虽败，唐军主力尚未受到损伤，继续向南诏都城太和（今大理太和）进军。阁罗凤实行坚壁清野，闭城不战，致使唐军粮米罄尽，士卒罹瘴疫及饥死者十之七八，李宓只好引兵退还。南诏趁机开城出击，吐蕃神川都知兵马使论绮里徐也率兵马前来援助。唐军溃败，李宓沉江而死，二十万大军无一人生还。《南诏德化碑》记载此战："李宓犹不量力，进逼邆川。时神州都知兵马使论绮里徐来救，已至巴蹻山，我命大军将段附克等内外相应，竞角竞冲。彼弓不暇张，刃不及发，白日晦景，红尘翳天。流血成川，积尸壅水，三军

---

① 《南诏德化碑》，见方国瑜主编《云南史料丛刊》第二卷，云南大学出版社1998年版，第380页。

溃衄，元帅沉江。"① 西洱河之战以唐朝的失败而告终。战后，南诏顾念其与唐的旧有臣属关系，收集唐军阵亡将士尸体，在下关"祭而葬之，以存恩旧"②，称"万人冢"。樊绰《云南志》卷一称："至龙尾城一日，李宓伐蛮于龙尾城，误陷军二十万众，今为万人冢，至阳苴咩城一日。"而据张道宗《记古滇说集》称："其冢如山之高。"被俘士兵则大部分和当地白族先民通婚，定居下来，他们的后代在晚近时期还奉李宓为本主，进行祭祀。

西洱河惨败，在唐自然又成非常敏感的事，除了将失败的原因归于种种客观因素之外，举朝上下噤若寒蝉，无敢枉议。《旧唐书·杨国忠传》称："自仲通、李宓再举讨蛮之军，其征发皆中国利兵，然于土风不便，沮洳之所陷，瘴疫之所伤，馈饷之所乏，物故者十八九。凡举二十万众，弃之死地，只轮不返，人衔冤毒，无敢言者。"即使如此，李白在其《怀赠南陵常赞府》诗中，还是给了猛烈的抨击："云南五月中，频丧渡泸师。毒草杀汉马，张兵夺秦旗。至今西洱河，流血拥僵尸。"

天宝十四年（公元755年），安史之乱爆发，唐廷便再也无力顾及云南了。

天宝战争后，南诏立大碑于太和城，"明不得已而叛"。"后嗣容归之，若唐使至，可以指碑澡祓吾罪"。南诏叛唐是被迫的、暂时的。异牟寻致韦皋书说："异牟寻世为唐臣"，"曾祖有宠先帝，后嗣率蒙袭王。人知礼乐，本唐风化"，"异牟寻愿竭诚曰（按：当作'自'）新，归款天子。"③

三 流血的教训

南诏与唐朝间的西洱河之战是中央王朝与地方势力之间的流血冲突。

唐朝经理云南，设置南宁州、巂州、姚州等都督府，扶持南诏在洱海区域建立统一政权，开通戎州到安南的交通，抗击吐蕃的南侵，对于巩固国家统一、发展云南的社会经济是有积极作用的，有其历史的正当性与合

---

① 《南诏德化碑》，见方国瑜主编《云南史料丛刊》第二卷，云南大学出版社1998年版，第380页。

② 同上。

③ （宋）欧阳修、宋祁等：《新唐书》卷二二二《南诏传》，百衲本。

理性。但是封建统治阶级的进步活动总是伴随着巨大的消极作用,他们带来的是"赋重徭繁,政苛人弊","重科白直,信税军粮,征求无度",而派到边地的官吏,"唯知诡谋狡算,恣情割剥,贪叨劫掠,积以为常"[①]。他们挑拨民族关系,制造民族矛盾,对边地人民实行残酷的阶级压迫和民族压迫,激起人民反抗,并用武力镇压人民的反抗斗争。在处理与南诏的关系上,不顾内地与边地人民的反对,一意孤行,坚持穷兵黩武,这就是封建统治阶级的反动性。我们不能因其经理云南的合理性而看不到其给人民带来灾难的反动性,也不能因为其压迫剥削的反动性而否认其经理云南的合理性。

南诏在唐朝的扶持下兼并五诏后,渐次强大,扩张和掠夺的野心也随之膨胀,与吐蕃暗中联络,向东扩张,先插手爨地纠纷,进而占据爨地,继而又攻陷姚州,取大小夷州三十二。这些离心倾向不利于国家统一,也有碍云南社会经济的发展,不能认为是合理和正义的。阁罗凤为扩张势力,不惜与唐决裂,直到唐出兵才惊慌失措,再三求和,只是为其自身利益考虑,并非从祖国和人民的利益出发,不能认为阁罗凤反抗唐王朝的压迫剥削而肯定其霸占爨地、攻陷姚州是合理的。但是,阁罗凤反抗唐兵与洱海地区人民反抗民族压迫与阶级压迫的斗争在客观上是一致的,所以得到人民的支持和拥护。《南诏德化碑》说:"管内酋江等皆曰:'主辱臣死,我实当之,自可齐心戮力,致命全人,安得知难不防,坐招倾败。'"反映了南诏上下同仇敌忾,一致抗击唐朝的民族情绪,与内地人民对征云南的怨战反战情绪形成鲜明的对比,说明南诏抗唐是有群众基础的,具有历史合理性与正义性。天宝战争中南诏"小能胜大",打败了唐朝二十万大军,除有吐蕃援助等因素外,与内地人民的反战,洱海地区人民上下同心、众志成城有很大关系,反映了南诏反抗大民族压迫的合理性。当然战争的正义与非正义不能以一次战争的成败来判断,但是,南诏反唐胜利与反民族压迫的正义性相关联则是可以肯定的。我们既不能只看到南诏的扩张、掠夺与离心倾向而否认其反抗唐王朝大民族压迫的合理性;也不能因此而忽视了南诏扩张、掠夺等不利于国家统一的离心倾向及非正义性。

天宝战争是唐朝内部中央与地方的民族战争,战争的双方有不同情

---

① (唐)张柬之:《请罢兵戍姚州疏》,见方国瑜主编《云南史料丛刊》第二卷,云南大学出版社1998年版,第110页。

况，当做深入的具体分析。我们要确定战争中双方的进步与倒退，合理与反动，正义与不正义，但又不能把它绝对化；我们要在历史发展的长河中，具体考察，是否有利于祖国的统一，有利于民族友好团结，有利于社会经济的发展。由于历史上的统治阶级总是带有阶级和历史的局限性，因此在实施某些有利于祖国统一的进步事业时，总是伴随着残酷的民族压迫和阶级压迫，甚至是血腥的屠杀和野蛮的战争，我们不能因为战争给人民带来的灾难就否认祖国统一的必要性、合理性。也不能因为有利于统一而掩盖封建统治阶级给人民带来的痛苦和灾难。唐王朝经理云南，不仅只是唐与南诏的局部关系，对于抗击吐蕃，保卫西川，以至防护关陇、王畿之地都有重大意义，因此，是牵涉唐朝全局利益、关系巩固国家统一的大事。我们不能抛开唐朝整个的政治局势，而专咎其黩武开边的政策，离开具体的历史事实，抽象地谈论正义与不义，进步与反动，这对我们研究历史上的民族关系和民族战争是没有益处的。

  天宝战争以血与火的教训昭示后人，中央王朝与地方势力之间相互依存是国家统一的基础。中央王朝在统一进程中必须充分尊重地方权益，对地方实力派既要注意其建设地方、拱卫中央、维护统一的作用，又要时刻防止其据地自雄的离心倾向。唐初对云南怀柔招抚的成功与天宝年间一味打压以致诉诸武力的失败，值得深思。

第四章

弃蕃归唐

第一节 南诏拓展

一 巂州争夺

天宝十四年（公元755年）十一月，安禄山据渔阳反叛，如何平息叛乱、返还旧都成为唐廷上下共同关注的中心，而对于吐蕃及南诏在西南边境的骚扰，遂不得不暂时搁置一边。不仅如此，由于诸将各以镇兵讨难，唐之西南防御明显削弱。例如，何履光是唐在西南所倚重的一员将领，曾多次参加征讨南诏的战争。西洱河之战后，何履光受命出征岭南。樊绰《云南志》卷七记载："何履光本是邕管贵州人，旧尝任交、容、广三州节度。天宝十五年（即肃宗至德元年，公元756年），方收蛮王所坐大和城之次，属安禄山造逆，奉玄宗诏旨，将兵赴西川，遂寝其收复。"所谓收大（太）和城之次云云，当指其参加西洱河之战，事在天宝十三年，此处系年可能有误。唐军虽然进至太和城附近，但言其收复则明显属于掩饰之词。安史之乱后，何履光即被调往西川，再由西川调往中原，不再负责西南防御。在这种情况下，一些本可在与南诏争战中大有可为的将领，也只有退保其地，进行消极防御。如黔中节度使赵国珍，本系牂牁别部充州蛮酋赵君道之裔，"天宝中，以军功累迁黔府都督兼本管经略等使。时南蛮阁罗凤叛，宰相杨国忠兼剑南节度，遥制其务，屡丧师徒。中书舍人张渐荐国珍有武略，习知南方地形，国忠遂奏用之。在五溪凡十余年，中原兴师，唯黔中封境无虞"。① 如此将才，适遇安史之乱，亦根本

---

① （后晋）刘昫等：《旧唐书》卷一一五《赵国珍传》，百衲本。

无暇远略，仅能保其"黔中封境无虞"而已。

借助安史之乱，"边侯空虚"的大好时机，吐蕃、南诏"乘隙暴掠"[1]，时而联兵入寇，时而南北竞进，不断掠夺唐之边郡。《新唐书·吐蕃传》称："至德初（公元756年），取巂州及武威等诸城，入屯石堡。"取武威者自是吐蕃，而取巂州者则是南诏。《新唐书·南诏传》载："会安禄山反，阁罗凤因之取巂州会同军（今四川会理），据清溪关（今四川汉源西南）。"但南诏的行动当是奉了吐蕃的指示。《南诏德化碑》称："（赞普钟）五年（公元756年），范阳节度使安禄山窃据河洛，开元皇帝出居江、剑。赞普差御史赞郎罗于恙结赍敕书曰：'树德务滋长，去恶务除本。越巂、会同谋多在我，图之此为美也。'诏恭承上命，即遣大军将洪光乘、杜罗盛、段附克、赵附于望、罗迁、王迁、罗奉、清平官赵佺邓等，统细于藩，从昆明路，及宰相倚祥叶乐、节度尚检赞同伐越巂，诏亲率太子藩围逼会同。越巂固拒被戮，会同请降无害。子女玉帛，百里塞途，牛羊积储，一月馆谷。"在吐蕃的敕命下，南诏此次几乎是倾全国之力进犯越巂。据学者统计，南诏共有大军将十二人，此次即出动七人，另有清平官一人，以及吐蕃之宰相与节度使等二人，阁罗凤且率其太子进围会同，可见其声势之浩大与实力之雄厚[2]。攻陷越巂、会同后，南诏军队大肆掳掠，获得人口、牲畜、财物无数，"子女玉帛"之多竟至"百里塞途"，而"牛羊积储"则可充南诏大军"一月馆谷"。

南诏退兵以后，唐廷复置越巂，而以杨廷琎为都督，意在防止南诏北上，负有兼固台登的责任。吐蕃复令南诏进攻越巂，以免其对南诏和吐蕃形成威胁。《南诏德化碑》称："（赞普钟）六年（公元757年），汉复置越巂，以杨廷琎为都督，兼固台登。赞普使来曰：'汉今更置越巂，作爰昆明。若不再除，恐成滋蔓。'既举奉明旨，乃遣长男凤伽异驻军泸水，权事制宜。令大军将杨传磨侔等与军将欺急历如，数道齐入。越巂再扫，台登涤除。都督见擒，兵士尽掳。于是扬兵邛部，而汉将大奔，回斾昆明，倾城稽颡。可谓绍家继业，世不乏贤。昔十万横行，七擒纵略，未足多也。"唐廷复置越巂不足一年，又被南诏攻破，都督杨廷琎也被俘虏。

---

① （宋）欧阳修、宋祁等：《新唐书》卷二一六《吐蕃传》，百衲本。
② 参见王吉林《唐代南诏与李唐关系之研究》，台湾东吴大学出版社1976年版，第231页。

南诏由是占领越嶲，不复再作撤退打算，故《新唐书·地理志》称："至德二载（越嶲）没吐蕃（实为南诏）。"

自此以后，大渡河以南地区为南诏所控制。《新唐书·南诏传》说：勿邓、两林、丰琶诸部落，"天宝中，皆受封爵。及南诏陷嶲州，遂羁属吐蕃"。所谓"羁属吐蕃"，当为受制于南诏。西川与南诏在这一地区争执不休，南诏在会川境界，设置都督作为对付西川的前哨据点。

南诏攻破嶲州，俘获唐朝嶲州所属西泸令郑回。郑回是相州（今河南安阳）人，天宝中举明经，精通儒学，被任命为嶲州西泸县令。阁罗凤因其是有学问的儒者，没有将他视为一般俘虏，而是任用他为皇族子弟的教师。郑回在南诏发展史上发挥了重大作用。

南诏利用安史之乱造成唐朝狼狈失据的窘境，不仅将其疆界向北推到越嶲，而且在西南极力四处扩张。

二 西开寻博（传）

在西部地区，盛罗皮在位时，南诏已取永昌（今云南保山）地区，建置拓俞城。唐肃宗宝应元年（公元762年）冬，阁罗凤认为寻传，"畴壤沃饶，人物殷溱，南通北海，西近大秦，开辟以来，声教所不及，羲皇之后，兵革所不加"，便亲与僚佐率领兵众，向西征抚，"刊木通道，造舟为梁，耀以威武，喻以文辞"，对投降者抚慰安居，对抵御者征剿杀戮，于其地择胜置城，"裸形不讨自来，祁鲜望风而至"。[1] 寻传，当为"寻博"形近而误，即今景颇，寻博与景颇同音异写。其居地在今云南德宏州及缅甸北部克钦邦。裸形蛮在寻博蛮以西，称为"野蛮"，"其男女遍满山野，亦无君长，作葛栏舍屋。多妇少男，无农田，无衣服，惟取木皮以蔽形"。[2] 祁鲜为裸形以西的蛮夷，其居地称为祁鲜山，其地在丽水城（今缅甸达罗基，Talawgyi）与苍望城（今缅甸八莫）之间。缅甸伊洛瓦底江南流至八莫，折转向西，经瑞姑（Shwegu）以北地区，群山起伏，当为祁鲜山区[3]。

---

[1] 《南诏德化碑》，见方国瑜主编《云南史料丛刊》第二卷，云南大学出版社1998年版，第380页。

[2] （唐）樊绰：《蛮书》卷四《名类第四》，见木芹《云南志补注》，云南人民出版社1995年版，第59页。

[3] 方国瑜：《中国西南历史地理考释》上册，中华书局1987年版，第484页。

阁罗凤收复寻博后，在此地设置丽水节度镇守。

三 东收曲靖、南控步头

如前所述，南诏与唐的冲突肇因爨地，而又纠结于安宁的争夺。唐廷用兵云南失败之后，爨地尽入南诏，南诏乃于安宁设置"城监"，安置离散，控制爨地。《南诏德化碑》称："且安宁雄镇，诸爨要冲，山对碧鸡，波环碣石，盐池鞅掌，利及祥欢，城邑绵延，势连戎僰。乃置城监，用辑携离，远近因依，闾阎栉比。"尽管如此，在唐永泰元年（公元765年）以前，南诏对滇东的管理仍然较为松弛。赞普钟十二年（公元763年），阁罗凤利用战争间歇，"侯隙省方，观俗恤隐"，至于昆川（今云南昆明），审视形势，自言"河山可以作藩屏，川陆可以养人民"①，遂决定在此建立重镇，以为控制滇东、滇东北以至滇南的战略枢纽。赞普钟十四年（公元765年），阁罗凤命长男凤伽异于昆川建拓东城（今云南昆明），阁罗凤与凤伽异分治西（阳苴咩城）、东（拓东城）二城，称为"二诏"。南诏置拓东城以为别都，重兵镇戍于此，统治爨氏故地，"于是威慑步头，恩收曲靖，颁诏所及，翕然俯从"。②步头在今元江。两汉至唐朝初期，中央王朝在云南设治的地区大多在元江以内。天宝初年唐朝开步头路以通安南，步头已成为连接安宁，通往安南、文单国（老挝）、真腊（柬埔寨）、崑崙国（下缅甸马达班）的交通要道③。曲靖当为曲州、靖州。曲州为朱提郡故地，大约在今昭通的昭阳、鲁甸、永善；靖州为汉阳故地，大约在今贵州的威宁、水城。

四 开南镇塞

在南方，阁罗凤"建都镇塞，于银生黑咀之乡"④，即在今云南思茅、西双版纳地区建置银生城（今云南景东）、开南城（今景东文井）等，控制其南方诸部，其势力达于今老挝及泰国北部。

---

① 《南诏德化碑》，见方国瑜主编《云南史料丛刊》第二卷，云南大学出版社1998年版，第380页。

② 同上书，第381页。

③ 方国瑜：《中国西南历史地理考释》上册，中华书局1987年版，第576—577页。

④ 《南诏德化碑》，见方国瑜主编《云南史料丛刊》第二卷，云南大学出版社1998年版，第381页。

经过如是的开拓与整合，南诏国势大增，在西南地区已与唐、吐蕃势力鼎足而三。这种实力的消长，直接影响到南诏与吐蕃的关系，南诏依靠吐蕃在天宝西洱河之战中取得胜利后，成为吐蕃的兄弟之国，也就是吐蕃的属国。南诏利用吐蕃，在西南迅速发展，成为一大强势政权。当南诏强大起来后，一方面，觉得自身已是可以在云南独立称霸的王国，不需要再得到吐蕃之协助；另一方面，反觉得作为吐蕃的属国，难以忍受吐蕃之征调。基于这两方面的因素，南诏最终决定背弃吐蕃，重归唐朝。

第二节　骚扰蜀川

一　崔宁骄横

唐朝设置剑南节度使，其职责是"西抗吐蕃，南抚蛮獠；统团结营及松、维、蓬、恭、雅、黎、姚、悉等八州兵马，天宝、平戎、昆明、宁远、澄川、南江等六军镇"[①]。剑南道的职责是"西抗吐蕃，南抚蛮獠"。"抗"与"抚"的策略区别是明显的。"抚"主要是政治招抚，"抗"为军事对抗。唐朝初期，招抚云南诸蛮的策略比较成功。但是，自从章仇兼琼为节度使，建置安宁城、通步头路时，处置不当，引起爨蛮的骚乱。鲜于仲通、李宓更是把招抚的策略一改而为军事征讨。以剑南有限的人力、物力、军力，征讨南诏，导致南诏投靠吐蕃，将唐朝大军大败于西洱河，支轮不返。唐肃宗至德二年（公元757年），将剑南道分为东川、西川两个节度使。原来"西抗吐蕃，南抚蛮獠"的责任，几乎全由剑南西川节度承担。对此，西川节度实在不堪重负。

公元8世纪70年代，剑南的唐朝军队成功地击溃了吐蕃的几次进攻。与这几次成功相关联的主要人物是一个名叫崔宁（原名崔旰）的西川节度使。虽然崔宁出生于一个儒家学者之家，但他自己却更崇尚武功，喜纵横之术。年轻时，他就仗剑客游剑南，在那里参加了鲜于仲通的军队，充当一名步卒。后崔宁参加李宓的军队，踏上了讨伐云南的遥远而坎坷的征途。在那次惨败的战争中，他幸免于难，历尽艰辛返回成都。在剑南，崔宁逐渐升到高位，并为自己建立了声望。后来，他被任命为将军，统兵西山，讨伐吐蕃及其在西山（成都西北）地区的藩属羌戎。崔宁善抚士卒，

[①]（后晋）刘昫等：《旧唐书》卷三十八《地理志》，百衲本。

兵士皆愿为之效命。他在抗击吐蕃的战斗中获胜，"拓地数百里，下城寨数四"①。他的作战事迹成为传奇故事，其军队被称为"神兵"，令吐蕃闻风丧胆。

永泰元年（公元765年）五月，唐廷一尚书右仆射定襄郡王郭英义为成都尹、御史大夫，充剑南节度使②。郭英义到成都，召崔宁回成都，崔宁借口防备吐蕃未应召。郭英义把崔宁的家人当作人质，并奸污了崔宁的妻妾。崔宁得知，转入深山，郭英义率军往讨，天大雪，深数尺，士马冻死者甚重，郭英义收拾残众千余人返回成都。崔宁率众攻成都，郭英义之众屡败，多投崔宁。转瞬间，郭英义大败而逃，终于被捕杀。于是剑南大乱不止。朝廷新任命的节度使杜鸿渐显然因郭英义的厄运而变成一个畏懦谨慎、多疑不决的人。杜鸿渐到成都上任，惧怕崔宁的勇武，非但不敢问罪崔宁，反而把军州政事完全交给崔宁办理，后来干脆上书朝廷请求把他的节度使的职务转让给崔宁。朝廷考虑到吐蕃对剑南西川边境的威胁继续存在，而且崔宁自己所造成的动乱使西川力量受到牵制，因此决定给崔宁以支持，在大历二年（公元767年）任命崔宁为剑南节度使，召杜鸿渐返回京城。

此后，崔宁就利用他大破吐蕃的功勋作为维持他在剑南权力的有力杠杆。看来，只要吐蕃对剑南西川的威胁存在多久，崔宁成功地控制剑南的权力就会维持多久。为了对付吐蕃的威胁，唐朝廷是不愿轻易更换他的。据资料说，崔宁把他的弟弟崔宽派到长安向朝廷高官要员行贿以争取他们的支持，特别是向宰相元载父子这样位高权重的大人物随时进呈丰富厚重的礼品，尽量满足他们的欲望，通过这种方式维持朝廷对他们弟兄的宠爱。因之，崔宁使他在剑南的地位能平安稳固地保持了十年以上。"宁在蜀十余年，地险兵强，肆侈穷欲，将吏妻妾，多为所淫污，朝廷患之而不能诘，累加尚书左仆射"③。朝廷对崔宁既忧虑担心而又无可奈何。崔宁之所以能够久任剑南西川节度使，除了贿赂元载等高官外，吐蕃的入寇与南诏的威胁起了重大作用。当然，关于吐蕃的入寇及其对剑南西川的威胁与崔宁多次战胜吐蕃的功勋的报告都有所夸大。

---

① （后晋）刘昫等：《旧唐书》卷一一七《崔宁传》，百衲本。
② （后晋）刘昫等：《旧唐书》卷十一《本纪·代宗纪》，百衲本。
③ （后晋）刘昫等：《旧唐书》卷一一七《崔宁传》，百衲本。

不管如何，朝廷是不会完全忘记崔宁在剑南所篡夺的地位及其危险。大历十二年（公元777年）三月，崔宁在朝廷的保护人宰相元载得罪下狱，被赐自尽。这一年崔宁奏："于西山破吐蕃十万，斩首八千，生擒九百人。"①

二 李晟取胜

大历十四年（公元779年）五月，唐代宗驾崩，德宗继位。在蜀地恃险称强、骄奢淫逸的剑南西川节度使崔宁被征召入朝，迁检校司空、平章事、兼山陵使，负责代宗丧葬之事。同年，南诏阁罗凤卒，其子凤伽异早死，其孙异牟寻立。按照史书记载，异牟寻"有智数，善抚众，略知书"②，是一位颇有雄才大略的君主。剑川石宝山石窟第八窟的造像，大多数研究者认为就是异牟寻及其侍臣。

十月，趁唐朝西川无帅、局势不稳之机，南诏联合吐蕃起兵二十余万，分三路入侵剑南。南诏、吐蕃的联军一路出茂州，过汶川及灌口；一路出扶、文，掠取方维、白坝；一路出黎、雅，攻打邛崃关。异牟寻气势汹汹，声称："为我取蜀为东府，工伎悉送罗娑城，岁赋一缣。"③ 原先由崔宁节制指挥的剑南军队，因失去强有力的统帅而不能对南诏与吐蕃的联军进行有效的抵抗。联军势如破竹，连陷郡邑，迭克府州，剑南西川的居民被吓得惊逃山谷。大兵压境，全国上下为之震动，德宗欲让崔宁重返成都处理其危急局势。但宰相杨炎则认为，崔宁就是利用剑南的动荡而夺取高位和大权的。"今虽归之，必无功，是徒遣也；若有功，义不可夺。则西川之奥，败固失之，胜亦非国家所有"④。

德宗采纳了杨炎的建议，命右神策都将李晟率领四千禁卫兵，又命诏金吾大将军曲环，率邠、陇、范阳等地的精兵五千，赶赴剑南救援。剑南东川与山南也出兵与之配合，共同迎击吐蕃、南诏。李晟率军逾漏天，攻取了飞越、廓清、肃宁三城，又南下大渡河，斩首六千余级，南诏大败。接着曲环挥兵收回七盘城、威武军、维、茂等州，吐蕃溃退。南诏、吐蕃

---

① （后晋）刘昫等：《旧唐书》卷十一《本纪·代宗纪》，百衲本。
② （宋）欧阳修、宋祁等：《新唐书》卷二二二《南诏传》，百衲本。
③ 同上。
④ （宋）欧阳修、宋祁等：《新唐书》卷一四四《崔宁传》，百衲本。

军连遭败绩，死者达八九万人。

这是一次具有深远意义的胜利。最重要的是，唐朝收复了被吐蕃占据多年的维（今四川理县）、茂（今四川茂县）二州。吐蕃、南诏损兵折将，死伤惨重，寇扰西川的力量被削弱，使剑南西川边界保持了较长时间的安定局面。大历十四年（公元779年）后的一段时期，唐朝与吐蕃的关系得到改善，边界的冲突既不再是那么频繁，也不如过去那样激烈。重大的谈判举行了，并以建中四年（公元783年）清水的边界会盟为标志而达到高峰。在剑南西川漫长的边界上，西山和大渡河被选为自然边界。双方一致同意其东为唐的领土，其西部和西南部，包括么些和当地的部族都属于吐蕃。双方关系改善到如此程度，以致吐蕃答应帮助唐王朝镇压极为严重的朱泚叛乱，这次叛乱再次给唐朝社会带来动荡和骚乱。然而，吐蕃要求唐朝以割让西南的一些土地为代价，来换取他们对唐朝的支持。当朱泚叛乱被平定后，唐朝并没有按照协议的规定，把应割让的土地如约交给吐蕃作为酬劳。双方关系受到损害，进一步的协商与缔结新的和约又面临僵局。

这次战役的胜利促使南诏与吐蕃之间的关系发生了根本变化，南诏与吐蕃的联盟由此产生裂隙。

第三节　李泌方略

一　环攻吐蕃

贞元三年（公元787年）闰五月吐蕃平凉劫盟后，六月，德宗以陕虢观察使李泌为中书侍郎，同平章事。李泌出任宰相后，协调德宗与重臣李晟、马燧的关系，请德宗坦然对待李晟、马燧，使其自保无虞，国家有事则出从征伐，无事则入奉朝请。不能以李、马两大臣的功高而猜忌，两位大臣勿以位高而自疑，则天下将太平无事。德宗问李泌"复府兵之策"，李泌提出，在沿边军镇，募戍卒，给牛、种、农具，耕荒田，使关中久已荒芜的沃土变为富庶之区。戍卒因屯田致富，则安于其土，不复思归。戍守的三年期满，有愿留者，即以所开田为永业。家人愿来者，本贯给长牒续食而遣之。用不了几年，戍卒变为土著，悉以府兵之法管理，就可以"变关中之疲弊为富强也"①。

　　德宗以为照李泌的策略,"天下无复事矣"。李泌认为尚不能如此乐观。唐朝面临吐蕃等边患,岂可说天下无事!但他说,"臣能不用中国之兵使吐蕃自困"。待德宗问道:"计将安出?"李泌又说:"臣未敢言之,俟麦禾有效,然后可议也。"②李泌方略的核心是:"结回纥、大食、云南与共图吐蕃,令吐蕃所备者多。"但是考虑到德宗素恨回纥,恐他听到联结回纥不高兴,连屯田的事也废而不行,所以暂时不肯说出来③。

　　回纥合骨咄禄可汗屡求和亲,且请婚。但是德宗一直不答应。贞元三年(公元787年)九月,边将急报军马缺乏。李泌即刻向德宗进言:"陛下诚用臣策,数年之后,马贱于今十倍矣!"德宗问:何能如此?李泌回答说:愿陛下推至公之心,曲己徇人,为社稷大计,臣乃敢言。德宗消除了李泌的顾虑后,李泌大胆陈述他的方略:"臣愿陛下北和回纥,南通云南,西结大食、天竺,如此,则吐蕃自困,马亦易致矣。"④

　　李泌关于与回纥结盟的建议当即遭到德宗本人的强烈反对。二十五年前,安史之乱时,唐廷请求回纥帮助天子讨伐史朝义,时为皇太子的雍王李适被任命为天下兵马元帅,与诸节度使会陕州。当时回纥可汗驻扎陕州北面,雍王前往拜见。回纥可汗傲慢地要求唐朝太子雍王"蹈舞"以表示对他的尊敬。可汗利用唐朝遭到削弱的困难时期强迫皇太子向他卑躬屈膝。这样的要求理所当然地为雍王所拒绝。回纥君臣眼看无法使雍王屈服,就将随同皇太子雍王出使的御史中丞乐子昂、右羽林卫将军魏琚、中书舍人韦少华,御史中丞李进搒击百下,韦少华与魏琚经受不住重搒,"一夕死"。雍王回到营地,"官军以王见辱,请合诛回纥,王以贼未灭止之"⑤。作为王储的雍王李适本人虽没有遭到任何肉体伤害,但在精神上却受到巨大折磨,这样的羞辱使他对回纥耿耿于怀,永志难忘。德宗对李泌说:"朕于卿言皆听之矣,至于回纥,宜待子孙,于朕之时,则固不可!""韦少华等以朕之故受辱而死,朕岂能忘之!属国家多难,未暇报之,和则决不可。卿勿更言!""自是泌凡十五余对,未尝不论回纥事,

---

①　(宋)司马光:《资治通鉴》卷二三二《唐纪四十八·德宗七》德宗贞元三年。
②　同上。
③　同上。
④　(宋)司马光:《资治通鉴》卷二三三《唐纪四十九·德宗八》德宗贞元三年。
⑤　(宋)欧阳修、宋祁等:《新唐书》卷二一七《回纥传》,百衲本。

上终不许"①。

二 结盟回纥

李泌坚持不懈，反复解释说：前害韦少华、屈辱德宗的，是回纥之牟羽可汗，已为今合骨咄禄可汗所杀，"其国人有再复京城之勋，夫何罪乎！吐蕃幸国之灾，陷河、陇数千里之地，又引兵入京城，使先帝蒙尘于陕，此乃必报之仇，况其赞普尚存，宰相不为陛下别白言此，乃欲和吐蕃以攻回纥，此为可怨耳"。德宗说："朕与之为怨已久，又闻吐蕃劫盟，今往与之和，得无复拒我，为夷狄之笑乎？"李泌回答说："今可汗为胡禄都督，与今国相白婆帝皆从叶护而来，臣待之颇亲厚，故闻臣为相而求和，安有复相拒乎！臣今请以书与之约：称臣，为陛下子，每使来不过二百人，印马不过千匹，无得携中国人及胡商出塞。五者皆能如约，则主上必许和亲。如此，威加北荒，旁詟吐蕃，足以快陛下平昔之心矣。"德宗说："自至德以来，与为兄弟之国，今一旦欲臣之，彼安肯和乎？"李泌回答说："彼思与中国和亲久矣，其可汗、国相素信臣言，若其未谐，但应再发一书耳。"德宗听从了李泌的建议。很快，回纥遣使上表称儿及臣，凡泌所与约五事，一皆听命。德宗大喜，问李泌："回纥则既和矣，所以招云南、大食、天竺奈何？"李泌说："回纥和，则吐蕃已不敢轻犯塞矣；次招云南，则是断吐蕃之右臂也。云南自汉以来臣属中国，杨国忠无故扰之使叛，臣于吐蕃，苦于吐蕃赋役重，未尝一日不思复为唐臣也。大食在西域为最强，自葱岭尽西海，地几半天下，与天竺皆慕中国，代与吐蕃为仇，臣故知其可招也。"②

使德宗惊讶而又高兴的是，在这段时间一直对娶一个唐朝公主颇感兴趣的回纥表示乐意与唐朝达成联合对付吐蕃的协议。德宗将咸安公主嫁给了回纥可汗为妻。可汗上书唐廷："昔为兄弟，今婿，半子也。陛下若患西戎，子请以兵除之"③，消除了德宗对回纥的宿怨，与回纥和亲结盟。李泌环攻吐蕃的战略基础就这样奠定了。

李泌的策略看来较为理想，但实行起来未能如愿。大食、天竺在吐蕃

---

① （宋）司马光：《资治通鉴》卷二三三《唐纪四十九·德宗八》德宗贞元三年。
② 同上。
③ （宋）欧阳修、宋祁等：《新唐书》卷二一七《回鹘传》，百衲本。

西边，中间有葱岭、喜马拉雅山相隔，与吐蕃的交往不多，与唐朝相距遥远，这两个国家在帮助唐朝围攻吐蕃的战略中，作用并非如想象的明显。回纥与唐朝和亲后，虽然增加了吐蕃的外部压力，使之不能全力侵扰唐朝，但实际效果也不如理想的好。不久，回纥内乱，自顾不暇，也就难以为唐朝打击吐蕃效力。

李泌的策略唯在招抚南诏方面取得巨大成效，这与一个重要的人物密切有关，这就是时任剑南西川节度使的韦皋。

第四节　韦皋妙计

一　招抚东蛮

贞元元年（公元785年），韦皋出任剑南西川节度使。他到成都后，了解到吐蕃与南诏结盟，南诏兵众数万，吐蕃寇唐，必以南诏为前锋。若能招抚南诏，自可削弱吐蕃力量，缓和剑南西川的边患。他还了解到南诏自身亦苦于吐蕃的侵凌与征发，希冀摆脱吐蕃控制而与唐重修旧好。只要南诏背蕃归唐，庶可断吐蕃右臂。因此，他对李泌的计划颇能理解和支持，成为这一战略计划的具体实施人。

韦皋意识到："得云南，则斩吐蕃右支"。[1] 上任后积极开展招抚云南（南诏）的筹谋。为招抚南诏，韦皋试图与南诏接触并建立联系。在西川、南诏、吐蕃之间是东蛮诸部，南诏和吐蕃对东蛮诸部实行羁縻统治。所谓"东蛮"，又称为"三部落"，"勿邓、丰琶、两林，皆谓之东蛮，天宝中皆受封爵。及南诏陷嶲州，遂羁属吐蕃"[2]。勿邓部落"地方千里，有邛部六姓，一姓白蛮也，五姓乌蛮也。又有初裹五姓，皆乌蛮也，居邛部、台登之间"[3]，即今西昌与冕宁之间。勿邓之南七十里为两林，"两林第虽陋，而诸部推为长，号大鬼主"[4]。丰琶又在南林之南约二百里，"本出嶲州百姓……心长向国"[5]。

东蛮三部落在唐朝西川、吐蕃、南诏三大势力之间骑墙观望，哪方的

---

[1]　（宋）欧阳修、宋祁等：《新唐书》卷一五八《韦皋传》，百衲本。
[2]　（宋）欧阳修、宋祁等：《新唐书》卷二二二《南蛮传》，百衲本。
[3]　同上。
[4]　同上。
[5]　木芹：《云南志补注》，云南人民出版社1995年版，第66页。

势力大就靠向哪方，以求自保。韦皋为对付吐蕃、招抚南诏，首先就要招抚东蛮。

韦皋看到随着吐蕃实力的削弱，东蛮诸部已有归唐之心，便上书朝廷，建议召纳东蛮诸部，以分离吐蕃之势，并通过东蛮与南诏取得联系。他的建议得到朝廷认可。贞元四年（公元788年）初，韦皋透过东蛮致函异牟寻，表明招抚之意。贞元四年（公元788年），韦皋派遣判官崔佐时深入南诏，劝说南诏首领异牟寻背弃吐蕃，归附唐朝。崔佐时到达南诏首府阳苴咩城，"异牟寻忻然接遇，请绝吐蕃，遣使朝贡"①。这一年（公元788年）四月，异牟寻先派遣东蛮首领骠傍、苴梦冲、苴乌星入唐朝见，并转达"内附"之意。

东蛮三部落的酋长"皆入朝，宴麟德殿，赏赉加等，岁给其部禄盐衣彩，黎、巂二州吏就赐之"②。唐廷封骠傍为和议郡王，苴梦冲为怀化王，苴乌星为顺政郡王③。

东蛮诸部的归附，不仅使其与唐朝断绝二十余年的朝贡关系重新建立起来，而且为唐朝招抚南诏搭起了桥梁。但是，南诏对吐蕃还是心存畏惧，不敢公然背弃吐蕃。就在这一年（公元788年）十月，吐蕃发兵十万将寇西川，同时命令南诏发兵支持。南诏被迫派兵数万屯于泸北。韦皋知异牟寻尚举棋不定，便写了一封信给他，"叙其叛吐蕃归化之诚，贮以银函，使东蛮转致吐蕃"④。吐蕃收到了详述南诏叛弃吐蕃归附唐朝的愿望与诚意的信函，便对南诏产生怀疑，立即派兵两万屯于会川（今四川会理），以封锁南诏进入剑南西川的通道。南诏大怒，马上召回支持吐蕃进攻剑南西川的军队。于是南诏与吐蕃间由相互猜忌发展到怨恨的敌对状态，南诏归唐之志越发坚定。吐蕃失去南诏的臂助，兵势减弱，但仍分兵四万攻两林、骠傍，三万攻东蛮，七千寇清溪关，五千犯铜山。韦皋派遣黎州刺史韦晋等与东蛮诸部连兵，大破吐蕃于清溪关外。这次战役，促使东蛮与吐蕃兵戎相见，公开决裂；唐亦趁势将军事力量深入到东蛮地区，隔断南诏与吐蕃的交通。

---

① （后晋）刘昫等：《旧唐书》卷一四〇《韦皋传》，百衲本。
② （宋）欧阳修、宋祁等：《新唐书》卷二二二《南蛮传》，百衲本。
③ （宋）王钦若、杨亿等：《册府元龟》卷一四〇《外臣部·册封》。
④ （后晋）刘昫等：《旧唐书》卷一四〇《韦皋传》，百衲本。

吐蕃兵败清溪关后，不甘心失败，再次派遣两万大军寇清溪关，一万攻打东蛮。韦皋命令韦晋镇守要冲，督诸军奋力抵御。巂州经略使刘朝彩出关与战，再次大破吐蕃。

二 蕃诏裂痕

吐蕃数次在西川失利，根本原因是南诏没有给予其有力支持与积极配合，于是多次遣使威胁南诏。韦皋为使南诏彻底脱离吐蕃，于贞元五年（公元789年）二月丁亥（十四日），再次致函异牟寻说："回鹘屡请佐天子共灭吐蕃，王不早定计，一旦回鹘所先，则王累代功名虚弃矣。且云南久为吐蕃屈辱，今不乘此时依大国之势以复怨雪耻，后悔无及矣。"①

面临吐蕃的威胁，两林都大鬼主苴那时，遣使呈书韦皋，请求出兵帮助攻打吐蕃。韦皋"遣将刘朝彩出铜山道，吴鸣鹤出清溪关道，邓英俊出定蕃棚道，进逼台登城。吐蕃退壁西贡川，据高为营。苴那时战甚力，分兵大破吐蕃青海、腊城二节度军于北谷，青海大兵使乞藏遮遮、腊城兵马使悉多杨朱、节度论东柴，大将论结突梨等皆战死，执笼官四十五人，铠仗一万，牛马称是。进拔于葱栅"②。唐廷下诏册封苴那时为顺政郡王，给印章、袍带。"乞藏遮遮，房之骁将也，既死，皋所攻城栅无不下；数年，尽复巂州之境"③。

第五节　苍山会盟

一 背弃吐蕃

尽管唐多次大败吐蕃，南诏仍不敢公开举起反对吐蕃的旗帜。贞元五年（公元789年）十二月，韦皋又一次致书异牟寻，但一年半过去，南诏一直无任何回音。韦皋知道，异牟寻已经和吐蕃离心离德，但不敢公开表明归唐志向，处于犹豫不决之中。贞元七年（公元791年），韦皋将南诏阁罗凤派来的使臣段忠义遣返云南，并带去一封信，敦谕异牟寻归附唐朝。吐蕃得知韦皋遣使至南诏，即刻驰书责问。异牟寻为消除吐蕃的疑

---

① （宋）司马光：《资治通鉴》卷二三三《唐纪四十九·德宗八》德宗贞元五年。
② （宋）欧阳修、宋祁等：《新唐书》卷二二二《南蛮传》，百衲本。
③ （宋）司马光：《资治通鉴》卷二三三《唐纪四十九·德宗八》德宗贞元五年。

虑，竟将段忠义缚送于吐蕃，但仍未取得吐蕃的信任。吐蕃经常命令南诏将大臣之子送至吐蕃作为人质，更激起南诏的怨恨。

正当韦皋多次遣使招徕南诏时，勿邓大鬼主苴梦冲表面上归附唐朝，暗中却与吐蕃勾结，煽动东蛮诸部，阻碍南诏与西川的使者。贞元八年（公元792年）二月，韦皋派兵征讨勿邓，执苴梦冲，数其罪而斩杀，打通了西川与云南的交通。韦皋斩杀苴梦冲后，立次鬼主样弃，将其部落分为六部，群蛮镇服。韦皋乘势"建安夷军于资州，维制诸蛮。城龙谿于西山，保纳降羌"①。吐蕃与南诏间的猜忌怀疑与日俱增，双方各自秣马厉兵，准备对付对方。韦皋再次致书南诏，"欲与共袭吐蕃，驱之云岭之外，悉平吐蕃城堡，独与云南筑大城于境上，置戍相保，永同一家"②。韦皋还率兵收复为吐蕃占据的维州，俘虏其大将论赞热。第二年五月，韦皋又遣大将董勔等率兵出西山，破吐蕃兵众，拔堡栅五十余个。原先役属吐蕃的西山八国，至此各帅部众内附。韦皋将他们置于维、保、霸等州，给以耕牛和种粮，八国的首领皆入朝，受到唐廷的厚赐。

南诏背弃吐蕃、归附唐朝的重要原因之一，是"吐蕃责赋重数，悉夺其险立营候，岁索兵助防，异牟寻稍苦之。故西泸令郑回者，唐官也，往嶲州破，为所虏。阁罗凤重其惇儒，号'蛮利'，俾教子弟，得箠搒，故国中无不惮。后以为清平官。说异牟寻曰：'中国有礼义，少求责，非若吐蕃怵刻无极也。今弃之复归唐，无远戍劳，利莫大此。'异牟寻善之。稍谋内附，然未敢发"③。

二 遣使求归

贞元九年（公元793年），异牟寻派遣使者三人异道同去成都，致韦皋帛书说："异牟寻世为唐臣，曩缘张虔陀志在吞侮，中使者至，不为澄雪，举部惶窘，得生异计。鲜于仲通比年举兵，故自新无繇。代祖弃背，吐蕃欺孤背约，神川都督论讷舌使浪人利罗式眩惑部姓，发兵无时，今二十年。此一忍也。天祸蕃廷，降衅萧墙，太子弟兄流窜，近臣横污，皆尚结赞阴计，以行屠害，平日功臣，无一二在。讷舌等皆册封王，小国奏

---

① （宋）欧阳修、宋祁等：《新唐书》卷一五八《韦皋传》，百衲本。
② （宋）司马光：《资治通鉴》卷二三四《唐纪五十·德宗九》德宗贞元八年。
③ （宋）欧阳修、宋祁等：《新唐书》卷二二二《南蛮传》，百衲本。

请,不令上达。此二忍也。又遣讷舌逼城于鄙,弊邑不堪利罗式私取重赏,部落皆惊。此三忍也。又利罗式骂使者曰:'灭子之将,非我有谁?子所富当为我有。'此四忍也。今吐蕃委利罗式甲士六十侍卫,因知怀恶不谬。此一难忍也。吐蕃阴毒野心,辄怀博噬。有如媮生,实污辱先人,辜负部落。此二难忍也。往退浑王为吐蕃所害,孤遗受欺,西山女王,见夺其位;拓跋首领,并蒙诛刈;仆固志忠,身亦丧亡。每虑一朝亦被此祸。此三难忍也。往朝廷降使招抚,情心无二,诏函信节,皆送蕃廷。虽知中夏至仁,业为蕃臣,吞声无诉。此四难忍也。"[1] 发兵无时,屠害功臣,奏请不能上达,退浑王、西山女王、仆固、拓跋之被害,失位丧亡,吞声无诉,以及役赋重数等,固然是引起双方交恶的种种原因,但最深刻的根源之一在于"利罗式问题"。异牟寻的"四忍"与"四难忍"中四次提到了利罗式。利罗式即矣罗君,系浪穹残部首领。南诏统一洱海地区时,三浪诏残部退居野共、剑川,为吐蕃收容。在吐蕃的保护下,他们集众数万,仍自称为"诏",继续与南诏对抗,企图恢复故地。而吐蕃则利用三浪以牵制南诏,并作为向洱海地区不断扩张势力的前导。天宝战争后,南诏臣属吐蕃,但其同三浪残部的矛盾非但没有解决,反而更加恶化。吐蕃既封南诏王为赞普钟、日东王,借以对付唐朝;同时又重用三浪残部,借以遏制南诏。浪穹残部首领利罗式利用其所处的特殊地位,特别是其与神川都督的特殊关系,心怀叵测,狐假虎威,私取重赏,苛削百姓,并煽动部落百姓叛蒙。因有吐蕃支持,南诏对之是欲忍不能,欲去无由,引为深恨。而吐蕃则将之视为在云南的先锋,随时准备以之取代南诏。因此,即使在不得不隐忍的情况下,南诏对吐蕃也早已是心存怨气了[2]。

异牟寻在给韦皋的帛书中特别强调:"曾祖有宠先帝,后世率蒙袭王,人知礼乐,本唐风化。吐蕃诈绐百情,恶怀相戚。异牟寻愿竭诚日新,归款天子。请加戍剑南、西山、泾原等州,安西镇守,扬兵四临,委回鹘诸国,所在侵掠,使吐蕃势分力散,不能为强。此西南隅不烦天兵,可以立功云。"[3] 南诏对于天宝年间背叛唐朝的行动,强作辩解,把责任

---

[1] (宋) 欧阳修、宋祁等:《新唐书》卷二二二《南蛮传》,百衲本。
[2] 参见木芹《南诏野史会证》,云南人民出版社1990年版,第97—100页。
[3] (宋) 欧阳修、宋祁等:《新唐书》卷二二二《南蛮传》,百衲本。

全推给张虔陀、鲜于仲通等边官边将为官不正、为吏不良，而对于南诏东进争夺爨地，则讳莫如深；对于背弃吐蕃，则以其"阴毒野心，辄怀博噬"，畏惧侵吞为由，对于韦皋在西南打击吐蕃，吐蕃多次惨败、势力渐弱这一大势，则避而不谈。不过异牟寻再三强调："世为唐臣"、"本唐风化"，"愿竭诚日新，归款天子"则是历史事实，更是历史发展的必然趋势。

贞元九年（公元793年）七月，韦皋遣大将董勔兵出西山，大破吐蕃之众，拔堡栅五十余。"剑南西山诸羌女王汤立志、哥邻王董卧庭、白狗王罗陀葱、弱水王董辟和、南水王薛莫庭、悉董王汤悉赞、清远王苏唐莫、咄霸王董邈蓬及逋租王，先役属吐蕃，至是各帅众内附。韦皋处之于维、保、霸州，给以耕牛、种粮。立志、陀葱、辟和入朝，皆拜官、厚赐而遣之"①。剑南西山诸羌的归附，使西川与南诏的交通更为顺畅，也使南诏意识到背弃吐蕃、归附唐朝，已成别无选择的唯一途径。

在实力较弱的情况下，南诏不得不听命受辱于吐蕃。但经过异牟寻的努力，南诏实力今非昔比，而吐蕃仍以屈辱之态对待南诏，必然引起南诏的极大不满，最后终于导致了南诏的重新归唐。

在上述事件的影响下，异牟寻最终下决心背弃吐蕃，与唐王朝重建友好关系。樊绰《云南志》卷三记载："异牟寻每叹地卑夷杂，礼义不通，隔越中华，杜绝声教。遂献书檄，寄西川节度使韦皋。韦皋答牟寻书，申以朝廷之命。牟寻不谋于下，阴决大计。"

贞元九年（公元793年）初夏，异牟寻决定派遣使团到唐廷表示归附之意。为使此重大行动万无一失，异牟寻组建三个使团，于四月中旬同时出发，分道赴唐朝京城。三个使团，一个出戎州（今四川宜宾），一个出黔州（今四川彭水），一个出安南（今越南）。每个使团都带有致唐廷的帛书，书中陈述了天宝战争的不幸及南诏叛唐的原因，恳乞唐廷谅解，表示"异牟寻愿竭诚日新，归款天子"②。使团还带有象征忠诚归顺的礼物：金镂盒子一具。盒内有绵、有当归、有朱砂、有金。"有绵者，以表柔服，不敢更与生梗；有当归者，永愿为内属；有朱砂者，盖献丹心向

---

① （宋）司马光：《资治通鉴》卷二三四《唐纪五十·德宗九》德宗贞元九年。
② （宋）欧阳修、宋祁等：《新唐书》卷二二二《南诏传》，百衲本。

阙；有金者，言归义之意如金之坚"①。出石门关入戎州一路，于五月到达成都。出黔州一路，大约经山南东道到达长安。出安南道一路，于当年六月十八日抵达安南府，其使自称于四月十九日由太和城出发。安南都护赵昌于六月二十一日派遣李茂带领南诏使团及其所献金镂盒子等物，异牟寻的书表和赵昌的奏文，一起到长安进献德宗。三个使团先后到达唐都长安后，唐德宗亲自召见，使团成员及异牟寻之子寻阁劝再次表示弃蕃归唐之决心，保证永远作唐在西南的屏蕃，德宗赏赐了丰厚的礼物，并诏令韦皋"遣谍往觇"②。韦皋于当年十月，派节度巡官崔佐时携带德宗诏书，率领使团，由清溪关路出使南诏。

三 玷苍结盟

贞元十年（公元 794 年）始，崔佐时顺利到达南诏都城羊苴咩。他发现尽管南诏已决心归附唐朝，但异牟寻仍害怕得罪吐蕃，都城中还住有许多吐蕃使者。清平官郑回秘密会见了崔佐时，把南诏内部的实际情况一一向他通报，并为他出谋划策。"阴戒佐时衣牂牁使者服以入，佐时曰：'我乃唐使者，安得从小夷服！'"③ 异牟寻不得已，赶忙正式接见崔佐时，因担心吐蕃使者知道，便把会面安排在夜间。异牟寻设位陈燎，崔佐时向异牟寻宣读了德宗诏书，异牟寻惊恐不安，惶顾左右，脸面失色，唯恐吐蕃使者得知。但无论如何，异牟寻还是流涕再拜受命。崔佐时劝异牟寻悉斩吐蕃使者，去掉吐蕃所立之号，献出吐蕃所赐金印，恢复南诏旧名，异牟寻答应一一照办。

贞元十年（公元 794 年）正月初五，异牟寻率其子寻梦凑和高级官员与崔佐时率领的唐朝使团一起登上羊苴咩城附近的玷苍山（现在俗称"点苍山"）神祠求天、地、水三大自然之神，五岳四读之灵，来为双方作证。异牟寻率文武大臣虔诚发誓："愿归清化，誓为汉臣"；"请全部落归附汉朝"，"永无离贰"④。盟誓的文书制成四份，一份请剑南节度进呈唐朝天子，一份珍藏于玷苍山神祠石室，另一份沉入洱海之中，一份由异

---

① 木芹：《云南志补注》，云南人民出版社 1995 年版，第 144 页。
② （宋）欧阳修、宋祁等：《新唐书》卷二二二《南蛮传》，百衲本。
③ 同上。
④ 赵吕甫：《云南志校释》，中国社会科学出版社 1985 年版，第 330 页。

牟寻留存南诏城内府库，贻戒子孙，不令背逆，不令侵夺，永为唐臣。

点苍山会盟结束了天宝西洱河之战以来南诏与唐朝对峙隔绝四十余年的局面。南诏重新归附唐朝，巩固并扩大了唐在西南地区的统治。唐朝实现了断吐蕃右臂的战略，南诏与唐朝形成掎角之势，使吐蕃处于钳形包围之中，既不敢东犯河湟，又不能南侵云南，从根本上改变了唐王朝在西南、西北边疆的被动局面。

第六节　云南安抚使司的设置

一　结盟见效

在点苍会盟的誓文中，南诏已明确表示愿意与唐共同讨伐吐蕃："请汉使计会，发动兵马，同心戮力，共行讨伐。"并表示："然吐蕃神川、昆明、会同以来，不假天兵，牟寻尽收复铁桥为界，归汉旧疆宇"[1]。故会盟之后，解决铁桥一带的吐蕃及其依附势力，一直是异牟寻关心的重点。恰在此时，吐蕃因夺取北庭（今新疆吉木萨尔）与回鹘大战，死伤甚众，复向南诏征兵万人。异牟寻已与唐使崔佐时在点苍山结盟，公开弃蕃归唐，而吐蕃尚一无所知。异牟寻计划借征兵之机袭击吐蕃，因此佯示寡弱，仅答应发兵三千。吐蕃认为太少，南诏又答应增至五千。异牟寻命五千军卒前行，自率数万大军尾随其后，昼夜兼行，乘其无备，突袭吐蕃于神川（今云南中甸塔城），摧毁了金沙江上游的铁索桥，使吐蕃南下西洱河地区的通道被截断，吐蕃兵马溺死以万计。南诏收复了铁桥以东城堡十六座，擒其王五人，降十余万人。南诏不仅出兵神川，还乘势收复了昆明城（今四川盐源县），夺取盐池[2]。战后，异牟寻派其弟凑罗栋、清平官尹仇宽等二十七人入唐朝献地图、贡方物。唐德宗赐赉有加，拜尹仇宽为左散骑常侍，封为高溪郡王。唐朝争取南诏、断吐蕃右臂的战略取得了显著成效。

前已述及，依附于吐蕃的诸诏残部也是南诏与吐蕃交恶的重要因素。

---

[1] 赵吕甫：《云南志校释》，中国社会科学出版社1985年版，第331页。
[2] 樊绰：《云南志》卷七载："昆明城有大盐池，比陷吐蕃……贞元十年春，南诏收昆明城。今盐池属南诏"。《资治通鉴》卷二三五《唐纪》五十一亦载："南诏攻吐蕃昆明城，取之。"

这些残余部落大多集中在剑、共二川一带。铁桥既断，吐蕃援手不及，南诏因得从容讨伐诸诏残部。贞元十年（公元794年），南诏军队首先击破三浪诸部，浪穹残部首领矣罗君（一作矣罗识）、邆赕残部首领颠之托被俘，"徙永昌"；施浪残部首领傍罗颠逃往泸北，"三浪悉平，惟傍罗颠、矣罗识子孙在吐蕃中"①。除三浪残部外，南诏统一洱海地区时，亦有别的部落北走依附三浪，如河蛮残部。樊绰《云南志》卷三称："河蛮，本西洱河人……及南诏蒙归义攻拔大和城，河蛮遂并北迁，皆制于浪诏。"三浪诏破灭以后，南诏"复徙（河蛮）于云南东北柘东以居"。此外，居于剑川一带的长裈蛮部落亦隶三浪诏，"南诏既破剑浪，遂迁其部落与施、顺诸蛮居，养给之"②。不止诸诏残部，在剑、共二川一带，原来尚有若干部落分布。因其属于吐蕃势力范围，南诏统一云南各地时未敢擅自加兵。如弄栋蛮，据《新唐书·南蛮传》称："其部本居弄栋县鄙地，昔为褒州，有首领为刺史，误杀其参军，挈族北走，后散居麽些江侧，故剑、共川亦有之。"贞元十年（公元794年），南诏破掠吐蕃城邑，"收获弄栋蛮，迁于永昌之地"③。裳人本为汉人，流落云南后而逐渐蛮化，"部落在铁桥北，不知迁徙年月"。南诏攻破铁桥节度城后，俘获裳人数千，"即移于云南东北诸川"④。另有施蛮、顺蛮二部，原参居于剑、共诸川。及浪穹、邆赕二诏为南诏所败，退夺剑、共，施蛮、顺蛮被迫迁于铁桥以上，其部落之主皆为吐蕃封王。至南诏攻破铁桥，俘获其首领与宗族，分别迁徙于蒙舍与白崖"养给之"；而其部落百姓，"则散隶东北诸川"⑤。磨些蛮分布于铁桥上下及大婆、小婆、三探览、昆明等川，"南诏既袭破铁桥及昆明等诸城，凡虏获万户，尽分隶昆川左右及西爨故地"⑥。由此可见，铁桥之战后，南诏基本上将所有居于铁桥上下及剑、共二川的附庸吐蕃的诸部悉数征服，然后分徙云南各地，使其远离吐蕃边境，以便控

---

① （唐）樊绰：《云南志》卷三《六诏第三》，见木芹《云南志补注》，云南人民出版社1995年版，第37页。

② （唐）樊绰：《云南志》卷四《名类第四》，见木芹《云南志补注》，云南人民出版社1995年版，第54页。

③ 同上书，第53页。

④ 同上书，第54页。

⑤ 同上书，第56页。

⑥ 同上书，第57页。

制，从而最后完成了对云南地区的统一。就此而言，南诏归唐也已颇有成效了。

在取得铁桥之战的辉煌胜利之后，异牟寻于贞元十年（公元794年）八月派他的弟弟凑罗栋、清平官尹仇宽和一批高级官员前往唐廷，向唐朝进呈南诏的地图、铎槊、浪人剑等方物土贡，以及天宝十年（公元751年）从吐蕃得到的金印。同时，要求恢复异牟寻的高祖父，南诏历史上第一个伟人皮罗阁在五十年前得到唐王朝封赐的名号。

二　册封南诏

贞元十年（公元794年）六月，应南诏的要求，唐廷派一个正式的高级官方使团出使云南①，册封南诏，用以确定南诏的名分，巩固玷苍山之盟规定的双方关系。"朝廷方命抚谕，选郎吏可行者，皆以西南遐远惮之"②。工部员外郎袁滋主动承担了这一重大的使命，为此受到了唐中央王朝的赞赏和嘉奖。袁滋被提拔为祠部郎中兼御史中丞，册封为南诏使，持节前往云南。庞颀为副使，崔佐时为判官。同时组成云南宣慰使团，以内给事具文珍为云南宣慰使，使团成员还有判官刘幽岩、大使吐突承璀等。七月，赐南诏异牟寻金印银窠，其文为："贞元册南诏印"。八月使团至成都，九月中，由韦皋派兵保护，从石门（今云南大关豆沙关）入云南。贞元十年（公元794年）十月十五日至安宁城，城使段伽诺率步军两百队，马军一百队，带甲马六十队引前，步枪五百人随后，去城五十里迎接。十九日到曲驿。镇使杨盛出马军一百三十队，步军一百七十队，夹道排立带甲马两百人引前，步枪三百人随后，去驿一十里迎候。二十一日过欠舍川，首领父老百余人，蛮夷百姓数千人，路旁罗列而拜，马上送酒，云南节度将五十匹麻来迎。二十三日到云南城。节度蒙酋物出马军一百队，步军三百人，夹道排立，带甲马一十队引前，步枪五百人随后，去城一十里迎候。门前父老两百余人，吐蕃封王数人，在路迎拜。是日南诏使大军将兼户曹长王各苴来迎。二十四日到白崖城，城使尹瑳出马军一百队，步军两百队，夹路排立，引马六十匹，步枪五百人，去城五里迎候。南诏遣大军将李凤岚将细马一千匹并伎乐来迎。渠敛道中路客馆前父老两

---

① 按：崔佐时使南诏并无正式朝命，只不过是韦皋派出的剑南西川联络官。
② （后晋）刘昫等：《旧唐书》卷一八五《袁滋传》，百衲本。

百余人，蛮夷百姓五六十人，路迎马前。大军将喻于恁出马步军三百队，夹路排立，引马六十匹，步枪三百人，去城五里迎候。南诏妹李波罗诺将细马一十匹来迎。二十六日过大和城，南诏异牟寻从父兄蒙细罗勿及清平官李异傍、大军将李千傍等将细马六十匹来迎，皆金鍐玉珂、拂髦振铎，夹路马步军排队二十里。南诏蒙异牟寻出羊苴咩城五里迎，先饰大象一十二头引前，以次马军队，以次伎乐队，以次子弟持斧钺。南诏异牟寻衣金甲，披大虫衣，执双铎鞘。男蒙阁劝在旁，步枪千余人随后，马上祗揖而退①。袁滋一进入南诏境界，沿途受到如此隆重、庄严、热烈的欢迎，这是南诏朝野上下，官员民众诚心诚意归附唐朝的由衷之情的自觉表达，是南诏背弃吐蕃、赤心向化的坚定决心的自愿表现，更是南诏"本唐风化"、"永为汉臣"的忠心忠诚的自然表露。南诏与唐本为一家，南诏与唐朝始终是一个整体。

贞元十年（公元794年）十月二十七日，在阳苴咩城举行庄严隆重盛大的册封仪式。具仪注设位，旌节当庭，东西特立，南诏异牟寻及清平官以下，各具礼仪，面北序立。宣慰南诏使东向立，册立南诏使南向立。袁滋宣敕书、读册文。相者引南诏蒙异牟寻离位受册，次受贞元十年历日。南诏及清平官以下稽颡再拜，手舞足蹈，热烈欢庆。庆祝仪式后，异牟寻表示：曾祖父开元中册为云南王，祖父天宝中又蒙袭云南王。在相隔五十年后，"贞元皇帝圣明，念禄微效今又赐礼命，复睹汉仪，对扬天休，实感心肺"②。他坚定不移地发誓："子子孙孙永为唐臣"③。

袁滋回朝，异牟寻遣清平官尹辅酋等七人入唐表谢天子，请颁正朔。贞元十一年（公元795年）三月，南诏使臣到达长安，受到盛情款待，并照例封官授爵。为加强对南诏的控制，巩固点苍山会盟的成果，唐以南诏地域设置云南安抚司，于九月加封韦皋为统押近界诸蛮及西山八国、云南安抚使。从此以后，凡任剑南西川节度使者，都兼任云南安抚使，管辖云南安抚司，这成为一个制度，延至唐亡未废。

贞元十年后，云南全部落归唐朝。唐廷册封异牟寻为"南诏"，即

---

① 木芹：《云南志补注》，云南人民出版社1995年版，第135—137页。
② 同上书，第137页。
③ （宋）欧阳修、宋祁等：《新唐书》卷二二二《南诏传》，百衲本。

"云南王",并赐"南诏印"。"南诏"是其官爵名号。又以"南诏"统领疆域设置"云南安抚司",政区长官为"云南安抚使",由剑南西川节度使兼任,南诏由云南安抚使节制。云南安抚司是在南诏疆域内设置的一个羁縻府州,也就是臣属于唐王朝但享有充分自治权的行政区。

第五章

社会经济

第一节 疆域与政区

一 南诏疆域

唐代初期，洱海地区有六诏（又称八诏）。"蛮谓王为诏"[1]。六诏就是六王。所谓王不过就是渠帅、酋长。他们统领的酋邦，也随之称为"诏"。"诏"的含义从"王"演变为"部"、"邦"。南诏原来称为"蒙舍诏"。因在诸诏之南，称为南诏。南诏兼并白子国、勃弄、五诏，其范围扩大到"永昌、姚州之间，铁桥之南"[2]。

唐朝封南诏皮罗阁为云南王时，南诏境界不超出今云南大理白族自治州的范围，经过约半个世纪的扩张，其统治范围大为拓展。"东距爨，东南属交趾，西摩伽陀，西北与吐蕃接，南女王，西南骠，北抵益州，东北际黔、巫"[3]。南诏的疆界包括今云南全境、四川南部、贵州西部、缅甸北部、老挝、越南北部，即东部为今昭通、贵州的遵义、贵阳与唐黔中郡为界；东南以贾勇步（今云南河口）与唐朝安南都护府为界，即汉代的进桑关，今天云南的河口；南方以今老挝的川圹、桑怒、琅勃拉为界，西南与骠国交界略与今滇缅边界相当，在格萨以北，西至恒河南岸的磨伽陀（今印度比哈尔邦），与天竺相望，其边界略与今缅甸与印度的边界线相当。

南诏开疆拓土的过程大致如下：在东部地区，天宝四年（公元745

---

[1] （后晋）刘昫等：《旧唐书》卷一九七《南蛮传》，百衲本。
[2] （宋）欧阳修、宋祁等：《新唐书》卷二二二《南诏传》，百衲本。
[3] 同上。

年）左右，南诏进占爨地，与唐发生争执。天宝九年（公元750年）攻占唐姚州都督府及所辖区域。天宝十年（公元751年）唐收复以安宁城为中心的滇中地界。天宝十五年（公元756年）唐因西洱河之役失利和安禄山之乱，被迫放弃安宁城，南诏重新占据爨地，并于此地设置"城监"，安置离散。广德元年（公元763年）吐蕃大举寇唐，不仅取河西、陇右之地，又攻入长安，扶立傀儡。在西南，则攻陷松、维、保三州及云山、新筑二城，剑南西山诸州全为吐蕃占据。赞普钟十四年（公元765年），南诏置拓东城（今云南昆明）为别都，以重兵镇戍于此，统治西爨地区，威慑其东南广远之地。在西部地区，盛罗皮在位时，南诏已取永昌（今云南保山）地区，置拓俞城。阁罗凤时，南诏复向更西征抚，择胜置城，开寻传，纳裸形，收祁鲜，将边界拓至今缅甸境内。在南方，阁罗凤在今云南思茅、西双版纳地区置银生（今云南景东）、开南（今景东文井）等城，控制南方诸部，势力达于今老挝及泰国北部。在北方，南诏于赞普钟五年（公元756年）与吐蕃联合，大举进攻唐巂川。阁罗凤亲率太子进围会同城（今四川会理），会同将官举城投降。越巂城（今四川西昌）被攻陷后，南诏在巂州地区大肆抢掠月余，弃城而返。唐在南诏退兵后，复置越巂，以杨廷琎为都督，兼顾台登（今四川泸沽）诸城。赞普钟六年（公元757年），阁罗凤派遣长子凤伽异驻军泸水，令大军将杨传磨侔等与军将期急历如数道齐入，再次攻陷越巂、台登，并长期占据此地，建塞筑城，派兵驻守。经过阁罗凤的大力开拓，南诏疆域已经相当广阔，据《南诏德化碑》称："西开寻传、禄郫，出丽水之金；北接阳山、会川，收瑟瑟之宝；南荒潹凑，覆诏愿为外臣；东爨悉归，步头已成内境"①。当南诏征服五诏时，吐蕃仍庇护三浪诏，占据洱海以北的浪穹（今云南洱源）诸地。贞元十年（公元794年），南诏在唐的支持下攻破剑川（今剑川）、铁桥（中甸塔城），又将势力拓展到大渡河南岸。

　　从天宝年间到贞元十年以后，南诏疆界不断扩大。《僰古通纪浅述》称："凤伽异寇唐蜀地，得其疆界，东至大唐，南至交趾，西至摩伽陀国，北至吐蕃。"此即天宝以后的南诏疆界。

---

① 《云南史料丛刊》卷二，云南大学出版社1998年版，第381页。

二 南诏政区

南诏的政治区划，樊绰《云南志》记为六赕、八节度，而《新唐书》记为十赕、六节度、二都督。两书所记的政区不同，为南诏两个时期的情况。樊绰《云南志》所记为贞元十年（公元794年）的建治，而《新唐书》所录为乾符六年（公元879年）的建置，两者相距八十年。这八十年间，南诏社会发生了很大变化，从社会经济上看，生产有很大发展，新的经济、政治制度已经确立，故其政治区划也相应发生了变更。

南诏中心区域，初为"六赕"（"赕"即州），后增至"十赕"，分别是云南赕（今祥云云南驿）、白崖赕（又作勃弄赕，今弥渡）、品澹赕（今祥云县城）、遵川赕（今邓川）、蒙舍赕（今巍山）、大厘赕（今大理喜州）、苴咩赕（今大理县城）、蒙秦赕（今漾濞）、矣和赕（今大理太和）、赵州赕（今大理凤仪）。"十赕"之地大抵均在洱海周围，为南诏的首府直辖区域①。

按樊绰《云南志》卷六的记载，南诏所设的"八节度"分别为云南、拓东、永昌、宁北、镇西、开南、银生及铁桥。而《新唐书·南蛮传》记载的"六节度"，则分别是弄栋、永昌、银生、剑川、拓东、丽水。两者记载虽有出入，但并不矛盾，除拓东、永昌、银生名称相同者外，云南即弄栋，宁北即剑川，镇西即丽水，开南、银生合而为一，铁桥后废。所以，"八节度"与"六节度"实无根本差异，只是不同时期南诏根据统治需要的名称变更与分合而已。除此而外，南诏后期复又另设通海、会川二都督。兹分别简述于下。

弄栋节度

初为云南节度所领之地。贞元十年以后，设云南赕、品澹赕。以云南节度地（除云南赕、品澹赕外）设弄栋节度，治弄栋城（今云南姚安），管领欠舍川、石鼓驿、览赕诸地，包括唐代前期所设姚州都督所领九州及徒莫祗蛮区域所设四州之地，相当于今楚雄彝族自治州范围。

---

① 赕，《新唐书·南诏传》诸书大都作睒，樊绰《云南志》用字形近而有差异，其他文献则多作赕。剑川石钟山石窟天启十一年题记有"三赕"地名，《南诏中兴二年画卷》题记有"兽赕"地名，用字并作赕。当以赕为正。《元史·地理志》、景泰《云南志》诸书大都作赕。《新唐书·南诏传》说："夷语谓赕为州。"元《混一方舆胜览·剑川州》说："睒，汉语府也。"知当地族类语言称州为赕、睒。

拓东节度

公元765年，南诏开拓东部，在昆川设置拓东城。贞元十年左右设置的拓东节度，治拓东城（今云南昆明），管领晋宁川、石城川、爨鹿弄川、新丰川、升麻川、曲轭川、安宁镇、通海镇、量水川及步头、贾涌步诸地，即包括西爨故地及南境，相当于今昆明市、曲靖市、昭通市、玉溪市、红河州等地区。分设通海都督后，通海以南之地划归通海都督管领。

剑川节度

贞元十年以前，为吐蕃所占据。南诏在宁北城（今洱源右所乡中所桥）设置宁北节度治宁北城（今云南邓川北），管辖野共川、虺川、桂川、郎婆川、桑川、九赕川、罗眉川、牟郎共城、傍弥潜城、敛寻城、聿赍城、弄视川诸地。贞元十年南诏大破吐蕃，占据剑川，改宁北节度为剑川节度，移治剑川城（今云南剑川），纳入浪穹、剑川诸地，其辖区相当于今剑川、洱源、鹤庆、云龙诸县及丽江市。分设铁桥节度后，其北境划归铁桥节度管领。

铁桥节度

铁桥有东西二城，西城在今香格里拉塔城关，东城在香格里拉建塘镇。南诏置兵于西城，吐蕃占据东城。贞元十年，南诏收铁桥以东城垒十六，擒其王五人，降其民众十万口，在此地设置铁桥节度，管领昆明城（今四川盐源）以南的讳苴川、松外城、小婆城、大婆城、三探览诸地，其辖区相当于今迪庆州范围。

永昌节度

南诏在澜沧江以西设置的永昌节度治永昌城（今云南保山隆阳），为东汉永昌郡地，统领广荡城、大洞川、拓南城、唐封川、茫天连、越礼城、长傍城、藤湾城、麽些乐城、罗君寻城、利城、押西城、首外川、茫部落诸地，其辖区相当于今保山地区、德宏州、临沧地区。

银生节度

南诏在南部地区设置银生节度治银生城（今云南景东），统领通镫川、河普川、羌浪川、送江川、邛鹅川、林记川、开南城、柳追和城、威远城、奉逸城、利闰城、茫乃道诸地，其辖区相当于今思茅地区、西双版纳州、缅甸景栋、老挝北部、越南莱州。

丽水节度

南诏在永昌以西设置丽水节度治丽水城。丽水，又名寻传（博）大川,即大金沙江,今称伊洛瓦底江。丽水城,亦名寻传(博)大川城,在今缅甸达罗基。丽水节度管辖寻传(博)诸部,统领眉罗苴、安西城、宝山城、金宝城、门波城、镇西城、苍望城、弥城、摩零城诸地。丽水节度西接大小婆罗门(摩伽陀),北接吐蕃,东与永昌节度为邻,西南与骠国相接,其地为东汉哀牢夷地。南诏时期,设治逐渐加密,其辖区相当于今缅甸北部。

通海都督

咸通年间(公元860—874年),南诏在拓东节度的南部地区设置通海都督,建通海镇为治所。通海镇即今通海县城。通海一名始见于唐代,为南诏通往海上的道路。唐代从安南通往天竺,称安南天竺道。从安南至阳苴咩的道路即称"通海城路"。南诏设置通海城为这条要道的重镇,统摄通海以南至贾涌步(今河口)与步头(今元江)间的广大地区,相当于今红河州、文山州地区。通海都督北与拓东节度相接,南与安南都护府相通,既是安南天竺道的枢纽,又是南诏十分重要的战略城镇。

会川都督

至德年间(公元756—757年)南诏攻占巂州以南地区,接着向北发展,就在这里设置会川都督,以统摄巂州广大地区。会川原名会同,其地在今四川会理县。南诏将会同易名为会川,当是因为此地为南诏通往西川的重镇。会川都督的辖区,就是唐朝巂州都督府的境界,也就是汉代以来越巂郡的范围。其南界为金沙江,其西原属巂州的昆明县已归铁桥节度管辖,因之以东泸水(雅砻江)为界。其北境先后不同。天宝十五年(公元756年)南诏联合吐蕃攻陷巂州,吐蕃占据巂州北境,南诏占据巂州南境,以会川(会同)为重镇,以阳蓬岭(阳山、俄淮岭)为界,其地在今会理与西昌的交界地。咸通二年(公元861年)南诏攻占巂州,咸通五年(公元864年)攻占台登,咸通六年(公元865年)进至新安城,咸通十四年(公元873年)又进至大渡河边,这就是会川都督最北的边界。

除通海、会川都督外,樊绰《云南志》尚记录开南节度有柳追和都督城,镇西节度有摩临都督城。这两个都督城为当时节度所辖的重镇,但限于资料其地域难以详知。

在南诏疆域内,还有三个边缘地区,是南诏势力所及但不归节度、都督直接统治而实行羁縻的地区。这三个区域分别如下:

东爨诸部

唐代初期在东爨地区设置州县。天宝中，唐王朝势力退至石门关以北，南诏得曲州（今昭通）、靖州（今镇雄、威信）故地，其势力达石门镇（今盐津南），但实际上仅能直接控制从制长馆（今马龙城）至石门共十六日路程的交通沿线。当地爨部首领各据一方，争长称雄，在兼并争夺过程中出现了乌蒙（阿统）、乌撒（乌些）、茫部、闷畔四个强部，据有今昭通、威宁、镇雄、东川等地。

牂牁昆明诸部

汉元鼎六年（公元前111年）设置牂牁郡，领十七县。蜀汉分牂牁郡七县入兴古郡，又分四郡入建宁郡，此后牂牁郡仅领六县。至东晋，又分牂牁郡为牂牁、平夷、夜郎三郡，牂牁郡所领仅汉朝的两个县而已。唐代的牂牁，只是汉代的且兰、毋敛两个县，相当于今贵州的贵阳、都匀地区。由于历史上曾包有广阔地域，所以后人所称牂牁，亦泛指今贵州的大片地区。

唐朝时的牂牁地区的居民以"昆明"为主，称为牂牁昆明。牂牁昆明为汉晋时的木耳夷，与洱海的昆明人同名而异类[①]。木耳夷，亦称夷叟。大抵，昆明（木耳）夷在东爨地区，夷叟在西爨地区。东爨包括今滇东北及黔西北之地，原设为朱提、平夷、夜郎诸郡。自东汉晚期，昆明（木耳）迁居朱提地区，后渐扩展至平夷、夜郎之地，即原牂牁势力区域。南朝以来，昆明与牂牁争夺不休。唐代牂牁地区居民以谢氏为大长，据有东晋时的牂牁郡。而东晋时的平夷、夜郎二郡的居民则以昆明夷为主要，其地相当于今安顺、遵义、兴义等地区。

天宝末年后，南诏兵据牂牁昆明，并以此为据点，侵扰唐黔中、播州。但南诏在此区域的统治并未深入，仅羁縻而已。

东蛮诸部

唐代巂州北部偏东地区，居住着勿邓二十姓、两林九姓、丰琶二姓，总称东蛮。勿邓在今四川越西、喜德、冕宁等地；两林在今甘洛、洪溪等地；丰琶在喜德以东、昭觉以北的山区。天宝十五年（公元756年），南诏与吐蕃合力攻陷巂州，吐蕃即据有东蛮诸地。贞元年间，吐蕃被击败，唐西川节度使不能再控制这一地区，为南诏势力所及，但未能建立直接统治。

以上三个区域为南诏势力范围，但其未能建立直接统治，成为在唐朝

[①] 参看林超民《试论汉唐间西南地区的昆明》，载《民族研究》1982年第6期。

与南诏之间、由当地酋长首领自治的地区。

第二节 政治制度

一 国号

大蒙国

《南诏德化碑》说:"我蒙国大诏,性业合道,智观未萌。""诏"指阁罗凤,而蒙为国号。《南诏野史·细奴罗传》:"贞观二十三年即位,建号大蒙国",则细奴罗已称大蒙国。又《滇载记》说:"阁罗凤僭号大蒙国",则从蒙舍名称又与舍龙有关。《新唐书·南诏传》说:"王蒙氏,自舍龙以来有谱次可考"。樊绰《云南志》卷三:"南诏八代祖舍龙",即从异牟寻上溯八代为舍龙。《唐会要》卷九九:"蒙舍龙,世长蒙舍川。"南诏发迹于舍龙,传至细奴罗强盛又至皮罗阁建国,自始以蒙为号,后以为国名,应始于皮罗阁并五诏逐河蛮徙居太和城时。樊绰《云南志》附录异牟寻誓文说:"蒙汉通和",亦以蒙为国号①。

大礼国

《新唐书·南诏传》说:"酋龙立,遂僭称皇帝,自号大礼国"。南诏有大厘城,樊绰《云南志》说:"大厘谓之史赕。"酋龙自号大礼国,当以大厘名之,始于世隆时期。大厘又名史赕,樊绰《云南志》卷八记南诏方言:"鹿谓之识",疑大厘之"厘"即"鹿"之音字,"史"即"识"之音字,鹿城亦曰识赕,又作厘城、史赕。至于大厘城之"大",当如太和城之"太"。南诏谓坡陀为和,名太和城,太为附加字②。

大封民国

《新唐书·南诏传》说:"酋龙死,子法(名隆舜)嗣,自号大封人";《通鉴》:"乾符四年,酋龙卒,子法立,国号鹤拓,亦号大封人";又广明元年《考异》说:"云南事状卷末,载陈敬瑄(按四川节度使)与云南书牒,或称鹤拓,或称大封人",则大封人为国号。张道宗《记古滇说集》:"降舜立,改国号大封民国";又说:"卒于东京(鄯阐府),葬

---

① 见方国瑜《南诏名号考》,载林超民编《方国瑜文集》第二辑,云南教育出版社2001年版,第179页。

② 同上。

返大封民国"；又说："孝哀帝（舜化）轻车回大封民国"。《南诏野史·隆舜传》："改国号曰大封民国"。本称封民，避唐讳改封人。

封字当读如"帮"，疑为"僰"之音字，洱海区原住着不同的族类，而"僰"之文化较高，后来融合为一族，仍称僰，以族名为国号，故称大封民国。《南诏野史·郑仁旻传》说："僧智照撰《封民三宝记》"，是时已为长和国，犹称"封民"，可知封民为族类称谓[①]。

鹤拓

《新唐书·南诏传》："南诏或曰鹤拓"，以为鹤拓即南诏别名。胡曾《破木夹答南诏牒》曰："且按此朝之旧仪，未悉彼国之新制：不知鹤拓，惟认苴咩。"此辨南诏新旧名号，知是时南诏始有鹤拓新名也。此牒载何光远《鉴诫录》卷二，以为胡曾代高骈作，万历《云南通志》收此文，即题胡曾代高骈《回云南牒》，后之《云南志书》及《滇系》并从之。《鉴诫录》所载之《答南诏牒》，为咸通十二年四月至十四年十一月之作，是时南诏在位者为酋龙（即世隆），始用鹤拓新名也。

鹤拓之名，于义无征，考之，即梵语乾陀罗之异写，以梵名称云南，而云南亦自称之也。乾陀罗梵名之 gan 对音"鹤"，dha 对音"拓"，古音当相近[②]。

二 王号

南诏

樊绰《云南志》卷三称："六诏并乌蛮，又称六诏"；又说："蒙舍一诏也，居蒙舍川，在诸部落之南，故曰南诏也。"盖西洱河部落称南诏者，其数为六或八，有六诏、八诏之称，而蒙舍在南，称为南诏。则南诏地名，初不过一小部落，后蒙舍兼并六诏，势日加大，于是南诏地名，亦随统治区域之发展而逐渐扩大。所谓诏者，《旧唐书·南诏传》说："蛮谓王为诏"，则初用以称其酋长；《旧唐书》又谓："其先渠帅有六，自号六诏"（亦见《新唐书》），意即六王，后乃用为六部，南诏之名亦由此起。故史籍，可知习用南诏为地域名，或为国名。

[①] 见方国瑜《南诏名号考》，载林超民编《方国瑜文集》第二辑，云南教育出版社2001年版，第180页。

[②] 同上书，第184页。

然在南诏时期，用诏字主要为称王。《德化碑》所载，用"诏"字称阁罗凤者八次，用"王"七次，又用"先诏"称皮罗阁者二次，用"先王"者一次，可知诏与王之意相同。碑称阁罗凤受吐蕃封，说："册诏为赞普钟南国大诏"；又碑题为"蒙国大诏德化碑"，显知不以诏为地域之称。

贞元十年，唐朝册封异牟寻。《旧唐书·本纪》说："赐金印银窠，其文曰：贞元册南诏印"；新旧唐书《南诏传》、《唐会要》卷九九所载并同，石门关袁滋题名摩崖亦曰："册异牟寻为南诏"；则以"南诏"二字为封号，犹曰南王。《新唐书·南诏传》又说："册异牟寻为南诏王"，王字为赘词；樊绰《云南志》卷四："册南诏异牟寻为云南王"，则以意为说。《通鉴》贞元十年《考异》："韦皋《奏状》称云南王，而宝滂《云南别录》曰册异牟寻为南诏，盖从其请，南诏之名自始；蛮语诏即王也。"又广明元年考异引《云南事状》："中书奏：玄宗册蒙归义为云南王，其子阁罗凤和于吐蕃，其孙异牟寻却归朝廷，自请改云南王赐号南诏，德宗从之。"（按：唐时异牟寻为南诏，以此二字封其王，实始于贞元十年）《旧唐书·南诏传》："异牟寻乃去吐蕃所立帝号，私于崔佐时，请复南诏旧名"，则南诏为旧名非新号；盖阁罗凤号南国大诏，以称其王为南诏。《旧唐书·南诏传》又说："元和四年，仍册异牟寻子骠信苴蒙阁劝为南诏，仍铸元和册南诏印"，后此受封，都用"南诏"称号。

称王为诏，盖出羌语。《晋书·苻坚载记》说："坚强盛之时，国有童谣曰：河水清复清，符诏死新城"；又《桓玄传》："玄左右称玄为桓诏。桓胤谏曰：诏者施于词令，不以为称谓也，汉魏之王皆无此言，唯闻北掠以苻坚为符诏耳；愿陛下稽古帝制则，令万世不可法。"羌语以诏称王，六诏、八诏、南诏之诏字，即用羌语[①]。

云南王

《旧唐书·南诏传》说："皮罗阁王，开元二十六年，诏受特进封越国公，赐名归义，其后破洱河蛮、以功策授云南王。"《唐会要》卷九九同。《新唐书·南诏传》、卢求《成都记序》并说合六诏为一、破西洱河

---

① 见方国瑜《南诏名号考》，载林超民编《方国瑜文集》第二辑，云南教育出版社2001年版，第187页。

蛮后，封皮罗阁为云南王；《册府元龟》卷九六四载：开元二十六年九月封西南大酋帅蒙归义为云南王制（亦见《全唐文》卷二十四）。皮罗阁之并五诏战争，始于开元二十四年，遂和蛮在二十五年至二十六年，受封为云南王当在其后。《南诏德化碑》称阁罗凤："大唐特进云南王越国公开府仪同三同之长子也"；又说："天宝七载，先王即逝，皇上念功旌孝，悼往无存，遣中使黎敬义，持节册袭云南王"；樊绰《云南志》卷三、新旧唐书《南诏传》并说：天宝七载，皮罗阁平，子阁罗凤册袭云南王。阁罗凤与唐决裂后，未必再用唐封号。《通鉴》贞元九年异牟寻遣韦皋书，"自称唐云南王孙"；又樊绰《云南志》载异牟寻誓文，称"云南诏异牟寻"，未废云南之号。记录多称异牟寻为云南王，即沿用旧名。

云南之名，始于西汉，《汉书·地理志》：武帝元封二年（公元前109年）开益州郡，领县二十四，有云南县。《续汉书·郡国志》：明帝永平十二年（公元69年），分益州置永昌郡，领八城，有云南县。《三国志·蜀后主志》："建兴三年（公元225年），丞相亮南征，分永昌为云南郡。"《晋书·地理志》："云南郡，蜀直，统县九。"则云南地名，两汉为一县，至蜀汉为一郡，郡所领地，即洱海区域。南诏皮罗阁并五诏逐河蛮，据有云南郡故地，故唐封皮罗阁为云南王。自后，南诏统治势力所及区域称云南，唐代记录云南地名与南诏名称之境域相同。

唐以后，亦习用云南地名。如《通鉴》："同光三年，长和骠信郑旻求婚于南汉"，《新五代史·南汉世家》作："云南骠信郑旻"；又《五代会要》卷三十："天成元年十月，李光裕使云南回"；《旧五代史·后唐记》："天成二年九月戊寅，西川奏云南使留信物"；皆长和国郑氏时事，而称为云南①。

赞普钟

《旧唐书·南诏传》说："阁罗凤北臣吐蕃，吐蕃令阁罗凤为赞普钟，号东帝，给以金印；蛮谓弟为钟，时天宝十一载也。"《新唐书·南诏传》："阁罗凤北臣吐蕃，吐蕃以为弟，夷谓弟钟，故称赞普钟，给金印，号东帝。"《南诏德化碑》说："赞普仁明，赐为兄弟之国，天宝十一载正月一日，邓川册诏为赞普钟南国大诏，改年为赞普钟元年"；又说："我

---

① 见方国瑜《南诏名号考》，载林超民编《方国瑜文集》第二辑，云南教育出版社2001年版，第189页。

赞普钟南国大诏"，"岂惟我钟王之自致"。阁罗凤臣吐蕃，以赞普钟为号。异牟寻归唐，樊绰《云南志》附录："蒙异牟寻清平官尹辅酋十七人奉表谢恩，进纳吐蕃赞普钟印一回"，此即吐蕃取授之印。《旧唐书·南诏传》、《唐会要》卷九九载韦皋奏："南诏遣使清平官尹仇宽来献所授吐蕃印五，二用黄金，九月，南诏又使蒙凑罗栋及清平官尹仇宽来献吐蕃印八"，此为贞元十年事。而尹辅酋入唐朝在十一年，吐蕃所赐南诏之印，先后献于唐朝，最后所献者为赞普钟印。

《旧唐书·吐蕃传》："其国人号其主为赞普"；《新唐书·吐蕃传》："其俗谓疆雄曰赞、丈夫曰普，故号君长曰赞普"。吐蕃赞普与南诏约为兄弟之邦，故号赞普钟。《通鉴》贞元九年异牟寻遣韦皋帛书："自称唐云南王孙吐蕃赞普义弟"，所谓赞普义弟即赞普钟[1]。

日东王

新旧唐书《南诏传》并载吐蕃赐阁罗凤之号曰"东帝"。《新唐书》又说："吐蕃封异牟寻为日东王"；《通鉴》：贞元十年"异牟寻遣韦皋帛书，自称吐蕃赞普义弟曰日东王"；樊绰《云南志》卷末载贞元十年异牟寻与崔佐时誓文说："与吐蕃泊和为兄弟之国，吐蕃赞普册异牟寻为日东王。"日东王之取意，当与东帝相同，先后受吐蕃封号，以汉字译义为日东王[2]。

骠信

《旧唐书·本纪》："元和三年十二月甲子，南诏异牟寻卒。辛未，以谏议大夫段平仲使南诏吊祭，仍立其子骠信苴蒙阁劝为王"；《旧唐书·南诏传》、《唐会要》卷九九、《册府元龟》卷九六五并说："元和四年，册异牟寻子骠信苴蒙阁劝威南诏"，知蒙阁劝为世子，有骠信苴之号。《新唐书·南诏传》说："寻阁劝立，自称骠信，夷语君也"，则蒙阁劝继立为王，自称骠信，见于记录的南诏用骠信之号，始于蒙阁劝。据王说《唐语林》卷二："酋龙继立，号骠信，朝廷以骠信近庙讳。"酋龙名世隆。与唐朝皇帝李世民、李隆基的名字相同，"犯庙讳"，遂绝册立吊祭使；酋龙号骠信，但骠信的名号不始于酋龙。

---

[1] 见方国瑜《南诏名号考》，载林超民编《方国瑜文集》第二辑，云南教育出版社2001年版，第190页。

[2] 同上书，第191页。

唯稽史籍，南诏蒙阁劝后，劝龙晟、劝利晟、劝丰祐相传，未见骠信称号，盖自异牟寻受唐封为南诏，相沿至丰祐，故记录名称，多称为南诏，至酋龙不受唐封，名又犯唐讳，故以骠信称者屡见不鲜。《唐语林》卷二又载杜悰册封南诏议，说："发使吊祭，以恩信全其国礼，骠信必遣使，谢恩，若不纳使臣，录文并赗赠帛以送骠信"；《新唐书·南诏传》亦载杜悰议："遣使吊祭，示恩信，并诏骠信以名嫌，册命未可举，必易名乃得封"，唯事未成。《通鉴》载："咸通七年南诏遣清平官董成等指成都，节度使李福盛仪卫已见之，成等曰：骠信已应天顺人，我见节度使当抗礼。"《旧唐书·本纪》："咸通十年十一月，南蛮骠信酋龙率二万寇巂州定边军，十二月骠信遣清平官十余人来伪和。"（唐会要卷九九同）《新唐书·南诏传》载：咸通十一年南诏进逼成都，"蛮以三百骑负幄幕来，大言曰：供帐陈蜀王厅事，为骠信行在。"又载："咸通十四年复寇蜀，遣使王保成等四十人，齐骠信书，遗节度使牛丛。"牛丛《责南诏书》，有"神怒人愤，骠信且死"之语。何光远《鉴诫录》载胡曾《答南诏牒》："伏承骠信，王化风行"。孙光宪《北梦琐言》卷五载高骈破南诏事："骠信惊懔不暇。"崔致远《桂苑笔耕集》卷十七诗"都护能摧骠信威"，亦咏高骈破南诏事。《通鉴》高骈遣景仙入南诏，说谕骠信使归，其大臣迎拜，信用其言。《旧唐书·本纪》："乾符二年正月，南蛮骠信遣使乞盟，许之。"凡此骠信，皆指酋龙。

酋龙死，子法（名隆舜）立。南诏中兴二年画卷题字，有"骠信蒙隆□"，当为隆舜，称号骠信。隆舜亦不受唐封。《新唐书·南诏传》：乾符四年（公元877年），法遣使往邕州拜见节度使辛谠，请修好。辛谠遣幕府徐云虔到善阐府，见骑数十，曳长矛，拥绛服少年，朱缯约发，典客伽陀孙庆曰：此骠信也。问天子起居，下马揖客。《唐会要》卷九九亦载：乾符五年，徐云虔至善阐府，遇骠信游猎。《资治通鉴》载：乾符六年二月丙寅，徐云虔至善阐城，骠信见大使抗礼，受副使已下拜。己巳，骠信使慈双羽、杨宗就馆，谓云虔曰：贵府牒，欲使骠信称臣，奉表贡万物。骠信已遣人自西川入唐，与唐约为兄弟，不则舅甥。夫兄弟、舅甥，书币而已，何表贡之有？云虔曰：骠信既欲为弟为甥，骠信景庄（按世隆）之子，景庄岂无兄弟，与骠信为诸父，骠信为君，则诸父皆称臣，况弟与甥乎？且骠信之先，由大唐之命，得合六诏为一，恩德深厚。中间小忿，罪在边鄙。今骠信欲修旧好，岂可违祖宗之故事乎！顺祖考，孝也；事大国，义也；息战争，仁也；审名分，礼也。四者，皆令德也，可不勉乎！骠信待云虔甚厚，云虔曾留善鄯十七日而还，骠信以木夹二授云虔，然犹未肯奉表称贡。隆舜因和亲，与唐往还甚密，所有书牒，既不称名，又无唐朝封号，只称骠信。

骠信，犹称帝王，从上文所引酋龙、隆舜称号足以知之。南诏何以用骠信为号？伯希和《交广印度两道考》引帕克（Parkar）之说，骠信为pyushin之对音者，缅语骠君也。沈曾植《蛮书跋》亦有此说，当可取。"骠"为骠国，"信"者王也。

蒙阁劝称骠信苴，乃尚未立为王时之号，疑因其父异牟寻号骠信，故蒙阁劝称骠信苴。盖阁罗凤西开寻传，招降骠国，异牟寻承其遗业，监理骠国，称为骠信，封其子为骠信苴。史家书"立骠信苴蒙阁劝为王"，又书"坦绰酋龙立"，因酋龙为世子时号坦绰。蒙阁劝即位之后，不宜称"骠信苴"。《新唐书·南诏传》谓"寻阁劝自称骠信"，《南诏野史》说"群臣上尊号曰骠信"。然未必即为骠信国王，只为一种尊号。后来沿用此号，未必与骠国有若何关系。南诏用骠信之号即久，演变为本国国王之号，故对中国亦自称骠信，与云南王之意相同。

综上所述，南诏的最高首领是国王，称为"诏"、"大诏"，见于史籍者有"南国大诏"、"蒙国大诏"的称谓。樊绰《云南志》中出现的"南诏"一词，即多数都指南国国王、蒙国国王。受唐册封，"南诏"也称"云南王"。叛唐以后，吐蕃曾封南诏王为"赞普钟南国大诏"，号"东帝"，后又改为"日东王"。除此而外，自寻阁劝起，南诏王还自称为"骠信"。骠信就是帝王之意。阁罗凤西开寻传，招降骠国，异牟寻继承其遗业，"监理骠国"，称为骠信。寻阁劝后，劝龙晟、劝利、丰祐因受唐封"南诏"，未见称"骠信"的记载。至世隆、隆舜与舜化贞时，与唐交恶，未受"南诏"之封，复见"骠信"之称。由此推测，"骠信"一称或为"南诏"一称的补充，未必与骠国有何关系[①]。

三 职官

诏（王）在宫殿上坐西向东，自称为"元"，呼诸臣为"昶"。诸臣

[①] 见方国瑜《南诏名号考》，载林超民编《方国瑜文集》第二辑，云南教育出版社2001年版，第196页。

对诏王只自称官衔不称臣。诏王的亲兵称为"朱弩佉苴"（"佉苴"意为腰带）。诏王有妻妾数百人，总称为"诏佐"。王后叫"信么"或"九么"，妃叫"进武"。王子称为"信苴"。只有诏王宫廷内才得使用金银餐具，其余官将只能用竹制餐具，贫贱者只能用手抓食。

诏（王）之下设清平官六人，为最高行政官员，各有"坦绰"、"布燮"、"久赞"等官号，职位较高；又有"酋望"、"正酋望"、"员外酋望"等，地位稍次。清平官每日与南诏参议境内大事，"决国事轻重，犹唐宰相也"[1]。六人中推举一人为"内算官"，代南诏判押处置文书，设两副官协助。

又设大军将十二人，与清平官同列，每日与南诏及清平官共同议事。军将为军事高级将领，分为诏亲大军将、大军将、军将三等。大军将在朝内随清平官议政，出外镇守重要城镇担任节度使，如有突出的功劳，可晋升为清平官。清平官、大军将有妻妾数十人。

另设外算官二人，由清平官或大军将兼领，统领"六曹"。"六曹"的文书应当行下的由外算官决定，"亦无商量裁制"[2]。外算官相当于唐朝的尚书省。

南诏的高级官员中，还有两名同伦判官，"南诏有所处分，辄疏记之，转付六曹"[3]。

"六曹"是南诏的政务行政机构，相当于唐朝的六部，分别为：兵曹，主管军事；户曹，主管户籍；客曹，主管官员、祭祀、礼乐等；刑曹，主管司法刑律；工曹，主管营造、河津、桥梁等；仓曹，主管仓廪储藏。与樊绰《云南志》的记载不同，他书记载则无工曹而有士曹，主管官吏调派。各曹设曹长一人，"为主外司公务"。成绩卓著的曹长，可迁补大军将。又设断事曹长，主管缉拿推鞫盗贼；军谋曹长，主持阴阳占候。设同伦长两人，各有副都，主月终唱示。"诸曹稽通如录事之职，曹官文牒下诸城镇皆呼主者。"[4]

南诏后期，"立九爽三托"[5]，将"六曹"改为"九爽"。"爽"者，

---

[1]（宋）欧阳修、宋祁等：《新唐书》卷二二二《南诏传》，百衲本。
[2]（唐）樊绰：《蛮书》卷九，聚珍本。
[3] 同上。
[4] 同上。
[5] 见木芹《南诏野史会证》，云南人民出版社1990年版，第86页。

"犹言省也"。南诏后期的"九爽"分别是：幕爽，掌管军事，近于兵曹；琮爽，掌管户籍，近于户曹；罚爽，掌管刑罚，近于刑曹；劝爽，掌管官吏调派，近于士曹；厥爽，掌管工程建设，近于工曹；万爽，掌管财用，近于仓曹；慈爽，掌管礼仪；引爽，掌管对外事务；禾爽，掌管商贸。很明显，与"六曹"相较，除了有争议的士曹、工曹均被纳入之外，"九爽"之制只是将旧时客曹分为两爽（慈爽、引爽），另增禾爽，反映出南诏后期外交与商贸地位的日渐重要。各爽爽长，"皆清平官、酋望、大军将兼之"。其上再设督爽，"总三省也"。所谓"三托"，即乞托（主马）、禄托（主牛）、巨托（主仓廪）。又有爽酋、弥勤、勤齐，掌管赋税；兵儒司，掌管机密。三托、爽酋、弥勤、勤齐、兵儒司等，均为督爽的属官①。

南诏政区为首府（六赕）、六节度，设节度使统领一方。至于地方，凡一百家以上设"总佐"一人，一千家以上设"理人官"一人，一万家设"都督"一人，"递相管辖"②。"理人官"的办事机构是"村邑理人处"，为南诏最基层的政权组织。

南诏的文武官员均按等级得到份田，因此每家的丁壮都有当兵作战的义务，"壮者皆为战卒，有马为骑军，人岁给韦衫裤"③。各地兵卒，以邑落远近，编为东南西北四军，各军旗幡的色彩不同，每军一将，或统千人，或领五百人。四军又置一军将统领。凡有敌军入境，以当地的军将率兵抵御。

第三节　军事体制

一　军队结构

南诏军队按"府"编制，有大府、中府、下府、小府四级。大府主将叫"演习"，副将叫"演览"；中府主将叫"缮裔"，副将叫"缮览"；下府主将叫"澹酋"，副将叫"澹览"；小府主将叫"幕"，副将叫"幕览"。府有"陀酋"，相当于管记；"陀西"，相当于判官。

---

① 参见邵献书《南诏和大理国》，第83页。
② （唐）樊绰：《蛮书》卷九，聚珍本。
③ （宋）欧阳修、宋祁等：《新唐书》卷二二二《南诏传》，百衲本。

南诏实行兵农合一的"乡兵制"。丁壮们平时耕田种地，每年十一月、十二月，农事完备，兵曹长行文书分发境内城邑村落，分别按照四军的编制，集合队伍，操练武艺，检查武器装备，犹如大敌当前，十分严格。宝剑、甲胄、腰刀、弓箭、枪戟等，都必须犀利坚固，如有一事不完备，就被判为"有罪"而严加惩处。

南诏还从望苴子蛮、裸形蛮、朴子蛮、寻传蛮、金齿蛮、茫蛮等部征调少数丁壮编制入伍，参加战斗。

二 军事训练

虽是"乡兵"，平时训练亦十分严格，入伍时要进行严格考试。马军的考试为"五次上"：射中靶子为一次上，射中双庶子为一次上，四十外跑马击柱、射中靶子为一次上，盘枪百转无失为一次上，能算能书为一次上。步兵考试的"五次上"是：攀登玷苍山为一次上，跳过一丈三尺的坑为一次上，在急流中游水两千尺为一次上，舞剑为一次上，负一石五斗米行军四十里为一次上。在"五次上"考试中，一一通过者方得入伍。成绩优秀获得"上次"者，可补为"罗苴子"。"罗苴子"又称四军罗苴子，为精兵，戴朱兜鍪，负犀皮铜股排，跣足，走险如飞。每一百个罗苴子，设一个"罗苴佐"统管。优秀的罗苴子可被选入负排，负排是南诏及诸镇大将军等高级官员的随身卫队。

在王宫中设"羽仪军"，全部由清平官的子弟充当，常在南诏王左右护卫。羽仪军设羽仪长，可佩剑入宫廷，虽不得掌管公事，却是南诏王的心腹亲信。

三 征战特色

凡出兵征战，每个士兵各携带粮米一斗五升，鱼脯若干，此外别无给养。士兵担心粮尽挨饿，求战心切。在南诏境外作战时，准许劫掠，掠取百姓禾米牛羊以充军需。每次作战，南诏都派遣清平官或心腹一人在军前监视，把军卒的表现一一记录在案，回来向他汇报，凭此以定赏罚。作战时，罗苴子在前，其次是弓手，再次是马军，马军三十骑为一队。这一次序，定为常制，不容交错，否则视为犯令。军法规定，士卒受伤，若面前受刀箭伤，准许治疗休养；倘若背后刀箭伤，视为临阵脱逃，当即处死。军将犯令，轻者杖五十至一百，更重者流放到偏远的瘴疠之地。南诏规定：“诸在职之人，皆以战功为褒贬黜陟。”①

四　军事活力

南诏的军事体制深受唐朝府兵制的影响。兵士来自农民，兵农合一，平时务农，农闲教练；平时番上宿卫，战时征战攻防等，都与府兵制相类。当唐朝的府兵制被破坏，并废除之后，南诏的兵制却显示了活力。这是南诏与唐朝在西南地区争斗中，在军事上处于优势的原因之一。

第四节　社会经济

一　农业生产

南诏疆域辽阔，民族众多，社会经济发展颇不平衡，滇池与洱海地区生产力水平较高。其他地区则较为落后。

在南诏统一政权建立以前，农业在西洱河蛮的经济生活中已占主导地位，农作物有稻、麦、粟、豆等，耕种方式、收获产量与中原大体相同。此外，还有各种蔬菜和水果的栽培。育蚕抽丝、种麻织布是西洱河蛮社会经济的重要副业，已能生产绝、绢、丝、布、麻等手工纺织品，并有染色的"绯帛"，但布幅仅宽七寸，纺织工艺水平还没有达到中原的先进水平。牲畜有牛、马、猪、羊、鸡、犬，畜牧业生产在经济中已不占主导地位。当地已有城郭村邑，出现了杨、李、赵、董等名家大姓。一夫一妻家庭成为社会的独立经济单位，他们有自己的房屋、园地、禽畜，并能占有田业，收获物完全归己。蒙舍诏和蒙嶲诏虽属生产较落后的乌蛮，但社会经济也以农业生产为主，他们所在的阳瓜州（今云南巍山）土地肥沃，适宜稻禾的生长，又有大池塘，周围达数十里，盛产鱼及菱芡等物，"邑落人众，蔬果水菱之味，则蒙舍为尤殷"②。

昆明蛮则以畜牧业为主，他们随水草迁徙，夏天把牛羊赶到高山放养，冬天又迁到河谷游牧。洱海地区土壤肥沃，水源充沛，为农业生产提供了良好条件，主要种植粳稻。磨些蛮的畜牧业较发达，牛羊居多，一家

---

① （唐）樊绰：《蛮书》卷九，聚珍本。
② （唐）樊绰：《蛮书》卷五，聚珍本。

即有羊群。男妇衣着用羊皮制作。

南诏统一云南以后，社会经济有了较大的发展，其中一个重要原因是唐朝先进生产技术与文化的直接或间接影响，以及南诏采取大规模的移民措施。阁罗凤在征服爨地后，派遣昆川城使杨牟利重兵围胁西爨，强迫二十余万户白蛮徙居永昌地区（今云南保山市、德宏州等地），较为落后的乌蛮自山林深谷移居肥沃的西爨故地。贞元年间，异牟寻将弄栋白蛮迁入永昌城，将河蛮迁往拓东（今云南昆明）及云南东北，还把成千上万落后的"汉裳蛮"、"施蛮"、"林子蛮"和"骠国人"等先后迁至滇池区域。这些移民措施，主要是为巩固南诏对各地区不同民族的统治，同时也促进了南诏境内各地区不同民族间的经济文化交流，推动了社会经济的发展。如先进的白蛮迁移到较落后的滇西、滇东北，对当地社会经济面貌的迅速改变起到了直接的推动作用；乌蛮等部落迁移到自然条件较好、农业较发展的滇池地区，很快从游牧经济发展为农业经济，提高了其经济文化水平，缩小了各地区各民族间经济文化的差异。

自8世纪中叶起，南诏的大部分地区，北起曲州（今云南昭通）、靖州（今云南威宁），南到宣城（今云南元江），东起石城（今云南曲靖）经滇池、洱海，西至永昌（今云南保山），"邑落相望，牛马被野"[①]，皆以农业为主，耕耨水田，种植稻谷，兼种豆、麻、黍、稷。水稻每年一熟，收获后栽种大麦，在冈陵上种植小麦，小麦与大麦同时收刈。这是中国农业史上最早实行复种制一年两熟的地区。除此，在山地上还开垦了许多梯田，经营得相当精好。耕田使用二牛抬杠，一人在前面牵牛，一人在中间持按犁辕，一人在后面秉耒。

为发展农业生产，南诏很重视兴修水利。滇池和洱海地区已有较好的灌溉系统，"浇田皆用源泉，水旱无损"[②]，"厄塞流潦，高原为稻黍之田；疏决陂池，下隰树园林之业"[③]。

除农田生产外，还栽植桑、柘、麻、竹、桃、李、橘、木棉、荔枝、槟榔、椰子等。"村邑人家，柘林多者数顷，耸干数丈"[④]。柘林用以养柘

---

① （唐）樊绰：《蛮书》卷四，聚珍本。
② （唐）樊绰：《蛮书》卷七，聚珍本。
③ 《南诏德化碑》，见方国瑜主编《云南史料丛刊》第二卷，云南大学出版社1998年版，第381页。
④ （唐）樊绰：《蛮书》卷七，聚珍本。

蚕，用柘蚕的茧抽丝，可纺丝绫织为帛及绢。男耕女织、栽桑养蚕已成为典型的家庭经济模式，盛称"家绕五亩之桑，国贮九年之廪"①。

二 水利设施

南诏后期，农田水利有了更大的发展。会昌元年（公元841年），劝丰祐曾派军将晟君在大理地区筑横渠道，利用玷苍山溪流灌溉城东及城南之田。在玷苍山玉局峰顶之南修筑池陂，潴山泉溪流，称为"高河"，又开导山泉汇流为川，灌田数万顷。原与蜀川、中原趋于一致的洱海、滇池等地区的农业，到后期由于农田水利的发展，又有了较大的进步。在纺织手工业生产方面，由于太和三年（公元829年）南诏寇掠西川后，掳掠得许多能工巧匠，大部分地区已能够纺织绫罗，其生产力与工艺水平已赶上中原和蜀川。

三 养殖经济

南诏普遍饲养牛、马、猪、羊、鸡、犬、骡、鹿、兔、鹅、鸭等畜禽。祥云以东西爨故地，水草深肥，黄牛居多，体大犍肥，繁殖颇快，一家便拥有数十头。通海以南有成群的野水牛，一群多达两千头。开南（今云南思茅、西双版纳）等地还驯养大象，一家数头，代牛耕田，或用于运输。南诏各地皆产马，洱海地区养马多筑厩置槽，东爨诸地，实行野放，不置槽枥。越赕（今云南腾冲）地区"有泉地美草"，适宜养马。"初生如羊羔，一年后纽莎为拢头縻系之。三年内饲以米清粥汁。四五年稍大，六七年方成就。尾高，尤善驰骤，日行数百里。本种多骢，故代称越赕骢。"②。

洱海、滇池、抚仙湖等天然湖泊盛产鱼类、雁、鸭、水扎鸟等，为南诏的渔猎业提供了良好条件。蒙舍（今巍山）人工池养的鲫鱼重达十斤。

腾冲、高黎贡有犀，当地人挖陷阱捕之。传说每当杀死犀之时，"天雨震雷暴作"③。犀革用作马骑甲杖，十分坚硬。南诏常备军中的精兵罗

---

① 《南诏德化碑》，见方国瑜主编《云南史料丛刊》第二卷，云南大学出版社1998年版，第381页。

② （唐）樊绰：《蛮书》卷七，聚珍本。

③ 同上。

苴子的铠甲为"犀皮铜股排",是十分精良的防身战斗甲胄。南诏王、清平官、大军将的亲兵为"负排",系金腰带,其他的罗苴子则系犀革腰带,用朱漆染红。

南诏境内有虎。据说,生活在高山穷谷的虎,皮毛佳好。生活在平川的虎,皮毛就无法使用。南诏王所披的虎皮,"赤黑文深,炳然可爱"[①]。

永昌诸山有麝,所产麝香十分名贵。"交易之处,以黄金麝香为贵"[②]。

西洱河畔诸山皆有鹿,三十五十,成群结队,漫游吃草,宛若无人。龙尾城东北的息龙山(今下关东北凤仪之南,又称宿龙山),为南诏养鹿处,供南诏王取用。养鹿为一重要产业。

今迪庆州产大羊,贩运到十赕等地贸易。

银生地区(今云南思茅、西双版纳等地)诸山产茶,为南诏居民的主要饮料,用椒姜桂和烹而饮之。

四 手工业

南诏冶铁、炼钢、炼铜有所发展,所造刀枪剑戟,坚韧锋利,闻名于世,铎矛尤为锋利。郁刀在锻造时用毒药、虫、鱼之类加工,又淬以白马血,人被射中即刻身亡。南诏人人用剑,不论贵贱,剑不离身。金山、长傍川、金宝山等地产金,金同川等地出银,诸川等地出锡。

煮盐业在南诏经济中占有相当重要的地位,有安宁(今昆明安宁)、泸南、昆明(今四川盐源)等盐井。制盐方法落后,先取咸水浇在柴火上,用火将柴烧成炭,再从炭上取盐。贞元十年(794年)后,南诏夺取唐朝的昆明盐井后,才学会了内地先进的制盐法。南诏本土没有货币,以物易物,常以盐作为一般等价物,盐在交易中有十分重要的作用。

由于手工业的发展,南诏专门设置了"厥爽"这一官职,主管工匠营造。大理、巍山、姚安等地出土了不少南诏时的残瓦,部分印有字样。这些瓦用轮打磨而成,工整而质朴,形制相同,质地坚硬。瓦上面的字,字模为窑户所作,以汉字为记号,亦有不能识别的符号。其中有"官口"或"官"字样者,当为村邑头目负责制造,可见当时已有专业窑户存在。崇圣寺三塔的兴建,反映了南诏高超的建筑水平。大量精美的铜佛像和高

[①] (唐)樊绰:《蛮书》卷七,聚珍本。

[②] (唐)樊绰:《蛮书》卷六,聚珍本。

大的雨铜观音像，反映了南诏冶铜业和铸造工艺水平已达到了当时的较高水平，迄今令人赞叹不绝。

五　商业贸易

随着社会经济的发展，商业贸易也发展起来，南诏设立了专门管理贸易的职官——"禾爽"。南诏内部互通有无的经济交流相当频繁，不仅与剑南、岭南、吐蕃有密切的贸易往来，而且与天竺、骠国、中印半岛诸国，以至波斯、大秦都有商业交往。商人们不远万里到这些地区贩运水晶、琉璃、珍宝、香药、琥珀、奇异的兽禽、甘美的水果。由于商业的发展，开始用贝制作货币，贝币的流通标志着商业交换从物物贸易提高到一个新的阶段。

六　土地制度

土地属于南诏王所有，南诏王对臣下实行分封授田制度。清平官以下，都有官给分田，上官授田四十双，相当于汉制二顷；上户授田三十双，相当于汉制一顷五十亩；中户、下户各有差降。得到分田的官员或人户，除下户可能自耕外，都把田交给"佃人"耕种，每一佃人所佃租耕种的田地多少不等。佃人耕种的土地，有明确范围，称为"佃疆"，其面积绵延可达三十里。在"佃疆"内，领主又派"监守"督促耕种，监察收获，除根据"佃人"全家人口数目留下口粮及来年的种子外，其余全部上缴官府。"监守"不得任意勒索、骚扰佃人，如发现监守、蛮官向佃人索要酒饭，将受到"杖下垂死"的惩罚。佃人有自己独立的经济，春夏忙于农耕，秋收后参加军事训练，如遇有战争，须应征入伍，作战时自带米粮鱼脯、武器甲胄，有的还得自备鞍马。南诏后期，从事农业生产的佃人，"不繇役，人岁输米二斗"[①]。这样的佃人绝非是所谓的"奴隶"，也不是所谓的"农奴"，是具有独立经济，平时务农，战时征战的兵民合一的生产者。

---

① 《新唐书·南诏传》。

第五节 南诏城镇

随着政治、经济的发展，城镇也随之发展起来。

一 首府五城

南诏原为蒙舍诏，其地在今巍山县。因处于诸诏之南，称为南诏。皮罗阁并灭五诏，征服群蛮，于开元二十七年（公元739年）徙居太和城（今大理太和村）。数月后，又袭破咩罗皮夺取大釐城（今大理喜州），构筑龙口城（今大理下关）以为保障。阁罗凤时常来往于太和、大釐、邆川（今洱源邓川）之间。

太和城 北距阳苴咩城一十五里。"巷陌皆磊石为之，高丈余，连延数里不断。城中有大碑，阁罗凤清平官郑蛮利之文。论阻绝皇化之由，受制西戎之意"[1]。所谓大碑，就是《南诏德化碑》，为云南第一大碑，阁罗凤于赞普锺十五年（唐永泰二年，公元766年）所立，为云南省第一批国家保护文物单位。太和城在今大理古城南15里的太和村有城垣遗迹，从半山而下，一直延伸到洱海边，可想见当年作为南诏首府的壮观。

大釐城 南距阳苴咩城四十里，北去龙口城二十五里，"邑居人户尤众"[2]。其地在今大理喜州。樊绰《云南志》说："大釐谓之史赕。""史"的发音与"喜"相近，为一音之转。《元史·地理志·大理路》说："南诏治太和城，至异牟寻又迁于喜郡史城，又迁居阳苴咩城。"由此可知，大釐原为史赕，又称史城，也就是喜郡，今喜州。大釐城人户众多。邆赕诏咩罗皮"多在此城"[3]。南诏统一洱海地区后，"南诏往来所居也。家室共守，五处如一"[4]。喜州在洱海之滨，其东南十余里的洱海中有一岛屿，名金梭，南诏在此建筑舍利水城，"四面临水，夏月最清凉，南诏常于此城避暑"[5]。

阳苴咩城 樊绰《云南志》说："阳苴咩城，南诏大衙门。上重楼，

---

[1] （唐）樊绰：《蛮书》卷五，聚珍本。
[2] 同上。
[3] 同上。
[4] 同上。
[5] 同上。

左右又有阶道，高二杖余，甃以青石为磴。楼前方二三里，南北城门相对。大和往来通衢也。从楼下门行三百步，至第二重门，门旁（'旁'字据方国瑜补）屋五间。两行门楼相对，各有榜，并清平官、大军将、六曹长宅也。入第二重门，行二百余步，至第三重门，门列戟，上有重楼。入门是屏墙。又行一百余步，至大厅，阶高丈余。重屋制如蛛网，架空无柱。两边皆有门楼。下临清池。大厅后小厅，小厅后即南诏宅也。客馆在门楼外东南二里。馆前有亭，亭临方池，周廻七里，水深数丈，鱼鳖悉有。"元人郭松年《大理行记》说："大理，名阳苴咩城，一名此城，方圆四五里，即蒙氏第五主神武王阁罗凤赞普钟十三年甲辰岁所筑，时唐代宗广德二年也。"（广德二年，公元764年）。《新唐书·南诏传》说，大历十四年（公元779年）"异牟寻更徙苴咩城，筑袤十五里"。所说筑城时间有误，当以广德二年为是；筑城十五里亦误，当为五里为当。阳苴咩城，明清时为大理府城，现为大理古城。城广袤四五里。樊绰《云南志》卷八说："苴，俊也。"阳苴咩城之意似为宏伟壮丽的大城。

龙口城　龙口城在大釐城北面二十五里。"开元二十五年（公元737年）蒙归义逐河蛮，夺据大和城。后数月，又袭破咩罗皮，取大釐城，仍筑龙口城为保障。阁罗凤多由大和、大釐、邆川来往"①。龙口亦作龙首，为今之上关。当苍山与洱海在北面的交汇处，是从北面进入大理平坝的关口，是防卫大理平川上大釐城、阳苴咩城、太和城的战略要地。

龙尾城　"龙尾城，阁罗凤所筑。萦抱玷苍南麓数里，城门临洱水下。河上桥长百余步。过桥分三路：直南蒙舍路，向西永昌路，向东白崖城路"②。郭松年《大理行记》说："龙尾关，即蒙氏所筑，西扼苍山，东属洱水，其高壁危构，巍然犹存。"龙尾城即今天的下关，位于玷苍山与洱海在南面的交汇处，是从南面进入大理平坝的关口，是拱卫南诏首府的战略要冲。樊绰《云南志》所说"家室共守，五处如一"，"五处"就是指太和、阳苴咩、大釐、龙口、龙尾五城。其中龙口在北，龙尾在南，守卫太和、阳苴咩、大釐三城，以及在洱海中的舍利水城。

南诏首府五城，从北至南分布在大理平坝；西倚苍山十九峰，苍山主峰马龙峰海拔4122米，十九峰并列如屏障；东面是长达四十余公里，东

---

① （唐）樊绰：《蛮书》卷五，聚珍本。
② 同上。

西平均宽约 7000 米的洱海。洱海东北是鸡足山，主峰金顶海拔 3220 米。苍山洱海之间构成狭长的冲积平川，周围高山环卫，四塞易守难攻。大理平川为鱼米之乡，物产丰盛，自给有余。所以，南诏至大理国，均以此为首府。

二 十赕

樊绰《云南志》卷五记述南诏有六赕[①]。《新唐书·南诏传》说，南诏"有十赕，夷语赕若州。曰：云南赕、白厓赕亦曰勃弄赕、品澹赕、邆川赕、蒙舍赕、大理赕亦曰史赕、苴咩赕亦曰阳赕、蒙秦赕、矣和赕、赵川赕"。十赕在洱海地区，为南诏直辖行政区。十赕的位置列表如下：

赕名	今 地	备 注
云南赕	祥云县之云南驿	汉代云南县故地
品赕[②]	祥云县城附近	元代为品甸。明清为波大驿，亦作波州。
白崖赕	弥渡县红崖	清代尚称白崖，后改为红崖。
蛮子城	弥渡县	在白崖南二十里。阁罗凤庶弟诚节母子旧居。
赵川赕	大理市凤仪镇	改名赵川，曾设凤仪县。
蒙舍赕	巍山县	
蒙秦赕	漾濞县及巍山北部	"秦"与"嶲"音近。蒙秦当为蒙嶲。
邆川赕	洱源县邓川	邓川曾设县
太和赕	大理县太和村	即太和城
苴咩赕	大理古城	苴咩赕亦曰阳赕，故称阳苴咩。
大理赕	大理喜州	亦称"史赕"

---

① 见于记录的"赕"字有不同写法，如"赕"、"睒"、"睑"等。樊绰《云南志》说："赕者，州之名号"。《新唐书·南诏传》说："夷语谓睑为州。"赕，是行政区划的名称，不同用字，读音相近。剑川石宝山石窟南诏天启十一年题记有"三赕"地名，南诏中兴二年画卷题字有"兽赕"地名，字并作"赕"，则以赕为正。见方国瑜《中国西南历史地理考释》上册，第 443 页。

② 品赕，原为品澹赕。澹与赕为对音字。元代称为"品甸"。

三　地方城镇

弄栋城

樊绰《云南志》卷六说："弄栋城，在故姚州川中，南北百余里，东西三十余里，废城在东崖山上，当川中有平崖，周回五六顷，新筑弄栋城在其上。"这里所说废城就是姚州故城。南诏在此新建弄栋城。弄栋城原来属于云南节度管辖，后来云南城列为十赕之一，改设弄栋节度，以姚州旧城建筑弄栋城，为弄栋节度治所。

弄栋节度辖区内有欠舍川（今南华县）、览赕城（今楚雄）、泸南（今大姚石羊镇）等地。这一地区有郎井、美井等盐井，"产盐最鲜白"①，"览赕城内郎井盐洁白味美"②。

拓东城

《南诏德化碑》说："赞普钟十二年（唐广德元年，公元763年）冬，诏（阁罗凤）候隙省方，观俗恤隐，次昆川，审形势，言山河可以作屏藩，川陆可以养人民。十四年（公元765年）春，命长男凤伽异于昆川置拓东城，居二诏，佐镇抚。"樊绰《云南志》卷六说："拓东城，广德二年凤伽异所置也。其地汉旧昆川，故谓昆池。东北有井邑城隍，城西有汉城，土俗相传云是庄蹻故城。城之东十余里有谷昌村，汉谷昌王故地也。贞元十年（公元794年），南诏破西戎，迁施、顺、麽些诸种数万户以实其地。又从永昌以望苴子、望外喻等千余户，分隶城傍，以静道路。"《资治通鉴》大中十二年（公元858年）胡三省注说："南诏于东境置拓东节度，言将开拓东境也"③。拓东城在今昆明城。南诏开拓东境，设置拓东城，"威慑步头，恩收曲靖，颁告所及，翕然俯从"④。以拓东城为东部重镇，统摄西爨、东爨广阔辽远之地。拓东节度不仅只是对付安南，也是对付剑南的戎州诸地。

拓东城初建为凤伽异镇守，其后成为南诏别都，称为鄯阐府。《元史·地理志·中庆路》说："阁罗凤子凤伽异增筑城曰拓东，六世孙劝丰

---

① （宋）欧阳修、宋祁等：《新唐书·南诏传》，百衲本。
② （唐）樊绰：《蛮书》卷七，聚珍本。
③ （宋）司马光：《资治通鉴》卷二四九《唐纪》六十五宣宗大中十二年，中华书局1956年版，第8070页。
④ 《南诏德化碑》。

祐改曰鄯阐。"《南诏野史》（胡蔚本）说："寻阁劝以鄯阐为东京，大理为西京。"又说："世隆改西京为中都，东京为上都。""咸通十二年，立鄯阐王宫"所说未必有据。但南诏以鄯阐为东京，其王室常住鄯阐当是事实。乾符五年（公元878年）唐朝邕州节度使辛谠遣徐云虔出使南诏，"至鄯阐府，遇骠信（隆舜）游猎，叙好而还"[1]。可见，鄯阐为南诏别都，其地位在其他城镇之上。

拓东城的建设及其政治地位的提升，是南诏重视与中原交往，积极接受中原文化，与中原社会交融，巩固贞元十年"苍耳结盟"成果的具体举措，也是云南社会发展的必然结果。

拓东城西边是滇池，在碧鸡山下、滇池边有一重要渡口，名为官桥渡，其地为今高峣[2]。明代志书称其为"关津总要之处"[3]。"官"读音与"高"近，"桥"易为"峣"。元明清以来，这里是通往滇西的重要关口。唐代，则是南诏从首府（洱海地区）进入东京鄯阐的津要之地。

拓东节度辖区主要城镇有：安宁镇（今安宁）、龙和城（今禄丰）、次赕（今禄丰县碧城镇）、晋宁州（今晋宁）、龙封驿（今玉溪）、量水川（今江川）、石城（今麒麟区）、爨鹿弄川（今陆良）、龙河遇川（今曲靖麒麟区越州镇）、新丰川（今宜良、石林）升麻川（今寻甸）、曲轭川（今马龙）、求州（今武定）等。

拓东节度所管辖的范围大体上为东晋以来的晋宁郡、建宁郡，初唐时期的郎州（南宁州）、昆州以及黎州北部，也即今天的昆明、曲靖、玉溪、楚雄东部、文山等广大区域。

剑川城

剑川城在今剑川县。初唐时期，邆赕、施浪、浪穹"三浪诏"的地域在今剑川、洱源。三浪诏在唐朝与吐蕃的斗争中，投靠吐蕃，得到吐蕃的庇护与支持。南诏在唐朝的支持下统一洱海区域，三浪诏在吐蕃的保护下未被南诏并灭。天宝西洱河战事中，南诏与吐蕃结盟，打败唐朝大军，逐步统一云南。南诏设置宁北节度，应付三浪诏与吐蕃事务。贞元十年（公元794年）南诏弃蕃归唐，与唐朝结盟，击败吐蕃，消灭三浪诏，将

---

[1] 《唐会要》卷九十九，《新唐书·南诏传》也有记录。
[2] "峣"字读音yáo，但昆明人读如qiáo，当由"桥"演变而来。
[3] 《明一统志》卷八十六。

宁北节度更名为剑川节度，并将治所移到剑川。

剑川节度辖区主要城镇有：野共川（今姜邑坝）、虺川（今牛街）、樌川（今鹤庆松桂）、郎婆川（今鹤庆）、罗眉川（今兰坪县）、牟郎共城（今兰坪营盘街）、傍弥潜城（今剑川沙溪西边）、歛寻城（今剑川沙溪镇）、沙追（今剑川沙溪南部）、若耶（今兰坪日期）、讳溺（今兰坪喇鸡）、细诺邓（今云龙诺邓）、浪穹（今洱源县）。

铁桥城

贞元十年，南诏异牟寻率大军大破吐蕃于神川，击破吐蕃铁桥东西两城，攻收吐蕃铁桥以东城垒一十六，斩断铁桥，溺死以万计，俘其五王，降其民众十万口，置兵守御西城，设置铁桥节度于此。铁桥城在今云南维西县塔城。铁桥节度管辖的区域与今迪庆藏族自治州范围相当。其管辖的城镇见于记录的有大施赕、小施赕（今维西的其宗、普喇一带）、剑羌（今维西县境内）、桑川、九赕川（两地在今丽江巨甸）、聿赍城（今维西）、弄视川（今德钦县奔子栏）。

永昌城

永昌城在今保山隆阳区。东汉永平十二年（公元69年）在此设置永昌郡。唐代开元以前与洱海地区的六诏来往稀疏，南诏盛罗皮时向西拓展，在此建立拓俞城，后改称永昌城。南诏设置永昌节度以此地为治所，管辖澜沧江以西广大地区。

永昌节度管辖的城镇见于记录的有：诸葛亮城（今龙陵县）、腾充城亦称藤弯城（今腾冲县城）、越赕（今腾冲瓦甸）、申赕（今腾冲古永）、穹赕（今保山潞江坝）、拓南城（今镇康县）、唐封川（今凤庆县）、凤蓝苴（今耿马县）、芒天连（今孟连）、芒吐薅（今勐海）、广荡城（今缅甸坎底）、越礼城（今腾冲县明光）、长傍城（今缅甸拖角）、些乐城（今瑞丽市）、罗君寻城（今梁河县）、利城（今梁河九保）、首外川（今陇川）、芒部落（今芒市）、盐井（今潞西县遮放）。

丽水城

丽水城在今缅甸辛博北面之打洛。澜沧江以西的广大地区东汉时为哀牢地，东汉永平十二年（公元69年）设置永昌郡统率哀牢地诸部。今缅甸伊洛瓦底江中游及其上游的恩梅开、迈立开两条大江流域为景颇（克钦、准婆）的居住地。唐代的记录为寻传。阁罗凤"西开寻传，南通骠国"①,"爰有寻传,畴壤沃饶,人物殷凑。南通渤海,西近大秦。开辟以来,声教所不及;羲皇之后,兵甲所不加。诏欲革之以衣冠,化之以礼仪。(赞普钟)十一年(宝应元年,公元762年)冬,亲与僚佐。兼总师徒,刊木通道,造舟为梁。耀以威武,喻以文辞;款降者抚慰安居,抵捍者系颈盈贯。矜愚解缚,择胜置城。裸形不讨自来,祁鲜望风而至"②。伊洛瓦底江在缅甸语中意为金江,中国典籍称"大金沙江"或"南金沙江"。丽水城当为"金江城"。"寻传"的"寻"与"景"音近;传的繁体字"傳"与"博"形近。故"寻传"当为"寻博"之误③。丽水城又称"寻传大川城",位于今缅甸的辛博(Sinbo)北面。可见方国瑜之说确当。寻博即今景颇(克钦),分布在恩梅开、迈立开及伊洛瓦底江流域。南诏西开寻博后,在此设置值丽水节度统辖寻博的广大区域。

丽水节度统辖的城镇见于记录的有:镇西城(今云南盈江县)、弥城(今盈江县盏西)、仓望城(今缅甸八暮)、安西城(今缅甸孟拱)、宝山城(今缅甸昔马)、牟郎城(今缅甸允冒)、金宝城(今缅甸密支那)、眉罗苴(在丽水城西)、金生城(今缅甸辛博)、道吉川(今缅甸岗板)、门波城(今缅甸昔董)、祁鲜(今缅甸瑞姑)、摩零城(今缅甸蛮莫)。

银生城

银生城在今云南省景东县城。南诏阁罗凤以洱海地区为中心向南开拓,设置开南节度。其后,南诏在开南节度的基础上设置银生节度。银生节度的治所在银生城,即今天云南省景东县锦屏镇。银生城之南是开南城,其地在今景东县文井镇开南村。

银生节度统辖的城镇见于记录的有:威远城(今景谷县)、奉逸城(今宁洱县)、利润城(今勐腊县易武镇)、茫乃道(今景洪)、柳追和城(今镇沅县)、撲赕(今景东县曼湾镇)、通镫川(今墨江县)、河普川(今江城县)、羌浪川(今越南莱州)、送江川(今云南省临沧县)、邛鹅川(今云南省澜沧县)、林记川(今缅甸景栋)、大银孔(今泰国景迈)。

银生节度所控制的范围,包有今云南省普洱市、西双版纳州、今缅甸的景栋、泰国的景迈、老挝、越南的莱州等地区。

---

① (唐)樊绰:《蛮书》卷三,聚珍本。
② 《南诏德化碑》,参见《云南史料丛刊》第二卷,云南大学出版社1998年版,第380页。
③ 参见方国瑜《中国西南历史地理考释》上册,中华书局1987年版,第414页。

通海城

通海城即今通海县。南诏在此设置通海节度，北与拓东节度相接，南与安南都护府接壤，其境界与今云南与越南的边界大体相当。通海为南诏通往安南，直到大海的重要城镇。

通海都督管辖的范围大体上相当于东晋时期的梁水郡，今天红河哈尼族彝族自治州与文山壮族自治州。其主要城镇见于记录的有：曲江馆（今建水曲溪）、南亭（南场、今建水县城）、沙支馆（蒙自县北）、四下馆（蒙自县城）、龙武州（今屏边县新现）、禄索州（今屏边县洗马塘）、汤泉州（矣符馆、屏边县城）、古涌步（今河口）。

会川城

会川城即今四川省会理县城。会川都督所辖的区域，即唐初巂州都督府的境界，其南以金沙江为界，其西至昆明城（今四川省盐源县）与铁桥节度相接。昆明城原属于巂州都督府，后来归铁桥节度管辖。会川都督与铁桥节度大约一东泸水（雅砻江）为界。会川都督的北界初为阳蓬岭（今四川会理与西昌之交界），后推进至台登（四川省泸沽县）以南，又进至新安城（今四川省甘洛县）以南，再推进至大渡河边，其后为定在台登一线。其东至黄茅埂（今四川雷波、马边一带）与唐朝戎州相接。

会川都督所管辖的城镇见于记录的有：目集馆（今四川省会理凤营）、河子镇（今四川省会理黎溪）、末栅馆（今四川省会理拉鲊）、伽毗馆（今云南省永仁县）、清渠铺（今云南省大姚县河底江）、藏傍馆（今云南省大姚县赵家店）。其余未见记录，方国瑜先生依据《元史·地理志》以为当有以下诸部：罗兰部（今四川省西昌、昭觉、冕宁）、阿都部（今四川省金阳、美姑）、沙麻部（今四川雷波）、屈部（今四川省德昌）、巴翠部（今四川普格）、降部（今云南元谋姜驿）、科部（今四川省宁南）等。

第六节　南诏交通

经济生产、商业贸易、政治统治、军事行动推动着交通的发展，南诏建立了以洱海地区为中心的四通八达的交通线。主要干线有南诏通西川道、南诏通安南道、南诏通黔中道、南诏通邕州道、南诏通骠国道、南诏通天竺道。兹分述如下。

一 南诏通西川道

南诏与西川的交通，主要有北路和南路两条大道。从主要经过黎州的清溪关道及经过戎州的石门关道。"从石门外出鲁望、昆州，至云南，谓之北路。黎州清溪关出邛部、过会通之云南，谓之南路"[1]。

北路经过黎州的清溪关，称为清溪关道。

清溪关道的主要路线是：从西川的成都，经过雅州（今四川省雅安）、黎州（今四川省汉源），通往南诏，这是汉代的零关道。汉武帝时期，略定西南夷后，此为通往西南夷的主要道路。清溪关为进入南诏的第一站，在大渡河南一日程的海棠镇[2]。由清溪关南下，经箐口驿（今四川越西）至台登（今四川泸沽）。由台登南下，至嶲州（今四川西昌）。从嶲州南下越俄准岭，俄准岭亦称阳蓬岭，其地在今四川会理县北界的阳沙关。从俄准岭南下经至会川（今四川会理）。从会川南下在黎溪渡泸水（金沙江），过末栅馆（今四川省攀枝花市拉鲊村）到伽毗馆（今云南永仁县城），经藏傍馆（今云南大姚麻街），至阳褒馆（今云南大姚），再到弄栋城（今云南姚安）。从弄栋城至外弥荡（今云南姚安弥兴），从外弥荡到求赠馆（今云南省南华县英武关）向西到佉龙驿（今云南省祥云县普棚），至云南城（今云南省祥云县），经波大驿（今云南祥云）、渠蓝赵（今云南大理凤仪）、龙尾城（今大理下关），抵达南诏首府阳苴咩城（今云南大理古城）。这条道路一共有十九个驿站，约一千六十里[3]。

南路经过石门关，称为石门关道。

汉朝为经略西南夷，拜唐蒙为中郎将，出使夜郎，约为置吏，以其地设置犍为郡。"发巴蜀卒治道，自僰道指牂柯江"[4]。"唐蒙南入斩之，乃凿石开阁，以通南中，迄于建宁，二千余里，山道广丈余，深三四尺，其堑凿之迹犹存"[5]。汉朝唐蒙所开由僰道（今四川宜宾安边场）通往建宁（今云南曲靖）的道路，为汉晋时期从巴蜀通往南中的主要道路。南朝时期，南中大姓争战纷扰，这条路逐渐被阻。隋朝开皇五年（公元585年）

---

[1] （唐）樊绰：《蛮书》卷一《云南界内途程》第一，聚珍本。
[2] 方国瑜：《中国西南历史地理考释》上册，中华书局1987年版，第534页。
[3] 木芹：《云南志补注》，云南人民出版社1995年版。
[4] （汉）司马迁：《史记·西南夷列传》卷五十六。
[5] 《水经注》，参见《云南史料丛刊》第一卷，云南大学出版社1998年版，第209页

十月二十五日，"兼法曹黄荣领始、益二州石匠，凿石四孔，各深一丈，造偏梁桥阁，通越析州、津州"①。隋开皇初年，爨氏派遣使臣朝贡，隋廷"命韦世冲以兵戍之，置恭州、协州、昆州"②。隋朝任命韦世冲为南宁州总管，出兵南中。黄荣率领始、益二州的石匠，凿石造偏梁桥阁就是为了配合韦世冲进入南中的军事行动。开皇十七年（公元597年），南宁（今云南曲靖）爨翫反叛，隋廷以史万岁为行军总管，率众讨击，"入自蜻蛉川，经弄栋、次小勃弄、大勃弄，至于南中，贼前后屯据要害，万岁皆击破之"。"渡西二河，入渠滥川，行千余里，破其三十余部，虏获男女二万余口。诸夷大惧，遣使请降，献明珠径寸。于是勒石送美隋德，万岁遣使驰奏，请将翫入朝，诏许之。爨翫阴有二心，不欲诣阙，因赂万岁以紧抱，万岁于是舍翫而还"③。史万岁取清溪关道，从越嶲南下渡过金沙江，进入洱海区域，东趋滇池，深入爨翫腹地南宁（今云南曲靖），从石门道返回。唐朝天宝年间派大军征讨南诏，由南溪路下，也就是从石门道进入云南，唐朝兵败西洱河，这条道路随之"闭绝"④。贞元十年（公元794年），西川节度使韦皋派遣幕府崔佐时"由石门趋云南，而南诏复通。石门者，隋史万岁南征道也"⑤。贞元十年（公元794年）七月，西川节度使韦皋派马益开石门路，设置驿馆。接着唐廷派遣袁滋、刘贞谅册封南诏，所经行的就是石门道，他们经过石门关，题名于石壁，记述韦皋派马益统行营兵马，开路、置驿，以及他出使南诏诸事。此摩崖至今犹存。袁滋将奉命册南诏的经过、所走路程，写成《云南记》五卷。咸通年间，樊绰得到袁滋的《云南记》，写成《云南志》（即《蛮书》），对石门道作了较为详细的记录。

石门关道，从戎州（今宜宾）南下十日程到石门（今云南省大关县北豆沙关），从石门外第三程至牛头山马鞍渡（今云南大关县黄万溪），又经蒙夔山（岭），南下八九里，抵达阿夔部落（今云南昭通），过鲁望（今云南鲁甸县）第七程至竹子岭，第九程至制长馆（今云南马龙县），由此行二百五十里至拓东城（今云南省昆明市）。从拓东城又经安宁（今

---

① （唐）樊绰：《蛮书》卷一《云南界内途程》第一，聚珍本。
② （宋）欧阳修、宋祁等：《新唐书》卷二二二下《南蛮传·两爨蛮》，百衲本。
③ 《隋书》卷五十三《史万岁传》，百衲本。
④ （唐）樊绰：《蛮书》卷一《云南界内途程第一》，聚珍本。
⑤ （宋）欧阳修、宋祁等：《新唐书》卷一五八《韦皋传》，百衲本。

云南省安宁市），向西经龙和馆（今云南禄丰炼象关）、沙雌馆（今云南省禄丰县舍资镇）至曲馆（今云南省楚雄市）。由曲馆向西经沙却镇（今云南华南县）、求赠馆（南华县天申堂乡英武关）、佉龙驿（今云南省祥云县普淜乡）至云南城（祥云县云南驿），经波大驿（今祥云县城）、白崖（今云南弥渡县红岩街）、渠蓝赵（今云南大理市凤仪镇）至龙尾城（今大里市下关），从龙尾城北行五十里抵达南诏首府阳苴咩城。

二　南诏通安南道

从云南到交趾的通道，至迟在西汉末年已经开通。文齐为益州（今云南省）太守时，公孙述占据益土（今四川），文齐固守距险。公孙述拘押文齐的妻小，许以封侯，文齐拒不投降，得知刘秀得天下，即皇帝位，于是派遣使臣"间道自闻"[①]。据《华阳国志·南中志》，文齐派遣的使臣自滇池出交趾，转道赴洛阳。汉光武帝建武十九年（公元43年）伏波将军马援自交趾上书说：自麊泠（交趾郡属县）水道出进桑（今云南河口、马关）至贲古（今云南蒙自、个旧），进击益州，承接水利，是最为神捷的通道[②]。一直到晋代都是云南与脚趾间的通行大道。

唐代初年，安南与云南的交通大体沿着汉晋时期的"麊泠道"，略有改变。从安南到达南诏边境的水陆码头古涌步（今云南省河口县），从古涌步二日至汤泉洲（亦名矣符馆，今云南省屏边县）。再行一日之龙武州（亦称曲乌馆，今云南屏边县新现乡），经僧迟顿（亦称思下馆，今云南省蒙自城区）、八平城（今云南省个旧市鸡街镇）、洞澡水（亦称沙支馆，今云南省个旧市倘甸乡）、南亭（又称南场馆，今云南省建水城），至曲江馆（今建水县曲江镇）。从曲江馆经通海城（今云南省通海县城）、渡海河利水（即杞麓湖）至绛县（今云南江川县），从绛县经晋宁驿（今云南晋宁县城）抵达拓东城（进昆明城）。从拓东城经安宁、龙和馆、沙雌馆、曲馆、沙却、石鼓驿（今云南楚雄市吕合镇）、求赠馆、渠蓝赵、龙尾城、太和（大理市太和乡）到达南诏首府阳苴咩城。从安南府城至贾勇步水路二十五日程，自贾勇步至安宁陆路十一日程，安宁至阳苴咩城十

[①]（南朝）范晔：《后汉书》卷八十六《西南夷列传》，百衲本。
[②] 参看《林超民文集》第二卷，云南人民出版社2008年版，第276页。

一日程，合计四十六日程①。

三　南诏通黔中道

黔中郡为战国时楚国设置，后并入秦国，秦朝治所在临沅（今湖南省常德市），辖境相当于今湖南沅水、澧水流域、湖北清江流域、四川黔江流域以及贵州东北一部分。西汉时更名为武陵，唐天宝、至德时为黔中郡。唐朝开元二十一年（公元733年）分江南道设置黔中道，为开元十五道之一。治所在黔州（今四川省彭水县）。辖境与秦朝黔中郡略同，唯东境不包括沅水、澧水下游今桃园、慈利以东，西境兼有今贵州大部分地区。南诏与黔中有交通往还。贞元十年（公元794年）异牟寻决定弃蕃归唐，派三个使团到到长安，一路取西川道，一路取安南道，一路取黔中道。黔中道出牂牁郡，入黔中。其路程不见于记录。

四　南诏通邕州道

邕州为唐贞观六年（公元632年）改南晋州设置，治所在宣化（今广西南宁市南），辖境相当于今广西南宁市及邕宁、武鸣、隆安、大新、崇左、上思、扶绥等县。乾符年间，南诏遣使至邕州通和，岭南节度使辛谠派遣徐云虔出使南诏，至鄯善城（今云南昆明）而还。南诏与邕州有道路相连，并有交通往来，只是具体路线不见于记录。

五　南诏通骠国、天竺道

中国与天竺（身毒、印度）的交通最早见于记录的有"蜀身毒道"，是中国与域外最早的一条交通线，至迟在战国中期，即公元前四世纪已经开通②。汉代以后逐渐繁盛，南朝时期一直通行不断。唐朝贞观十九年（公元645年），巂州都督刘伯英上书，请求打通西洱河天竺道。《新唐书·地理志》载贾耽从边州入四夷路程，记录"安南通天竺道"。从安南至阳苴咩城的路线，"南诏通安南道"已记述。从阳苴咩城向西至永昌（今云南省保山市隆阳区）故郡三百里，又西渡怒江至诸葛亮城（今云南省龙陵县）二百里。又南至乐城（今云南省瑞丽市）二百里。又入骠国

---

① 木芹：《云南志补注》，云南人民出版社1995年版，第5页。
② 林超民：《蜀身毒道浅探》，见《林超民文集》第二卷，云南人民出版社2008年版。

（今缅甸）境。经万公（疑即太公城，今缅甸达岗城）等八部落。至悉利城（今缅甸曼德勒之北）七百里。又经突旻城（今缅甸浦甘）至骠国千里，又自骠国西度黑山，至东天竺迦摩波国（Kamrupa）千六百里。又西北渡迦罗都河至奔那伐檀那国（Pundravardhara）六百里。又西南至中天竺国东境恒河南岸羯朱嗢罗国（Kajingaladila）四百里。又西至摩羯陀国（Magadha）六百里。

另一路是自诸葛亮城西去腾充城（今云南省腾冲县）二百里。又西至弥城（今云南省盈江县盏西乡）百里。又西过山，二百里至丽水城（今缅甸密支那南之打罗 Talo）。乃西渡丽水、龙泉水，二百里至安西城（今缅甸孟拱 Mogaung）。乃西渡弥诺江水（Chindwin river），千里至大秦婆罗门国。又西渡大岭，三百里至东天竺北界箇没庐国（Kamarupa）。又西千二百里，至中天竺国东北境之奔那伐檀那国，与骠国往婆罗门路合。

南诏通天竺的道路，从诸葛亮城分道，在奔那伐檀那国相会，其向西南一道凡四千一百里，向正西一道凡三千二百里。西南道虽绕远路，但有大金沙江（伊洛瓦底江）航行之便[①]。

通往骠国、天竺的道路漫长、崎岖、艰难，仅永昌至诸葛亮城、腾充城一路，见于记录多突出其险阻难行。当时的商贾有歌谣说："冬时欲归来，高黎贡上雪。秋夏欲归来，无那穹赕热。春时欲归来，囊中络赂绝。"[②] 当时取经传教的僧徒也说："此路与天竺至近，险阻难行，是大唐与五天竺之捷径也。仍须及时，盛夏热瘴毒虫，遇者难以全生；秋多风，水泛又不可行；冬无毒，积雪寒阻，又难以登涉；唯有正，二，三月，乃是过时。仍须解数种蛮语，兼赍买道之资，信土人引导，即必将达也。山险无路，难知通塞。"[③]

六　青木香山道（南诏通昆仑道）

南诏西南边外有昆仑国，昆仑国有大小之分。小昆仑在今缅甸毛淡棉地区，大昆仑在今缅甸莫塔马湾的东岸，自萨尔温江入海口处的莫塔马以

[①] 参见方国瑜《云南与印度缅甸之古代交通》，载《方国瑜文集》第四辑，云南教育出版社2001年版。

[②] （唐）樊绰：《蛮书》卷二《山川江源第二》，聚珍本。

[③] （唐）惠琳：《一切经音义》。

南至土瓦广大区域①。

　　南诏与昆仑国多有往还，有两条道路相通。从洱海地区南下开南城（今云南景东），出车里（今云南允景洪），至昆仑国，可称为下路。从洱海地区西至永昌城（今云南隆阳），出陇川，经缅甸的孟密、洞吾，至昆仑国，可称之为上路。通往昆仑国的道路在上下路之外，还有"青木香山路"。樊绰《云南志》卷六称："量水川西南至龙河又南与青木香山路直，南至崑仑国矣。""青木香山在永昌南三月程"②。昆仑国"出象及青木香、檀香、紫檀香、槟榔、琉璃、水精、蠡杯等诸香药、珍宝、犀牛等"③。昆仑国出产多种香药，以青木香著称。所谓"青木香山路"也就是南诏通往昆仑国的"昆仑路"。

---

① 参见《方国瑜文集》第二辑，云南教育出版社2001年版，第234页。
② （唐）樊绰：《蛮书》卷七，聚珍本。按："三月"原误为"三日"。
③ （唐）樊绰：《蛮书》卷十，聚珍本。

第六章

谨遵盟约

第一节 迁徙与融合

一 政治迁徙

贞元十年（公元794年），异牟寻归附唐朝后，南诏在剑南西川节度使兼云南安抚使的管辖下，开始了臣属于唐的亲善友好的新时期。唐朝摆脱了困扰西川边地长达半个世纪的危机，出现了宪宗时期（公元805—820年）相对太平的局面，这就有助于唐朝集中力量整顿内政，求得发展。

南诏摆脱吐蕃的控制与欺压后，在唐朝的帮助下，发展经济、提升文化，完善政治机构、改进法律制度，生产力大为提高，社会生活得到长足进展。南诏不仅出兵攻击吐蕃，恢复不少"陷蕃"的地区，而且将北臣吐蕃的部落完全归附于己，将南诏的统治势力从洱海北面扩展到金沙江上下，在今云南省迪庆藏族自治州建立了铁桥节度。

为巩固对这一地区的统治，南诏将当地居民迁徙到南诏势力强大的地区，便于监控，防止其变乱。

浪穹诏的首领罗望曾被唐廷封为浪穹州刺史，"与南诏战败，以部落退保剑川，故盛称剑浪。（罗望）卒，子望偏立，望偏卒，子偏罗矣立。偏罗矣卒，子矣罗君立。贞元十年，南诏击破剑川，俘矣罗君，徙永昌"[①]。

邆赕诏的首领丰咩被唐朝御史李知古问罪诛杀。其子咩罗皮继位，为邆赕州刺史。他联合蒙归义同伐河蛮，得胜后，与蒙归义分据大釐城（今大理市喜州镇）。蒙归义背信袭其部众，夺取了大釐城，咩罗皮被迫

[①] （唐）樊绰：《蛮书》卷三《六诏第三》，聚珍本。

退回邆赕，与浪穹、施浪联合起来攻伐蒙归义。蒙归义夺取大厘后，筑龙口城（大理市上关）。"闻三浪兵至，率众拒战，三浪大败。追奔过邆赕，败卒多陷死于泥沙之中，丰罗披从此退居野共川（今鹤庆县），丰罗皮卒，子皮罗邆立。皮罗邆卒，子邆罗颠立，邆罗颠卒，子颠之讬立。南诏既破剑川，收野共，俘颠之讬，徙永昌"①。

施浪诏的首领施望欠与丰罗皮同伐蒙归义失败，退保矣苴和城（今洱源县邓川镇）。蒙归义乘胜进军，胁其部落，无几，施望欠众溃，仅以家族之半，西走永昌，最后投降南诏。施望欠的弟弟望千，在矣苴和城初败之时，北走吐蕃，吐蕃扶持其为诏，归于剑川，为众数万。望千生千傍，千傍生傍罗颠。南诏既破剑川，尽获施浪部落。傍罗颠脱身走泸北。

三浪诏被南诏平定后，除傍罗颠逃到吐蕃外，其首领和部众大多迁徙至永昌等地。

弄栋蛮，本为姚州弄栋县（今云南姚安县）部落，唐朝曾在此设置褒州，封其首领充当刺史。因为"误殴杀司户者，为府丞论罪，遂率众北奔。后分散在麽些江侧，并剑、共诸川悉有之"②。贞元十年，南诏异牟寻破掠吐蕃城邑，将弄栋蛮迁徙至永昌之地。

裳人，亦称"汉裳蛮"，居住在铁桥北，"本汉人部种"③，不知何时迁入铁桥地区。穿着汉服，逐渐受诸戎风俗习染，"惟以朝霞缠头，余尚同汉服"④。"贞元十年，南诏异牟寻领兵攻破吐蕃铁桥节度城，获裳人数千户，悉移于云南东北诸川"⑤。这里的云南当是蜀汉时的云南郡地区，即洱海周围，今大理白族自治州。

居住在剑川的长裈蛮，羁属三浪诏。"其本俗皆衣长裈曳地，更无衣服。惟披牛羊皮。南诏既破剑浪，遂迁其部落，与施、顺诸蛮居，养给之"⑥。其后也被南诏与施蛮、顺蛮一起迁移到云南东北诸川。

麽些蛮，又称麽蛮，人口众多，实力强大，曾经在洱海东面的宾居（今云南省宾川县）一带，建立越析诏。被南诏打败后，在吐蕃的支持下

---

① （唐）樊绰：《蛮书》卷三《六诏第三》，聚珍本。
② （唐）樊绰：《蛮书》卷四《名类第四》，聚珍本。
③ （宋）欧阳修、宋祁等：《新唐书》卷二二二《南诏传》，百衲本。
④ 同上。
⑤ （唐）樊绰：《蛮书》卷四《名类第四》，聚珍本。
⑥ 同上。

继续在铁桥上下、大婆、小婆、三赕、探览一带，为南诏西北的一大隐患。为此，南诏战败麽些后，立即用武力将其迁移至昆州（滇池周围）及西爨故地。

居住在西洱河地区的"河蛮"，"本西洱河人"，"及南诏蒙归义攻拔大釐城，河蛮遂并迁北，皆羁制与浪诏。贞元十年，浪诏破败，复徙于云南东北拓东以居"①。

南诏凤迦异于广德二年（公元764年）在昆州设置拓东城。"贞元十年，南诏破西戎，迁施、顺、麽些诸种数万户以实其地。又以永昌以望苴子、望外喻等千余户奋力城傍，以静道路"②。

二 族类交融

异牟寻在贞元十年（公元794年）与唐朝结盟后，将吐蕃势力迅速驱赶出云南西北，攻占吐蕃神川都督之地，建立铁桥节度，将原来反对南诏的敌对势力，诸如三浪诏、河蛮、麽些蛮等，从遥远的西北部，迁到拓东、永昌、蒙舍等地，并用望苴子、望外喻等可靠的势力就近监控，防止动乱发生。这对于巩固南诏对整个云南的统治，建立稳定、正常的统治秩序是极为有力、有效的战略举措，更是有勇有谋的治国方略。

贞元十年开始的部落迁徙，不仅卓有成效地稳固了南诏的统治秩序，而且推动了云南族类的大融合。从贞元以后，原来的河蛮、弄栋蛮、昆明蛮、云南蛮、施蛮、顺蛮、汉裳蛮、长裈蛮、青蛉蛮等就不再见于记录，他们融合到正在形成的"大封民国"的僰（封）人之中。

第二节 共抗吐蕃

一 唐朝重创吐蕃

唐廷招抚南诏的初衷本为对付吐蕃。这一战略决策在相当长一段时间内的确取得颇为显著的成效。

剑南西川节度使韦皋在处理东蛮、西山八国、南诏等事务中表现出卓越的才干。原来附属吐蕃威胁西川的东蛮、西山八国、南诏诸部，通过他

---

① （唐）樊绰：《云南志》卷四《名类第四》，聚珍本。
② （唐）樊绰：《云南志》卷六《云南城镇第六》，聚珍本。

纵横捭阖，巧妙运筹，先后被唐朝招抚，毅然弃蕃归唐，在西川形成孤立、合围吐蕃的态势。贞元十一年（公元795年）九月，朝廷加韦皋"统押近界诸蛮、西山八国兼云南安抚等使。十二年（公元796年）二月，就加中书门下平章事"①。

为共同对付吐蕃，韦皋应异牟寻之请，派遣工匠到南诏传授生产武器的先进技术，数年后，南诏武器制作质量大为改善，"甲弩皆精致"②。

因无南诏袭扰之忧，唐之西川节度可以集中兵力打击吐蕃，收复失地，稳固边塞，确保西川安定，业绩斐然。贞元十三年（公元797年），韦皋派兵收复嶲州城。吐蕃退守剑山、马岭，进逼台登（今四川省喜德县）。《旧唐书·吐蕃传》记载："五月十七日，吐蕃于剑南山、马岭三处开路，分军下营，仅经一月，进军逼台登城。嶲州刺史曹高任率领诸军将士并东蛮弟子，合势接战，自朝至午，大破犬戎，生擒大笼官七人，镇上杀获三百人，余被刀剑者不可胜记，收获马畜五百余头匹，器械二千余事。"毫无疑问，台登大捷当与东蛮部落的支持密切相关，而又与南诏的配合间接相关。如在之前，嶲州唐军与东蛮部落防备南诏进攻犹恐不及，何敢全力以营救台登？

贞元十四年（公元798年）十月，夏州节度使韩全义大破吐蕃于盐州西北。

二 南诏北击吐蕃

贞元十五年（公元799年），异牟寻欲再北击吐蕃，请唐为助。《新唐书·南蛮传》载："十五年，异牟寻谋击吐蕃，以遵川、宁北等城当寇路，乃峭山深堑修战备，帝许出兵助力。又请以大臣子弟质于皋。皋辞，固请，乃尽舍成都，咸遣就学。且言昆明、嶲州与吐蕃接，不先加兵，为虏所胁，反为我患，请皋图之。"为取信唐廷，南诏乃至主动提出以大臣子弟质于成都。同时，南诏还积极建议联合行动，以彻底清除昆明、西州一带的吐蕃势力。出于兵力与转饷的困难，以及吐蕃内部的种种问题（夏麦不熟、疫疠仍兴、更换新君等），加之"今境上兵十倍往岁，且行营皆在嶲州，扼西泸吐蕃路，昆明、弄栋可以无虞"③，韦皋认为不宜急

---

① （后晋）刘昫等：《旧唐书》卷一四〇《韦皋传》，百衲本。
② （宋）司马光：《资治通鉴》卷二五二。
③ （宋）欧阳修、宋祁等：《新唐书》卷二二二《南诏传》，百衲本。

于进攻吐蕃。异牟寻联合进攻吐蕃的建议也就只好暂时搁置了下来。但是，韦皋却答应了异牟寻的要求，安排南诏子弟在成都学习汉文经典与数学，而不以为人质。其后五十余年间，唐为南诏培养了数千名学者，对南诏社会经济的发展，产生了重大而深远的影响。

韦皋根据当时情况，揣测吐蕃暂时不会加兵南诏。然事与愿违，次年（公元800年），"吐蕃大臣以岁在辰，兵宜出，谋袭南诏。阅众治道，将以十月围巂州，军屯昆明凡八万，皆命一岁粮。赞普以舅攘偌都罗为都统，遣尚乞力、欺徐滥铄屯西贡川"[1]。南诏得到消息，并及时报告韦皋。韦皋令部将武免率弩士三千赴援，另派亢荣朝率万人屯黎州，韦良金以二万五千人屯巂州，若南诏有急，皆进军相救。吐蕃以兵五万，主力自囊贡川分军二路进攻云南，另以偏师自诺济城攻巂州。异牟寻担心东蛮、磨些诸部心怀二意，复为吐蕃向导，打算先击二蛮，再抗吐蕃。韦皋告诉异牟寻说：以巂州作为往来孔道，捍蔽数州，钳制诸蛮，今为唐军重兵把守，屯壁相望，粮械充足，东蛮不敢轻举妄动。于是，异牟寻传檄东蛮、磨些诸部纳粮城中，余者烧毁，实行坚壁清野。当时，吐蕃颠城守将杨万波约降，事泄，吐蕃以兵五千固守颠城。韦皋准备出兵击破，杨万波与笼官乘势拔颠城而来，韦皋将其两千人徙于宿川。同时，韦皋部将扶忠义又取吐蕃末恭城，俘其牛羊千计。吐蕃大将既煎让律以兵距十贡川一舍而屯，国师马定德率种落出降。西贡节度监军野多输煎为赞普乞立赞之养子，也率部向扶忠义投降。欺徐滥铄率军至铁桥，南诏放毒于水中，吐蕃兵士多被毒死，被迫移军纳川，坚壁固守，等待时机再攻南诏。恰恰这年霜雪早降，吐蕃怕入冬后行军困难，最后只得无功而还。

"吐蕃苦唐、诏犄角，亦不敢图南诏"[2]。由此可见，贞元十年唐朝与南诏的"苍洱之盟"对于川西沿边与南诏具有同样重要的作用和深远的意义。

三　吐蕃二十年不敢犯边

贞元十七年（公元801年），吐蕃北掠唐之灵州、朔州，攻破麟州。唐廷令韦皋出兵西南，牵制吐蕃。《旧唐书·韦皋传》记载此事："皋乃

---

[1] （宋）欧阳修、宋祁等：《新唐书》卷二二二《南诏传》，百衲本。
[2] 同上。

令镇静军使陈洎等统兵万人,出三奇路;威戎军使崔尧臣兵千人,出龙溪石门路南,维、保二州兵马使仇冕,保、霸二州兵马使董振等兵二千,趋吐蕃维州城中,北路兵马使邢玼等四千,趋吐蕃栖鸡老翁城;都将高倜、王英俊兵二千,趋故松州;陇东兵马使元膺兵八千人,出南道雅、邛、黎、巂路;又令镇南军使韦良金兵一千三百续进;雅州经略使路惟明等兵三千,趋吐蕃租、松等城;黎州经略使王有道兵二千人,过大渡河,深入蕃界;巂州经略使陈孝阳,兵马使何大海、韦义等,及磨些蛮、东蛮三部落主苴那时等兵四千,进攻昆明城、诺济城。自八月出军齐入,至十月破蕃兵十六万,拔城七,军镇五,户三千,擒生六千,斩首万余级,遂进攻维州。救军再至,转战千里,蕃军连败。于是寇灵、朔之众引而南下。赞普遣论莽热以内大相兼东境五道节度兵马都群牧大使,率杂虏十万而来解维州之围。蜀师万人据险设伏以待之,先出千人挑战。莽热见我师之少,悉众追之。发伏掩击,鼓噪雷骇,蕃兵自溃,生擒论莽热,虏众十万,歼夷者半。"此次战役,韦皋出动人马甚众,自陇南而至南诏全面出击吐蕃,大获全胜。当时情形,吐蕃四面受敌,无处不败,"回鹘、太原、邠宁、泾原军猎其北,剑南东川、山南兵震其东,凤翔军当其西,蜀、南诏深入,克城七,焚堡百五十所,斩首万级,获铠械十五万。围昆明、维州不能克,乃班师。振武、灵武兵破虏二万。泾原、凤翔军败虏原州。惟南诏攻其腹心,俘获最多。帝遣中人尹偕慰问异牟寻。而吐蕃盛屯昆明、神川、纳川自守。异牟寻比年献方物,天子礼之"[①]。此一决定性的胜利,使其后近二十年吐蕃不敢犯边,而南诏之北疆威胁也随之解除。

很清楚,南诏归唐之后,即被纳入唐朝抗击吐蕃的总体战略之中,并且取得了非常明显的实效。

第三节 文化交流

一 朝贡与赏赐

异牟寻自贞元十年弃蕃归唐后,朝献、贺正比年不绝。见于记录的有:贞元十一年(公元795年)三月,遣清平官尹辅酋随袁滋到京师朝拜,进献铎鞘、浪剑、郁刃、生金、瑟瑟、牛黄、琥珀、象、犀、越赕统

---

① (宋)欧阳修、宋祁等:《新唐书》卷二二二《南诏传》,百衲本。

伦马等方物。唐廷授尹辅酋检校太子詹事兼御史中丞。九月，异牟寻遣使献马六十匹①。贞元十二年（公元796年）十二月癸未，南诏遣使朝贺②。贞元十四年（公元798年）己亥，南诏异牟寻遣酋望大将军王丘各等朝贺正旦，献方物③。贞元十六年（公元800年）春正月乙巳，南诏献《奉圣乐舞曲》，德宗在麟德殿前观赏④。贞元十七年（公元801年）南诏攻打吐蕃取得大胜，唐廷派遣中人尹偕慰异牟寻。异牟寻连年贡献方物，得到天子的礼遇⑤。贞元十八年（公元802年）正月，南诏遣使朝拜，骠国随同南诏使臣献上骠国乐⑥。贞元十九年（公元803年）春正月癸丑，南诏派遣朝贺使杨镆龙武贺正旦，授予杨镆龙武为试太仆卿⑦。贞元二十年（公元804年）十二月，南诏遣使朝贡⑧。永贞元年（公元805年）十月庚子，南诏遣使赵迦宽来赴山陵，即参加德宗的葬礼⑨。元和元年（公元806年）八月、十二月，南诏先后两次遣使朝贡⑩。元和二年（公元807年）八月丙辰朔，南诏遣使邓傍传朝贡，授予试殿中监⑪。同年十二月再次遣使朝贡。

元和三年（公元808年）十二月，南诏异牟寻卒，南诏遣使入朝告哀。唐朝"废朝三日"。元和四年（公元809年）正月，以太常少卿武少义充吊祭使，仍册封异牟寻之子寻阁劝为南诏，仍命铸"元和册南诏印"⑫。同年正月、十二月，南诏先后两次遣使朝贡⑬。元和七年（公元812年）十月，南诏遣使朝贡⑭。元和八年（公元813年）十二月丙午，

---

① （后晋）刘昫等：《旧唐书》卷一九七《南诏蛮》，百衲本，（宋）欧阳修、宋祁等：《新唐书》卷二二二《南诏传》，百衲本。
② （后晋）刘昫等：《旧唐书》卷十二《德宗本纪》，百衲本。
③ （宋）王钦若、杨亿等：《册府元龟》卷九七二。
④ （后晋）刘昫等：《旧唐书》卷十二《德宗本纪》，百衲本。
⑤ （宋）欧阳修、宋祁等：《新唐书》卷二二二《南诏传》，百衲本。
⑥ （宋）王钦若、杨亿等：《册府元龟》卷九七二，《唐会要》卷三十五。
⑦ （后晋）刘昫等：《旧唐书》卷一九七《南诏传》，百衲本。
⑧ 同上。
⑨ （后晋）刘昫等：《旧唐书》卷十四《顺宗本纪》，百衲本。
⑩ （宋）王钦若、杨亿等：《册府元龟》卷九七六。
⑪ （后晋）刘昫等：《旧唐书》卷一九七《南诏传》，百衲本。
⑫ 同上。
⑬ （宋）王钦若、杨亿等：《册府元龟》卷九七二。
⑭ （后晋）刘昫等：《旧唐书》卷一九七《南诏传》，百衲本。

南诏遣使朝贡。朝廷设盛宴款待，赐予锦彩①。元和十年（公元815年）正月丁酉，南诏遣使朝贡，唐朝宴赐有差②。同年十一月，南诏派遣杨廷奇等二十九人朝贡。唐朝赐杨廷奇等告身二十九通。丙午，赐南诏使臣锦彩有差③。元和十一年（公元816年）正月庚寅，以国信三十一封授南诏使臣杨廷奇等，由他们带回④。元和十一年（公元816年）五月，南诏劝龙晟卒，废朝三日。南诏遣使来请册立其君长。以少府少监李铣充册立吊祭使，左赞善大夫许尧佐副之。元和十二年（公元817年）到十五年，每年南诏都遣使来朝，或一年内遣使两三次前来朝拜⑤。

南诏与唐朝之间的朝贡与赏赐，表明南诏对唐朝在政治上的臣属关系，同时也是双方经济、文化的交流。南诏作为唐朝的云南安抚使司，是隶属于唐朝的一个较大的自治地方。

二 积极学习华夏文化

贞元十年后，汉文化在南诏当权派的大力倡导下，得到更加广泛深入的传播。贞元十五年（公元799年），异牟寻请求韦皋以南诏大臣的子弟作为人质留居成都。韦皋坚辞不受。南诏执意恳请，韦皋方同意在成都设置馆舍，接受南诏大臣子弟就学。南诏与唐朝间开展文化交流的走廊很快就建立起来，双方在政治、经济、文化诸方面的联系通过这个走廊得以持续不断地发展。南诏每年派数十成百的学生到成都和长安学习汉文化。几乎每一个南诏首领都认真学习汉文经典。王室成员与各级官员"不读非圣之书"。⑥ 南诏统治者主动学习汉文化，大力提倡和推广中原汉文化，使汉文化成为唐代云南文化的主流。汉文化在白族的形成中起了极为重要的作用。接连不断的五十多年间，来自南诏的青年人在成都学习汉文化与数学，这对于南诏统治机构模式的形成，对于南诏优秀人才的培养提高，对于南诏经济文化的发展，产生了十分重大而深刻的影响。

---

① （宋）王钦若、杨亿等：《册府元龟》卷一一一一。
② 同上。
③ （宋）王钦若、杨亿等：《册府元龟》卷九七六。
④ 同上。
⑤ （后晋）刘昫等：《旧唐书》卷一九七《南诏传》，百衲本。
⑥ 《南诏德化碑》。

三　文化交融与唐诏一体

南诏的方物土产进入中原，深受中原的喜爱。南诏清平官的"赤藤杖"、大军将的"金呿嗟"（金腰带）就为唐朝达官贵人、名人雅士所喜欢，出现在白居易等诗人的诗篇中。南诏派到唐朝展演的《奉圣乐》、《骠国乐》，别开生面，轰动一时，白居易特作《蛮子朝》、《骠国乐》，尽管有"刺将相骄而相备位也"的寓意，但也反映一时之盛况。

韦皋在西川创造的业绩，受到时人的赞誉。"韦太尉皋镇西川亦二十年，降吐蕃九节度，擒论莽热以献，大招附西南夷。任太尉，封南康王，亦其次也"[①]。

由贞元三年（公元787年）韦皋招抚云南蛮夷至十八年（公元802年）对吐蕃的全面大捷，前后十六年间，韦皋与异牟寻相互配合，共同在西南创造了辉煌的业绩，为西川的生产、生活赢得了难得的安宁和平。贞元十年苍洱结盟之后，南诏谨守盟约，在唐朝的支持和帮助下，不仅夺回了被吐蕃占领的土地，而且迅速扩大势力，统一了云南全境，自觉地将云南列入唐朝的一个行政区域，严守臣属之礼。韦皋不仅在政治、军事、经济上推动了南诏社会的发展，而且致力于中原文化在南诏的传播。南诏对中原文化的认同、接受、融汇，使得"本唐风化"的南诏在文化上与中原融为一个整体。

---

① （唐）李肇：《国史补》卷中，上海古典文学出版社1957年版。

第七章

南诏族类

第一节 汉人移民

一 南诏建国以前住居在洱海区的汉人

汉晋时期云南的汉族移民，事迹可考的大都在滇东区，洱海区域的具体记载很少。其原因主要在于，那时期洱海区的社会经济较为落后，尚不可能建立相对完善的统治的机构，随着中央王朝统治而来的汉人也少，没有汉官和汉人结合的强而有力的据点。所以西汉时期洱海区域设若干县附属于益州郡，东汉时期又附属于永昌郡，没有成为一个单位的政治区域。由于没有布置统治据点，也就没有迁来大量汉人组织屯戍，维护统治政权，由此推测两汉时期迁到洱海区的汉族人口是很少的。

蜀汉时期建立云南郡，重用张龙佑那。从诸葛亮利用大姓的情形来看，张龙佑那可能是大姓，而且是有群众基础的，那就是由滇东区迁来的僰。僰在洱海区已经有组织，也掺杂着许多汉族人口，蜀汉建立云南郡，就依靠这部分势力，对洱海区的统治，深入了一步。但蜀汉的政策，不设屯戍，不会遣关中汉人来开屯，而且从这时期起，滇东大姓势力强大，与中央王朝统治势力的冲突不断。在洱海区的王朝势力逐渐衰退，由朝廷组织迁徙汉人移民的事情当不可能发生。

但从蜀汉以来，在滇东区域的争夺中，以叟为主的势力日益发展，有许多已住居在滇东区域的汉族人口被迫迁到洱海区域，这种情形可能在较长时期存在。《华阳国志·南中志》说：李毅与五苓夷在滇池战争之后，"晋民或入交州，或入永昌郡"。所谓入永昌郡，主要是到洱海区，滇东的骚扰许多汉族人口流散到洱海区，而且是不断地来，与僰错杂着住居在洱海以南地区，组织部落，发展了经济文化。

二 隋唐以前迁来的汉人

《通典》卷一八七载：西洱河，"其地有数十百部落，大者五六百户，小者二三百户。无大君长，有数十姓，以杨、李、赵、董为名家；各据山川，不相役属，自云其先本汉人。有城郭村邑，弓矢矛鋋，言语虽稍讹舛，大略与中夏同；有文字，颇解阴阳历数。自夜郎、滇池以西皆云庄蹻之余种也。其土有稻麦粟豆，种获亦与中夏同。而以十二月为岁首"。其余农业手工业生产以及生活习惯，也是相当的进步。这些居民为汉人后裔，有城郭村邑，长期定居从事农业生产。据此推测，他们定居于洱海区域已有相当长的时间。

樊绰《云南志》卷五载：渠敛赵（今云南大理市凤仪镇），本河东州也。"州中列树夹道为交流，村邑连甍，沟塍弥望，大族有王、杨、李、赵、四姓，皆白蛮也；云是沮蒲州人，迁涉至此，因以名州焉"。按：沮蒲应是两地名，沮县属武都郡，在今陕西汉中；蒲县属河东道，在今山西汾河下游。王、杨、李、赵四姓从沮、浦两地迁徙至此，以原籍地名"河东"作为州名，以为纪念①。据《王仁求碑》，唐朝于麟德元年（公元664年）设置姚州都督府时，王仁求已出任河东州刺史。知初唐时期已有河东州名，原籍河东州的汉族移民已经在此建立邑落，其迁来的时间当颇为久远。

《元和郡县志》卷三十二"姚州"说："武德四年（公元621年）安抚大使李英，以此州人多姓姚，故置姚州，为泸南巨屏"，新、旧《唐书·地理志》所说同。所谓姚姓，应是汉人。《华阳国志·南中志》说：李雄遣叔父骧破越嶲，伐宁州，王逊派遣都护云南姚岳，在堂螂县（今云南巧家、会泽县）抵御李骧。姚岳是云南郡人，姚州即云南郡弄栋县地，姚岳可能是弄栋县人，所谓："此州人多姓姚"，就是姚岳的后裔，姚岳受王逊调遣，当是汉族大姓。又樊绰《云南志》卷四说："青蛉蛮，亦白蛮苗裔也。本青蛉县部落。天宝中嶲州初陷，有首领尹氏父兄子弟，相率南奔河赕，阁罗凤厚待之。贞元年中，南诏肖平官尹辅酋、尹宽求，皆其人也。"虽然没有明确说尹氏是汉族移民的后裔，但从用汉姓、列入受汉文化影响较深的白蛮，可以推测所谓青蛉蛮也是汉族移民的后裔。

---

① 林超民编：《方国瑜文集》第二辑，云南教育出版社2001年版，第83页。

樊绰《云南志》卷六"云南城"记：故渭（宁）北节度段子英是波州（今云南祥云县）人，其"故居坟墓，皆在云南"。《元和姓纂》卷九"段姓"条"诸郡段氏"说："《云南状》云：魏末段延没蛮，代为渠帅，裔孙凭入朝，拜云南刺史，孙左领大将军，生子光、子游、子英、子光试太仆卿、长川王，生秀试太常卿。子英率府遂郡王、神营州兵马使。"段子英可能是贞元年间的人。段氏，祖籍京兆，魏末时，段延迁到云南（今云南祥云县），从三国时期就居住在云南，子孙繁衍，是移民到洱海区域的汉人名家大姓。

迁到洱海地区的汉人，在云南开发生产，世代相传，经历漫长的岁月，与当地族类相互依存、相互交流，深受当地文化影响，其生活方式已与中原有所差异，被称为"白蛮"，即夷化了的汉人后裔。由此推测，樊绰《云南志》卷三说越析诏的豪族张寻求，为白蛮，当亦为汉人移民的后裔。见于记录的洱海地区"白蛮"中的汉姓大多数当为汉人移民的后裔。

在姚州境内有永昌蛮，武后天授（公元690—691年）年间，遣御史裴怀古招怀，申明诛赏，归者日千计。至长寿（公元693年）时，大首领董期，率部落二万内属[1]。《新唐书·裴怀古传》说："遂定南方蛮夏，立石著功。"这里所说的"蛮夏"，蛮为当地蛮夷，夏为汉人移民。姚州境内在初唐时期已经有汉人杂居其间。大首领董期可能就是汉人；称为永昌蛮，大概是东汉时期，洱海区域属于永昌郡的缘故。

初唐时期有关住居在西洱河区域汉人的记录虽然少，但可推测住居在这区域的汉人人数相当多，时间已相当长。他们开发生产，组织邑落，已发展相当高程度的文化。那时汉人的住居区域，见于记录的地名，在洱海西岸、东岸、以南地区，就是现在的大理、宾川、凤仪、弥渡、祥云、姚安、大姚等县。这一区域的居民以从滇东迁移来的僰为主，汉族移民与僰错杂而居，百十年间，相互交融，逐渐融为一体，被称为"白蛮"。"言语音，白蛮最正"；"白蛮，死后三日内埋殡，依汉法为墓"[2]。他们中有杨、李、赵、董、王、姚、尹、段、张等名家大姓。

---

[1] （宋）欧阳修、宋祁等：《新唐书》卷二二二《南蛮传》，百衲本。

[2] （唐）樊绰：《云南志》，聚珍本。

三 初唐时期迁来的汉人

唐代初期，为加强对云南的统治，派遣兵卒前来戍守。麟德元年（公元664年）五月，唐朝在云南设置姚州都督府，"每年差兵，募五百人镇守"①。每年派到姚州戍守的兵卒，到期即返回。神功年（公元697年）蜀州刺史张柬之上书朝廷说：每年派五百兵卒往姚州镇守，"路越山险，死者甚多"②，"空竭府库，驱率平人，受役蛮夷，肝脑涂地"；"今减耗国储，费用日广，而使陛下之赤子身膏野草，骸骨不归。老母幼子，哀号望祭于千里之外，于国家无丝发之利，在百姓受终身之酷"③。张柬之以为这是得不偿失之举，要求取消每年由蜀州派遣五百兵卒到姚州戍守的差事，采取诸葛亮破南中，使其渠帅自相统领，不置汉官，亦不留兵镇守的羁縻之术。可是武则天拒不采纳，依旧每年派遣兵卒前往姚州镇守。直到天宝十年（公元751年），唐中央政府还派遣兵卒到泸南，派去的兵卒，"饷路险乏，举无还者"④。从设置姚州都督府到天宝战事时被迫撤销，八十余年间，每年派遣500人，先后派遣兵卒4万余人。这么多的士卒，有的期满安然返回故土，也有病死、战死的，还有逃亡、流落在姚州的。流落在姚州的士卒虽不见于记录，当为数也不会少。

张柬之的奏疏说："今姚州府所置之官，既无安边静寇之心，又无葛亮且纵且擒之伎，唯知诡谋狡算，恣情割剥，贪叨劫掠，积以为常；扇动酋渠，遗成朋党，折支谄笑，取媚蛮夷"；"剑南逋逃，中原亡命，有二千余户，见散在彼州，专以掠夺为业"。又说："且姚府总管五十七州，巨猾游客，不可胜数。"⑤ 从剑南、中原逃亡到姚州的汉人有两千余户，在当时不是一个小的数字。张柬之上书朝廷，"伏乞省罢姚州，使隶巂府，岁时朝觐，同之藩国。泸南诸镇，亦皆悉废。于泸北置关，百姓自非奉使入蕃，不许交通往来"⑥。可见，逃亡至姚州的百姓不绝于途，即便置关阻拦，亦难于禁绝。与张柬之同时代的陈子昂，于圣历元年（公元

---

① （唐）杜佑：《通典》卷一八七《边防》三，商务印书馆，万有文库本。
② （后晋）刘昫等：《旧唐书》卷九十一《张柬之传》，百衲本。
③ 同上。
④ （宋）欧阳修、宋祁等：《新唐书》卷二〇六《杨国忠传》，百衲本。
⑤ （后晋）刘昫等：《旧唐书》卷九十一《张柬之传》，百衲本。
⑥ 同上。

698年）五月上《蜀川安危事》说：蜀川的官员贪污暴虐，剥削深重，人不堪命，百姓失业，只得逃亡。又在《上蜀川军事》中说：米价高达一斗四百，使得"百姓老弱未得其所，比年以来，多已逃亡"①。剑南、中原民众因残酷剥削压榨，无法维持生计，远逃边疆谋生。流亡到云南的汉人比年不绝，成为唐朝云南汉人移民的主要来源之一。

四　被南诏俘掠的汉人

南诏建国以后，与唐朝发生过不少次数的战争，由于战争而被南诏俘掠的汉族人口，数量很多，主要有两种情形，一是唐兵侵入洱海区，战败兵溃散被俘；二是南诏兵侵掠内地，掳去人口。最多的是天宝年间唐兵溃败与太和咸通年间南诏出掠西川安南，叙述如次。

1. 由于侵略战争而流散的汉人

天宝年间战事，唐朝损兵折将约二十万人。天宝十载（公元751年）四月，剑南节度使鲜于仲通将兵六万征讨云南，与云南王阁罗凤战于泸川。官军大败，死于泸水者，不可胜数②。

天宝十三载（公元754年）六月，侍御史、剑南留后李宓，率师十万，再次征讨云南蛮于西洱河，粮尽军旋，马足陷桥，李宓死于阵（按：《旧唐书·玄宗本纪》作"为阁罗凤所擒"），举军皆没③。

两次出兵的结果，《通典·边防典序》："云南渡泸之役，没于异域者数十万人"，《旧唐书》卷一〇六《杨国忠传》："自仲通、李宓再举讨蛮之军，其征发皆中国利兵，然土风不便，沮洳之所陷，瘴疠之所伤，馈饷之所乏，物故者十八九，举凡二十万众，弃之死地，只轮不还。"白居易《新丰折臂翁》："皆曰前后征蛮者，千万人行无一还。"刘湾《云南曲》："哀牢云南行，十万同已矣。"

天宝西洱河战事，唐朝军队南渡泸水（金沙江），因水土不服、瘴疠所伤、馈饷所乏，战斗失利，有二十万士卒将帅被击溃，死者甚众，战败被俘的也不在少数。被俘的唐朝士卒官员成为汉族移民，融入到南诏居民

---

① 《全唐文》卷二一一。
② 参见（后晋）刘昫等：《旧唐书》卷九《玄宗本纪》、卷一〇六《杨国忠传》为："鲜于仲通率精兵八万讨南蛮。与阁罗凤战于泸南，全军陷没。"
③ 参见（后晋）刘昫等：《旧唐书》卷九《玄宗本纪》、卷一〇六《杨国忠传》。樊绰《云南志》卷一作："李宓伐蛮，于龙尾城误陷军二十万众，今为万人冢。"

之中。今大理苍山斜阳峰的将军庙，供奉李宓将军，为洱海地区白族的"大本主"，当是李宓所率军士流落洱海地区，与当地居民融合，留下的共同历史记忆。

在洱海地区战争中，汉族人口被俘掠的以天宝战事数量最多。其他记载，如《新唐书·玄宗本纪》：开元元年（公元713年）十月，姚巂蛮为寇，姚州都督李蒙死之；《太平广记》卷一六六引纪闻，载吴保安、郭仲翔事说：会南诏作乱，以李蒙为姚州都督，帅师讨焉，仲翔为判官，委之军事，至姚州与战，破之，乘胜深入，蛮覆而败之，李身死，军没，仲翔为虏。蛮利财物，其没落者，令其家赎之，人三十匹。保安至姚州，适值军殁，迟留未返，而仲翔于蛮中间关致书于保安。仲翔得保安之力，住巂州十年，经营财物，得绢千匹赎归，传为非常事，有人为之记录，且演义为《奇男子传》。这是唐朝初年经理云南时，征讨南诏军士流落洱海区域的故事，类似的事件当不在少数。前此李孝让、辛文协、赵武贵、刘惠基、李棱（同"稜"）、李知古等，先后败死于洱海区域，其部属被俘不得返的，当不少有①。

2. 南诏侵扰巂州俘掠的汉人

至德元年（公元756年），南诏乘"安史之乱"，攻陷巂州及会同军，俘虏巂州西泸令郑回。郑回，本相州②人，天宝中举明经。"阁罗凤以回有儒学，更名曰：'蛮利'，甚爱重之，命叫凤迦异。及异牟寻立，又命教其子寻梦凑。回久为蛮师，凡授学，虽异牟寻、梦凑，回得棰达，故异牟寻以下皆严惮之。……异牟寻以回为清平官，事皆咨之，秉用政事"③。由于郑回官至南诏清平官，位高权重，故其被俘事见于记录，同时俘虏而来的人数当不少。《南诏德化碑》记述南诏攻陷巂州之战说："越巂固拒被夷，会同请降无害，子女玉帛，百里塞途，牛羊积储，一月馆谷。"又说："越巂再扫，台登涤除，都督见擒，兵士尽虏"，俘掠之多，可想而知。

贞元十一年（公元795年）三月，南诏清平官尹辅酋跟随袁滋到长安朝拜，"又得先没蕃将卫景升、韩演等，并南诏所获吐蕃将帅俘馘百人

---

① 林超民编：《方国瑜文集》第二辑，云南教育出版社2001年版，第91页。
② 相州，辖境相当于今河北成安、广平，河南安阳汤阴、林县、濮阳地区。
③ （后晋）刘昫等：《旧唐书》卷一九七《南诏传》，百衲本。

至京师"①。此事距阁罗凤攻陷巂州之役已四十年，则卫景升、韩演被俘至南诏，为至德以后事，可能在大历十四年（公元779年）异牟寻率众二十万入寇，与吐蕃并力侵掠黎、雅、汶川、茂州之役时。异牟寻令其下曰："为我取蜀为东府，工伎悉送罗娑城（今拉萨），岁赋一缣。"于是进陷城聚②。南诏在这次战役中俘虏的汉人为数当不少，卫景升、韩演或即在其中。

吐蕃侵扰唐境、劫掳汉人的事也时常发生，如《新唐书·吐蕃传》载大历十年（公元775年）吐蕃"攻普润，焚掠人畜"。在铁桥有"汉裳蛮"③，"本汉人部种，在铁桥。惟以朝霞缠头，与尚同汉服"④，不知何时迁徙到铁桥一带。贞元十年（公元794年），南诏异牟寻领兵攻破吐蕃铁桥节度城，获裳人数千户，悉移于云南东北诸川。这数千户汉人，应是被吐蕃掳掠安置在铁桥附近，又被异牟寻俘虏，迁徙到云南东北的。所谓云南即云南郡故地，即洱海地区。

3. 南诏侵扰西川俘掠的汉人

《旧唐书·南诏传》载：太和三年（公元829年）十一月，西川节度使杜元颖治理蜀川无方，不重视与南诏接壤区域的守备，"障候弛沓相蒙"。南诏嵯巅率大军攻陷西川邛州、戎州、巂州，逼成都府，入梓州西郭，驱劫玉帛、子女、工伎数万而去。唐朝救兵逐南诏入侵之敌，嵯巅殿后。至大渡河，嵯巅对被俘的华人说：大渡河以南就是南诏之境，你们离开唐朝，当哭。被俘的汉人号啕大恸，赴水死者十三。"南诏自是工文织，与中国埒"⑤。又《孙樵（可之）集》卷三《书田将军边事》："文皇帝三年，南蛮果能大入成都，门其三门，四日而旋。其所剽掠，自成都以南、越巂以北，八百里之间，民畜为空。"

西川被劫之后，杜元颖坐贬循州司马，次年李德裕为西川节度使。太和五年五月戊午，李德裕上书朝廷说："臣德裕到镇后，差官于蛮经历州县，一一勘寻，皆得来名，俱在案牍。蛮共掠九千人。成都、华阳两县，只有八十人，其中一人是子女锦锦，杂剧丈夫两人，医眼大秦僧人一人。

---

① （后晋）刘昫等：《旧唐书》卷一九七《南诏传》，百衲本。
② 同上。
③ 樊绰《蛮书》卷四作"裳人"。
④ （宋）欧阳修、宋祁等：《新唐书》卷二二二《南诏传》，百衲本。
⑤ 同上。

余并是寻常百姓，并非工巧。其余八千九百余人，皆是黎、雅州百姓，半杂葛、獠。臣德裕到镇后，移牒索得三千三百人，两番送到，与监军使于龙兴大慈寺点检，并是南界蛮獠"①。《旧唐书》亦载南诏放回掳掠百姓一事："南蛮放还先房掠百姓、工巧、僧道约四千人还本道。"② 新、旧《唐书·李德裕传》、《册府元龟》卷四二九及卷九八〇并载此事。据《新唐书·杜元颖传》说，元颖与李德裕是莫逆之交，因此李德裕一到西川上任，就策划为杜元颖辩白，所报索回被俘百姓，是想为杜元颖减轻责任，也想以索回掳掠民众表功，即便真有其事，具体人数亦颇为可疑。又《资治通鉴》太和四年引李德裕奏说："闻南诏以所掠蜀人二千及金帛赂遗吐蕃。"此说亦可疑，因当时南诏与吐蕃为仇，不至有此事。太和六年（公元832年），杜元颖卒于循州，为追赠事，《李文饶集》卷十二载两奏状，亦为元颖辩护。《论杜元颖追赠第二状》说："蛮退后，京城传说驱掠五万余人，音乐工伎，无不荡尽"。德裕虽有辩白，然西川损失人口，实为奇重，而记录不详，仅有数事可考如次。

《新唐书·南诏传》、《杜元颖传》并说被俘百姓中，有子女工伎，南诏自是工文织，与中国埒。《全唐诗》卷十八徐凝《蛮入西川后诗》："纷纷塞外乌蛮贼，驱尽江头濯锦娘"。樊绰《云南志》卷七："俗不解织绫罗。自太和三年，蛮贼寇西川，虏掠巧儿及女工非少，如今悉解织绫罗也。"李京《云南志略·白人风俗》："唐太和中，蒙氏取邛、戎、巂三州，遂入成都，掠子女工技数万人南归，云南有纂织文绣自此始。"按：《通鉴》卷一八七载西洱河风土，说："有丝麻，女工蚕织之事，出绅、绢、丝、巾，幅广七寸以下"，则早已有丝织品，樊《志》也说："抽丝法稍异中土，精者为纺丝绫，亦织为锦及绢。"但从西川俘虏织工以后，南诏丝织，得有显著进步，其他技术工业，亦当多受影响。

被南诏俘虏的民众中有诗人雍陶。雍陶，成都人，工于辞赋，太和八年（公元834年）进士及第，为一时名家。《唐诗纪事》卷五十六载其《哀蜀人为蛮俘虏》诗五章，为其亲身经历之作。其中《过大渡河蛮使许之泣望乡国》云："大渡河边蛮亦愁，汉人将渡尽回头，此中剩寄相思

---

① 《李卫公文集》卷十二《论杜元颖追赠第二状》，参见方国瑜主编《云南史料丛刊》第二卷，云南大学出版社1998年版，第148页。

② （后晋）刘昫等：《旧唐书》卷十七《文宗本纪》，百衲本。

泪，南去应无水北流。"《入蛮界不许有悲泣之声》云："云南路出陷河西，毒草长青瘴色低，渐近蛮城谁敢哭，一时收泪羡猿啼。"与此同时被俘的人还有名士裴璋。当裴璋被放还蜀川时，雍陶作《送裴璋还蜀因亦怀归诗》云："自为千里别，已送几人归。"当雍陶被释放还蜀之时，诗人贾岛作《送雍陶入蜀》云："江山事若谙，哪肯滞云南。"① 时贾岛在长安，闻雍陶入蜀而作此诗。后来雍陶至长安，贾岛作《喜雍陶至》云："今朝笑语同，几日百忧中；鸟渡剑门静，蛮归泸水空。步霜吟菊畔，待月坐林东；且莫孤此兴，勿论穷与通。"因雍陶是著名诗人，所以见于记录。大量被俘的蜀川民众则悄然无闻。

又一事见《文苑英华》卷四七○封敖代撰《与南诏清平官书》说："得前巂州录事参军陈元举男番状，称：父及弟等二十七人，自太和三年没落在彼，未蒙追索；详甚语旨，切在感伤。朕思骨肉之情，人伦所极，家乡一异，音耗两亡，生死莫知，幽明同怨；为人君长，深用轸忧。今与丰祐书中，具言此事，卿等职当毗赞，义重君臣，执之何补于良图，归之尤重于交好，想同参议，用解幽冤。"陈元举父子是否得归，不见记录，以其子番申状，且封敖代撰之文犹存，故获知其名。此亦为南诏俘虏蜀川民众至云南的事例之一。以此可见，南诏侵掠西川俘获大量民众到南诏，对于提高南诏生产技术和生产水平客观上起到了不容忽视的重要作用。

自此以后，西川备边，修邛崃关，在大渡河南之台登重建巂州城。但至南诏世隆时期，咸通二年（公元861年）、五年、六年三次侵入巂州，巂州刺史喻士珍降南诏。王谠《唐语林》卷七："喻士珍者，受朝廷高爵，而与蛮蜑习之，频为奸宄，使蛮用五千人，日开辟川路，由此至南诏扰攘西蜀。"喻士珍就在南诏兵营中参赞机务。南诏继续发动战争，经年不已，在咸通十一年（公元870年）、乾符元年（公元874年）两次进围成都，议和而罢。咸通年间南诏侵扰西川，其目的不是攻城夺地，而在俘掠人口，经过十四年的战祸，被掳来的汉人一定不少，只是不详见于记录而已。

4. 南诏侵扰安南、邕州俘虏来的汉人

南诏侵略安南、邕州，自大中十二年（公元858年）至咸通七年（公元866年）争战激烈，俘掠众多人口。《资治通鉴》载咸通元年十二

---

① 贾岛未曾至云南，疑"送"字为"闻"字之误。

月，南诏兵乘虚攻交趾，陷之，四年正月庚午又陷交趾："南诏两陷交趾，所杀掳且十五万人。"又载咸通五年南诏攻邕州："五道兵八千人皆没，惟天平军后一日至，得免。"则南诏在安南、邕州，当俘虏大量汉人至云南。安南经略判官杜骧也被南诏俘获。乾符元年（公元874年）南诏攻掠蜀川被击败。南诏酋龙派遣使臣求和，愿送还杜骧及妻子李瑶，因李瑶是宗室之女。西川节度使高骈《回云南牒》说："诏国先后俘虏，约十万人，今独送杜骧妻，言是没落。且杜骧职守本在安南，城陷驱行，故非没落；星霜半代，桎梏几年，李氏偷生余喘，而空令返国，杜骧早殁，遗魂而不得还乡。"又说："杜骧官衔，李瑶门第，不是亲近，但王室疏宗，天枝远派而已"。李瑶因被遣回，见于记录。

南诏建国以来所俘虏的汉人，数量很多，根据记录估计，天宝年间唐兵在西洱河损失的不少于二十万人，其中当有战死及零星逃回。至于南诏出兵侵掠、俘虏汉人的次数见于记录者不详。俘虏的数量，高骈《回云南牒》说："诏国先后俘掳约十万人"；高骈以封疆大吏的身份书于南诏世隆，并且所说的是有关唐朝的失败，当非虚语，而这约十万人，所指的只在安南或西川也在内，不得而知；据《通鉴》载咸通年攻陷交趾，"杀掳且十五万人"，则在安南历年俘虏的人数一定很多；又高骈所说"先后俘虏约十万人，今独送杜骧妻"，也可能所指只限于安南。若按此约十万人之数，可以认为太和三年以来南诏掳掠西川、安南的合计，在当日洱海区域的人口数量中要占相当大的比重了。

南诏从蜀川、安南、邕州等处俘虏来的汉人，不会聚居在一个地区，而是分散地从事农业或手工业的劳动，与原住居民错杂相处，久而久之，掳掠来的汉人，逐渐融合到白族之中。

五　南诏的汉文化

数十万汉人由各种途径来到南诏，对南诏的政治、经济、文化产生了不可估量的作用，使南诏文化具有浓重的汉文化色彩。

南诏是一个多民族的地区，各民族都有自己的语言，但汉语在云南的影响也是显而易见的。滇池及其以东的白蛮，其语言与中原汉语属一个体系。从今存的《爨宝子碑》、《爨龙颜碑》、《大理三十七部与段氏盟誓碑》可以看出，从汉晋到唐宋，滇东地区的官方语言及文字是汉语、汉文。

洱海地区的白蛮自称其祖先是汉人，他们的语言与唐代中原的汉语几乎没有什么不同。所以《云南志》的作者、唐人樊绰认为，"言语音白蛮最正"①。所谓"正"，当然是以唐代中原的言语音为准。蒙舍蛮是南诏的创造者，他们的言语音与唐代中原方音相比稍有差别，但仍属一个体系。其余诸部落的言语音与汉语的差异就更大一些。南诏统一洱海地区后，以白蛮语言为主，融合成为新的白族语言，也就是南诏通行的官方语言。在南诏前期，凡事都可以用"白语"面谈，但一些重大事情，仍用各地区的方言商议，再派使者往来用"白语""达其词意，以此取定，谓之行诺"②。这是统一云南后的南诏面对众多民族而不得不采用的办法。此时洱海地区已通行共同的白语。

南诏通行的白语，与中原汉语大体相同，仅"名物或与汉不同"③。也就是说，除少量的名物称呼与中原语汇不一外，大多数词汇与用语都是相同的。

南诏从巂州俘掠了西泸令郑回，让他充任宫廷教师，负责王室子弟的教学。郑回当是用汉语对南诏王室子弟讲授汉文经典。由此我们亦可推知南诏通行的官方用语应是与汉语基本相同的白语。今存的一些南诏诗文，如《骠信诗》，其中大部分词汇都与中原汉语相同，仅只有"震旦"（即"天子"）、"元"（即"朕"）、"昶"（即"臣"）等"名物"不同。可证明樊绰《云南志》所说，南诏白蛮言语音"最正"，"名物或与汉不同"的记录，是真实可信的。

唐代初期，西洱河蛮已有文字。今出土的南诏有字瓦上存留的字体，有不少是汉字。今存的《王仁求碑》、《南诏德化碑》、建极年号的铁柱铭文、剑川石宝山石窟造像的题记、《南诏中兴二年画卷》的题记，都是用汉字写成。可见，汉字是南诏通用的文字。

近人张海秋先生研究白族语言中的汉语成分，认为现代白语中的大部分语汇与汉语相同。这些白语又分为两类，一类是与现代汉语读音相同；另一类虽与现代汉语读音不同但与汉语的古音相同，其中有的为汉晋古

---

① （唐）樊绰：《云南志》卷八，见木芹《云南志补注》，云南人民出版社1995年版，第119页。
② 同上。
③ 同上。

音，有的为唐宋古音。有的白语虽与汉语古音不尽相合，但亦可看出其从古汉语演变过来的痕迹①。由此，我们可以推断，唐代云南的通用语言应是与中原汉语无大差别的白语。

南诏从建诏之初就与唐王朝建立了密切的政治、经济、文化联系，深受中原汉文化的影响。从唐高宗时起，南诏首领就不断地向唐廷遣使朝贡，热切地向唐朝学习经典、礼仪。唐朝准许其子弟进入太学研究汉文化，"使习华风"。南诏在至德二年（公元757年）攻入巂州俘虏西泸令郑回，因其学识才干被阁罗凤看重，更名"蛮利"，任王室子弟的教师，享有极高的权力。郑回的教学内容当然是中国传统的经典、诗文与圣贤之书。贞元十年（公元794年）异牟寻归唐后，每年派数十成百的学生到成都和长安学习汉文化；几乎每一个南诏首领都认真学习汉文典籍。南诏统治者主动地学习汉文化，推广中原汉文化，使之成为唐代云南文化的主流。南诏王室与官员"不读非圣之书"②。云南"蔼有华风"，成为"馨香礼乐之域"③。南诏有不少人深通汉文，擅长诗赋。

天宝西洱河之战后，南诏虽与中原隔绝，但经济、文化的联系并没有中断。阁罗凤在太和城门立巨碑，"明不得已而叛"；并说，南诏世世臣属唐朝，累受封赏，希望后嗣者，悦归皇化，"若唐使者至，可指碑澡祓吾罪也。"④阁罗凤把与唐朝对抗看成是"不得已"而反叛的罪过。可见，在他心中依然倾心唐朝，希望回归唐朝。南诏在太和城门所立的巨碑，就是现在仍立于大理太和的全国重点文物保护单位——《南诏德化碑》。碑全用汉字写成，辞令工巧，文字高雅，酣畅淋漓，一气呵成，在有唐大家中，亦不多见；其铭文颇类会稽石刻，书法苍劲，为唐代少有的精品，是中华文化宝库中的瑰宝。

《太平广记》卷四八三引《玉溪编事》载："南诏以十二月十六日谓之星回节日，游于避风台，命清平官赋诗。骠信诗曰：'避风郸阐台，极目见藤越，悲哉古与今，依然烟与月。自我居震旦，翊卫类夔契。伊昔经皇运，艰难仰忠烈。不觉岁云暮，感极星回节。元昶同一心，子孙堪贻

---

① 方国瑜：《云南民族史讲义》第五章，云南大学油印本。
② 《南诏德化碑》，《云南史料丛刊》第二卷，云南大学出版社1998年版，第377页。
③ 牛丛：《报南诏坦绰书》，《云南史料丛刊》第二卷，云南大学出版社1998年版。
④ 《新唐书·南诏传》，《云南史料丛刊》第一卷，云南大学出版社1998年版，第390页。

厥。'清平官赵叔达曰：'法驾避星回，波罗毗勇猜。河阔冰难合，地暖梅先开。下令俚柔洽，献琛弄栋来。愿将不才质，千载侍游台。'"南诏君臣间的两首应对诗中，有一些南诏方言土话，如"震旦"（天子）、"元昶（君臣）、"波罗"（虎）、"毗勇"（野马）、"俚柔"（百姓）等，具有鲜明的地方民族特色。但它本身是一首用汉字写的五言诗，与唐五言诗的形式和风格完全相同，感情真挚，词语清丽，寓意深远，其中还恰如其分地应用了汉语典故。如"翊卫类夔契"一语就有较深的内涵。"翊卫"就是辅佐；夔，相传为舜时的乐官，颇具才干，舜很器重他，曾称赞说："像夔这样的人只要有一个就足够了。"契，也是舜时的名臣，助禹治水有功，任为司徒，封于商。"翊卫类夔契"不仅是南诏对臣子们的赞扬，也是对臣子们的希望。清平宫赵叔达的应答也颇为恰当乖巧："愿将不才质，千载侍游台。"表达了对君王的忠诚不贰的赤心。这样的诗篇，与唐代中原名家的诗句相比，并不逊色。

南诏诗人段义宗的《题大慈寺芍药》云："繁影夜铺万丈月，异香朝散讲筵风。"《题三学院经楼》云："玉排拂道珊瑚殿，金错危栏翡翠楼。"《思乡》云："泸北行人绝，云南信未还，庭前花不扫，门外柳谁攀；久坐销银烛，愁多减玉颜，悲心秋月夜，万里照关山"。诗人杨奇鲲的《游东洱河》云："风里浪花吹又白，雨中岚色洗还青。海鸥聚处窗前见，林狖啼时枕上听。此际自然无限趣，王程不敢暂停留。"他的另一首诗《岩嵌绿玉》，将民间传说与当地特产的大理石结合起来："天孙昔谪下天绿，雾鬓风鬟依草木。一朝骑凤上丹霄，翠翘花钿留空谷。"这些诗歌用词典雅，意境清新，韵律自然，节奏和谐，被称为高手佳作，唐诗精品，有的还收入了《全唐诗》。

从现存的唐代云南文学作品中，我们不难看出唐代云南的诗文与中原的诗文虽然内容不同，亦有一些民族色彩和地方气息，但从本质上看，应是一个统一的文化体系，是中华民族传统文化的一部分，是中华传统文化的一部分，绝不是自外于中国的其他什么文化。这是长期历史发展的必然结果。

南诏在天宝西洱河战事后，虽然政治上脱离唐朝，但经济、文化上仍与唐朝保持着密切的联系。南诏与吐蕃结盟固然使它能在天宝西洱河战事中取胜，迅速开疆拓土，在今云南建立起一个强大的地方政权但同时也带来了不利的影响。吐蕃把南诏降为藩邦属国之后，不仅向南诏征收重赋苛税，还占据了南诏的险要之地，设立营堡，并命南诏每年出兵助防。阁罗凤之孙异牟寻继袭王位后，深感南诏"地卑夷杂，礼义不通，隔越中华，杜绝声教"，需要做出新的选择。事实上，他的祖父阁罗凤早已察觉到脱离唐朝的失误，力图用各种方式与唐朝保持政治、经济、文化的联系。南诏进攻唐朝的剑南西川固然是一种野蛮的侵扰与掠夺，但在血与火的后面，我们也看到南诏正以特殊的方式吸取唐朝的先进文化、先进的生产技术与生产方式。将西泸令俘虏到大理，任命为王室导师，让一个阶下囚徒，拥有鞭笞王室子孙大权，与其说这是南诏对中原文化的无上仰慕与崇奉，毋宁说南诏要保持中原先进文化在云南继续不断地发展，用中原先进文化推动云南社会经济向前迈进。这也是南诏不愿脱离中国文化体系而做出的大胆而明智的决策。异牟寻继立后，郑回担任首席清平官，成为南诏智囊团的重要人物，参与南诏方针大政的制定，拥有极大实权。郑回不仅大力推广汉文化，而且积极促进南诏与唐朝重建臣属的关系。异牟寻接受郑回的建议，于贞元九年（公元793年）致函唐朝剑南西川节度使韦皋，请求重归唐朝。他说：南诏"人知礼乐，本唐风化"，"愿竭诚日新，归款天子"①。贞元十年（公元794年），唐朝使臣崔佐时与异牟寻在玷苍山会盟，异牟寻率领文武大臣虔诚发誓："愿归清化，誓为汉臣"；"请全部落归附汉朝"，"永无离贰"。南诏"归附圣唐"，"愿充内属"，"永为西南藩屏"②。

第二节　白族形成

一　洱海人：洱海区域最早的居民

"洱海人"这一称呼不见于文献记录。

根据最早记录中国西南地区族类的文献《史记·西南夷列传》载，当时居住在洱海地区的居民是"昆明"。他们"随畜迁徙，毋常处，毋君长"③。昆明是一个以游牧为特点的族类，直到唐代初期，还是以游牧为主要生产方式。"爨蛮西有昆明蛮。一曰昆弥，以西洱河为境，即叶榆河也。距京师九千里。土歊湿，宜粳稻。人辫首、左衽，与突厥同。随水草

---

① 《新唐书·南诏传》，《云南史料丛刊》第一卷，云南大学出版社1998年版，第391页。

② （唐）樊绰：《云南志》卷十，见木芹《云南志补注》，云南人民出版社1995年版，第144页。

③ 《史记·西南夷列传》，参看《云南史料丛刊》第一卷，云南大学出版社1998年版，第4页。

畜牧，夏处高山，冬入深谷。尚战死，恶病亡，胜兵数万"①。

　　大理地区的科学考古工作始于1938年11月，当时吴金鼎先生奉中央博物院筹备处主任李济教授之命，与曾昭燏、王介忱到大理调查古迹，特别注重"史前遗址之寻求"②。他们发现的史前遗址所在，"多为山之缓坡，每址包含四五台至十余台不等。每址居民散处各台上，不相连接。大概当时居民，同一血统或同一部落者，散居于同一山坡上，每家各就其住处营其附近之农田"。"在发掘各址中，均发现纺轮、纺坠等物，证明纺织技术在苍洱文化早期即已发达"。他们参考史籍，将这些遗址分为"白氏时期，值汉与魏、晋与南北朝，此时以前，渺茫难稽"；"六诏分立时期或洱河蛮族期，值唐初"；"南诏统一时期，值盛唐至晚唐"；"段氏时期，值宋元二代"③。《云南苍洱境考古报告》的资料表明，在史前时期，洱海地区的居民不是游牧的"昆明"，而是农耕的族类。吴金鼎诸先生认为："南诏民族是否为史前民族之苗裔，尚属疑问。南诏文化一部分似承袭史前，然史前文化与南诏文化之关系之若何程度，仍为悬案"。吴金鼎诸先生谨慎地推论，南诏文化与史前文化有"承袭"关系。他们没有判断创造史前文化的居民族类，表现了严谨学者实事求是的科学态度。

　　1972年春，宾川白羊村农民在农田建设时，发现一个新石器遗址，面积约3000平方米。云南省博物馆于1973年11月至1974年1月发掘了290平方米遗址，文化堆积较厚，内涵丰富，发现了房屋遗址、窖穴、墓葬，出土大量石器、骨器、角器、牙器、陶器、谷物、果核、动物骨骼等。白羊村遗址的年代，经中国社会科学院考古研究所实验室碳十四测定，距今3770±85年。也就是说，这是公元前1820年左右的文化遗址④。云南省博物馆认为："白羊村遗址是以农业为主，兼营狩猎、采集与饲养家畜的社会经济。从出土大量的磨制生产工具分析，当时的农业已较发

---

　　① 《新唐书》卷二二二下《南蛮传》，载《云南史料丛刊》第一卷，云南大学出版社1998年版，第402页。
　　② 吴金鼎、曾昭燏、王介忱：《云南苍洱境考古报告》，载《国立中央博物院专刊乙种之一》，1942年。按：谢道辛《大理考古百年回眸》（见《二十世纪大理考古文集》，云南民族出版社2003年版），将吴金鼎等到大理考古的时间定为1937年11月至1938年6月，误。
　　③ 吴金鼎、曾昭燏、王介忱：《云南苍洱境考古报告》，载《国立中央博物院专刊乙种之一》1942年。
　　④ 阚勇执笔：《云南宾川白羊村遗址》，载《考古学报》1981年第3期。

达。遗址中发现贮藏禾草类的叶子、谷壳粉末的窖穴23个，表明粮食作物已是当时重要的食物来源。整个遗址的文化堆积较厚，房屋遗迹较小而颇密集，近旁又发现储藏粮食作物与生产工具的窖穴，说明白羊村遗址是一处长期定居的村落遗址"①。考古报告的作者没有提及宾川白羊村遗址居民的族类问题。

1993年5月，永平县向东扩展县城时，发现大量石器和陶片，确定为永平新光遗址。1993年12月14日至1994年3月31日，云南省文物考古研究所、大理州文物管理所、永平县文物管理所联合在永平新光遗址做了发掘，发现了房屋遗迹和灰坑、火塘、沟等遗迹，出土大量石器、陶器。新光遗址出土了石磨盘棒、石刀、石镰等农业生产工具，但数量较少，"不能反映当时农业的确切状况。而石矛、石镞及小型切割工具却很多，或许说明当时狩猎采集生活占据了经济生活的主要地位"。根据C14同位素测定，新光遗址距今3700—4000年，属于新石器时代的中晚期②。这篇考古报告同样避而不论遗址居民的族类问题。

1957年3月底到4月初，云南省博物馆筹备处在剑川海门口遗址做抢救性发掘，出土大量石器、陶器、角器、骨器、铜器、谷物等。这一遗址显然是属于铜器时代。"剑川遗址的居民以捕鱼为业，这是可以肯定的；有时也从事于狩猎，这也是可以肯定的。剑川海门口遗址兽骨和禽骨堆积如山。这些兽骨或禽骨可能有一部分或大部分是属于家畜或家禽的"。至于农业生产，实已有明证。石刀即是农业生产上割穗之用的；石斧除了砍劈木头以外也可以用作农业上掘地之用。所发现的稻和麦，当为人工培养的品种③。

1978年4月，云南省博物馆再次对海门口遗址进行发掘。其后由肖明华执笔写成《云南剑川海门口青铜时代早期遗址》，对出土遗物作了较详细的介绍，对动物遗骸作了鉴定，有梅花鹿、水牛、狗、家猪、野猪等。可见，剑川海门口遗址已有家畜和家禽的饲养。对农作物遗骸的鉴定表明，海门口的农作物主要是稻谷，分为籼稻和粳稻④。肖明华的文章对

---

① 阚勇执笔：《云南宾川白羊村遗址》，载《考古学报》1981年第3期。
② 戴宗品执笔：《云南永平新光遗址发掘报告》，载《考古学报》2002年第2期。
③ 《剑川海门口古文化遗址清理简报》"编者按"，载《考古通讯》1958年第6期。
④ 肖明华执笔：《云南剑川海门口青铜时代早期遗址》，载《考古》1995年第9期。

1958年《剑川海门口古文化遗址清理简报》作了若干补充与修正，肯定剑川"海门口遗址属于青铜时代初期无疑"；"虽进入青铜时代，但仍大量使用石器"；"上承新石器文化，下启青铜文化。从这个遗址，我们可以看到红土高原上新石器文化向青铜文化过渡阶段的情况"[1]。剑川海门口遗址所反映的应该是农业经济文化。

1980年，云南省文物考古研究所阚勇研究员等在剑川鳌凤山发掘古墓，发掘面积540多平方米，共发现土坑墓217座，瓮棺葬34座，火葬墓91座，出土随葬器物共572件。A类墓M50的人骨经碳素测定距今2420±84年，年轮校正值2450±90年；B类墓中M19的人骨经碳素测定距今2295±75年，年轮校正值2305±80年。"鳌凤山土坑墓的时代大致在战国末至西汉初期"[2]。"从鳌凤山土坑墓的埋葬情况和出土的器物看，彼时已有固定的公共墓地和家畜猪、羊等，还有初具规模的青铜冶铸业与纺织业，说明当时人们已经过着以农业为主，兼营畜牧业和手工业的定居生活"[3]。

1964年3月，云南省文物工作队在祥云大波那发掘清理了一座木椁铜棺墓。"从随葬器物上看，家畜和家禽模型所占比例较大，其次则为生活用具和生产工具；生产工具以锄类为最多，一部分有使用过的痕迹，可以证明是实用物；生活用具中有杯、樽等酒器出现，此外还有'干栏'式的房屋模型。这些情况，表明当时已处于比较定居的农业社会"[4]。

1977年6月，大理州文管所、祥云县文化馆在祥云大波那村联合清理一座木椁墓。其文化内涵与1964年清理的木椁铜棺墓相近，同样显示了定居农业社会的特征。李朝真、何超雄在执笔撰写清理报告时，开宗明义就说这是一座"战国时期的木椁墓"，在小结中又说，"此墓出土的铜器，绝大部分与1964年清理的木椁铜棺墓（M1）中的一致。因此，此墓的时代当与之相近"[5]。可见考古报告的作者，也依据碳素测定把祥云大波那木椁铜棺墓的时代确定为战国时期，并认为这两座墓葬属于同一类型。

---

[1] 肖明华执笔：《云南剑川海门口青铜时代早期遗址》，载《考古》1995年第9期。
[2] 阚勇执笔：《剑川鳌凤山古墓发掘报告》，载《考古学报》1990年第2期。
[3] 同上。
[4] 熊瑛执笔：《云南祥云大波那木椁铜棺墓清理报告》，载《考古》1964年第12期。
[5] 李朝真执笔：《云南祥云大波那木椁墓》，载《文物》1986年第7期。

1977年上半年,大理州文物管理所与祥云县文化馆联合在禾甸检村发掘了三座石椁古墓,出土了一批铜器和陶器,还发现了铁制的残手镯一件。考古发掘者认为,其时代上限为战国中期,下限可至西汉早期,与祥云大波那木椁铜棺墓"当属同一文化系统"①。

　　1981年1月,云南省文物工作队与大理白族自治州文管所联合在弥渡苴力清理了10座石墓。"弥渡苴力发现的这批石墓,墓室的构筑方法及埋葬习俗,与祥云检村发现者相同,属同一文化类型;而和已知的洱海区域青铜文化有着极大的区别。同时,和德钦纳古的石棺墓以及姚安、四川西昌地区等地发现的大石墓相比较,也有许多不同之处。从出土的铜器来看,虽然是青铜制作的明器,形式却和祥云大波那古墓葬所出土者极为相似,未见西汉中期以后在云南常见的铁器和钱币等汉式器物,推测弥渡苴力石墓的年代,可能与祥云大波那木椁铜棺墓的年代相当或稍晚,约为战国早中期,或可延续到晚期,即距今2100—2400年"②。

　　类似的石棺墓在祥云县的大波那、弥渡的苴力、青石湾、新民村、长田、石洞山、大庄村、土锅村、马官庄等地发现数十座,均与检村石棺墓相类似,时代应在战国晚期至西汉早期③。

　　从文献资料和近年来的考古资料来看,我们可以确定,在洱海地区确实存在一个被司马迁《史记·西南夷列传》漏记的族类,他们与"毋常处"的昆明不是同一族类,而是从事定居农业生产的居民,我们把他们称为"洱海人"④。

二　昆明：洱海区域的游牧居民

　　昆明是到汉代才见之于史籍的一个族类。《史记·西南夷列传》说:"秦时常頞略通五尺道,诸此国颇置吏焉。"所谓"诸此国"即同书所说的夜郎、滇、邛都、嶲唐、昆明等地。秦统一天下,设三十六郡。秦王朝在西南夷地"通道置吏"表明,昆明至迟在秦时已和中原有交通往还和经济政治联系。同书又说,张骞使大夏,见蜀布、筇竹杖,知有"蜀身

---

① 李朝真执笔:《云南祥云检村石椁墓》,载《文物》1983年第5期。
② 张新宇执笔:《弥渡苴力战国石墓》,载《云南文物》1982年第12期。
③ 田怀清执笔:《云南祥云县检村石棺墓》,载《考古》1984年第12期。
④ 林谦一郎:《白族的形成及其对周围民族的影响》,博士学位论文,云南大学,1995年,第22页。

毒道",途经昆明。蜀身毒道在公元前4世纪就已开通,说明昆明居住的洱海地区乃是中印最早的交通线上的要冲。①

关于两汉时昆明部族分布的大致范围,《史记·西南夷列传》说:"西自同师以东,北至楪榆,名为嶲、昆明,皆编发,随畜迁徙,毋常处,毋君长,地方可数千里。"按:同师为滇越,即今腾冲县、龙陵县以及德宏州诸地②。叶榆疑为昆明一个较大的部落,后用作地名,汉设叶榆县,即今大理县。"昆明"在六朝前的史籍中仅两见:一在《史记·西南夷列传》,一在同书《大宛列传》。其文说:"发间使,四道并出……南方闭嶲、昆明。昆明之属无君长。"此处前说嶲、昆明,紧接着说"昆明",从行文看,嶲、昆明当为两部。《史记索隐》引崔浩云:"嶲、昆明,二国名。"裴骃《史记集解》引徐广说:"永昌有嶲唐县。"《续汉书·郡国志》"嶲唐"条刘昭《注》说:"《史记》曰:古为嶲、昆明。"认为嶲即嶲唐。桓宽《盐铁论·备胡篇》说:"氐僰、冉駹、嶲唐、昆明之属。"嶲唐与昆明并举,疑《史记》之"嶲、昆明"夺"唐"字。嶲唐为今保山县地,是古哀牢区域,可能是哀牢的一个部族名称,后又用作地名。嶲唐(哀牢)、昆明两个部族当活动于西自腾冲、北到大理数千里的广阔地带。

依据文献和考古资料,两汉昆明部族分布在叶榆(今大理)、邪龙(今巍山)、云南(今祥云)、弄栋(今姚安)、青蛉(今大姚)、遂久(今永胜)、姑复(今华坪)。因昆明无大君长,故只设县,大部附属于益州郡,遂久、青蛉、姑复附属于越巂郡。东汉永平十年(公元67年)置益州西部都尉,"治嶲唐,镇尉哀牢、叶榆蛮"③。永平十二年设永昌郡,辖八县,其中比苏、叶榆、邪龙、云南四县的居民为昆明。蜀汉建兴三年(公元225年),把以昆明为主要居民的叶榆、邪龙、云南、弄栋、青蛉、姑复、遂久合为一个单独的行政单位——云南郡。

关于三国时期的昆明,《唐会要》卷九十八"昆弥国"说:"汉武帝得其地,入益州郡部,其后复绝。诸葛亮定南中,亦所不至。"由于中原

---

① 林超民:《蜀身毒道浅探》,云南大学西南边疆民族研究所《西南民族历史研究集刊》1981年第2期。
② 方国瑜:《中国西南历史地理考释》,中华书局1987年版,第20页。
③ 《续汉书·郡国志》刘昭《注》引《古今注》。

三国纷争，无暇顾及昆明，故史籍记载较少，只是在《三国志·蜀书》"李恢传"中提到一次，说："恢为庲降都督，使持节领交州刺史，住平夷县"；"丞相亮南征，先由越巂，而恢案道向建宁。诸县大相纠合，围恢军于昆明。时恢众少，敌倍，又未得亮声息。绐谓南人曰：'官军粮尽，欲规退还，吾中间久斥乡里，乃今得旋，不能复北（按：恢，建宁人，故云），欲还与汝等同计谋，故以诚相告。'南人信之，故围守怠缓。于是恢出击，大破之，追奔逐北，南至槃江，东接牂牁，与亮声势相连"。近人卢弼《三国志集解》说："昆明即滇池。"如前述，滇池在元以前并不称昆明。李恢案道向建宁，在昆明被围，突围后，南至槃江，槃江即今南盘江，在滇池以东，故卢说不可据。李恢住平夷县，地在今贵州普安，南下建宁（滇池地区），被围于昆明，突围后南至盘江，东接牂牁，与诸葛亮会师滇池。可见，此"昆明"在盘江以北，平夷之南，牂牁以西，建宁之东，即后来所谓"牂牁昆明"，在今黔西滇东地区。"围恢军于昆明"的"昆明"不是地名，应是族类名称，即围恢军于昆明族类的居地。知滇东黔西亦有昆明族类。

滇东北、黔西的昆明人不可能从洱海地区迁徙而来。李恢被围于昆明，突围后南至盘江，即今南盘江。南盘江在汉代称为温水。《水经》卷三六"温水注"说："水侧皆是高山，山水之间悉是木耳夷居，语言不同，嗜欲亦异，虽曰山居，土差平和而无瘴毒。"又《华阳国志·南中志》说："夷人大种曰昆，小种曰叟，皆曲头、木耳、环铁、裹结，无大侯王。"按：所谓木耳当为耳饰，环铁应是手饰，裹结疑是发饰。其俗与温水流域的木耳夷相近，木耳夷居地正与围恢军于昆明的地望相合。故围恢军之"昆明"当即是木耳夷，是昆叟种类，在三国时称为昆明，唐代则被称为牂牁昆明或昆明十四姓。

洱海地区的昆明是"编（辫）发之民"，而牂牁地区的昆明则是"曲头、木耳、环铁、裹结"；牂牁昆明与洱海的昆明"语言不同，嗜欲亦异"。从中可以看到，同被称为"昆明"的族类，不仅分布地域，而且风俗、服饰、语言、嗜欲等方面都有差异，不能混为一谈。

东汉以后，汉文史籍关于昆明的记载逐渐少见，直到唐代前期，才又在汉文史籍中以"昆弥国"的名称出现。

《通典》卷一八七说："昆弥国，一曰昆明，西南夷也。在爨之西，洱河为界，即叶榆河，其俗与突厥略同，相传云，与匈奴本是兄弟国也。

汉武帝得其地入益州郡，其后复绝，诸葛亮定南中亦所不至。大唐武德四年（公元621年），巂州治中吉弘韦使南宁，至其国谕之"①。所谓"昆弥国"就是秦汉以来在洱海的"昆明"，所以《资治通鉴》唐纪武德四年说："昆弥遣使内附，昆弥即汉之昆明。"唐代以西洱河为境的昆明国的确存在，只是它的范围已没有汉时那样广大了。

唐朝于武德二年（公元619年）在今四川省盐源县设置昆明县。以昆明作为地名，此为最早，因为其南与昆明部族相接。可见，唐前期，昆明人的分布南以洱海为境，北与昆明县相接，金沙江从中流过。这一地区正是樊绰《云南志》所记的浪穹、施浪、邆赕"三浪诏"地，因而《通典》所说的"昆明国"，也就是樊《志》所记的"三浪诏"。

"三浪诏"的居民主要是施蛮、顺蛮，也就是汉代的昆明人，亦称叶榆蛮。"三浪诏"的中心在今洱源、剑川、鹤庆地区。邆赕诏主咩罗皮曾被封为邆赕州刺史，并与南诏蒙归义同伐河蛮，遂分据大厘城（今大理喜州），其势力一度深入洱海腹地。在南诏夺取大厘城后，又被迫退居野共川，即今鹤庆县地。开元二十四年（公元736年），三浪诏联合攻打南诏，被南诏击败，南诏大军追奔过邆赕。浪穹诏主铎逻望退保剑川，邆赕诏主咩罗皮退居野共川（今姜邑坝），施浪诏主施望欠退保矣苴和城（今洱源县邓川镇）。此时吐蕃势力南下，在吐蕃支持下，三浪诏仍立为诏。过了半个多世纪，到贞元十年（公元794年），南诏异牟寻攻破剑川、野共川，俘浪穹诏主矣罗君，邆赕诏主颠之托，并徙永昌；俘顺蛮首领傍弥潜宗族，置于云南白崖。施浪诏主傍罗颠脱身逃往金沙江以北。施蛮、顺蛮由是迁到铁桥节度的剑羌（今永胜县）一带。

昆明是洱海区域见诸文字最早的居民，唐代初期，他们建立了施浪、浪穹、邆赕"三浪诏"。贞元十年南诏再次大破三浪诏于剑、共诸川后，将三浪诏的主要统治家族迁到永昌、云南白崖、蒙舍等地，一部分则迁到金沙江以北今永胜地区，大部分仍旧居住在原地。"昆明"主要从事游牧业。他们是白族最主要的来源之一。

---

① 吉弘韦原夺"韦"字。《新唐书》作吉伟，《资治通鉴》作吉弘伟，《唐会要》作吉弘韦，当以《唐会要》为是，据此补。

三 哀牢：西来的居民

唐代初期，洱海区域的居民有哀牢。樊绰《云南志》卷三说："蒙舍，一诏也。居蒙舍川，在诸部落之南，故称南诏也。姓蒙。贞元中献书于剑南节度使韦皋，自言本永昌沙壶之源也。"① 南诏首领异牟寻自述其祖先渊源于永昌哀牢，当可确信。故史籍多有蒙舍祖述哀牢的记录。《旧唐书·南诏蛮传》说："南诏蛮，本乌蛮之别种也，姓蒙氏，蛮谓王为诏，自言哀牢之后。"《新唐书·南诏传》也说：南诏"本哀牢夷后，乌蛮别种。"《资治通鉴》卷二一四"唐纪"开元二十六年载："归义之先本哀牢夷。"《南诏野史》、《白古通纪》、景泰《云南图经志书》、正德《云南志》、《蒙化县志稿》等地方史志都有同样的记录。

唐代初期，洱海区域"六诏"中，有蒙巂诏。蒙巂诏在蒙舍诏北面，与蒙舍诏"同在一川"②，比邻而居。《王仁求碑》说："阳瓜州刺史蒙俭实始其乱。咸亨之岁，犬羊大扰。"③ "蒙巂诏，即杨瓜州也"④。疑蒙俭当为蒙巂诏主。《姚州道破逆贼诺没弄杨虔柳露布》说，逆贼蒙俭是"浮竹遗胤，沉木余苗"⑤。又《姚州破贼没蒙俭等露布》说蒙俭"木化九隆，颇为中国之患"⑥。认为蒙俭是九隆，也就是哀牢的后裔。蒙巂，可能以巂辅得名，其诏主姓蒙，与蒙舍同姓。以此推知，蒙巂诏的居民当与蒙舍诏的居民一样，同为哀牢。

蒙舍诏又称漾備诏，其地在今漾濞。1981年3月我在漾濞县脉地乡看到明朝正德戊寅（十三年，公元1518年）的一块墓碑。碑文说坟地所在之处名为蒲蛮寨。可见此地曾是蒲蛮聚居地村落。蒲蛮为永昌濮人。濮人就是哀牢。由此进一步证明，蒙巂诏的居民为哀牢⑦。

哀牢原是澜沧江以西的族类，后逐渐向东迁徙。《南诏野史》说，蒙

---

① 木芹：《云南志补注》，云南人民出版社1995年版，第37页。
② 木芹：《云南志补注》，云南出版社1995年版，第74页。
③ 方国瑜主编：《云南史料丛刊》第二卷，云南大学出版社1998年版，第360页。
④ 木芹：《云南志补注》，云南人民出版社1995年版，第74页。
⑤ 方国瑜主编：《云南史料丛刊》第二卷，云南大学出版社1998年版，第113页。
⑥ 同上书，第115页。
⑦ 林超民：《唐代前期洱海地区的部族社会与统一政权的建立》，云南大学1981年油印本，第256页。

氏细奴逻"自哀牢避难至蒙舍，耕于巍山"。①《纪古滇说集》说，"邻有禾些和者，嫉欲害之，习农乐奉母命，夜奔巍山之野"。② 这是关于南诏起源的故事。这个故事透露出哀牢从澜沧江以西的永昌故地逐渐向东迁徙的原因：哀牢的一支因为族类间的矛盾冲突而远离故地迁到洱海区域来。哀牢为永昌"濮"中一个较大的族类，因此哀牢又称"濮"③。《汉书·地理志》称礼社江为濮水，漾濞江为北濮水，当与濮人在此居住有关。从濮水、北濮水的称谓，我们不难发现哀牢在此居住的线索。东汉永平十二年（公元69年）设置永昌郡管理楪榆蛮和哀牢蛮。楪榆蛮居住在洱海区域，哀牢蛮居住在澜沧江以西广大区域。蜀汉把永昌郡中以昆明（楪榆）为主要居民的七个县分出来单独建立云南郡，永昌郡所领八个县的居民以哀牢为主，其中博南（今永平）、比苏（今云龙）两县在澜沧江以东。到晋时，澜沧江以东的漾濞、巍山、云龙、永平诸县都已有哀牢居住。蜀汉时，"李恢迁濮民数千落于云南、建宁界，以实二郡"④。这里所说"濮民"就是哀牢。这是用政治与军事力量，有组织地把哀牢强制迁到云南、建宁郡。自此以后，洱海地区的哀牢人口有较大增长。《太平御览》卷九七一引《永昌郡传》说，"云南郡，治云南县。亦多夷濮，分布山野"。知哀牢已成为洱海区域的主要居民之一。《三国志·蜀志·李恢传》说："赋出叟、濮，耕牛、战马、金银、犀革，充继军资，于时费用不乏。"⑤ 濮，即哀牢，在洱海区域的经济中，也占有较重要地位。《华阳国志·南中志》的永昌郡传载"九隆故事"，并说，"南中昆明祖之，故诸葛亮为其国谱也"⑥。昆明不是哀牢，当然不会以九隆为祖。所说南中"昆明祖之"，是昆明地区的哀牢祖述九隆，因此诸葛亮为其做哀牢国谱。蜀汉时期，洱海区域已有哀牢建立的部落，部落首领当是哀牢王族的后裔。蜀汉时洱海的哀牢部落是否发展为蒙舍诏，史无明文记录，但很有可

---

① 木芹：《南诏野史会证》，云南人民出版社1990年版，第35页。
② 方国瑜主编：《云南史料丛刊》第二卷，云南大学出版社1998年版，第656页。
③ 林超民：《唐代前期洱海地区的部族社会与统一政权的建立》，云南大学1981年油印本，第258页。
④ 《华阳国志·南中志》，见方国瑜主编《云南史料丛刊》第一卷，云南大学出版社1998年版，第260页。
⑤ 方国瑜主编：《云南史料丛刊》第一卷，云南大学出版社1998年版，第104页。
⑥ 同上书，第259页。

能。蒙舍诏自言其先本哀牢，他们当就是从澜沧江以西逐渐东迁的哀牢部落的后裔。哀牢九隆神话在洱海地区广为流传绝非偶然，它与哀牢从澜沧江以西迁移到洱海地区定居有密切关系。

有学者认为，"哀牢部落是西汉初年滇西昆明部落群中的一个部落"①。"昆明人是内涵极广的氐羌族群，哀牢是其中一支，或者说是一支以哀牢自称的昆明人，是昆明人中较为先进的部分"②。

哀牢与昆明是不同的两个族类。这在历史文献的记录中是十分清楚的。《史记·西南夷列传》说："西自同师以东，北至楪榆为巂、昆明"。"昆明"在六朝前的史籍中仅两见：一在《史记·西南夷列传》，另一在同书《大宛列传》。班固修《汉书》其《西南夷传》除照录《史记·西南夷列传》全文外，又加了汉昭帝始元元年（公元前86年）到王莽时期的事，大多为西南各地反抗统治与汉王朝遣兵征讨的过程。他多次提及昆明的反抗，但是对澜沧江以西的族类没有什么了解而未能作更多记录，只是《汉书·地理志》记录了澜沧江以西的不韦、嶲唐两个县。常璩著《华阳国志·南中志》在永昌郡条目中是对哀牢有较详细的记录。范晔修《后汉书》，其《西南夷列传》在总叙西南夷情况后，有夜郎、滇王、哀牢、邛都、筰都、冉駹诸条，记其风土民俗。因昆明无大君长未有专条。《后汉书》与《华阳国志》所记哀牢的社会历史，出自杨终所作《哀牢传》。哀牢事最早见于记录为东汉建武二十三年（公元47年）。《后汉书·西南夷列传》载：建武二十七年，哀牢王贤栗"率种人，户二千七百七十，口万七千六百五十九，诣越嶲太守郑鸿降求内属。光武封贤栗等为君长。自是岁来朝贡"③。《华阳国志·南中志》说，"哀牢地区有穿胸、儋耳种，闽越、濮、鸠僚，其渠帅皆曰王"④。澜沧江以西广大地区族类众多，以哀牢最大，就以"哀牢"为这一地区的总称，叫"哀牢国"。从现存记录看，其中并没有"编发随畜迁徙"的昆明。永平十年（公元67

---

① 尤中：《中国西南的古代民族》，云南人民出版社1980年版，第37页。亦见尤中《中国西南民族史》，云南人民出版社1985年版，第56页。
② 黄惠焜：《哀牢夷的族属及其与南诏的渊源》，载《思想战线》1976年第6期。
③ 方国瑜主编：《云南史料丛刊》第一卷，云南大学出版社1998年版，第59—60页。
④ 同上书，第260页。

年）汉王朝设置益州西部都尉，"治嶲唐。镇尉哀牢、楪榆蛮夷"①。哀牢、楪榆是两个不同族类（蛮夷）在当时是十分清楚的。永平十二年（公元69年）"以其地置哀牢、博南二县，割益州西部都尉所领六县，合为永昌郡"②。永昌郡中有哀牢和昆明两个"蛮夷"，因不是同一个族类，到蜀汉建兴三年（公元225年）便把永昌郡中的楪榆、云南、邪龙以昆明为主要居民的三县划出来，与青蛉、姑复、遂久等合起来设置云南郡。云南郡的居民以昆明为主，永昌郡的居民以哀牢为主，便于管理。因此，《华阳国志·南中志》说"永昌郡，哀牢国"。

哀牢主要在澜沧江以西，昆明则在洱海区域。两者的社会经济明显不同。昆明"随畜迁徙，毋常处，毋君长"；哀牢则是"分置小王，往往有邑聚"。昆明"披发左衽"，哀牢穿"贯头衣"、"穿胸儋耳"，"皆刻划其身像龙纹"，"衣著尾"。昆明是氐羌语系，哀牢则是濮语系。哀牢与昆明的差别如此明显，岂可视为同一族类③！

唐代初期，哀牢已成为洱海区域的居民。他们分布在今巍山、南涧、漾濞一带。他们也是白族的主要来源之一。

四　僰：东来的居民

有关僰的记录见于汉代史籍较多。《史记·司马相如传》说："唐蒙使略通夜郎，西僰中"；"南夷之君，西僰之长，常贡效职责，不敢怠堕，延颈举踵，喁喁然皆争归义"。司马贞《史记·索隐》："夜郎、僰中，文颖曰：皆西南夷，后以夜郎属牂牁、僰属犍为。"知僰在夜郎以西。《史记·大宛传》说：汉武帝"乃令骞因蜀、犍为发间使，四道并出，出駹、出冄、出徙、出邛、僰，皆各行一二千里。"从犍为出发，经僰可到滇、昆明地。知僰应在犍为南部，今滇东北地区。《汉书·食货志》说："时又通西南夷道，作者数万人，千里负担馈饷，率十余钟致一石，散币于邛、僰以辑之"。从上所记，知僰为西南夷的一个族类，以僰道为中心散

---

① 《续汉书·郡国志》引《古今注》，见《云南史料丛刊》第一卷，云南大学出版社1998年版，第52页。

② 《后汉书·西南夷列传》，见《云南史料丛刊》第一卷，云南大学出版社1998年版，第60页。

③ 林超民：《唐代前期洱海地区的部族社会与同一政权的建立》，云南大学1981年油印本，第100—104页。

居于其南境，汉在此设犍为郡，所以又称为"犍为蛮夷"。僰住居在僰道的时间当比较早，秦以后逐渐南迁。

史籍所载，除僰、羌僰、氐僰、邛僰外，还有"滇僰"与"蛮僰"。即"南御滇僰，僰僮"①。"滇"为地名，滇僰泛指滇地的僰，并无族类的含义。"蛮僰"见于《汉书·王莽传》："今胡虏未灭诛，蛮僰未绝焚。"胡虏与蛮僰对举，并非族类的专用名词，也无种属族类的含义。在探讨僰的族属时，这样的称谓没有族类的意义。

有人强调氐与羌不同，认为僰属氐而不属羌。其实史籍中每以氐羌连举，或竟视为一种。《山海经·海内西经》说："伯夷父生西岳，西岳生先龙，先龙始生氐羌。乞姓"。这是以氐羌为同一人，即便分为二人也不过是同父的兄弟。《逸周书·王会篇》说："氐羌以鸾鸟"。又《诗经·商颂》说："昔有成汤，自彼氐羌，莫不敢来享，莫不敢来王。"《汉书·贾捐之传》说："成王……地……西不过氐羌。"《说文》说："周成王时，氐羌献鸾鸟。"皆视氐羌为同一种类。顾颉刚先生说："古籍中单言'氐'者不多"；"'氐'与'羌'可分而实不易分"②。氐羌有分别，主要表现为经济发展的高低，文化生活的文野，汉化程度的深浅。《三国志·乌丸鲜卑东夷传》裴松之《注》引鱼豢《魏略》所说的《西戎传》中，对居住于今甘肃地区的氐人的生活记录很详，可知氐人的姓氏、语言、生产方式已和汉人相差无几，只是服饰和嫁娶之制和羌一样。氐是汉化程度较深、经济文化发展较高的羌人。我们不能把这一差别说成是族类的不同，氐与羌应是异派而同源。

羌最早居于黄河上游，即现在的陕西西部、甘肃、青海、四川北部的广大地区。当秦向西拓殖时，羌人从四川东北、西部、南部而流徙入云南。

僰为羌之别种。《文选·檄吴将校部曲文》说："今者（按：建安二十一年，公元216年）枳棘翦杆，戎夏以清，万里肃齐，六师无事，故大举天师百万之众，与匈奴单于呼完厨及六郡乌桓、丁令、屠各、湟中羌僰，霆奋席卷……"李善《注》说："湟水左右，羌之所居。"在湟水左

---

① 《史记·货殖列传》。
② 顾颉刚：《从古籍中探索我国的西部民族——羌族》，载《社会科学战线》1980年第1期。

右曾有僰人居住，为羌的支系。但在李善《注》中仅只说羌而未及僰。所谓"湟中羌僰"不过是南迁之后而留下的少数僰人，他们或已成为其他羌人的附落，只是"僰"这个称谓还残留在记忆中，使人们想见此地曾有僰聚居。

羌南迁，僰也随着南迁。"氐羌、呼唐，离水之西，僰人、野人……多无君"①。离水即岷江，知僰人曾住居于岷江以西。《华阳国志·蜀志》说："帝攻青衣，雄张僚、僰"。帝即保子帝，据《蜀志》说："开明位号曰丛帝，丛帝生卢帝。卢帝攻秦，至雍，生保子帝。"② 知保子帝当为春秋末期人，青衣即今雅安。可知春秋时期，僰人居住在岷江流域，今雅安地区。

《华阳国志·蜀志》说：高后六年（公元前182年）汉廷"城僰道，开青衣"；又说：元鼎六年（公元前111年）"以筰为沈黎郡，合置二十余县。天汉四年（公元前97年），罢沈黎，置两部都尉，一治旄牛，主外羌，一治青衣，主汉民"。汉初，青衣主要居民已由僰变为汉了。可能自保子帝"攻青衣，雄张僚、僰"时起，汉人就逐渐移入青衣，而僰人也就逐渐离开青衣向南迁徙，到汉初，僰人已搬迁一空。

犍为郡僰道县是"故僰侯国"，"本有僰人"③。僰人从青衣向南即迁到犍为地区，以僰道为中心组织部落，称为僰侯国。"僰侯"即是其部落酋长的封号。《水经·江水注》说："青衣水出青衣县、至犍为安南县入于江。"安南县即今四川夹江县，江即岷江，往南在僰道县附近与金沙江汇合。疑僰人从青衣迁到僰道的路线是循岷江而下。

僰侯国的区域今已不可确指，但其中心在僰道县则确定无疑。僰道曾一度为犍为郡治④。两汉在西南夷地区设置的"边郡"是以族类分布的区域为基础而建立起来的⑤。

所谓"僰侯国"的区域当与犍为郡大体一致，即东到江阳（今泸州）与巴郡相接，西至南安（今乐山）与越巂为邻，北达武阳（今彭山）与蜀相望，南抵堂狼（今巧家、东川）与滇接壤。

---

① 《吕氏春秋·恃君览》。
② 任乃强校注：《华阳国志校补图注》，上海古籍出版社1987年版，第122页。
③ 《华阳国志·蜀志》。
④ 同上。
⑤ 方国瑜：《中国西南历史地理考释》，中华书局1987年版。

不久，僰的居住区域集聚到犍为郡南部，汉王朝在此设置"犍为南部"管理，后来又建"犍为属国"，至建安十九年（公元214年）设置朱提郡①。从犍为南部经犍为属国到朱提郡，其居民都以僰为主。

　　僰在朱提郡住居的时间并不长，很快又被迫迁徙了。

　　促使僰人迁徙的原因很多②。最主要的原因是南中地区大姓间在朱提地区的争斗与厮杀。朱提地区成为他们角斗火并的主要战场。当地的一般汉人和僰人无法在战乱中安定地生活，只好迁徙。这是一个长期的过程，从东汉末开始，一直延续到两晋南北朝。在西晋太安年间（公元302—303年），朱提地区爆发了一次大的纷争。夷帅和大姓的势力"愈强盛，破坏郡县，殁吏民"。太守的军队连连失利，当地的"晋民，或入交州、或入永昌"③。朱提地区的"晋民"大规模地逃离战乱纷扰的朱提地区。所谓"晋民"，当包括当地的汉和僰。

　　朱提地区的僰人在西晋以前多见于记录，南朝以后就不再见于史籍。唐代的记录中，朱提地区已全是东爨乌蛮了。显然，原住的僰和汉大量迁到洱海地区，成为所谓"下方夷"（详后）④。他们是洱海地区的新居民，也是白族的主要源流之一。

五　汉姓：土著化的中夏移民

　　唐代初期，在洱海地区有一部分有汉族姓氏的居民，我们称之为汉姓。所谓汉姓，是著籍云南的汉族移民的后裔。自汉王朝在云南设立郡县以来，中原地区汉人以各种方式不断迁居云南，不少人落籍土著，其后裔逐渐融合于当地居民之中。尽管他们已被视为"蛮夷"，但是在他们记忆深处，并不忘祖先本是汉人。洱海区域的汉姓与建宁、朱提诸郡的汉姓有显著的不同。建宁、朱提诸郡的汉姓，出现了拥有地方武装、占有家部曲的当权派，他们被称为"大姓"。洱海区域的汉姓大多数既没有武装，也没有部曲，间或也有被委任为官，成为盘踞一方的雄长，但为数甚少。

---

① 《华阳国志·南中志·朱提郡》，刘琳校注《华阳国志校注》，巴蜀书社1984年版，第414页。
② 林超民：《僰人的族属与迁徙》，载《思想战线》1982年第5期。
③ 《华阳国志·南中志》。
④ 林超民：《僰人的族属与迁徙》，载《思想战线》1982年第5期。

唐贞观二十二年（公元648年），梁建方奉命征讨松外蛮，追奔逐北到西洱河地区，看到这里"有数十百部落，大者五六百户，小者二三百户。无大君长，有数十姓，以杨、李、赵、董、为名家。各据山川，不相役属。自云其先本汉人。有城郭村邑，弓矢矛铤，言语虽小讹舛，大略与中夏同。有文字、颇解阴阳历数"①尽管他们"自云其先本汉人"，但是已不被中夏的官兵所认同，而被视为边裔的别种族类。值得注意的是，他们不仅有汉姓，而且语言"大略与中夏同"。因此，"其先本汉人"，当不能全看作是"自云"，而应该说是事实。只不过，他们著籍洱海区域甚久，已经成为土著居民，多少有些"蛮夷化"了。

据《云南金石目略初稿》采访著录，1921年在祥云高官堡出土的一批晋砖，有的砖上有"五和"二字，有的有"太康八年王氏作"字样。1955年11月，在姚安阳派水库工地发现西晋早期古墓，墓砖有"泰始二二年"、"咸宁元年吕氏作"、"咸宁四年中大夫李氏作"、"大吉羊"等字样。祥云、大姚出土的晋砖上的"王氏"、"李氏"、"吕氏"等，就是汉姓。从所记年号知为晋代早期文物。这些有字晋砖为墓葬用砖，可推知墓主人在姚安、祥云地区生活的年代当更早。至迟在三国蜀汉时，他们已在这里定居落籍。

初唐时，洱海区域的汉姓见于记录不少，主要分布在今祥云、大姚、姚安、大理凤仪等地。

樊绰《云南志》卷五说："渠敛赵，本河东州也。……州中列树夹道为交流，村邑连甍，沟塍弥望。大族有王、杨、李、赵四姓，皆白蛮也。云是沮、蒲州人，迁徙至此，因以名州焉"②。沮、蒲应是两地名。沮县属武都郡，在今陕西汉中；浦县属河东道在今山西汾河下游。王、杨、李、赵四姓，从沮、蒲两地迁徙至此用原籍命名新的居地，称为河东州，以纪念自己的故土。河东州的地名在云南最早见于《王仁求碑》。王仁求曾任"河东州辅军事、河东州刺史"③于咸亨五年（公元674年）死于任上。他出任河东州刺史时约在麟德元年（公元664年），初设姚州都督

---

① 梁建方：《西洱河风土记》，载《云南史料丛刊》第二卷，云南大学出版社1998年版，第218页。

② 赵吕甫校释：《云南志校释》，中国社会科学出版社1985年版，第199—220页。

③ 方国瑜主编：《云南史料丛刊》第二卷，云南大学出版社1998年版，第358页。

府。河东州"村邑连薨"、"沟塍弥望"、"列树夹道",是一个人烟稠密、耕作细致的地区。汉姓迁徙到此的时间当殊为长久。河东州后来改称渠敛赵,在龙尾关(今下关)和白崖(今弥渡红崖)之间,即今大理市凤仪镇。

武德四年(公元621年),唐王朝以汉云南郡地设置姚州。其所以称为姚州,是因为此州"人多姓姚"①。姚姓也是汉姓,也是中夏移民的后裔。西晋与东晋交替时"(李)雄遣叔父骧破越巂,伐宁州,(王)逊使督护云南姚岳距骧于堂螂县"②。姚岳是云南郡人,姚州是汉弄栋县地,疑姚岳就是弄栋县人。知在西晋时,弄栋县已有姚姓汉人居住。姚岳为东晋时云南郡的大姓,受宁州刺史节制,充任督护官职。姚姓是雄长一隅的方土大姓。姚姓聚居姚州地区,成为唐王朝初年在此设置姚州的社会基础。姚姓汉族移民,在姚州落籍数百年,逐渐"夷化",到唐代初年,他们虽然保持汉姓,但已经融合于弄栋蛮之中。"弄栋蛮,则白蛮苗裔也。本姚州弄栋县部落"③。所谓"弄栋蛮"即是"白蛮",与河东州的"王、杨、李、赵四姓皆白蛮也"的情况一样。他们是中夏移民后裔,落籍久远,已经成为"蛮夷"。不过他们保持汉姓,不忘"其先本汉人"。

和弄栋蛮相类似的是"青蛉蛮"。"青蛉蛮,亦白蛮苗裔也,本青蛉县部落"④。青蛉蛮的首领是尹氏。"贞元年中,南诏清平官尹辅酋、尹宽求,皆其人也"⑤。青蛉蛮中也有不少汉姓,他们也是中夏移民的后裔。青蛉县即今大姚县。

唐初在原来云南郡地曾设置波州。"故渭北节度段子英,此州人也。故居、坟墓皆在云南"⑥。《元和姓纂》卷九《段氏诸郡·段氏》:"《云南状》云,魏末段延没蛮,代为渠帅。裔孙入朝,拜云南刺史。孙左领大将军。生子光、子游、子英。子光试太仆卿,长川王生秀试太常卿,子英率府遂郡王神营州兵马使。"所引《云南状》可能是贞元年结案的记录,或就是韦皋《开复西南夷事状》的省写。"姓纂"所说段子英为云南郡

---

① 方国瑜主编:《云南史料丛刊》第一卷,云南大学出版社1998年版,第596页。
② 同上书,第256页。
③ 方国瑜主编:《云南史料丛刊》第二卷,云南大学出版社1998年版,第35页。
④ 同上。
⑤ 同上书,第36页。
⑥ 同上书,第50页。

人，向达《南诏史论略》认为此人与樊绰《云南志》所说的段子英同为一人。则段子英为汉人无疑。其祖籍京兆，魏末其先段延迁入云南。波州在云南县，即今祥云县地。

越析诏"有豪族张寻求，白蛮也"①。张姓豪族，其先当也是汉人，到唐代初年他们都被看作是蛮夷了。

《新唐书·南蛮传》载："姚州境有永昌蛮，居古永昌郡地。咸亨五年叛，高宗以太子右卫副帅梁积寿为姚州道行军总管讨平之。武后天授中，遣御史裴怀古招怀。至长寿时，大首领董期率部落二万内属。"②又《裴怀古传》说："姚、嶲道蛮反，命怀古驰驿往，怀辑之，申明诛赏，归者日千计。俄缚首恶，遂定南方蛮、夏，立石著功。"事在姚州都督府内，所谓"蛮、夏"中的夏，即是华夏移民。

初唐时期，居住在洱海区域的华夏移民的后裔，见于记录的虽少，但实际人数不少。他们移徙到这里的时间已相当久长。从文献中的零星记录，可推知他们大部分分布在洱海的东西两岸、洱海以南和以东地区，也就是今天的大理、宾川、弥渡、祥云、姚安、大姚等地。

华夏移民来到洱海区域的时间和方式亦不可详考。洱海区域是古老的蜀身毒道的枢纽，往来的商贾、游客淹留于此不归的不会没有。两汉时，中原王朝多次派兵到洱海区域作战，并经过洱海地区渡过澜沧江到永昌地区征讨。在战争中当有一些士卒役夫流散逃亡而在此定居。蜀汉时期，诸葛亮率部南征，经过今大姚、姚安、祥云诸地，在此招抚当地"蛮夷"，设置云南郡。诸葛亮虽然没有在此设置屯戍，移民屯垦，但不可能不留下少量人员在此管理。

蜀汉以来，大姓和滇叟势力迅速膨胀，朱提、建宁、晋宁等地长期扰攘不宁。居住在这里的中夏移民不堪忍受战乱的祸害，不断向南、向西迁移。最大的一次也是史籍明白记录的一次，是太安二年（公元303年）宁州刺史李毅与南中大姓在朱提、建宁、晋宁等地大战。大姓和夷帅日益强盛，"破坏郡县，役吏民"。李毅病笃，不能战讨，军事失利，"晋民或

---

① 方国瑜主编：《云南史料丛刊》第二卷，云南大学出版社1998年版，第23页。
② 方国瑜主编：《云南史料丛刊》第一卷，云南大学出版社1998年版，第408页。

入交州，或入永昌"①。晋民就是汉人，他们进入永昌必须经过洱海地区，自然有相当多的晋民落籍洱海地区。

六 大封民国：白族（僰）形成的标志

唐代初期，为加强西南边疆的稳定，维护国家统一，大力经营云南，在滇池地区设置南宁州都督府，在洱海地区设置姚州都督府。为巩固统治，每年都派遣士卒前来戍守，仅姚州都督府每年至少有五百士卒从内地调来这儿镇守②。有的士卒便在云南落籍不归。还有不少内地汉人因不堪忍受官僚地主的残酷欺压与无度剥削，逃到云南谋生。仅在祥云一带，就有从剑南（今四川）等地逃来的难民两千余户③。

唐代初期，洱海地区部落、酋邦林立，较大的酋邦有六个，称为"六诏"。这六诏是：越析诏、施浪诏、邆赕诏、浪穹诏、蒙巂诏、蒙舍诏。蒙舍诏（在今云南省巍山县）在诸诏之南，称为"南诏"。在唐王朝的支持下，南诏先后征服了西洱河地区的白蛮诸部，取代了"白子国"，并灭了其他五诏，统一了洱海地区。这是唐朝分道经略以讨吐蕃的重大成果，实现了唐朝破吐蕃，靖边寇的愿望。为嘉奖南诏皮逻阁统一洱海地区的功勋，唐廷于开元二十六年（公元738年）册封他为"云南王"，并给他的四个儿子加官晋爵。

在南诏统一洱海地区的过程中，唐廷起了决定性的作用。南诏统一洱海地区，无疑是唐朝统一天下的一个重要步骤和主要内容。洱海地区的统一使汉族的政治、经济、文化、军事在云南产生了重大而深远的影响，也为白族的形成奠定了基础。

南诏统一洱海地区后，利用滇东爨部的动乱，挥戈东进兼并爨部，与唐朝发生激烈冲突，并导致天宝战争。南诏在吐蕃的支持下大败唐军。唐朝自天宝战争失利后，被迫退出云南。南诏迅速扩大势力，统一了云南。由于南诏打败唐朝主要依靠吐蕃的支持，所以，吐蕃对南诏在政治、军事、经济诸方面的控制不断加强。吐蕃文化对南诏的影响也日渐深入。但

---

① 《华阳国志·南中志》，见《云南史料丛刊》第一卷，云南大学出版社1998年版，第255页。

② 《元和郡县图志》卷一八七。

③ 张柬之：《奏罢姚州疏》，见方国瑜主编《云南史料丛刊》第二辑，云南大学出版社1998年版，第110页。

是，云南自秦汉以来就是中国的一个有机组成部分，汉文化已在云南深深扎下了根。天宝战争后，汉文化对云南的影响并未因唐王朝政治与军事力量退出云南而有所减弱。天宝战争中唐军数十万人不可能全部战死，当有许多士卒留在洱海地区从事生产劳动等。直到今天，征讨南诏的将军李宓不仅没有成为白族的"敌人"被钉在历史的耻辱柱上，反而成了白族共同崇奉的"本主"，立将军庙年年上香祭祀，时时顶礼膜拜。对这个奇异现象的解释有多种。我们的解释是，天宝战争后，流落到洱海地区的李宓的士卒对自己统帅的追忆，对故土的思念是他从洱海居民的敌人变为洱海居民的神灵的重要原因；而中原的汉文化在洱海地区的深远影响是他被崇奉的根本原因。对李宓的崇奉实质是流落洱海区域唐朝将士的集体记忆和对汉文化的认同。

不可否认，天宝战争后，吐蕃的政治与军事力量在南诏不断增强，南诏的部分典章制度受到吐蕃的极大影响，南诏文化也或多或少地染上吐蕃文化的色彩。今天我们在剑川县石宝山石窟所看到的南诏服饰等不无吐蕃文化的影响。

但是，吐蕃对南诏的控制是十分短暂的。不到半个世纪，南诏还是"弃蕃归唐"了！从表面上看，是因为"吐蕃役赋南蛮重数"，南诏不堪忍受吐蕃的赋税与兵役[1]，实质则是南诏文化与吐蕃文化之间的巨大差异。自汉武帝元封二年（公元前109年）在今云南设置益州郡以来，洱海地区就是中国王朝的有机组成部分。汉族移民不断进入洱海地区，汉文化不断在洱海地区传播。南诏在天宝战争后与唐朝争战不休，至德元年（公元756年），南诏攻占巂州（今四川省西昌），俘虏了许多士卒与民众，所谓"兵士尽虏"，"子女玉帛，百里塞途，牛羊积储，一月馆谷"[2]。在这次战争中还俘虏了唐朝西泸令郑回。俘虏到南诏的汉人对南诏汉文化的传播起了重大的推动作用，郑回就是一个突出的例子。郑回被掳到南诏后，被南诏王阁罗凤任命为王室子弟的教师，有权鞭笞身为王子王孙的学生。他教过凤伽异、异牟寻、寻梦凑祖孙三代。异牟寻是一个倾心唐朝汉文化的南诏王。他"每叹地卑夷杂，礼义不通，隔越中华，杜

---

[1] （后晋）刘昫等：《旧唐书》卷一九七《南蛮传》。
[2] 《南诏德化碑》，载方国瑜主编《云南史料丛刊》第二卷，云南大学出版社1998年版，第350页。

绝声教"①，对其先辈"不得已"而"叛唐"时感遗憾与难过。他即王位后，意识到依靠吐蕃的不利。郑回作为唐朝的官员，身在南诏，心向唐朝。他起草的《南诏德化碑》强调南诏"自古及今，为汉不侵不叛之臣"，希望有朝一日能归附中国。郑回向异牟寻进言："自昔南诏尝款附中国，中国尚礼义，以惠养为务，无所求取。今弃蕃归唐，无远戍之劳，重税之困，利莫大焉。"异牟寻称赞他的远见卓识，说他自己"谋内附者十余年矣"②。异牟寻派使臣携"绢书一封，并金缕盒子一具。盒子有绵，有当归，有朱砂，有金。""有绵者，以表柔服，不敢更与为生梗；有当归者，永愿为内属；有朱砂者，盖献丹心向阙；有金者，言归义之意，如金之坚"③。南诏向唐朝表示归附臣属的诚心及方式，是典型的传统的汉文化的自然展示。通过这种唐廷与南诏都能理解会意的方式，直截了当、诚恳积极、明白无误地传达南诏的心声，将双方隔绝多年的积怨、仇视、敌对顿时化解。

贞元十年（公元794年），南诏终于弃蕃归唐，在洱海边的玷苍山神祠与唐朝使臣举行盟誓。异牟寻面对天地水三大自然神与五岳四渎之灵，率文武大臣发誓："请全部落归附汉朝（即唐朝）"，南诏管辖的诸赕首领，"愿归清化，誓为汉臣"，"永无离贰"④。唐廷册封异牟寻为"南诏"，即"云南王"，赐"南诏印"；以南诏统领的疆域设置"云南安抚使司"，政区长官为"云南安抚使"，由剑南西川节度使兼任，南诏由云南安抚使节制。

贞元十年后，在南诏当权派的大力倡导下，汉文化得到更加广泛深入的传播。南诏每年派数十成百的学生到成都和长安学习汉文化。几乎每一个南诏首领都认真学习汉文经典。王室成员与各级官员"不读非圣之书"⑤，南诏统治者主动学习汉文化，大力提倡和推广中原汉文化，使汉

---

① （唐）樊绰：《云南志》卷三，载方国瑜主编《云南史料丛刊》第二卷，云南大学出版社1998年版，第27页。
② 《旧唐书》卷一九七《南蛮传》，载《云南史料丛刊》第一卷，云南大学出版社1998年版，第347页。
③ （唐）樊绰：《云南志》附录，载方国瑜主编《云南史料丛刊》第二卷，云南大学出版社1998年版，第90页。
④ 同上书，第89页。
⑤ 《南诏德化碑》，载方国瑜《云南史料丛刊》第二卷，云南大学出版社1998年版，第377页。

文化成为唐代云南文化的主流。汉文化在白族的形成中起了极为重要的作用。

南诏自贞元十年再次归附唐朝后，社会经济有了长足的进步。洱海地区进入封建领主社会，成为南诏的首府所在地。以大厘城（今大理县）为中心的十睑（赕）是南诏的政治、社会、经济、文化的中心。这十睑（赕）是：云南赕（今祥云、宾川）、品澹赕（今祥云县城）、白崖赕（今弥渡红崖）、赵川赕（今大理凤仪）、蒙舍赕（今巍山）、蒙秦赕（今漾濞）、邆川赕（今邓川）、大和赕（又作矣和赕，今大理太和村）、苴咩赕（今大理县古城）、大釐赕（又作史赕，今大理喜州）。在十睑（赕）地区，以往的昆明蛮、云南蛮、哀牢蛮、西洱河蛮、僰、汉姓等共同生活在同一个区域，在长期的经济、政治、文化的交往中，相互依存、相互交流，相互融合，使原来诸蛮部之间的差别逐渐消失，形成共同的经济生活、共同的政治体制、共同的语言与共同的文化，融合为一个新的人们共同体。原来的哀牢、昆明、云南、弄栋、青蛉、河蛮等蛮名也随之消失，就是唐代初期"乌蛮"、"白蛮"的界限也不复存在，出现了共同的专用名称。

唐僖宗乾符四年（公元877年），南诏酋龙卒，子法（隆舜）立，自号"大封人"①。"封人"又作"封民"。"封"古音读"邦"，意义也相同。"封"、"邦"、与"僰"读音相同。"封人"就是"僰人"。南诏将洱海的十睑（赕）称为"大封民国"，也就是"大僰国"，与历史上的"僰子国"有密切关系。"僰"字又作"白"字。"大封人"这个专用名称的出现，标志着洱海诸蛮经过近一个世纪的冲突与融合，形成一个在中国历史上产生重大影响的民族——白族（僰）。

白族的来源是多元的，有洱海人、昆明、哀牢、西洱河蛮（河蛮）、僰、汉姓。这些在唐代初期见于记录的族类，自从"大封民国"出现后，他们就成为已经逝去的历史。"大封民国"不属于哀牢，不属于昆明，也不属于西洱河蛮，更不属于汉姓；即便我们说"大封民国"的"封"字就是"僰"字，"封人"就是"僰人"，这个"僰"也与唐代初期的"僰"有本质的差异。唐代初期的"僰"是单纯的一个族类，是原来居住在滇东地区的"僰"。到"大封民国"时代的"僰"，则是由僰、昆明、

---

① （宋）欧阳修、宋祁等：《新唐书》卷二二二《南蛮》。

哀牢、西洱河蛮、汉姓等融合而成的一个族类。僰、哀牢、昆明、汉姓、西洱河蛮等称呼逐渐消失,"僰"成了洱海区域的居民一致认可的共同称谓。"上方、下方夷"早已不复存在,仅有只言片语留在古典文献中成为后人追思的故事。"乌蛮"与"白蛮"的界限已经泯灭干净,"大封民国"、"白"(僰)成为洱海区域所有居民共同尊崇的称谓。他们以此有别于中夏,也以此有别于南诏其他族类。他们"本唐风化",但完全自立于汉人(唐人)之外。他们有以唐代初期"白蛮"语音为基础形成的共同的语言——白语;他们借用汉字创造自己的文字——白文;他们信奉的神灵尽管与中夏有千丝万缕的联系,但也有明显的个性和特点:在中夏佛教庄严的诸神前面,赫然出现高于一切的女阴——"阿央白",并受到虔诚的顶礼膜拜。他们的经济结构有别于中夏,他们的政治、军事体制不是中原王朝的翻版。尽管他们与中原王朝、与中原的经济文化有割舍不断的密切联系,尽管他们接受唐王朝的封号,承认唐王朝的宗主权威,但他们毕竟是与中夏不同的南诏。中原文献也把他们列为与中夏不同的边裔蛮夷。

第三节 爨

一 东爨乌蛮与西爨白蛮

爨为建宁郡(相当于今昆明市)大姓。爨氏原居中原,东汉后期被遣派到南中屯戍,落籍建宁郡,东汉末称强,跻于大姓之列[1]。三国初期,成为南中四大姓之一。西晋时,爨氏已是南中大姓中的豪族。永和三年(公元347年),盘踞蜀地的李势降晋,但是晋已无力顾及南中,爨氏开始在南中据地自雄称霸。爨氏虽据地自雄,但仍然奉晋王朝的正朔。南朝萧齐建国,已不能控制南中。"宁州诸爨氏强族,恃远擅命,故数有土反之虞"[2]。

爨氏统治的地区称为爨地,相当于以今曲靖市为中心的昆明市、玉溪市、红河州、文山州等地区。爨地的居民,称为"爨人",简称"爨",以"叟"为主体,是夷化了的汉人和汉化了的夷(叟)人。

---

[1] 方国瑜:《滇史论丛·滇东爨氏始末》,上海人民出版社1982年版。
[2] (南朝·梁)萧子显:《南齐书·州郡志》。

隋朝开皇初年，爨氏遣使朝贡，表示归附。隋朝廷派遣韦世冲率兵屯戍南中，设置恭、协、昆三州，命爨翫为昆州刺史。不久，爨氏反叛。开皇十七年（公元597年），隋廷以史万岁为行军总管，率兵征讨。大兵压境，时爨震已死，史万岁要将爨翫押解入朝。爨翫以金宝贿赂史万岁。史万岁让爨翫留在南中，自己班师回朝。第二年，爨翫再次叛乱，隋又遣兵征讨爨氏，爨翫降隋，被押解入朝。隋文帝诛杀爨翫，"诸子没为奴"①，但没有深入南中治理宁州。宁州依然是爨氏的天下。

唐朝称爨为"蛮"，爨蛮分为"西爨白蛮"和"东爨乌蛮"两部分，统称为"两爨蛮"。"自曲州、靖州西南昆川、曲轭、晋宁、喻献、安宁距龙和城，通谓之西爨白蛮；自弥鹿、升麻二川，南至步头，谓之东爨乌蛮"②。乌蛮分布在今贵州省毕节市，云南省昭通市、曲靖市的宣威县、会泽县，昆明市的寻甸县，红河州等地；白蛮分布在今禄丰县、昆明市，曲靖市的麒麟区、马龙县、陆良县，玉溪市的澄江县、江川县等地③。

二 初唐对爨部的经略

唐朝武德元年（公元618年），高祖开南中，置南宁州，以爨翫之子爨弘达为昆州刺史，"令持其父巳归葬本乡"④，通过他联络控制南宁州诸部。足见爨氏虽遭到隋王朝两次沉重打击，仍拥有强大力量。所以唐王朝不得不将爨弘达送回南中，命他为羁縻州的刺史。同时，派韦仁寿"检校南宁州都督。寄听政于越巂，每岁一至其地以抚慰之。法令清肃，人怀欢悦"⑤。唐王朝在南中的统治逐渐巩固，武德八年（公元625年）移南宁州都督府于本郡，仍为羁縻州都督。爨弘达死后，由其子孙承袭都督之职。

唐朝为加强在云南的统治于麟德元年（公元664年）设置姚州都督府（治所在今云南省大姚、姚安两县）。调露元年（公元679年）设置安

---

① （宋）欧阳修、宋祁等：《新唐书》卷二二二《两爨传》，百衲本。
② 同上。
③ 方国瑜：《中国西南历史地理考释》，第347—358页，之《爨部地名》，中华书局1987年版，第10页。
④ （唐）杜佑：《通典》卷一八七《西爨》。
⑤ （后晋）刘昫等：《旧唐书·韦仁寿传》。

南都护府（在今越南河内）。唐朝在西南的重心在戎州都督府（今四川省宜宾市），为了要将戎州、姚州、安南都护府连接在一起相互呼应，彼此应援，决定在安宁（今云南省安宁市）筑城，以此为枢纽用交通线将三地连接起来。安宁城是云南极为重要的战略据点，被称为"诸爨要冲"①。此地产盐，盐为诸爨生活必需品。唐廷派节度章仇兼琼控制安宁，掌握盐池，打通道路，以统制爨部。唐朝的举措引起诸爨震动，群起攻之，杀死派往安宁的筑城使竹灵倩。唐朝在云南的势力单薄，对此无可奈何。

三　爨部式微

不久，爨部之间发生内讧，杀戮至亲，骨肉相屠。唐廷利用这一难逢之机，调动刚统一洱海区域的南诏首领云南王阁逻凤率部东进，将爨氏势力击灭。至此，爨氏的统治势力完全崩溃。

南诏击败爨氏后，派乾昆川诚使杨谋利以兵胁迫西爨，将二十万户迁徙至永昌城（今保山地区），在滇池地区置拓东城（今昆明）与通海都督（今云南通海）统治爨部。这一地区的爨氏再也没有形成大的势力，只是一些部落或部落联盟。

自唐朝天宝以后，王朝在戎州的势力退至石门关（在今云南省大关县）以北。南诏击破爨部后，直接控制的地区仅只到达石城（今曲靖）为中心的西爨。东爨区域既不受唐朝势力管辖，又不受南诏势力所统治，分立为很多互不统率的部落，见于记录的有阿旁部（今云南省大关县）、阿夔部（昭阳区）、阿芋部（今云南省鲁甸县）、暴蛮部（今宣威县）、卢鹿蛮部（今会泽县）、磨弥殿（沾益县）不等。他们与南诏世代联姻。"土多牛马，无布帛，男子髽髻，女人被发，皆衣牛羊皮。俗尚巫鬼，无跪拜礼节。其语四译乃与中国通，大部落有大鬼主，百家则置小鬼主"②。

---

① 《南诏德化碑》，方国瑜主编《云南史料丛刊》第二卷，云南大学出版社1998年版。
② （宋）欧阳修、宋祁等：《新唐书》卷二二二《南蛮传》。

附：两爨地名古今对照表

爨	唐地名	今地名
东爨	曲州	云南昭通 东川
	靖州	贵州威宁、毕节；云南镇雄、彝良
	弥川（磨弥颠部）	云南宣威、沾益城北
	鹿川（卢鹿蛮部）	云南会泽
	升麻川	云南寻甸
	阿夔部	昭通市昭阳区北
	阿旁部	云南大关城
	阿芋部	云南鲁甸
	暴蛮部	云南宣威
	石门	云南大关豆沙关
西爨	石城	云南曲靖
	昆川	云南昆明
	晋宁	云南晋宁晋城
西爨	曲轭	云南马龙
	喻献	云南澄江
	安宁	云南安宁
	龙和	云南禄丰
	求州	云南武定、元谋
	螺山	云南昆明普吉
	傍州	云南牟定
	望州	云南禄丰广通
	览州	云南楚雄
	丘州	云南南华
	黎州	云南通海
	归州	云南屏边
	潘州（龙武州）	云南屏边新现
	汤泉	云南屏边
	禄索	屏边新现南十五里
	步头	云南元江
	宣城	云南元江

第四节 昆明蛮

一 昆明蛮与三浪诏

《通典》卷一八七说："昆弥国，一曰昆明，西南夷也。在嶲之西，洱河为界，即叶榆河，其俗与突厥同，相传云，与匈奴本是兄弟国也。汉武帝得其地入益州部，其后复绝，诸葛亮定南中亦所不至。大唐武德四年（公元621年），州治中吉弘韦使南宁至其国谕之。"所谓"昆弥国"就是秦汉以来在洱海的"昆明"，所以《资治通鉴》唐纪武德四年说："昆明遣使内附，昆明即汉之昆明。"唐代以西洱河为境的昆明国的确存在，只是它的范围已没有汉时大了。

樊绰《云南志》卷六"云南城镇"说："昆明城在东泸之西，去龙口十六日程。"以昆明作为地名，此为最早。《元和郡县志》卷三十三"巂州"说：昆明县"本汉定筰县也，属越巂国，去郡三百里，出盐铁，夷皆用之，汉将张嶷杀其豪率，遂获盐铁之利，后设蛮夷……武德三年于镇置昆明县，盖南接昆明之地，因以为名。"此昆明县为今四川省盐源县，其所以名为昆明，因为其南与昆明部族相接。可见，唐前期，昆明人的分布南以洱海为境，北与昆明县相接，金沙江从中流过。这一地区正是樊绰《云南志》所记的浪穹、施浪、邆赕"三浪诏"地，因而《通典》所说的"昆明国"，也就是樊《志》所记的"三浪诏"。

"三浪诏"的居民主要是施蛮、顺蛮，也就是汉代的昆明人，亦称叶榆蛮。时代不同，名称不同，但实体相同，不能因为名称不同而否定唐代前期洱海地区有昆明蛮的存在。

"三浪诏"的中心在今洱源、剑川、鹤庆地区。邆赕诏主咩罗皮曾被封为赕州刺史，并与南诏唐蒙归义同伐河蛮，遂分据大厘城（今大理喜州），其势力一度深入洱海腹地。在南诏夺取大厘城后，又被迫退居野共川，即今鹤庆县地。由于南诏向北扩展势力，主要是两次大的用兵，施蛮、顺蛮被迫往北迁徙，这是一个较长的过程。开元二十四年（公元736年），三浪诏联合攻打南诏，追奔过邆赕。浪穹诏主铎逻望退保剑川，邆赕诏主咩罗皮退居野共川，施浪诏主施望欠退保矣苴和城（今云南省洱源县邓川镇）。此时吐蕃势力南下，在吐蕃支持下，三浪诏仍立为诏。过了半个多世纪，到贞元十年（公元794年），南诏异牟寻攻破剑川、野共川，俘浪穹诏主矣罗君、邆赕诏主颠之托并徙永昌；俘顺蛮首领傍弥潜宗族，置于云南白崖。施浪诏主傍罗颠脱身逃往金沙江以北。施蛮、顺蛮由是迁到铁桥节度的剑羌（今永胜县）一带。《元史·地理志》"北胜府"载："至元十五年（公元1278年）改牛赕为顺州。"又说：北胜府"至元十五年立为施州。"即以施蛮、顺蛮得名。《明一统志》卷八十七"北胜府"说："唐贞元中异矣牟始开其地，名北方赕，徙弥河白蛮及罗落、磨些蛮以实其地，号成偈赕。"又"顺州"说："南诏徙诸浪人居之，与罗落、磨些杂处。"所谓弥河即弥苴河、洱海上源之水，流经浪穹、邆赕之境。所谓浪人即三浪诏居民、昆明人。知北胜州（施州）、顺州的居民即是唐贞元年间从弥河、三浪迁来的施蛮、顺蛮。元初设施州、顺州，以居民族属称其地名。

总之，贞元十年南诏再次大破三浪诏于剑、共诸川，这里主要统治家族被迁到永昌、云南白崖、蒙舍，主要居民一部分迁到金沙江以北今永胜地区，一部分则散居原地。被迁到云南（今祥云、弥渡）等地，以及散居原地的施蛮、顺蛮亦即昆明蛮，在南诏统一洱海地区后，逐渐融合于"白蛮"中，形成今天的白族。渡泸而北，流亡永胜一带的昆明蛮（施蛮、顺蛮），则形成今天彝族的一个支派。施蛮的首领"寻罗并宗族置于蒙舍城，养给之"①。顺蛮的首领"傍弥潜宗族，置于云南白崖（今弥渡县红岩），养给之。其施蛮部落百姓，则散隶东北诸川"②。迁到蒙舍（今巍山县）的昆明蛮有的融合到白族中，有的还保留昆明蛮的特点，今天巍山彝族或许就是他们的后裔。

二 牂牁昆明

唐代除洱海地区有昆明人外，在牂牁地区也有昆明人。樊绰《云南志》卷十说："昆明牂牁。本使臣蔡袭尝奏请分布军马从黔府路入。"按：此文句当有脱漏和错简，故不十分明白，但知牂牁地有昆明。《新唐书·南蛮传》说："咸亨三年（公元672年），昆明十四姓率户二万内附，析其地为殷州、摠州、敦州以安辑之。"《新唐书·地理志》载："总（摠）州，咸亨三年昆明十四姓率户二万内属分置"；"敦州，咸亨三年析内属

---

① （唐）樊绰：《蛮书》卷四《名类第四》，聚珍本。
② 同上。

昆明部置。""殷州，咸亨三年析昆明部置"；"宝州，万岁通天二年以昆明夷内附置"。按：此殷、宝、总、敦等州并隶黔州都督府，在今贵州境内。这里的昆明显系族类名称。

所谓"昆明十四姓"与牂牁相近，故樊绰《云南志》称为"昆明牂牁"。《旧唐书·南蛮·西南蛮传》说："元和三年（公元808年）五月敕：自今已后，委黔南观察使差本道将军充押领牂牁昆明等使。"（《新唐书》略同）知"昆明十四姓"为黔州都督所领。又说：牂牁国"西至昆明九百里。"《新唐书·南蛮传》说："昆明东九百里即牂牁国也。"按：此昆明为洱海地区的昆明。虽同称昆明，但地域不同，与"牂牁昆明"远隔"九百里"。

洱海地区的昆明在唐贞元十年以后就不见于记录，牂牁地区的昆明十四姓在后来的史籍中尚有记录。如《新五代史·四夷传》说："昆明，在黔西南三千里外，地产羊马，其人椎髻、跣足、披毡，其首领披虎皮。"（亦见《五代会要》），又说："天成二年尝一至，其首领号昆明大鬼主罗殿王、普鲁静王，各遣使者来，使者号如土，附牂牁以来。"（《本纪》和《旧五代史》略同）按：宋代的罗殿，即唐代黔州所辖的昆明部族，而且此罗殿已见于唐代记录。《新唐书·南蛮传》说："昆明东九百里即牂牁国也，兵数出，侵地数千里。元和八年，上表请尽归牂牁故地。开成元年，鬼主阿佩内属。会昌中，封其别帅为罗殿王，世袭爵，其后又封为滇王，皆牂牁蛮也。"《宋史·西南诸夷传》说："黔州、涪州徼外，其西南夷部，汉牂牁郡，唐南宁州、牂牁昆明、东谢、西谢、西赵、充州诸蛮也。其地东北直黔、涪，西北接嘉、叙，东连荆、楚，南出宜、桂。俗椎髻、左衽、或编发，随畜牧迁徙亡常，喜险阻，善战斗，部族共一姓。虽各有君长，而风俗略同。宋初以来，有龙蕃、方蕃、张蕃、石蕃、罗蕃者，号'五姓蕃'，皆常奉职贡受爵命。"从历史发展的线索、地望以及风俗习惯等可知，昆明十四姓就是牂牁蛮，是围李恢军的昆明蛮，也就是汉晋时期牂牁地区的木耳夷，亦即叟夷，到宋代称为"五姓蕃"，后来成为贵州地区、滇东北地区的彝族。

牂牁昆明与西洱河的昆明东西相距"九百里"，但史籍所载每有把两者错杂相混的情况，需要详加分辨。

《新唐书·南蛮传》载："昆明蛮，一曰昆弥，以西洱河为境……"同时又记："咸亨三年，昆明十四姓率户二万内附，析其地为殷州、摠州、敦州以安辑之。"把西洱河昆明之事与牂牁昆明之事混为一谈。

《通典》卷一八七"昆明"条说："大唐武德四年，巂州治中吉弘韦使南宁至其国谕之，至十二月遣使朝贡。贞观十九年四月，右武将军梁建方讨蛮，降其部落七十二，户十万九千三百。"知吉弘韦使南宁，所至为西洱河昆明。

《旧唐书·南蛮传》说："西赵蛮，在东谢之南，其界东至夷子，西至昆明，南至西洱河。"（《唐会要》卷九十九，《新唐书·南蛮传》并同）《新唐书·南蛮传》说："东谢南有西赵蛮。"据《新唐书·地理志》，东谢蛮地在牂州、庄州、琰州、充州、矩州等，隶属于黔州。《新唐书·地理志》又说："贞观中，以西赵首领赵磨酋地置明州。"知明州为西赵蛮地，亦隶属黔州都督府。则所谓"西至昆明"当为黔州都督府所辖之昆明，即为殷、摠、敦、宝诸州，故其南不能与西洱河相接。《太平寰宇记·四夷》"南蛮"说："西赵今为黔州羁縻州也。"知所谓"南至西洱河"之语，乃因把黔州之昆明与西洱河之昆明相混而误。

《唐会要》卷九十八"昆弥国"条说："每岁不绝其使，多由黔南路而至，近又封其别率为滇王，世袭其国。"据查，《唐会要》"昆明国"条乃录自《通典》，增加了以上数语。按：自西洱河入朝，不必由黔南路。又《新唐书·南诏传》说："会昌中封其（牂牁）别率为罗殿王，世袭爵，其后又封别帅为滇王，皆牂牁蛮也。"知《唐会要》所增之语，不是西洱河之昆明，而是黔州都督府之昆明，而且会昌中洱海地区早为南诏统一，不再有昆明之称，故《唐会要》所说不是西洱河昆明是十分明白的。

唐代昆明见于史籍不止一处，但名称相同，而地域不同，离开具体的历史事迹，就不能正确地辨别地望。如《旧唐书·本纪》"贞观十三年昆明遣使朝贡。"据《唐会要》"昆弥国"条说：武德四年吉弘韦曾到昆明国劝谕其入朝，贞观十九年刘伯英上疏时，则说昆明与唐的关系是"暂降附，旋即背叛"[1]。知既有一定冲突，亦有使臣往来。故贞观十三年遣使朝贡之昆明疑为西洱河之昆明。据《旧唐书·本纪》，宝历二年三月丙戌，太和七年二月己卯，会昌六年正月己未，并记昆明夷入贡。又据《册府元龟》卷九七二及九七六载，永贞元年十一月，元和四年十二月、十一年十二月，宝历三年二月，太和四年十二月，开城元年十二月、三年

---

[1] （宋）王钦若、杨亿等：《册府元龟》卷三五八。

七月，会昌六年正月，太和七年二月，都记有昆明遣使入朝贡献，但未详其地理。当时南诏已统一洱海地区，昆明蛮不再见于记录，疑所记悉为牂牁之昆明。

第五节　其他族类

一　徙莫袛蛮　俭望蛮　白水蛮

在爨之西有徙莫袛蛮、俭望蛮，"贞观二十三年（公元649年）内属，以其地为傍、望、览、丘、求五州，隶郎州都督府"①。徙莫袛蛮与俭望蛮在"爨之西"，故不属于爨蛮。《资治通鉴》与《册府元龟》记录"徙莫袛蛮"时，其地为傍、望、览、丘四州，无求州。可知，俭望蛮居住地为求州。求州在今武定县、禄劝县地。徙莫袛蛮的居住地为傍、望、览、丘四州之地。傍州在今牟定县。望州在今禄丰县广通镇。览州在今楚雄市。丘州在今南华县②。

白水蛮"地与青蛉、弄栋接，亦隶郎州"③。其居地在今元谋县。

二　大勃弄、小勃弄二川蛮

《新唐书》卷二二二《南蛮传》载："弄栋西有大勃弄、小勃弄二川蛮。其西与黄瓜、叶榆、西洱河接。其众完富与蜀埒，无酋长，喜相仇怨。"大勃弄、小勃弄为今弥渡县地。

三　独锦蛮

独锦蛮是乌蛮的苗裔，居住在秦藏川（今云南省富民县、禄丰县）。天宝中，其酋长被唐廷任命为岿州刺史。岿州为今云南屏边县一带。独锦蛮与南诏有密切的婚姻关系。异牟寻的母亲是独锦蛮之女，异牟寻的妻子也是独锦蛮之女。独锦蛮大多姓李。有李负蓝，贞元十年（公元794年）为大军将，在勃弄川（今弥渡县）为城使④。独锦蛮具有汉姓，可见受汉

---

① （宋）欧阳修、宋祁等：《新唐书》卷二二二《南蛮传》，百衲本。
② 参见方国瑜《中国西南历史地理考释》上册，中华书局1987年版。第294—296页。又参见林超民主编《新松集》，街顺宝著《徙莫袛考》，云南大学出版社1996年版。
③ （宋）王钦若、杨亿等：《新唐书》卷二二二《南蛮传》，百衲本。
④ （唐）樊绰：《蛮书》卷四《名类第四》，聚珍本。

文化的影响匪浅，所以不直接称其为"乌蛮"，而是称其为"乌蛮苗裔"，自贞元后，不见记录，当已融合到白（僰）族中。

四 金齿诸种

《新唐书》卷二二二《南蛮传》说："群蛮种类，多不可记。有黑齿、金齿、银齿三种。见人以漆及镂金银饰齿，寝食则去之。直顶为髻，青布为通裤。有绣脚种，刻踝至腓为文。有绣面种，生逾月，涅黛于面。有雕题种，身面涅黑。有穿鼻种，以金环径尺贯其鼻，下垂过颐。君长以丝系环，人牵乃行。其次，以二花头金钉贯鼻下出。又有长鬃种、栋峰种，皆额前为长髻，下过脐，行以物举之，君长则二女在前共举其髻乃行。"樊绰《云南志》卷四《名类第四》亦载："黑齿蛮、金齿蛮、银齿蛮、绣脚蛮、绣面蛮，并在永昌、开南，杂类种也。黑齿蛮以漆漆其齿，金齿蛮以金镂片裹其齿，银齿以银。有事出见人，则以此为饰，寝食则去之。皆当顶上为一髻。以青布为通身袴，有斜披青布条。绣脚蛮则于踝上腓下，周匝刻其肤为文采。衣以绯布，以青色为饰。绣面蛮初生后出月，以针刺面上，以青黛涂之如绣状。僧耆，悉属西安城，皆为南诏总之，攻战亦招之。"

金齿、银齿、黑齿（黑嘴、乌嘴）诸种，以金、银、漆装饰牙齿，会见客人时以金镂片、银镂片包裹门齿，以显尊重。纹身、纹面、纹脚是其显著特点。

樊绰《云南志》卷六记载，永昌城、镇西城所管，并有以上所记数种族类，散居于永昌、镇西广阔区域，其中以金齿、银齿、黑齿为大。"金齿"一名至元明时期还在使用，就是今天的傣族。南诏在"摩零山上筑城，置心腹，理寻传、长傍、摩零、金（宝）、弥城等五道事云，凡管金齿、漆齿、绣脚、绣面、雕题、僧耆等十余部落"[①]。摩零城为今缅甸蛮莫，长傍城为今缅甸拖角，金宝城为今缅甸密支那，弥城为今云南省盈江县盏西[②]。其居住区域在今德宏州、保山市、缅甸的密支那、蛮莫、八莫一带。

樊绰《云南志》卷六《云南城镇第六》记录："开南城在龙尾城南十

[①] （唐）樊绰：《蛮书》卷六《云南城镇第六》，聚珍本。
[②] 方国瑜：《中国西南历史地理考释》上册，中华书局1987年版，第485页。

一日程。管柳追和都督城。又威远城、奉逸城、利润城、内有盐井一百来所。茫乃道并黑齿等类十部落皆属焉。"开南城在今云南省景东县文井镇开南村。黑齿与金齿、银齿同类。《南诏德化碑》说："建都镇塞，银生于黑嘴之乡。"所谓"黑嘴"就是黑齿。"茫乃"，与"勐泐"音略相近。勐泐就是今天西双版纳傣族自治州的首府允景洪①。茫乃道也就是今西双版纳傣族自治州。这里居住着黑齿等类十部落，以黑齿为为大。

樊绰《云南志》说："穿鼻蛮、长鬃蛮、栋峰蛮，其蛮并在拓东南，（银）生杂类也。"可知穿鼻蛮、长鬃蛮、栋峰蛮等种类大多居住在今云南的普洱市、西双版纳傣族自治州一带。

五　寻传（博）蛮

樊绰《云南志》卷四《名类第四》载："寻传蛮，阁罗凤所讨定也。俗无丝绵布帛，披婆罗笼。跣足可以践履榛棘。持弓挟矢，射豪猪，生食其肉，取其两牙双插顶傍为饰。又条其皮以系腰。每战斗，即以笼子笼头如兜鍪状。"方国瑜认为寻传当为寻博之误。寻博即景颇的音字②。阁罗凤"西开寻传，南通骠国"③，"爰有寻传，畴壤沃饶，人物殷凑，南通渤海，西近大秦，开辟以来，声教所不及；羲皇之后，兵甲所不加。诏欲革之以衣冠，化之以礼仪。（赞普钟）十一年（公元762年）冬，亲与僚佐，兼总师徒，刊木通道，造舟为楔，耀以威武，喻以文辞。款降者抚慰安居，抵捍者系颈盈贯。矜愚解缚，择胜置城"④。阁罗凤向西拓地千里，置城统治，寻传（博）成为南诏境内的一个族类。寻传居住的区域相当于今天云南省德宏傣族景颇族自治州以及缅甸的克钦邦，以丽水城（亦称寻传大川城，在今缅甸打罗）为中心。

六　望苴子蛮

望苴子蛮，又称望苴蛮、望蛮，"在澜沧江以西，是盛罗皮所讨定也。其人勇捷，善于马上用枪，所乘马不用鞍。跣足衣短甲，才蔽胸腹而

---

① 方国瑜：《中国西南历史地理考释》上册，中华书局1987年版，第488页。
② 同上书，第414页。
③ （唐）樊绰：《蛮书》卷三，聚珍本。
④ 《南诏德化碑》，载方国瑜主编《云南史料丛刊》第二卷，云南大学出版社1998年版，第380页。

已。股膝皆露。兜鍪上插犛牛尾驰突若飞。其妇人亦如此。南诏及诸城镇大将出兵，则望苴子为前驱"①。望苴子蛮的居住地与寻传居地邻近，在今云南省临沧市、缅甸瓦邦。

望蛮的外喻部落，"其人长大，负排持槊，前往无敌又能用木弓短箭。箭镞傅毒药，所中人立毙，妇人亦跣足，以青布为衫裳，联贯，珂贝、巴齿、真珠，斜络其身数十道。有夫竖分发为两髻，无夫者顶后为一髻垂之。地宜沙牛，亦大于诸处牛，角长四尺已来。妇人惟嗜乳酪，肥白，俗好遨游"②。其居住地在今云南省澜沧县、西盟县、沧源县等地。

七　扑子蛮

"扑子蛮，勇悍趫捷，以青婆（娑）罗段为通身袴。善用泊箕竹弓。深林间射飞鼠，发无不中。部落首领谓酋为上。土无食器，以芭蕉叶藉之。开南、银生、永昌、寻传四处皆有"③。

扑子蛮当是汉晋时期永昌地区的濮人，也就是哀牢夷，是永昌地区的主要居民，多见于文献记录，散居于今云南省保山市、德宏州、临沧市、思茅市、西双版纳州的广阔地区。扑子蛮种类甚多，有黑僰濮、赤口濮、折腰濮、文面濮、木棉濮等，以其生活习俗与特点命名，为今佤、布朗、德昂的先民。

八　磨些蛮

磨些蛮，又称作"磨蛮"。磨些蛮源于自河湟地带南迁的古羌人④。汉代古羌人的一支移居大渡河上游的牦牛道（在今四川泸定县），称为"牦牛夷"，逐渐南移至越巂郡（今四川省西昌市），称为"越巂羌"。牦牛夷一部分迁到雅砻江下游的定笮县（今四川省盐源县），称为"摩沙夷"⑤。摩沙的"沙"在今纳西语中，意为"人"或"族"，摩沙即摩族，以"旄"得名⑥。居住在定笮的磨些（摩沙），有一部分渡金沙江而南，

---

① 木芹：《云南志补注》，云南人民出版社1995年版，第60页。
② 同上书，第61页。
③ 木芹：《云南志补注》，云南人民出版社1995年版，第58页。
④ 《方国瑜文集》第四辑，云南教育出版社2001年版，第3页。
⑤ 《华阳国志》卷三《蜀志》。
⑥ 《方国瑜文集》第四辑，云南教育出版社2001年版，第5页。

至洱海东部一带，唐朝初年，洱海区域有六诏，其中一诏为"越析诏"。越析诏亦称"麽些诏"。"部落在宾居，旧越析州也。去囊葱山一日程。有豪族张寻求，白蛮也。开元中（原误作贞元，从方国瑜改）通诏主波冲之妻，遂阴害波冲。剑南节度巡边至姚州，使召寻求笞杀之。遂移其部落，以其地并于南诏。波冲兄子提携家众出走。天降铎鞘。东北渡泸，邑龙佉沙。方一百二十里，周回石岸。其地总谓之双舍。于赠部落亦名杨堕，居河之东北。后蒙归义隔泸城临逼于赠，再战皆败。长男阁罗凤自请将兵，乃击破杨堕，于赠投泸水死。数日始获其尸，并得铎鞘"①。越析诏被南诏击败，于赠放弃越析州，带领家众出走，东北渡泸水与南诏蒙归义隔泸水对峙。于赠不甘心失败，多次渡泸水与南诏争战，试图恢复其旧有地盘。开元二十八年（公元 740 年），阁罗凤率军击破磨些部落，于赠投水自杀。磨些部落退回泸水以北的双舍（今四川省盐源县）一带。

磨些在泸水一带与南诏争战失败后，自双舍再向西迁徙至泸水上游的铁桥区域。居住在"铁桥上下及大婆、小婆、三探览、昆池等川"②。铁桥在今云南省维西县塔城乡。大婆在今云南省鹤庆坝，小婆在今云南省永胜县。"三探览"，当为"三赕、探览"，三赕为今云南省玉龙县，探览为今云南省永宁蒗县宁乡。吐蕃南下洱海地区，以铁桥城为据点，在此设置神川都督。在吐蕃的庇护和支持下，磨些悄然进入金沙江以南地区。

贞元十年（公元 794 年）正月五日，南诏异牟寻与唐朝使臣崔佐时盟誓于点苍山神祠，随即于三月大举进攻吐蕃，收复吐蕃铁桥以东城垒十六个，擒拿其王五人，降其民众十万口。尽分隶昆川（原为山字，据方国瑜改）左右及西爨故地。磨些也被迁移至昆州（滇池周围）及西爨故地。后来，滇池地区不再见到麽些的记录，他们已经融入爨之中。

磨些以畜牧业为主，"土多牛羊。一家即有羊群。终身不洗手面。男女皆披羊皮。俗好饮酒歌舞"③。磨些"与南诏为婚姻家"④。

---

① （唐）樊绰：《蛮书》卷三《六诏第三》，聚珍本。
② （唐）樊绰：《蛮书》卷四《名类第四》，聚珍本。
③ 同上。
④ 同上。

九　茫蛮

茫蛮被称为"开南杂种"①。"茫"是其君长的名号，蛮称其君长为"茫诏"，即"茫王"。居住在永昌城南，唐封、凤蓝苴、芒天连、茫吐薅、大赕、茫昌、茫盛恐、茫鲊一带，即今临沧市、普洱市、西双版纳傣族自治州一带。

茫蛮"楼居，无城郭。或漆齿。皆衣青布袴。藤篾缠腰，红缯布缠髻，出其余垂后为饰。妇人披五色沙罗笼。孔雀巢人家树上。象大如水牛。土俗养象以耕田，仍烧其粪"②。

有学者以为茫蛮与金齿同类，从樊绰《云南志》所记看，茫蛮部落，为开南"杂种"，与黑齿、金齿、银齿不同，故单独列为一类。其特点是"藤篾缠腰，红缯布缠髻"。为今布朗的先民。

十　东蛮

东蛮是分布在巂州地区的勿邓、丰琶、两林、傈僳两姓蛮、雷蛮、梦蛮等蛮夷部落的统称。他们散居在台登城（今四川省喜德县）四周。天宝年间归附唐朝，皆受封爵。南诏攻陷巂州后，遂羁属吐蕃。贞元中，弃蕃归唐。唐廷以勿邓大鬼主苴嵩兼邛部团练使，封长川郡公。苴嵩去世后，其子苴骠离年幼，以苴梦冲为大鬼主，数为吐蕃侵猎。两林大鬼主苴那时遣使给剑南西川节度使韦皋上书，请求派兵攻打吐蕃。韦皋遣将刘朝彩出铜山道，吴鸣鹤出清溪关道，邓英俊出定蕃栅道，进逼台登城（今四川省喜德县）。吐蕃退守西贡川（四川省盐源县泸沽乡），居高为营。苴那时奋力争战，分兵大破吐蕃青海、腊城二节度军于北谷。青海大兵马使乞藏遮遮、腊城兵马使悉多杨朱、节度论东柴、大将论结突梨皆战死。执笼官四十五人，铠仗一万，牛马称是。唐廷封苴那时为顺政郡王、苴梦冲为怀化郡王，丰琶部落大鬼主骠傍为和义郡王，给印章、袍带，三王皆入朝，宴麟德殿，赏赐加等，岁给其禄盐衣彩。

东蛮因其服饰颜色分为乌蛮、白蛮。乌蛮"丈夫妇人以黑缯为衣，

---

① （唐）樊绰：《蛮书》卷四《名类第四》，聚珍本。

② 同上。

其长曳地";其东有白蛮,"丈夫妇人以白缯为衣,下不过膝"①。

东蛮处于唐朝、南诏、吐蕃三大势力之间,与三大势力都有联系,谁的势力大就归附于谁。贞元中以后为唐朝羁縻。

---

① (唐)樊绰:《蛮书》卷四《名类第四》,聚珍本。

第八章

南诏邻国

南诏雄踞东南亚北部的横断山脉、云岭高原，唐朝初年，唐朝先后在这里设置南宁州都督府、糜州都督府、姚州都督府。贞元十年（公元794年）南诏弃蕃归唐，唐朝设置云南安抚使司管辖南诏全境，隶属于剑南西川节度使。南诏与东南亚、南亚诸国相邻，来往密切。见于记录的有骠国、大秦婆罗门、小婆罗门、夜半国、女王国、水真腊、陆真腊、弥诺国、弥臣国、昆仑国等[①]。兹分述如下。

第一节 骠 国

一 骠国

"骠，古朱波也，自号突骠朱，阇婆国人曰徒里拙。在永昌南二千里，去京师二千里。东陆真腊，西接东天竺，西南堕和乐，南属海，北南诏。地长三千里，广五千里。东北袤长，属阳苴咩城"[②]。有迦罗婆提、摩礼乌特、迦梨伽、半地等18个属国，有道林王、悉利移、三陀、弥诺道立、突旻、帝偈、达梨谋、乾唐、末浦九个镇城。有298个部落，见于记录的大部落有万公、充茬、罗君潜、弥绰、道双、阿梨阇、阿梨忙等32个。

骠国是伊洛瓦底江流域的一个大国，见于汉文记录，地域相当辽阔广大。但英国人和缅甸人所撰写的《缅甸史》中，骠国不过是伊洛瓦底江下游较大的一个酋邦，其管辖范围不算很大。不过因为骠国是伊洛瓦底江

[①] （唐）樊绰：《蛮书》卷十《南蛮疆界接连诸蕃夷国名》第十，聚珍本。
[②] （宋）欧阳修、宋祁等：《新唐书》卷二二二列传一四七下《骠国传》，百衲本。

流域最强大的酋邦，周围的部落都臣服于它，并与之往来通聘，其使臣到唐朝就自称是大国。

新旧《唐书》说，骠国在永昌城南二千余里。贾耽《皇华四达记》"安南通天竺道"载："自阳苴咩城西至永昌故郡三百里，又西渡怒江，至诸葛亮城二百里。又南至乐些城二百里。又入骠国境，经万公等八部落，至悉利城七百里至。又经突旻城至骠国千里。"① 所谓至骠国即至骠国都会。

骠王姓困没长，名摩罗惹。其丞相名摩诃思那。国王出行，短途以金绳床为舆，远行则乘象。"嫔妹甚众，常数百人"②。都城的城墙、壕沟都用砖砌。有十二城门，四隅建佛塔。城中有居民数万家，佛寺百余区。"其堂宇皆错以金银，涂以丹彩，地以紫矿，覆以锦罽"③。国王所居与此相类。以金为砖，以银为瓦，焚烧香木，堂饰明珠。有两个池子，"以金为堤，舟楫皆饰金宝"④。

骠国信奉佛法，知晓天文。无论男女，到七岁时都要落发为僧，居住在寺院，学习佛教经文。到二十岁尚不能领悟佛理者，便还俗蓄养头发为普通居民。少数有灵性与慧根的人继续修行，成为高僧。

骠人衣服都是用白氎制作，仅绕腰而已。不用缯帛做衣服，认为缯帛丝绸出于蚕，不忍伤害生灵。戴金花冠翠帽，络以各种珠子。妇人当顶作高髻，饰银珠琲，衣青娑裙，披罗缎，行走时手持扇子。

王宫设金银两个钟，敌人入侵，焚香撞钟，以占吉凶。宫内有巨大的白象一尊，高百尺。有争执诉讼之事，焚香跽于白象前，"自思是非而退"⑤。如果发生灾疫，国王要焚香对象跪拜，自咎自责。没有刑名桎梏之类的处罚刑具，有罪者，束五根竹子捶背，重者敲打五下，轻者三下而已。杀人者则处以死刑。

骠国位于南诏的西南方，"南诏以兵强地接，常羁制之"⑥。贞元中，

---

① 方国瑜主编：《云南史料丛刊》第二卷《皇华思四达记·安南通天竺道》，云南大学出版社1998年版，第240页。
② （后晋）刘昫等：《旧唐书》卷一九七《骠国传》，百衲本。
③ 同上。
④ （宋）欧阳修、宋祁等：《新唐书》卷二二二下《骠国传》，百衲本。
⑤ 同上。
⑥ 同上。

骠国国王雍羌听说南诏归附唐朝，仰慕唐朝心诚意切，有内附之心，于贞元十八年（公元802年）派遣其弟悉利城主舒难陁移城主舒难陁跟随南诏的使臣前往唐廷朝拜。使团表达了骠国仰慕唐朝，愿向南诏一样归附向化的心意，进献"其国乐凡十曲。与乐工三十五人俱"①。

白居易作《骠国乐》，描述其盛况："骠国乐，骠国乐，出自大海西南角。雍羌之子舒难陁，来献南音奉正朔。德宗立仗御紫庭，䤩䤤不塞为尔听。王螺一吹椎髻耸，铜鼓千击文身踊；珠缨炫转星宿摇，花鬘斗薮龙蛇动。曲终王子启圣人，臣父愿为唐外臣。左右欢呼何翕习，皆尊德广之所及。须臾百辟诣阙门，俯伏拜表贺至尊。伏见骠人献新乐，请书国史传子孙"②。

唐廷给骠国王的敕书说："骠国王雍羌：卿性弘毅，代济贞良。训抚师徒，镇宁邦部；钦承王化，思奉朝章。得睦邻之善谋，秉事大之明义。又令爱子远赴阙庭，万里纳忠，一心禀命。诚信弥著，嘉想益深！今授卿检校太常卿，并卿男舒难陁及元佐摩诃思那二人，亦各授官告往。至宜领之，此所以表卿励勤，申朕恩礼，敬受新命，永为外臣，勉弘令图，以副遐瞩"③！

骠国跟随南诏归附唐王朝，成为思奉朝章，"万里纳忠，一心禀命"的外臣。

南诏于太和六年（公元832年）劫掠骠国，"虏其众三千余人，隶配拓东，令自给"④。

骠国的都城为室利差呾罗。《旧唐书·骠国传》说，骠国都城"相传本是舍利佛城"。缅语称舍利佛为Sariputtara，因之亦称为室利差呾罗。今缅甸的普罗姆（Prome）发现骠文石刻，有公元673—718年间的僧侣碑铭等文物。史学界大多认为普罗姆为骠国都会。《旧唐书·骠国传》说骠国都会为"罗城"，即Prome的音译。普罗姆又称舍利佛城。

二　万公等八部落

贾耽《皇华四达记》中《安南通天竺道》说："自阳苴咩城西至永昌

---

① （后晋）刘昫等：《旧唐书》卷一九七《骠国传》，百衲本。
② （唐）白居易：《白氏长庆集》卷三，吉林人民出版社2005年版。
③ （唐）白居易：《白氏长庆集》卷四十，吉林人民出版社2005年版。
④ （唐）樊绰：《云南志》卷十，聚珍本。

故郡三百里，又西渡怒江，至诸葛亮城二百里。又南至乐城二百里，又入骠国境。经万公等八部落，至悉利城七百里。又经突敏城至骠国千里。又自骠国西度黑山，至东天竺迦摩波国千六百里。"①知骠国境内有万公等八部落，且均在悉利城以北地区。

悉利城 骠国役属的九城镇中有悉利移。此悉利移当就是悉利城，为骠国重镇。贞元中，骠国王雍羌派遣其弟悉利移城主舒难陀，跟随南诏使团出使唐朝，进献"骠国乐"。出乐城，向西南陆行，经孟密、章谷洞、至尼孤，抵伊洛瓦底江，乘船南行至阿瓦。阿瓦又称瓦城，在今缅甸曼德勒②。

《新唐书》卷二二二《骠国传》载："凡部落二百九十八，以名见者三十二"。自北至南有万公、充葛、罗君潜、弥绰、道双、道甕、道勿、夜半、不恶夺等，最南为磨地勃，与昆仑国接壤。"万公等八部落"当是以万公为代表的诸多部落，不一定就是八个部落。这些部落与南诏疆界接近，为骠国控制的地区。

夜半国 在南诏的苍望城（今缅甸八莫）东北，隔丽水城（今缅甸达罗基）川原。南诏在丽水（伊洛瓦底江）上游设置丽水节度，管辖丽水上游的广大地区。夜半国在今缅甸杰沙（开泰）以南伊洛瓦底江以西地区。相传夜半部落的"妇人与鬼通，能知吉凶祸福。本土君长崇信之"③。

南诏曾试图攻占夜半国，但未能成功。不过，南诏与夜半国当有程度不一的各种联系。

道双 道勿 道甕 此三部落在杰沙附近，道双在杰沙东面，道勿在杰沙南面④，道甕与道双、道勿同在一个区域。地名皆冠以"道"字，虽不能确知其含义，但可推知同为一种语言的部落或地名称谓。道双、道勿、道甕当为同一个族类，为古代居住在这一地区属于藏缅语系的钦族（Chins）。他们虽为分散的部落，未形成大的酋邦，但在同一地区相互依存，之间的关系尽管松散还是有所联系，所以被称为"万公等八部落"

---

① （宋）欧阳修、宋祁等：《新唐书》卷四十三《地理志》七下，百衲本。
② 参见《方国瑜文集》第二辑，云南教育出版社 2001 年版，第 237 页。
③ （唐）樊绰：《云南志》卷十，聚珍本。
④ 《方国瑜文集》第二辑，云南教育出版社 2001 年版，第 252 页。

区域。

万公 充惹 罗君 潜弥绰 这四个部落未见其他记录，很难确知其具体地理方位。这四个部落当与道双、道甕、道勿、夜半四部落相邻。可能分布于瑞丽江下游、伊洛瓦底江中上游地区，即元代记录之江头城（Katha）、太公城（Tagoung）、阿真谷城（Ngasingu）一带。可能到元代时，万公城更名为太公城①。

万公等八部落，同为钦族（Chins），共同居住在伊洛瓦底江流域，相互交流、相互影响，结成一个被称为"万公等八部落"的区域。这个区域与南诏的乐些城（今云南瑞丽）、苍望城（今缅甸八莫）、安西城（今缅甸孟拱）接壤。

第二节 弥诺国 弥臣国

"弥诺国、弥臣国皆边海国也"。"在永昌城西南六十日程"②。贞元二十年（公元804年）十二月，弥臣国遣使随同南诏到唐廷朝贡。贞元二十一年（公元805年）四月，唐朝封弥臣国嗣王乐道勿礼为弥臣国王③。

弥臣为骠国的十八个属国之一。弥诺国则为骠国镇守的九城之一。

太和九年（公元835年）南诏攻破弥诺国、弥臣国，劫金银，虏其族三二千人，配丽水淘金④。弥诺国与弥臣国当羁属于南诏。

弥诺国、弥臣国称呼君长为"寿"，"弥诺人面赤而长，弥臣人面黑而短"⑤，当为两个不同的族类。方国瑜认为："弥臣为孟族（Mon），而弥诺为钦族（Chns）"⑥。弥诺国、弥臣国都没有城郭。弥诺王所居的房屋之中，有一大柱，雕刻为文，饰以金银。弥臣王以木栅为居，海际水中；以石狮子为屋四足，仍以板盖，悉用香木。王出巡即乘象，百姓皆楼居。

---

① 《方国瑜文集》第二辑，云南教育出版社2001年版，第240页。
② （唐）樊绰：《蛮书》卷十，聚珍本。
③ 《唐会要》卷九十九《骠国传》，中华书局1955年版，（宋）乐史《太平寰宇记》卷一七七，中华书局2008年版，第233页。
④ （唐）樊绰：《蛮书》卷十，聚珍本。
⑤ 《太平御览》卷七八九《四夷部》卷十《南蛮》五。
⑥ 《方国瑜文集》第二辑，云南教育出版社2001年版，第234页。

身披婆罗笼。男少女多。喜好音乐。楼两头置鼓，饮酒即击鼓，男女携手，楼中踏舞乐。

第三节　昆仑国

昆仑国在西洱河以南，距离南诏首府约八十一日程。昆仑有三个含义：一是地名（国名），二是族称，三是王号。有小昆仑和大昆仑之分。小昆仑在今缅甸毛淡棉地区，大昆仑在今缅甸莫塔马湾的东岸，自萨尔温江入海口处的莫塔马以南至土瓦广大区域[①]。

小昆仑的国王名为茫悉越，与弥臣同为勐族，风俗相同。大昆仑王名思利泊婆难多姗那，川原大于弥臣国。

南诏与昆仑国多有往还，有两条道路相通。从洱海地区南下开南城（今云南景东），出车里（今云南允景洪），至昆仑国，可称下路。从洱海地区西至永昌城（今云南隆阳），出陇川，经缅甸的孟密、洞吾，至昆仑国，可称为上路。通往昆仑国的道路在上下路之外，还有"青木香山路"。樊绰《云南志》卷六称："量水川西南至龙河又南与青木香山路直，南至昆仑国矣。""青木香山在永昌南三月程"[②]。昆仑国"出象及青木香、檀香、紫檀香、槟榔、琉璃、水精、蠡杯等诸香药、珍宝、犀牛等"[③]。昆仑国出产多种香药，以青木香著称。所谓"青木香山路"也就是南诏通往昆仑国的"昆仑路"。

南诏的银生城（即开南城，今景东）东南至大银孔，"南有婆罗门、波斯、阇婆、勃泥、昆仑数种外道、交易之处，多诸珍宝，以黄金、麝香为贵货"[④]。这是南诏与海外诸国交易的地区。在暹罗湾一带。南诏与昆仑国的交通线则在莫塔马湾。当时孟人（Mon）在这一带建立郎迦戍（今缅甸南部的丹那沙林）、勃固（今缅甸勃固）、直通（今萨尔温江入海口的马达班）、勃生（今缅甸勃生）等小国。直通位于海岸线上，是唐朝（包括南诏）、天竺和东南亚诸国贸易往来的商业城市，

[①] 参见《方国瑜文集》第二辑，云南教育出版社2001年版，第234页。
[②] （唐）樊绰：《蛮书》卷七，聚珍本。按："三月"原误为"三日"。
[③] （唐）樊绰：《蛮书》卷十，聚珍本。
[④] （唐）樊绰：《蛮书》卷六，聚珍本。

逐渐发展起来。

南诏曾率领军马进攻昆仑国，昆仑国放进南诏军后，凿其路通江，决水淹浸，断其后路。南诏大军进退无计，饿死者万余，侥幸未死的，昆仑"去其右腕放回"①。

第四节　大秦婆罗门国　小婆罗门国

大秦婆罗门国在南诏阳苴咩城以西四十日程，与南诏永昌节度的西北部地区接界，在弥诺江（亲敦江）以西，和南诏的安西城（今缅甸孟拱）相邻。大秦婆罗门国与南诏关系相当友好，双方来往密切。

小婆罗门国与骠国及弥臣国接界，在永昌北七十四日程。弥诺江（今缅甸亲敦江）发源于小婆罗门国。弥诺江有支流来源于印度阿萨姆南部的曼尼坡（Manipur），成为曼尼坡河。可知小婆罗门国在曼尼坡地区，其地在大秦婆罗门国之南。小婆罗门国"俗不食牛肉，预知身后事。出贝、齿、白蝎、越诺"②，与南诏保持较为亲善友好的关系，双方互通信使。

南诏与大秦婆罗门国、小婆罗门国之间的交通，是中国与印度经济、文化交流的重要通道。

第五节　女王国

女王国在南诏开南（亦作镇南，今云南景东）节度以南三十余日程，距离安南都护府的骥州（今越南河静省）一十日程。其方位在今老挝的桑怒、越南的山萝以及莱州的一部分③。

之所以称为女王国，当是世代以女酋长为王。方国瑜认为，女王国为文单国附庸。文单国的君长为正王，文单国的附庸，也就是文单国副王，为女王，其统辖的部落称为女王国④。文单国副王名婆弥，又作婆你。大

---

① （唐）樊绰：《蛮书》卷十，聚珍本。
② 同上。
③ 《方国瑜文集》第二辑，云南教育出版社2001年版，第249页。
④ 同上书，第250页。

历六年（公元771年）十一月，文单国的副王婆弥及妻到唐廷朝拜，进献象十一，唐朝设宴款待，擢婆弥试殿中监，赐名宾汉①。"婆妳"两字并从"女"，可能就是女王。文单国较为强大，其附庸之国主为副王，副王亦称女王，则国王未必都是女性。

南诏曾将兵二万，大举进攻女王国。女王国以药箭射杀，南诏兵卒"十不存一"②，大败而回。阁罗凤时向南方拓展势力，"南荒奔凑，覆诏愿为外臣"；"碧海效祉，金穴荐珍"③，声威远播，直达文单国、女王国。异牟寻时期，设置开南节度，通道至南海。世隆时期，南诏不断南侵真腊、女王诸国。南诏开南节度所管辖的范围，包有越南莱州之一部分，老挝之丰萨里、缅甸的景栋等地区。

第六节　水真腊国　陆真腊国

南诏的镇南（开南）节度与水真腊国、陆真腊国相接。"真腊国，在林邑西北，本扶南之属国，昆仑之类。在京师南二万七百里，北至爱州六十日行。其王姓刹利氏。有大城三十余所。王都伊奢那城。风俗被服与林邑同"。"武德六年（公元623年），遣使贡方物。贞观二年（公元628年），又与林邑过俱来朝献。太宗嘉其陆海疲劳，赐赉甚厚。南方人谓真腊国为吉蔑国。自神龙（公元705—706年）以后，真腊分为二：半以南近海多陂泽处，谓之水真腊；半以北多山阜，谓之陆真腊，亦谓之文单国。高宗、则天、玄宗朝，并遣使朝贡"④。"水真腊，地八百里，王居婆罗提拔城。陆真腊或曰文单，曰婆镂。地七百里，王号笪屈。开元、天宝时，王子率其属二十六来朝，拜果毅都尉"⑤。

陆真腊即文单国。关于文单国的地理位置，论见歧出，学者多以文单

---

① （宋）欧阳修、宋祁等：《新唐书》卷二二二《真腊传》，百衲本。《册府元龟》卷九七六，卷九九九。

② （唐）樊绰：《蛮书》卷十，聚珍本。

③ 《南诏德化碑》，见《云南史料丛刊》第二卷，云南大学出版社1998年版，第381、382页。

④ （后晋）刘昫等：《旧唐书》卷一九七《真腊国传》，百衲本。

⑤ （宋）欧阳修、宋祁等：《新唐书》卷二二二下《真腊传》，百衲本。

为今老挝，文单城为今老挝首府万象①。水真腊与陆真腊的分界与今天柬埔寨和老挝的分界相当。

南诏与真腊有交通往还，"曾领马军到海畔，见苍波汹涌，怅然收军却回"②。南诏通往真腊的道路见于记录是从银生城（今云南景东）南下，经过通镫川（今云南墨江），又至南通河普川（今云南江城），又至南通羌浪川（今老挝之丰沙里）。羌浪川为开南节度所辖最南之地，由此"却是边海无人之境"③。

陆真腊的房屋建筑都朝向东方，座位以东为上。宾客至，以槟榔、龙脑、香蛤招待。

陆真腊有战象五千。大历元年（公元771年），派遣副王到唐廷朝拜，献驯象十一头。

第七节　参半国

参半国在文单国的西北面，为文单属国。其地在南诏以南，骠国以东，真腊以西，堕罗钵底以北，今泰国北部清迈府。其地与南诏的茫乃道相接。

《隋书·真腊传》说，参半国与真腊国和亲通好。《新唐书·真腊传》亦说，真腊"世与参半、骠通好"。参半国在南诏、真腊、骠之间，与四周国家保持睦邻友好关系。正因与邻国保持友好关系，方能生存与发展。

武德八年（公元625年），参半国遣使到唐廷朝拜。

据《庸那迦国（Yonaka）纪年》，庸那迦国又称金城国（Suvarnakuom）。Suvarna的意思为"金城"，Suvar的发音，与参半相近，参半国当是金城国的音译。

---

① 黄盛璋：《文单国——老挝历史地理新探》，载《历史研究》1962年第5期。
② （唐）樊绰：《蛮书》卷十，聚珍本。
③ 同上。

第九章

背约叛命

第一节 侵掠成都

一 王嵯巅控权

永贞元年（公元805年），西川节度使南康郡王韦皋去世。三年以后，即元和三年（公元808年），南诏王异牟寻亦逝世。由贞元三年韦皋招抚云南蛮夷至十八年对吐蕃的全面大捷，前后十六年间，韦皋与异牟寻通力合作，改变了西南受吐蕃侵凌、袭扰、劫掠的被动局面，西川呈现和平安宁的景象；南诏臣属唐朝，朝贡、贺正不绝。二人的去世，复使西南的局势转向复杂动荡，西川烽火再起，而至南诏进寇成都。

异牟寻之死使南诏进入了长达十五之久的内部政局动荡不定的时期。异牟寻死后，其子寻阁劝继位为南诏王，时年31岁，"自称'骠信'，夷语君也"①。唐朝赐予"元和印章"②。寻阁劝为南诏王仅一年就去世了，由其年仅十二岁的儿子劝龙晟继位。当劝龙晟日渐长大时，便与南诏宫廷内争权夺利的权臣发生激烈的冲突。元和十一年（公元816年），弄栋节度王嵯巅宣称劝龙晟淫肆无道，上下怨疾，将他杀死，立其弟劝利晟（或称劝利）继承王位。此为南诏史上弑杀君主的先例。年仅十五岁的劝利晟深惧王嵯巅，但能韬光养晦，深藏不露。劝利晟任命王嵯巅为清平官，并于元和十三年（公元818年）赐王嵯巅以国姓"蒙"，封为"大容"，即"长兄"，王嵯巅掌握了南诏的实权。元和十四年（公元819年），成年的劝利晟成功地夺回大权，废黜王嵯巅的官职，赦免其罪状，

---

① （宋）欧阳修、宋祁等：《新唐书》卷二二二《南诏传》，百衲本。
② 同上。

命他敬信三宝。长庆三年（公元823年），劝利晟死，其弟劝丰祐继为南诏。自异牟寻去世后，南诏王年幼，强臣擅权，弑君乱朝，自顾不暇。劝丰祐颇精权术，善御其下，勇敢而富于进取。他仰慕唐帝国的高度文明，并努力学习和采用唐的文化与技术，甚至不愿遵从南诏风俗与其父亲连名，试图改变南诏的父子连名制，自称为丰祐。长庆三年，唐穆宗派遣京兆少尹韦审规持节到云南册封南诏。丰祐则派遣洪成酋、赵龙些、杨定奇入朝感谢天子。这段时间，南诏的政治动乱连续不断，但对唐朝尚称恭顺，朝贡不绝，与唐朝保持着直接的、合乎礼仪的政治往来与密切频繁的经济文化交流。

与劝丰祐即位同年，唐以杜元颖出任剑南西川节度使。较之于韦皋，杜氏无德无才，品行差欠，完全不能胜任西川节度之职。杜元颖上任的第二年，长庆四年（公元824年），穆宗驾崩，年仅十五岁的敬宗继位，因为年轻，关心个人的淫乐甚于朝政。"视朝月不再三，大臣罕得进见"；"游戏无度，狎昵群小。善击毬，好手搏，禁军及诸道争献力士。又以钱万缗付内园，令招募力士，昼夜不离侧。又好深夜自捕狐狸。性复褊急，力士或恃恩不逊，辄配流，籍没。宦官小过，动遭捶挞，皆怨且惧"[1]。杜元颖上任时，刚好敬宗即位，敬宗童心多僻，务为奢侈。杜元颖贪婪媚上，对蜀中珍异玩好之物巧取豪夺，用以贡奉皇上，以求恩宠。其敛取苛重，甚至刮削军中粮饷、寒衣、被褥，使士卒忍饥受寒，引起蜀中军民的嗟怨。西南边境暂时的和平安宁，使他淡忘了边境的烽火，放松了边境及成都地区的戒备。由于衣食不给，饥寒难忍的边防士卒只好到南诏境内乞讨衣食。南诏利用向唐朝士卒提供给养的机会，把西川及成都的情况了解得一清二楚。这样，西川的安全也就陷于一种非常危险的情势之中。

二 太和之难

太和三年（公元829年）冬，南诏命王嵯颠发动全国兵力，犯扰西川，轻易地攻陷了巂、戎、邛等州，直逼成都。可是成都地区无任何防备，太和四年（公元830年）一月二日，南诏攻破成都西墙，占领成都西区。杜元颖率众保守牙城，几次想弃城而逃。直到此时，唐廷才采取救援西川的行动，让东川节度使郭钊取代杜元颖为西川节度使，调集军队赶

---

[1] （宋）司马光：《资治通鉴》卷二四三《唐纪》五十九，中华书局标点本，第7851页。

赴成都。十一月,"诏发东川、兴元、荆南兵以救西川。十二月丁未朔,又发鄂岳、襄邓、陈许等兵继之"①。在唐朝援军尚未到成都时,南诏军队于一月十九日全部撤离,临走之时,掳掠了成千上万的技艺工匠,其中多数是青年人,并抢走玉帛财物无数。成都以南、越嶲以北,八百里之间,民畜被抢掠一空。至大渡河,被掳民众知道将入南诏,"数万士女,一时恸哭,风日为之惨凄。哭已,赴水而死者千余。怨毒之气,累年不息"②。雍陶诗吟此之情景,自成都而至于南诏,一路哭声不绝:离开成都,"但见城池还汉将,岂知佳丽属蛮兵。锦州南渡闻遥哭,尽是离家别国声"(《蜀人为南蛮俘虏》);过大渡河,"大渡河边蛮亦愁,汉人将渡尽回头。此中剩寄思乡泪,南去应无水北流"(《过大渡河泣望乡国》);到达嶲州,"越嶲城南无汉地,伤心从此便为蛮。冤声一恸悲风起,云暗青天日下山"(《别西州一时恸哭云日为之变色》);进入南诏,"云南路出陷河西,毒草长青瘴色低。渐近蛮城谁敢哭,一时收泪羡猿啼"(《蛮界不许有悲泣之声》)③。南诏的入侵给西川造成了极大的破坏,而南诏却因掠得纺织工匠,使其纺织技术突飞猛进,很快达到了蜀中的先进水平。

南诏兵至成都,曾经分兵进攻梓州。《旧唐书·郭钊传》载:"蛮军已寇梓州,诸道援军未至,川军寡弱,不可令战。钊致书于蛮首领嵯巅,责以侵寇之意。嵯巅曰:'杜元颖不守疆场,屡侵吾国,以是修报也。'与钊修好而退。"南诏退兵是因为担心孤军深入,害怕唐之援军齐集之后遭到围歼,与郭约和只是借口而已。但在后来上给唐廷的表中南诏再次将侵掠成都的责任推给杜元颖。《旧唐书·杜元颖传》载:"蛮首领嵯颠遣人上表曰:'蛮军比修职贡,遽敢侵边?但杜元颖不恤三军,令入蛮疆作贼。移文报彼,都不见信,故蜀部军人,继为响导,盖蜀人怨苦之深,祈我此行诛虐帅也,诛之不遂,无以慰蜀士之心,愿彼下诛之。'监军小使张士谦至,备言元颖之咎,坐贬循州司马。"南诏上表自是强词夺理,以为其侵扰西川开脱,而结果当然就是杜元颖的免职遭贬。郭钊以老病之身兼领西川,"抚理无术,人不聊生"④,很快即以疾求代,辞去此任。

---

① (宋)司马光:《资治通鉴》卷二四四《唐纪》六十,中华书局标点本,第7897页。
② (后晋)刘昫等:《旧唐书·杜元颖传》,百衲本。
③ 《唐诗纪事》卷五十六。
④ (后晋)刘昫等:《旧唐书》卷一七四《李德裕传》,百衲本。

三 李德裕筹边

太和四年（公元830年）十月，唐廷以李德裕为检校兵部尚书、成都尹、剑南西川节度副大使知节度事兼云南安抚使。李德裕到达仍处于动荡不安、民不聊生的成都后，便致力于整顿以恢复秩序、巩固边防。当时，"成都既南失姚、协，西亡维、松，由清溪下沫水而左，尽为蛮有"①。李德裕深入调查边防的山川、城邑、道路，在成都建筑"筹边楼"。在楼上绘制了西川的边防地图，左边是与南诏相邻的南诏山川险要，右边是与吐蕃相接的西道交通要塞，"其部落众寡，馈饷远迩，曲折咸具。乃召习边事者与之指画商订，凡虏之情伪尽知之"。他亲自领导了边防要塞与守备工事的修筑，"筑杖义城以制大度、青溪关之阻，作御侮城以控荣经掎角势，作柔远城以扼西山吐蕃，复邛崃关，徙巂州治台登以夺蛮险。"李德裕彻底整饬了西川的军队，淘汰了老弱病残，请朝廷将援蜀的军队一万五千精兵强卒留下，又招募了当地的壮丁入伍，组成一支强有力的常备军。他还在西川组织了称为"雄边子弟"的地方军，士卒从当地居民中选拔，二百户出一名，平时从事农业生产，农闲集训，随时准备应诏如战。"雄边子弟"共十一军，包括弓弩手和骑兵，"其精兵曰南燕、保义、保惠、两河慕义、左右连弩，骑士曰飞星、鸷击、奇锋、流电、霆声、突骑"。鉴于蜀工所作兵器徒务华饰而不堪用，李德裕还改善了武器装备，"请甲人于安定，弓人河中，弩人浙西。由是蜀之器械皆犀锐"②。此外，他又解决了军队的粮食供给，"令转邛、雅粟，以十月而运，先夏而至，人不苦瘴，边境始安"③。经过李德裕筹划边备，修葺堡障、改良兵器、操练雄兵、增积粮储等一系列整顿与改进，虽然尚未能完全恢复剑南西川的繁荣，但是杜元颖留下的动荡与混乱状况迅速得以改变。李德裕"西拒吐蕃，南平蛮蜓，数年之内，夜犬不惊，疮瘠之民，粗以完复"④，"蜀人粗安"⑤。

在边防巩固后，李德裕于太和五年（公元831年）五月丙辰遣使入

---

① （宋）欧阳修、宋祁等：《新唐书》卷一八〇《李德裕传》，百衲本。
② 同上。
③ 同上。
④ （后晋）刘昫等：《旧唐书》卷一七四《李德裕传》，百衲本。
⑤ （宋）欧阳修、宋祁等：《资治通鉴》卷二四四《唐纪》六十，太和四年。

南诏，索还所掠百姓四千人①。

早在太和三年，南诏就派遣使臣入唐上表请罪，并以杜元颖的过失作为入侵西川的理由，以后每年派使者入唐朝贡，直到大中十三年（公元859年）的三十余年间，南诏与唐一直维持着臣属关系。

第二节 袭扰安南

一 挥兵东南亚

唐之西川防备的恢复与加强，使南诏北掠欲望受到遏制。于是，劝丰祐将兵锋转向南方，拓边掠地，寻求发展。

骠国位于南诏西南，离永昌城"七十五日程"②。阁罗凤时，南诏已与骠国有联系。太和六年（公元832年），南诏出兵骠国，"虏其众三千余人，隶配柘东，令之自给"③。

弥诺国、弥臣国，"皆边海国也"，亦在南诏西南，离永昌城"六十日程"。太和九年（公元835年），南诏出兵二国，"劫金银，掳其族三二千人，配丽水淘金"。④

昆仑国，"正北去蛮界西洱河八十一日程"。据樊绰《云南志》卷十称，南诏亦曾兵临其国。但与上面三国不同，南诏军队最后惨败，"被昆仑国开路放进军后，凿其路通江，决水淹浸，进退无计，饿死者万余，不死者，昆仑取右腕放回"。

女王国，"去蛮界镇南节度三十余日程"。南诏曾以二万之师进攻该国，"被女王药箭射之，十不存一"⑤。

此外，据樊绰《云南志》卷十称，南诏军队亦曾兵临水真腊国与陆真腊国，直至海滨，"见苍波汹涌，怅然收军却回"。

由此看到，南诏军队在此一时期曾经广泛远征中南半岛，虽然成败兼

---

① （宋）欧阳修、宋祁等：《资治通鉴》卷二四四《唐纪》六十《考异》曰："德裕《西南备边录》曰：'以所虏男女五千三百六十四人归于我。'《旧传》曰：'又遣人入南诏求其所虏工匠，得僧、道、工巧四千余人，复归成都。'按：《实录》云'约四千人'今从之。"

② （唐）樊绰：《蛮书》卷十《南蛮疆界接连诸蕃夷国名第十》，聚珍本。

③ 同上。

④ 同上。

⑤ 同上。

有，但其扩张之势，迟早会在安南与唐发生冲突。

二　李由独投靠南诏

天宝战争以后，滇东爨部旧地悉归南诏。南诏控制此地，遂由唐开之步头路向安南扩张。会昌六年（公元846年）九月，南诏进寇安南，被唐安南经略使裴元裕率邻道兵击败。受此挫败，南诏深知安南未可遽下，于是改用蚕食方式，逐渐推进。其蚕食方向，一是继续沿步头路进向安南，一是向东诱引交趾西北的唐羁縻州县。

唐朝的安南都护府所属峰州位于安南西北，系防安南的重镇。峰州之西有林西原，旧有防冬兵六千，用以备御诸蛮入寇。其旁有七绾洞蛮（桃花蛮），首领为李由独，常助唐朝防守，转输租赋。大中八年（公元854年），知峰州者言于安南都护李琢，请罢安南西北边界戍兵，而专委李由独防遏。李琢不加思量，遂擅自决定不派遣六千防卫士卒到林西原戍守，而由李由独承担。李由独因势孤力单，四顾无援地面对强大的南诏而生抱怨，南诏乘虚而入。在南诏拓东节度的招诱下，李由独脱离唐朝归附了南诏。南诏王封李由独为拓东押衙，并将外甥女嫁给李由独之子，李由独从安南都护府的前卫将帅变成了南诏侵犯安南的先锋。七绾洞蛮也随之全部投靠南诏，"自是安南时有蛮患"①。

三　李琢失误乱边

李琢得为安南都护系由贿赂而来②，其人无才无德，"为政贪暴，强市蛮中马牛，一头止与盐一斗"③。其在任期间，贪残暴虐，侵剥僚民，引起诸蛮强烈不满。当地蛮夷首领杜存诚，为唐爱州刺史兼土军兵马使，遂密诱溪洞夷僚依附南诏。李琢觉察，愤而杀之。杜存诚在溪洞夷僚中颇有威望，家兵甚众。继其被杀，"群蛮怨怒，导南诏侵盗边境"④。

尽管李琢任安南都护时，南诏与唐在安南的争夺尚未剧烈，但其后的

---

① （宋）司马光：《资治通鉴》卷二四九《唐纪》六，中华书局标点本，第8070页。
② 李琢通过贿赂令狐淳得到安南都护的职位。令狐淳的父亲令狐绹于大中四年（公元850年）以兵部侍郎通中书门下平章事，至十三年（公元859年）罢相，辅政十年。令狐淳"恃父秉权，恣受货贿，取李琢钱，除授安南都护"（《旧唐书》卷一七二《令狐楚传附令狐淳传》）。
③ （宋）司马光：《资治通鉴》卷二四九《唐纪》六十五，中华书局标点本，第8070页。
④ 同上。

持续冲突，乃至安南的陷没，却不能不归罪于李琢。是以史书称："除（李）琢安南都护，遂致蛮陷交州"①。

四　王式威服华夷

南诏再次兵临安南是在大中十二年（公元858年）。这年初，唐以康王傅、分司王式为安南都护、经略使。王式颇有才略，御边有术。其上任以后，首先完备交趾城防，"树芳木为栅，可支数十年，深堑其外，泄城中水，堑外植竹，寇不能冒"②。巩固交趾城防后，他又选练了一批精锐士卒。自李琢时始，"安南饥乱相继，六年无上供，军中无犒赏，（王）式使修贡赋、饷将士，占城、真腊皆复通使"③。由于王式的经营，被李琢搞乱的安南局势重新获得稳定。南诏兵至安南，屯锦田步，离交趾仅有半日之程。王式派译者开谕，晓以利害。南诏知其难以得手，竟不战而去，且声称是"自缚山僚，非为寇也"④。王式为安南经略使时，"威服华夷，名闻远近"⑤，边境虽时有骚扰，但均不足酿成大患。

五　首陷安南

大中十三年（公元859年），西川节度使杜悰不堪赐予廪给过重，上书朝廷，请求缩减南诏到唐朝使团的人数和在成都寄宿的学生人数，朝廷诏准其议。这个限制使团与学生人数的决定激怒了南诏王丰祐，遂召回了在唐朝学习的南诏子弟，并停止了是冬的例行朝贺。"自是入贡不时，颇扰边境"⑥。同年八月，唐宣宗驾崩，懿宗继立，遣中使告哀于南诏。南诏王丰祐亦卒，子世隆立。因唐朝没有遣使吊祭，世隆对前来告哀的唐朝使臣颇为怠慢，礼遇甚薄。唐廷以世隆没有遣使前来告丧，加之其名犯太宗、玄宗之讳，遂不行册封。这种礼仪之争最终导致了唐与南诏关系的破裂。世隆自称皇帝，国号大礼，改元建极，不再使用唐朝历法，拒奉唐朝正朔，而且出兵攻陷了唐朝播州（今贵州省遵义市）。

---

① （后晋）刘昫等：《旧唐书》卷一七二《令狐楚传附令狐绹传》，百衲本。
② （宋）司马光：《资治通鉴》卷二四九《唐纪》六十，中华书局标点本，第8066页。
③ 同上书，第8072页。
④ （宋）欧阳修、宋祁等：《新唐书》卷一六七《王式传》，百衲本。
⑤ （宋）司马光：《资治通鉴》卷二五〇《唐纪》六十六，中华书局标点本，第8081页。
⑥ （宋）司马光：《资治通鉴》卷二四九《唐纪》六十五，中华书局标点本，第8087页。

大中十四年（公元860年），唐以王式为浙东观察，另派李鄠接任安南经略使。为求表现，咸通元年（公元860年）冬，李鄠率安南兵越境收复播州，以至安南城内空虚。当地土蛮引南诏兵合三万余人，乘虚攻陷交趾。李鄠与监军逃奔武州（今越南北境）。咸通二年（公元861年）春正月，唐调邕管及邻道兵马救援安南，李鄠自武州收集土军，复取安南。事后，唐廷责其失职，将李鄠贬为詹州（今海南詹县）司户，复以他罪长流崖州（今海南琼山）。同年六月，唐以盐州防御使王宽代李鄠为安南经略使。李鄠越境收复播州虽然不妥，而其胆识才气却有可称道之处。南诏之所以能够攻陷安南，多半是乘虚而入的偶然得手。以王宽之才，不及李鄠远甚。以王代李管治多事的安南，无异于自毁长城，导致安南之祸连续不断。

在唐军的打击下，南诏自安南退出后，于当年秋，又乘虚攻陷邕州（今广西南宁市）。原来广、桂、容三道共发兵三千人戍守邕州，三年一代。经略使段文楚上书朝廷请求以三道衣粮自募土军以代之，朝廷许之，所募土军才得五百多人。段文楚入朝为金吾将军，经略使李蒙贪图其缺额衣粮以自入，悉罢三道戍卒，只以所招募的土兵守卫左右江，比起原来三道戍卒减少十之七八。因此南诏军队得以乘虚而入。此时李蒙已经去世。新来的邕管经略使李弘源至州仅十余日，无兵可以御敌，被迫逃奔峦州（今广西永淳）。南诏军队占据邕州二十余日，大肆掳掠。唐朝将李弘源贬为建州司马，又派段文楚担任邕管经略使。南诏军队退走以后，段文楚"至镇，城邑居人什不存一"①，其残破之甚由此可见。

两三年间，南诏军队连续攻掠播州、安南、邕州，搞得唐廷手忙脚乱，走马换将。于是，重新与南诏恢复旧有关系，便复提上议事日程。原来极力主张限制南诏使团入唐朝贡，减少南诏入唐求学人数的杜悰回到长安并升任宰相。直到此时杜悰方意识到南诏实力的强大与唐朝边防的脆弱，以及与南诏保持友好往来的必要。杜悰上书朝廷："南诏向化七十年，蜀中寝兵无事，群蛮率服。今西川兵食单寡，未可轻与之绝，且应遣使吊祭，晓谕清平官等以新王名犯庙讳，故未行册命，待其更名谢恩，然后使册命，庶全大体。"② 杜悰建议唐廷采取怀柔政策，重新册封南诏，

---

① （宋）司马光：《资治通鉴》卷二五〇《唐纪》六十六，中华书局标点本，第8095页。
② 同上。

以化解双方的战争状态。为达此目的，杜氏甚至有意姑息，假装不知南诏僭号，并将攻陷安南的责任归于土蛮，竭力弥合唐与南诏之间的裂痕。懿宗采纳了杜悰的建议，命左司郎中孟穆为吊祭使，前往南诏吊祭、册封。但使团尚未起程，便传来南诏进寇巂州、邛崃关的消息，唐遂取消了此一计划。杜悰重新认识到有必要采取与南诏恢复友好关系的时候，已经为时晚矣。

六 再陷安南

咸通三年（公元862年）初，南诏军队再寇安南。安南经略使王宽退敌无策，被迫向朝廷告急。二月，唐廷以湖南观察使蔡袭代安南经略使，发许、滑、徐、汴、荆、襄、潭、鄂诸道兵三万交给蔡袭屯守防御，安南都护的军事实力大增。南诏自度不能取胜，引兵退去。次月，蔡袭差其幕僚樊绰单骑及健步等近二十人，出使南诏营寨，意欲修弥双方的友好关系。南诏将帅虽然以礼接待了樊绰等人，但樊绰发现南诏将帅似不肯放弃军事行动，仍然有意进寇安南。樊绰将此一情况及时报告了王宽，然未引起王宽的注意。同年五月，唐廷采纳蔡京建议将岭南节度分为东西两道，以邕州为西道，又割桂管龚、象二州，容管藤、岩二州隶于邕管。蔡京为西道节度使后，即上书请罢诸道屯守安南之军。《资治通鉴》卷二五〇记载："蔡袭将诸道兵在安南，蔡京忌之，恐其立功，奏称：'南蛮远遁，边徼无虞，武夫邀功，妄占戍兵，虚费馈运。盖以荒陬路远，难以覆验，故得肆其奸诈。请罢戍兵，各还本道。'朝廷从之。袭累奏群蛮伺隙日久，不可无备，乞留戍兵五千人，不听。袭以蛮寇必至，交趾兵食皆阙，谋力两穷，作十必死状申中书。时相信京之言，终不之省。"先有王宽疏忽，后有蔡京罢兵，终于导致了后来的安南陷没，蔡袭战死。故时人樊绰责曰："蔡京擅放军回，苟求朝奖，致令臣本使蔡袭枉伤矢石，陷失城池。征之其由，莫非蔡京、王宽之过"[①]。

咸通三年（公元862年）十一月，南诏率河蛮、朴子蛮、寻传蛮、望蛮、茫蛮、桃花蛮等约五万众侵犯安南。安南都护蔡袭告急，唐敕发荆南、湖南两道兵二千，桂管义征子弟三千，"诣邕州，受郑愚节度"[②]。岭

---

① 赵吕甫：《云南志校释》，中国社会科学出版社1985年版，第346、347页。
② （宋）司马光：《资治通鉴》卷二五〇《唐纪》六十六，中华书局标点本，第8101页。

南东道节度使韦宙上书称："蛮寇必向邕州，若不先保护，遽欲远征，恐蛮于后乘虚扼绝饷道。"① 为保邕州，唐廷命令蔡袭弃安南保海门。年末，蔡袭再求增兵支持，唐廷复发山南东道弩手千人赴援。这时，南诏军队已进围交趾（今越南河内）。救兵既不能至，蔡袭也已无法退保海门。双方战斗相当激烈，死伤甚众。蔡袭既不能退兵，乃抄录异牟寻于贞元十年与唐结盟的誓文，系于箭上射入南诏营地，希望南诏念旧撤兵。南诏不答。战事延至咸通四年（公元863年）二月，南诏军队攻陷交趾。"蔡袭左右皆尽，徒步力战，身集十矢，欲趣监军船，船已离岸。遂溺海死"②。蔡袭的幕僚樊绰携都护印信泅水而逃。"荆南、江西、鄂岳、襄州将士四百人，走至城东水际，荆南虞侯元惟德等谓众曰：'吾辈无船，入水则死，不若还向城与蛮斗，人以一身易二蛮，亦为有利。'遂还向城，入东罗门。蛮不为备，惟德等纵兵杀蛮二千余人。逮夜，蛮将杨思缙始自子城出救之，惟德等皆死"③。据史书称，"南诏两陷交趾，所杀虏且十五万人"④。既下交趾，南诏留兵二万，命将领杨思缙镇守，附近的溪洞夷僚由是全都归降南诏。唐则命令诸道救赴安南之兵悉数退还，分保岭南东西二道。

七 复掠邕州

安南既失，唐之岭南西道立刻受到威胁。三月，南诏军队乘势进犯左、右江，直逼邕州。岭南西道节度使郑愚害怕，自言儒臣不懂将兵，请朝廷选派武臣以代。唐廷以康承训为岭南西道节度使，征调荆、襄、洪、鄂四道兵马万人由他率领前往邕州。六月，唐废安南都护府，设置行交州于海门镇，以右监门将军宋戎担任行交州刺史，以康承训兼领安南及诸军行营，招抚安南流亡与逃归之人，减免安南户税、丁钱二年。七月，复置安南都护府于行交州，以宋戎为经略使，发山东兵万人增益戍守兵力，以容管经略使张茵镇守。张茵逗留不敢进。

当时，诸道支援安南的兵马屯聚岭南。江西、湖南馈运粮草的船只都

---

① （宋）司马光：《资治通鉴》卷二五〇《唐纪》六十六，中华书局标点本，第8101页。
② 同上书，第8102页。
③ 同上。
④ 同上书，第8103页。

是溯湘江进入灵渠、漓水，劳费艰涩，诸军乏食。朝廷接受润州人陈磻石的建议，建造千斛大舟，自福建从海上运米，不到一个月就可抵达广州，很快解决了军需供给。军队有了足够的粮食，但是，"有司以和雇为名，夺商人舟，委其货於岸侧，舟入海或遇风涛没溺，有司因系纲吏、舟人、使偿其米，人颇苦之"①。

这时，岭南东道节度使韦宙得知南诏攻陷交趾，马上抚兵积粮备战，他断定南诏将进攻邕州，请求分兵屯守容州、滕州。

咸通五年（公元864年），"南诏回掠巂州以摇西南，西川节度使萧邺率属蛮鬼主邀南诏大渡河，败之"②。

咸通五年（公元864年）春，南诏军队复掠邕州。此时，唐军将士已对南诏军队颇有恐惧。岭南西道节度使康承训虽是将门之后，亦见胆怯。《新唐书·康承训传》称："南诏深入，承训分兵六道出以掩蛮，战不利，死士十八，唯天平卒二千还屯，合军震。于是节度副使李行素，完城不出。南诏围之四日。或请夜出兵袭蛮，承训意索，不听。天平裨将阴募勇儿三百，夜縋烧蛮屯，斩首五百。南诏恐，明日解而去。"如果不是天平健儿偷袭成功，邕州又将凶多吉少。

事后，康承训以大破南诏奏闻于朝，被人揭穿，罢帅。唐以容管经略使张茵代之，复以容管等州别为经略使。虽然如此，张氏依然不能有所作为。

第三节　唐复安南

一　高骈收复安南

南诏侵扰西川，攻陷安南，成为唐朝西南的巨大祸患，唐懿宗为此忧心忡忡。他在咸通五年（公元964年）五月丁酉的制中满怀忧虑地说：自登皇位六年以来，"夙夜悚惕，以忧以勤，庶几乎八表用康，兆人以泰。而西戎款附，北狄怀柔，独惟南蛮，奸宄不率。侵陷交趾，突犯朗宁，爰及巂州，亦用攘寇。劳我士卒，兴吾甲兵，骚动黎元，役力飞輓。每一轸念，闵然疚怀"。"徐州土风雄劲，甲士精强，比以制御乖方，频

---

① （宋）司马光：《资治通鉴》卷二五〇《唐纪》六十六，中华书局标点本，第8106页。
② （宋）欧阳修、宋祁等：《新唐书》卷二二二《南诏传》，百衲本。

致骚扰。近者再置使额，却领四州，劳逸既均，人心甚泰，但闻比因罢节之日，或有被罪奔逃，虽朝廷频下诏书，并令一切不问，犹恐尚怀疑惧，未委招携，结聚山林，终成诖误。况边方未静，深藉人才，宜令徐泗团练使选拣招募官健三千人，赴邕管防戍。待岭外事宁之后，即与替代归还。仍令每召满五百人，即差军将押送，其粮料赏给，所司准例除分"①。唐廷调兵遣将，加强防御，以对付南诏。

最重要的举措就是任命高骈为安南都护、本管经略招讨使，张茵所部将兵悉以归之，期其收复安南。高骈字千里，幽州人，其祖父是元和初期（9世纪初）曾在四川镇压刘辟反叛的有名功臣与杰出将领高崇文；父亲是神策虞候；家世仕禁军。虽然高骈自幼是在军队中长大的，但他更热爱文学，喜欢与有学问的儒生们交往，专心于学业，好谈古今，是当时人们交口称誉的人物。他是一个非常神奇而又能干的军队统帅，在征讨时常扰袭北方、给唐朝造成灾难的党项战役中，"诸将御羌无功，唯骈伺隙用兵，出无不捷。懿宗深嘉之"②。

咸通五年（公元864年），高骈被任命为南方远征军的统帅安南都护。

咸通六年（公元865年），高骈到任后，即纠合五管之众进取安南。九月，兵至峰州，唐军大破蛮兵五万余人，获取粮饷无数。唐军进至安南，南诏大为恐慌，急派鄯善节度使杨缉思前往安南，并以范昵些为安南都统、赵诺眉为扶邪都统，助节度使段酋迁防守交趾。这时，唐之监陈敕使韦仲宰复将七千兵至。高骈得其相助，选士五千渡江，打败林邑兵于邕州，进击南诏龙州屯，"蛮酋烧赀畜走"③。咸通七年（公元866年）六月，高骈进入交州，战数胜，士酣斗，斩杀南诏将领张诠，李溠龙举众降。当高骈在进军安南不断取得胜利之时，南方官员中再次出现忌妒与倾轧，这就妨碍了唐朝军队有效地抗击南诏。据资料记载，海门监军李维周非常忌恨高骈，想法排斥他，时常怂恿他在抗击南诏的战役中迅速向前推进。当高骈率军前进，并认为李维周就在他的后面率军跟随继进时，李维周却拥众据守海门，按兵不动，而且没有给高骈派一名援兵。

---

① （后晋）刘昫等：《旧唐书》卷十九《懿宗本纪》，百衲本。
② （后晋）刘昫等：《旧唐书》卷一八二《高骈列传》，百衲本。
③ （宋）欧阳修、宋祁等：《新唐书》卷二二二《南诏传》，百衲本。

高骈在安南取得胜利的捷报传至海门，"李维周皆匿之，数月无声问。上怪之，以问维周，维周奏骈驻军峰州，玩寇不进。上怒，以右武卫将军王晏权代骈镇安南。诏骈诣阙，欲重贬之"①。就在这时，咸通七年（公元866年）六月，高骈率领唐军在交趾城外大败南诏军队，"杀获甚众，遂围交趾城"②。十月，高骈围交趾城十余日。"蛮困蹙甚，城且下"③。不久，高骈攻取并占据安南，斩蛮帅段酋迁，降附诸洞二万计。高骈再派另外的使臣去报告这最近的胜利。使臣取道海路从河内乘船去海门。途中，他们注意到一支庞大的船队，旌旗飞扬，询问过往游船，方才知道是监军李维周与新经略使南去征讨。于是他们便藏到一些小岛之间，等这些船队过后方登程继续前进，最终到达长安并呈交了报告。懿宗看到报告，又惊奇又欢喜，群臣皆贺，立即有一个将军请求举行庆祝盛典。高骈被加官晋爵，仍留镇安南。已经到了海门的高骈得到朝廷重新委任安南都护的明确指令，由海门重返安南。

王晏权到达交趾城外围高骈的营地时，唐军包围交趾城已有十天，并准备攻陷此城。可是王晏权暗弱，维李维周之命是从。李维周凶贪，诸将不为之用，交趾之围逐渐松弛，蛮遁去大半④。高骈回到安南，重整旗鼓，督励将士攻城，杀死南诏安南节度使段酋迁，以及为南诏作向导的土蛮首领朱道古，斩首三万余级，南诏遁去。"又破土蛮附南诏者二洞，诛其酋长，土蛮率众归附者万七千人"⑤。时为咸通七年（公元866年）十月。

二 修好南诏

南诏军队被全部赶出安南的捷报一传到长安，唐廷上下一片欢呼。天子大赦天下。意味深长的是，唐朝极为谨慎，避免鼓励进一步对南诏采取敌对态度，诏令安南、邕州、西川诸军各保疆域，勿复进攻南诏。一个名叫李潼的节度使，被指派去试探与南诏重新谈判的可能性。"如能更修旧

---

① （宋）司马光：《资治通鉴》卷二五〇《唐纪》六十六，中华书局标点本，第8115页。
② 同上。
③ 同上。
④ 同上书，第8116页。
⑤ 同上。

好，一切不问"①。自李琢失政，导致群蛮侵扰安南。"为安南患殆将十年，至是始平"②。十年的战乱令唐朝深以为苦，亟盼与南诏和平相处。此时，唐朝关心的是如何与南诏重建友好关系，先前英勇作战的那些文官武将逐渐被淡忘。

唐朝急切要与南诏修好的原因是十分清楚的。在南方与南诏十年的战争，使唐朝付出了沉重的代价遭受到巨大的伤亡。更为重要的是，南诏对安南的威胁与侵扰，使得唐廷必须从北方调来数量巨大的军队防卫整个岭南地区。这些军队是唐中央政府依靠的力量。当时，它带来的极大的经济负担和社会分裂，是唐朝政府所难以承受的。

高骈收复安南之后，致力于安南的防务，"筑安南城，周三千步，造屋四十余万间"③。"又以广州馈运艰涩，骈视其水路，自交至广，多有巨石梗途，乃购募工徒，作法去之。由是舟楫无滞，安南储备不乏，至今赖之。天子嘉其才，迁检校工部尚书，郓州刺史、天平军节度观察等使。乾符四年，进位检校司空、润州刺史、镇海军节度、浙江西道观察等使，进封燕国公"④。

三　庞勋起义

自高骈治理安南后，南诏不敢再侵犯安南。为了防备南诏的再次进犯，唐派大量戍卒镇守岭南。当南诏攻陷交趾之时，朝廷"敕徐泗募兵二千赴援，分八百人别戍桂州。初约三年一代"⑤。但镇守桂林的戍卒守境已逾六年，思乡心切，"屡求代还"。可是都押牙尹戡建议徐泗观察使崔彦曾，"以军帑空虚，发兵所费颇多，请更留戍卒一年"。崔彦曾采纳了他的建议⑥。戍卒闻之，群情愤慨，于咸通九年（公元868年）推举粮料判官庞勋为主，"劫库兵北还，所过剽掠，州县莫能御"⑦。至咸通十年（公元869年）九月，唐朝才依靠沙陀首领朱邪赤心的力量，平定了庞勋

---

① （宋）司马光：《资治通鉴》卷二五〇《唐纪》六十六，中华书局标点本，第8116页。
② 同上书，第8117页。
③ 同上。
④ （后晋）刘昫等：《旧唐书》卷一八二《高骈列传》，百衲本。
⑤ （宋）司马光：《资治通鉴》卷二五一《唐纪》六十七，中华书局标点本，第8120页。
⑥ 同上。
⑦ 同上。

起义。

庞勋的反叛虽被镇压，但它作为黄巢起义的先声确实给唐王朝的统治敲响了警钟。《新唐书·南诏传》曰："唐亡于黄巢，而祸基于桂林。"把唐朝灭亡归罪于南诏的寇扰并非没有道理，但是唐朝灭亡的原因是多方面的，主要还是在于唐朝内部的社会矛盾，把唐朝灭亡的原因全部归罪于南诏，不符合历史事实，有失偏颇。这样的结论毕竟是过分夸大与歪曲了历史事实。南诏对唐朝南方的进攻，的确极大地加剧了唐朝内部的麻烦与骚乱。但重要的是，南诏国既不是促使唐王朝灭亡的直接原因，甚至也不是间接原因。

第四节　再寇西川

一　回掠巂州

咸通五年（公元864年），南诏回掠巂州以动摇唐朝西南边境。西川节度使萧邺名、刺史喻士珍率领所属蛮夷鬼主在大渡河击败南诏，俘获千余人。此后，唐朝一直对南诏保持高度警惕，在政治、军事上加强西川实力，防御南诏的袭击侵扰。唐王朝下诏派发右神策兵五千及诸道兵前往戍守，并在巂州附近构筑新安、遏戎两个新的城堡，以加强这一地区的防御力量。就在这一年，两林部落的首领（东蛮的一部分，自韦皋时代起就与唐朝结成联盟）打败了前来侵犯的南诏军队。南诏伤亡惨重，大批人被俘虏，一小部分投降。

然而，第二年（咸通六年）夏天，情况突然恶化，巂州陷落了。这主要是由于先前曾奋力抗击南诏入侵者的巂州刺史喻士珍和两林蛮转而勾结南诏而造成的。据《新唐书·南诏传》说：巂州刺史喻士珍贪沓，暗中组织掠掳两林蛮人口，"以易蛮金"。于是，当南诏再次进攻嶲州时，两林蛮为了报复喻士珍便打开城门让南诏攻陷巂州，并杀死守城的士卒。而喻士珍本人也在南诏进攻之时变节投降。

此时高骈收复安南的战役还在继续，就在他重新占领交趾（越南河内）、收复整个安南之前，南诏对与唐朝举行新的谈判显示出新的兴趣。咸通七年（公元866年）春末，南诏派清平官董成率领十九人组成的团队到成都通好。到达后，西川节度使李福以盛大礼仪接待他们。然而董成提出："皇帝奉天命改正朔，请以敌国礼见。"① 奉正朔等名位礼仪象征着对唐的忠诚与归顺，董成坚持按独立国家间的外交礼仪平等对待，显然不符合南诏作为藩属的身份，理所当然地被西川节度使李福愤怒地拒绝了。经过长时间的激烈争论，最后李福以完全不合外交礼节的方式，将董成抓捕起来，殴打后投入牢狱。

这一年的三月戊寅（初二），朝廷派遣河东节度使刘潼到成都接替李福担任西川节度使，刘潼立刻释放了董成等人，奏遣还国。唐廷下诏将董成接到京师长安，以隆重的礼节接待他，给他以极大的荣誉，赐给厚重的礼物，派人把他送返南诏。这次出访，看来没有解决任何问题。董成很快回到了南诏。第二年，南诏世隆遣使杨酉庆等到唐朝对释放董成一事，深表谢忱。双方暂时相安无事。

趁此时机，咸通八年（公元867年）二月，刘潼出兵讨定了近边之"六姓蛮"，所谓"六姓蛮"是位于唐与南诏之间的蒙蛮、夷蛮、讹蛮、狼蛮、勿邓蛮、白蛮六个蛮夷部落。《资治通鉴》卷二五〇记载此事："西川近边六姓蛮，常持两端，无寇则称孝顺，有寇必为前锋。卑笼部独尽心于唐，与群蛮为仇，朝廷赐姓李，除为刺史。节度使刘潼遣将兵助之，讨六姓蛮，焚其部落，斩首五千余级"②。此战成功，自有刘潼用兵得当之劳，而南诏新败安南，无力施救，也当是一重要原因。无论如何，此战的成功在一段时期内有利于西川边境的稳定。至于史书所谓"南诏大惧，自是不敢犯边"③，则是明显属于夸大不实之词了。

二　李师望成事不足

咸通九年（公元868年）六月，唐凤翔少尹李师望建言："成都经总蛮事，旷日不能决。请析邛、蜀、嘉、眉、黎、雅、巂七州为定边军，建节度，制机事，近且速。"唐廷采纳此一建议，即以李师望为定边军节度使，置治邛州（今四川省邛崃县）。"邛距成都才五舍，巂州最南，去邛乃千里，缓急首尾不相副，而师望利专制，讳不言。"④ 李师望之说纯属

---

① （宋）欧阳修、宋祁等：《新唐书》卷二二二《南诏传》，百衲本。
② （宋）司马光：《资治通鉴》卷二五〇《唐纪》六十六，中华书局标点本，第8118页。
③ （宋）欧阳修、宋祁等：《新唐书·刘潼传》，百衲本。
④ （宋）欧阳修、宋祁等：《新唐书》卷二二二《南诏传》，百衲本。

欺君罔上。咸通九年（公元868年）九月，朝廷以山南东道节度使卢耽为西川节度使，因已经设置定边军，所以不再领"统押诸蛮安抚使"的职务，而以李师望负责"统押诸蛮"。以整个西川之力尚不能抗南诏，而况七州？可是朝廷认可了其建议，无疑是自毁边防。

李师望贪恋边功，而又志大才疏。其到任后，南诏派往长安谢释董成之恩的使臣杨酉庆至唐，路过其境。李师望欲挑起南诏的进攻以便借机"杀敌立功"，以求赏赐晋爵，遂故意激怒南诏，杀杨酉庆一行。李师望生性贪残，"衮积无厌，私贿以百万计"①，且又"分裂巡属"，故意挑起西川将士的矛盾，"戍卒怨怒，欲生食之"，乃至"阴遣人致意南诏，使入寇"②。唐廷无奈，召回李师望，而另以太府少卿窦滂代之。可是，窦滂的贪残更甚过李师望，"故蛮寇未至，而定边固已困矣"③。

三　世隆寇蜀

咸通十年（公元869年）十月，南诏世隆亲自率领大军再次进犯西川。南诏军队先以数万之众攻破西川附塞蛮董春乌部。次月，兵逼巂州。定边军都头安再荣（《新唐书·南诏传》作杜再荣）扼守清溪关，不敌南诏，退屯大渡河北。双方僵持于大渡河两岸，相互对射九日八夜。南诏计不能克，分军伐木开道，悄悄地从上游渡江，背击唐军，逼沐源川（今四川沐川）。定边军节度使遣充海将黄卓率五百人前来援拒，全军尽没。南诏将士穿上充海士卒的衣服扮为唐军，诈为败卒，骗过唐之守河将士，攻破犍为（今四川犍为），直掠陵（今四川仁寿）、荣（今四川荣县）二州。南诏军队进逼嘉州（今四川乐山），唐嘉州刺史杨忞与定边监军杨允琼勒兵拒守。南诏潜出奇兵，大败唐军。忠武都将颜庆师被杀，杨忞、杨允琼退走，嘉州沦陷。定边军节度使窦滂亲自率兵拒南诏于大渡河，世隆遣清平官数人至唐军请和。窦滂轻信南诏求和之言，放松警惕，与之商谈未毕，南诏军队已经乘船渡河。窦滂惊恐万状，想自杀了之，为武宁将苗全绪劝止。唐军奋力死战，南诏军稍稍退却，窦滂乘机单骑逃走。主帅既遁，忠武、徐宿两军将领苗全绪、安再荣无奈，被迫夜袭南诏军营，然后

---

① （宋）欧阳修、宋祁等：《新唐书》卷二二二《南诏传》，百衲本。
② （宋）司马光：《资治通鉴》卷二五一《唐纪》六十七，中华书局标点本，第8150页。
③ 同上。

趁其混乱全军引退。南诏因以进陷黎、雅二州，百姓窜匿山谷。窦滂再弃邛州，远奔导江（今四川省都江堰市）。唐军大溃，邛州军资储存尽为乱军所掠。南诏军队所至，城邑皆空。

　　唐廷获知南诏进逼成都，急派右神武将军颜庆复将兵驰援。当时，西川逃亡百姓蜂拥避入成都。成都子城无壕无堑，尽为难民所居。人不过一席之地，下雨只能戴箕盎自庇，无水则取摩诃池泥汁稍微澄一澄，饮之解渴。因定边军的分治，边防由其措置，西川将士反倒不习武备。闻南诏兵近，西川节度使卢耽召刺史吴行鲁使摄参谋，与前泸州刺史杨庆复共修守备，"选将校，分职事，立战棚，具炮櫑，造器备，严警逻"。鉴于西川将士名职多虚，能战者少，卢耽以揭榜招募骁勇之士，补以实职，厚给粮赐，应募者云集。杨庆复激励他们："汝曹皆军中子弟，年少材勇，平居无由自进，今蛮寇凭陵，乃汝曹取富贵之秋也，可不勉乎！"由是拣选组成一支三千人的精锐，号曰"突将"。①

　　咸通十一年（公元870年）正月，南诏军队进至眉州（今四川眉山）。卢耽担心援军未集，难抗南诏，遂遣同节度副使王堰等赍书南诏约和，但被其拒绝。南诏军队继续进至新津（今四川新津），定边军全境陷没。卢耽复遣同节度副使谭奉祀致书南诏，再度约和，南诏竟扣留使臣不遣。卢耽遣使告急于朝，仍然希望以议和缓解边患。唐廷即以知四方馆事、太仆卿支详为宣谕通和使，前往南诏军中。南诏以卢耽对待南诏恭谦，亦为之盘桓。赢得短暂的时间，成都的守备得以粗粗改善。接着南诏军队长驱而北，进占双流（今四川双流）。卢耽又遣节度副使柳磐出使南诏。南诏回复极其傲慢，要求卢耽以臣见君之礼相见，还派人背负彩幕直至城南，扬言要在蜀王厅张挂铺陈作为南诏的行宫。邀和再度失败。事至如此，唐廷才废除名存实亡的定边军，复以邛、眉、蜀、雅、嘉、黎、巂七州归西川节度管辖。南诏军队进围成都。卢耽遣先锋游弈使王昼至汉州（今四川广汉）迎引援军。此时，兴元兵六千、凤翔兵四千已达汉州，而窦滂所率忠武、义成、徐宿等军四千亦自导江奔赴汉州，就援军以自存。唐朝援军与南诏前锋接战不利，退保汉州。当时，成都军民盼望援军心焦如焚。窦滂意识到自己丧失定边军，铸成大错，期望西川相继陷没以减轻他的责任与罪过。当援军到来时，他就胡说"蛮众多于官军数十倍，官

---

① （宋）司马光：《资治通鉴》卷二五二《唐纪》六十八，中华书局标点本，第8154页。

军远来疲敝，不能轻易前往迎战"。诸将信以为真，皆狐疑不进。成都十将李宇孝暗地与南诏相通，企图焚烧城东仓为内应，被察觉抓住斩杀。不几天南诏公然前来攻城，因城中无内应而停止。二月，南诏军队以云梯、鹅车四面攻打成都。城上守军以钩缰挽住拉近，投火浇油焚烧，攻城者无一生还。卢耽复令杨庆复、摄左都押牙李骧各率突将出战城下，俘斩南诏士卒二千余人，又焚烧其攻城战具三千余物。过了几天，南诏军队偷取民房篱笆，将篱笆用水浇湿涂上厚厚的泥浆，做成蓬笼如车辇，下设枕木，推而前行，士卒推着篱笆蓬笼直抵城根，矢石不能入，火不能燃。杨庆复命士卒镕铁汁以灌之，攻城者又死于城下。南诏军队善于夜战，乘夜色靠近城墙。守城将士听到呼啸，奋起迎战。城上安置铁笼千炬，守城屯夫终夜巡查哄叫，使南诏夜间无法靠近。城中突将人人振奋，咸欲立功。南诏军队久攻成都不下，始欲议和，派遣使臣来迎接宣谕通和使支祥。但这时，颜庆复所率唐之援军即将赶到，支祥对南诏使臣说："受诏诣定边约和，今云南乃围成都，则与曩日诏旨异矣。且朝廷所以和者，冀其不犯成都也。今矢石昼夜相交，何谓和乎！"① 南诏见支祥拒绝约和，再次攻城，城中出兵进击，南诏只得退却。唐廷贬窦滂为康州司户。以颜庆复为东川节度使，凡援蜀诸军，皆受颜庆复节制。颜庆复率大军在新都大败南诏阻援军队，斩首二千余级。当地民众数千人争操芟刀、白棒以助官军，呼声震野。南诏步骑数万前来助战。刚好右武卫上将军宋威带领忠武军两千人赶到，配合诸军会战。南诏军大败，死者五千余人，退保星宿山。宋威进军沱江驿，距成都三十里。蛮遣大臣杨定保前往面见支祥求和。支祥回答说："宜先解围退军。"南诏担心唐朝援军到来，攻城尤急，"骠信以下亲立矢石之间"。不久官军至城下，大战南诏军，夺取升迁桥（七星桥）。南诏攻城不下，求和不成，惧怕被唐援军围歼，只好自焚攻具，趁夜悄悄退走了。唐军本可乘胜追击，因为将帅之间各怀私利，最终坐失了良机，引起蜀中民众怨恨。

南诏军队撤退途中，复围邛州，亦被唐黎州刺史严师本收散卒数保邛州，南诏围城二日，无法攻克，只得退走。

南诏退后，颜庆复在西川重新部署防御工事，筑瓮门城，穿堑引水满之，植鹿角，分营铺，使其备御得以恢复。南诏知成都有备，自是不敢

---

① （宋）司马光：《资治通鉴》卷二五〇《唐纪》六十八，中华书局标点本，第8156页。

再犯。

南诏此次寇扰西川，虽然给唐带来了巨大的灾难，但也给自己造成了相当惨重的后果。史书记载："蜀之役，男子十五以下悉发，妇耕以饷军"①，最后无功而返，导致了其社会经济的严重破创。

四 寇蜀失败

南诏袭扰西川、围攻成都失败后，尽管人力、物力、财力损失甚巨，但仍不时侵袭唐朝西南边区。咸通十四年（公元873年），南诏寇西川，未能得手，转而寇黔西。黔中经略使秦匡谋因兵少不敌，弃城逃奔荆南。荆南节度使杜悰将秦匡谋囚禁大牢，上奏朝廷。"六月乙未（初二），敕斩秦匡谋，籍没其家赀，亲族应缘坐者，令有司搜捕以闻"②。杜悰原本是为了不被牵连，上奏朝廷，以为临阵脱逃至多罢官撤职而已，不料朝廷处分的苛刻严酷竟出乎常理之外，不仅秦匡谋被处死，而且累及亲族。杜悰因此内疚于心，骇愕得疾，忧郁而卒。唐廷用如此严酷的刑罚处理秦匡谋，可见南诏对唐朝西南边境的威胁之大，需要严加防卫，拼死抵御，不容疏忽，不准退让，更不许逃跑。对秦匡谋的超重惩处，意在杀鸡吓猴，以儆效尤。而滥用刑罚亦不可取。

乾符元年（公元874年）冬，南诏军队再次由一个不具姓名的坦绰率领大军进攻西川，作浮梁渡大渡河。防河都知兵马使、黎州刺史黄景复等到南诏军队渡过一半，挥兵攻击。南诏军败走。黄景复断其浮梁。南诏渡河失败后，以中军多张旗帜当其前，分兵潜出上游、下游各二十里，夜间抢修浮梁，天亮时分，全部渡过大渡河，袭破诸城栅，夹攻黄景复。唐军力战三日，黄景复败走，南诏精锐紧追不舍，黄景复设三道埋伏以待之，在南诏军队走过2/3时，突发进击，南诏兵大败，杀死二千余人。黄景复乘胜追击至大渡河而还。黄景复再次修复加固城栅，坚守不懈。南诏败军退至罗谷，遇到前来援助的大军，新旧相合，钲鼓声闻数十里，与唐军夹水对垒。南诏诈云求和，偃旗息鼓，声称："坦绰欲上书天子白冤事。"戍守的将士信以为真，放松警惕。南诏又自上下游偷偷渡过大渡河。黄景复与之鏖战数日，西川援军不至，黄景复终不能支，黎州陷落。

---

① （宋）欧阳修、宋祁等：《新唐书》卷二二二《南诏传》，百衲本。
② （宋）司马光：《资治通鉴》卷二五二《唐纪》六十八，中华书局标点本，第8166页。

南诏军队乘胜攻雅州、邛州等处，直逼成都。四处惊扰，民争入城，或奔其他州县。成都城加强守备，堑垒较之以往严固。南诏派使者王保成等四十人，致书西川节度使牛丛说："非敢为寇也，欲见天子，面诉数十年为谗人离间冤抑之事。傥蒙圣恩矜恤，当还与尚书永敦邻好。今假道贵府，欲借蜀王厅留止数日，即东上"①。牛丛素来怯懦，竟然信以为真，打算同意借道之事。杨庆复以为不可，建议牛丛："蛮无信，彼理屈辞甘，诈我也。请斩其使，留二人还书。"牛丛回函给南诏，态度严厉，言辞尖锐："诏王之祖，六诏最小夷也，天子录其勤，合六诏为一，俾附庸成都，名之以国。许子弟入太学，使习华风。今乃自绝王命。且雀蛇犬马，犹能报德，王乃不如虫鸟乎！比成都以武备未修，故令尔突我疆场。然毗桥、沱江之败，积骼附城，不四年复来。今吾有十万众，舍其半未用，以千人为军，十军为部，骁将主之"；"凡我兵五日一杀敌，尔乃昼夜战，不十日，憊且死矣，州县缮甲厉兵，犄角相从，皆蛮之深仇，虽女子能麟龁薄贼，况强夫烈士哉！尔祖尝奴事西蕃，为尔仇家，今顾臣之，何恩仇之戾邪？蜀王故殿，先世之宝宫，非边夷所宜舍。神怒人愤，骠信且死"②！牛丛还焚烧城郊房舍观阁，坚壁清野，严兵固守。蜀人忧心忡忡。

五　高骈卫蜀

唐朝决定进一步采取措施来对付南诏的入侵，诏令河东、山南西道、剑南东川诸地兵前往成都求援，并命高骈赴西川统领大军抵御南诏。自从咸通七年（公元866年）在安南粉碎南诏武装取得大胜以来，高骈一直在朝廷和其他地区任职。他得到朝廷的信任而且以十分可靠而杰出的战绩闻名于朝野，把他由天平军节度使调任剑南领西川节度使是为了一劳永逸地结束南诏对西川的威胁。

乾符二年（公元875年）春，高骈至剑州，先遣使走马开成都门。有人为之担忧，因为南诏逼近成都，而高骈距离尚远，万一南诏如野猪般突入成都如何是好？高骈说："吾在交趾破蛮二十万众。蛮闻我来，逃窜不暇。何敢辄犯成都！今春气向暖，数十万人蕴积城中生死共处，污秽郁蒸，将成疠疫，不可缓也！"使者至成都，开城纵民出，各复常业，乘城

---

① （宋）司马光：《资治通鉴》卷二五二《唐纪》六十八，中华书局标点本，第8172页。

② （宋）欧阳修、宋祁等：《新唐书》卷二二二《南诏传》，百衲本。

者皆下城解甲。民大悦。此时南诏正在攻打雅州，听到高骈率军前来，连忙遣使请和，引兵去。高骈上书朝廷：南蛮小丑，易以枝梧，今西川新旧兵已多，所发长武、鄘坊、河东兵，徒有劳费，并乞勒还。朝廷仅只同意河东兵勒还。高骈到达成都，第二天就发步骑五千追南诏至大渡河，擒其酋长数十人，至成都斩首。高骈组织修复了邛崃关、大渡河诸城栅，筑城于戎州马湖镇，号"平夷军"，又筑城于沐源川（今四川沐川）。所筑之城都是南诏入蜀的要道，均有数千兵卒戍守。从此南诏不再入寇[①]。

高骈召前黎州刺史、大渡河把截制置土军都知兵马使黄景复前来，追究其失守大渡河的责任，将其腰斩。高骈又上书朝廷，请求自将本管西川兵及天平、昭义、义成等军共六万人大规模征讨南诏。朝廷没有批准他进击南诏的计划，因为此时盗贼蜂起，社会骚乱已在唐朝内部广泛蔓延。在这种情况下，唐朝已很难支持越过边界进行远征的军事行动。况且，天宝年间征讨南诏损兵折将的惨痛教训记忆犹新。

[①] （宋）司马光：《资治通鉴》卷二五二《唐纪》六十八，中华书局标点本，第8176页。

第十章

衰亡之路

第一节 和亲之议

一 景仙出使南诏

将南诏赶到大渡河以南后，高骈就留在西川担任最高军政长官。像他的前任李德裕一样，高骈集中力量改善这一地区的防务，修复了邛崃关、大渡河诸城栅，并在南诏进攻蜀川沿线的主要战略要地建立新的城堡，然后配备适当的卫戍士卒。这些防卫是有效的屏障。从此以后，一直到唐代末期，南诏再也不敢入寇西川。另外，高骈又命令僧人景仙规划测量，指挥建筑了成都罗城。高骈在建城墙时，环城十里内取土，丘陵都被挖平。他十分小心，不使农田耕地受到破坏，农民要出的劳役平均、公正、合理。其功效十分快，仅三个月城墙就建起来了。

然而高骈在西川任职期间并非每一方面都是公平持正的，在对待杨庆复组建的名为"突将"的地方武装上，他就有失公正。突将在保卫成都不为南诏攻破上创立功勋。高骈一到成都就认为新近建立起来的地方武装"突将"是潜在的叛乱势力，命令全体突将交出职牒。"又托以蜀中屡遭蛮寇，人未复业，停给禀给。突将皆忿怨。骈好妖术，每发兵追蛮，皆夜张旗立队，对将士焚纸画人马，散小豆，曰：'蜀兵懦怯，今遣玄女神兵前行。'军中壮士皆耻之。又索合境官有出于胥吏者，皆停之。令民间皆用足陌钱，陌不足者皆执之，劾以行贿，取与皆死。刑罚严酷，由是蜀人皆不悦"[1]。由于高骈处置失当，促使"突将"们在乾符二年（公元875

---

[1] （宋）司马光：《资治通鉴》卷二五二《唐纪》六十八，中华书局标点本，第8178页。

年）四月群起骚动哗变，他们大噪突入府廷，要杀死高骈。在从几乎被杀死的危险中侥幸逃脱胁后，高骈在第二天，"牓谢突将，悉还其职名、衣粮"①。六月，高骈对"突将"们实行残酷无情、斩尽杀绝的镇压，甚至牵连到他们的家庭，母亲、婴儿、孕妇都不放过，"老幼孕病，悉驱去杀之，婴儿或撲于阶，或系于柱，流血成渠，号哭震天"②，数千人被杀死，他们的尸体在夜里用车装载，倒入江中。

尽管如此，高骈在抗击南诏、恢复并保卫西川方面所取得的巨大成就，给人留下了深刻的印象。他所取得的战功，可以说是后来南诏采取较为恭谦卑逊的姿态，以唐朝可以接受的名位进行谈判的重要原因。在唐朝余下的几年间，南诏再也没有成为唐朝安全的威胁。

南诏长期持续的对唐战争，给唐的社会经济带来了巨大的破坏。僖宗时期，唐朝已处于内外交困之境。政治混乱，社会动荡，朝内南牙、北司纷争不已；朝外王仙之、黄巢反叛高涨，四处烽烟，边境不宁。宰相卢携、豆卢瑑曾经上言，称："大中之末，府库充实。自咸通以来，蛮两陷安南、邕管，一入黔中，四犯西川，征兵运粮，天下疲弊，逾十五年，租赋大半不入京师，三使、内库由之空竭，战士死于瘴疠，百姓困于盗贼，致中原榛杞，皆蛮故也。"③ 同样，南诏的社会经济也受到了极大的影响，"自劝龙晟至世隆以来，侵蜀，伐安南，用兵五十余年，帑藏不给，横敛于民，上下俱困"④。这样，双方便从争战状态再次走向了议和。

正当成都罗城建筑期间，有消息说南诏可能再次进攻西川。高骈确信他的军队有能力再次击退任何入侵，但他担心进一步战乱的消息可能会在民众中激起严重的混乱与不安，前来筑城的民众必受惊扰，影响城池的建筑。要保证南诏不利用这个不安定的形势与危机时期入侵，维护南诏与西川间难得的和平，高骈意识到通过谈判劝说南诏归附唐朝是较好的策略。而最合适前往劝说南诏的使臣不是官员而是僧人景仙。他上书朝廷，"遣

---

① （宋）司马光：《资治通鉴》卷二五二《唐纪》六十八，中华书局标点本，第8178页。
② 同上书，第8175页。
③ （宋）司马光：《资治通鉴》卷二五三《唐纪》卷六十九，中华书局标点本，第8227页。
④ 《（胡本）南诏野史》。

景仙讬游行入南诏,说谕骠信使归附中国"①。

与此同时,高骈"又声言欲巡边,朝夕通烽火,至大渡河,而实不行,蛮中惴恐"②。

由于担心高骈出兵强渡大渡河进攻,南诏遣使前往西川与高骈结好。因其继而出兵寇边,高骈斩杀其使者。南诏侵犯安南时,俘虏了安南经略判官杜骧。杜骧的妻子李瑶是宗室之女。乾符三年(公元876年)三月,南诏遣李瑶带木夹文书送交高骈,称"独爽牒西川节度使",言辞极为傲慢。高骈将李瑶送到京师,复牒南诏,历数其不知报答朝廷多年的赐予恩德,暴犯边境、残贼欺诈的各种罪过,以及安南、大渡河覆败的惨状,扬言:"我且将百万众至龙尾城问尔罪!"世隆大为震恐③。

景仙是僧人,曾积极地设计规划并指挥了成都罗城的建筑。他被高骈选中来担任如此重要的职责,即出使南诏,与南诏首领重建唐朝可以接受的关系。这与高骈本人的性格和气质是完全一致的。高骈是一个虔诚的宗教徒,至少也是一个迷信宗教的人,在其复杂多变的经历中,他多半利用佛教和道教的教士作为他的顾问和副官。

朝廷之所以选择佛教僧徒景仙,还有一个很重要的原因。最近几年间,南诏自立为王,与唐朝分庭抗礼,从未以符合藩属身份的礼节和态度来对待从唐朝来的使臣。南诏甚至没有起身鞠躬以示欢迎,而只是坐在王位上接受来访的唐朝使臣的敬礼朝拜。高骈知道,当时南诏朝廷已虔诚地崇奉佛教,他选派佛教僧人景仙作为使臣,自然会得到更为热情友善的接待。高骈的判断被证明是正确的。乾符三年(公元876年)唐廷派使团前往南诏。据说,南诏王命令他的高级官员以尊敬的礼仪,列队鞠躬欢迎景仙,然后他自己也亲自迎谒礼拜,认真听取景仙的谈话。

景仙使团到达南诏后,显然曾积极劝说世隆再次服从唐朝的外交礼仪。他们达成了一个协议,包括同意把唐朝的公主嫁给南诏,虽然这一点并未受唐朝朝廷的委托。其实,在唐朝使团到达南诏朝廷之前,南诏已热切希望恢复与唐朝的和平友好关系。

---

① (宋)司马光:《资治通鉴》卷二五二《唐纪》六十八,中华书局标点本,第8185页。
② 同上书,第8186页。
③ (宋)欧阳修、宋祁等:《新唐书》卷二二二《南诏传》,百衲本。

不久世隆就派出了由高级官员组成的使团，带着三十个质子前往唐廷，要求恢复友好关系。他们坚持请求结为兄弟甥舅，而不是君臣关系。

二 隆舜求亲

乾符四年（公元877年），南诏世隆去世。他的死十分突然，据说是因为高骈在西川组织防御南诏，积极有效地领导战备，使他受到极大的挫折，由此忧愤而死①。二月，他的儿子隆舜继承王位。隆舜尚年幼，有时就使用他的佛教名字"法"。南诏改元贞明、承智、大同，改国号为"鹤拓"，亦号"大封民"。如前所说，唐音，"封"读如"僰""白"。"大封民国"即"大白民国"，是为白族形成的重要标志。

隆舜继位后，希望与唐重新建立友好关系，乃遣陀西（判官）段瑳宝为使到邕州向岭南西道节度使辛谠请和。辛谠上书朝廷，力主尽快与南诏议和。他恳切地说："诸道兵戍邕州岁久，馈饷之费，疲敝中国，请许其和，使赢瘵息肩。"②唐廷诏可后，辛谠即遣摄巡官贾宏，大将左瑜、曹朗等出使南诏，双方关系拉开了最后一次帷幕。

乾符五年（公元878年）春，南诏因高骈答应和亲，妻以公主，便遣其酋望赵宗政入唐，正式提出和亲，并要求双方以"兄弟之国"相称。对此，唐廷内部意见不一。礼部侍郎崔澹等认为："南诏骄僭无礼，高骈不识大体，反因一僧呫嗫，卑辞诱致其使，若从其请，恐垂笑后代。"高骈上书反驳，认为和亲当是解决西南边事的可行方法。大臣如此，宰执也各执己见，乃至在朝上发生冲突。据史书载："五年五月丙申朔，是日，宰臣郑畋、卢携议南蛮事，携请降公主通和，畋固执以为不可，抗论是非。携怒，拂衣而起，袂染于砚，因投碎之。"③僖宗得知，殊为气愤，斥责道："大臣相诟，何以义刑四海！"罢免了两人的职务。至赵宗政返回南诏，唐廷仍未达成一致意见，仅以西川节度使崔安潜名义复书南诏。南诏遣使至唐廷请求的两件事：和亲，并与唐朝结为"兄弟之国"不再称臣，都未得到唐廷的允诺。

---

① 《新唐书·南诏传》："南诏气夺。酋龙恚，发疽死。"
② （宋）司马光：《资治通鉴》卷二五三《唐纪》六十九，中华书局标点本，第8190页。
③ （宋）司马光：《资治通鉴》卷二五三《唐纪》六十九。并考异引《实录》，中华书局标点本，第8205页。

三 礼仪之争

乾符五年（公元878年）五月，岭南西道节度使辛谠派遣摄巡官贾宏、大将左瑜、曹朗出使南诏。可是他们"相继卒于道中，从者死亦大半"[1]。乾符六年（公元879年），患病在身的辛谠再派徐云虔出使南诏。临行前，他执其手说："谠以奏朝廷发使入南诏而使者相继物故，奈何！吾子既仕则四殉国，能为此行乎？谠恨风痹不能拜耳。"因呜咽流涕。徐云虔回答说："士为知己死，明公见辟，恨无以报德，敢不承命！"辛谠大喜过望，"厚具资装而遣之"[2]。二月，徐云虔至鄯阐府（今云南昆明），"见骑数十，曳长矛，拥降服少年，朱繒约发。典客伽陀酋孙庆曰：'此骠信也。'问天子起居，下马揖客，取使者佩刀示之。自解左右钮以示。乃除地斲三丈版，命左右驰射，每一射，法骒马逐以为乐。数十发，止。引客就幄，振子捧瓶盂，四女子侍乐饮，夜乃罢"。隆舜盛情款待徐云虔一行之余，还虚心向徐云虔讨教经典，并请其讲解《春秋》大义[3]。

此时，南诏与唐之外交纠结仍然是在君臣或兄弟关系上。《资治通鉴》卷二五三载："二月丙寅，云虔至鄯阐城，骠信见大使抗礼，受副使以下拜。己巳，骠信使慈双羽杨宗就馆谓云虔曰：'贵府牒欲使骠信称臣，奉表贡方物。骠信已遣人自西川入唐，与唐约为兄弟，不则舅甥。夫兄弟舅甥，书币而已，何表贡之有？'云虔曰：'骠信既欲为弟、为甥，骠信景庄之子，景庄岂无兄弟，于骠信为诸父，骠信为君，则诸父皆称臣，况弟与甥乎！且骠信之先，由大唐之命，得合六诏为一，恩德深厚，中间小忿，罪在边鄙。今骠信欲修旧好，岂可违祖宗之故事乎！顺祖考，孝也；事大国，义也；息战争，仁也；审名分，礼也。四者，皆令德也，可不勉乎！'骠信待云虔甚厚，云虔留鄯阐十七日而还，骠信以夹木二授云虔，其一上中书门下，其一牒岭南西道，然犹未肯奉表称贡。"[4] 双方的商谈虽然仍无结果，但岭南西道与南诏一直保持着信使往还的关系。

广明元年（公元880年），黄巢起义爆发，南诏知西川防守甚严，军

---

[1] （宋）司马光：《资治通鉴》卷二五三《唐纪》六十九，中华书局标点本，第8211页。

[2] 同上。

[3] （宋）欧阳修、宋祁等：《新唐书》卷二二二《南诏传》，百衲本。

[4] （宋）司马光：《资治通鉴》卷二五三《唐纪》六十九，中华书局标点本页，第8211、8212页。

力强大，便乘机袭击并攻陷安南。安南都护曾衮逃奔邕州①。"诸道兵戍邕管者，往往自归"②。戍守邕管的兵士擅离职守，自归家园。此时唐朝的纲纪废弛，人心慌乱，边境动荡，已处于风雨飘摇之中。面临如此危及的局势，唐朝不愿南诏再在边境制造麻烦，是否答应与南诏和亲的问题再一次提上议事日程。

这时主张与南诏和亲的卢携担任宰相，广明元年（公元880年）三月，以陈敬瑄取代坚持南诏必须称臣奉贡、反对和亲的崔安潜担任西川节度使。

崔安潜担任西川节度使时，极力主张南诏必须向唐朝称臣，不能与之和亲。他说："南诏小蛮，本云南一郡之地。今遣使与和，彼谓中国为怯，复求尚主。何以拒之！"皇帝要宰相主持议论对南诏的策略。卢携、豆卢琢上书说："大中之末，府库充实，自咸通以来，蛮两陷安南、邕管，一入黔中，四犯西川。征兵运粮，天下疲弊，逾十五年；租赋太半不入京师，三使、内库由兹空竭；战士死于瘴疠，百姓困为盗贼，致中原榛杞，皆蛮故也。前岁冬，蛮不为寇，由赵正宗未归。去岁冬，蛮不为寇，由徐云虔复命，蛮尚有观望。今安南子城为叛卒所据，节度使攻之未下。自余戍卒，多已自归。邕管客军，又减其半。冬期且至，傥蛮寇侵轶，何以枝梧！不如且遣使臣报复，纵未得其称臣奉贡，且不使之怀怨益深，坚决犯边，则可矣。"僖宗即作诏赐陈敬瑄，以宗室女为安化长公主许婚，允许南诏不称臣。令陈敬瑄录诏白，并移书与之，仍增赐金帛，以嗣曹王龟年为宗正少卿充使，以徐云虔为副使，别遣内常侍刘光裕为云南内使霍承锡副之，共赍诣南诏③。李龟年一行从南诏返回，"具言骠信诚款"④。

第二节　南诏衰亡

一　和亲失败

广明元年（公元880年）黄巢攻陷长安。中和元年（公元881年）正月，僖宗奔成都。

---

① （宋）欧阳修、宋祁等：《新唐书》卷二二二《南诏传》，百衲本。
② （宋）司马光：《资治通鉴》卷二五三《唐纪》，中华书局标点本，第8224页。
③ 同上书，第8228页。
④ （宋）欧阳修、宋祁等：《新唐书》卷二二二《南诏传》，百衲本。

得知唐僖宗答应和亲，并将安化公主下嫁南诏隆舜，隆舜即派宰相赵隆眉、杨奇混、段义宗到成都僖宗行宫朝拜，并迎接公主。

得知南诏遣使来迎接公主，高骈从扬州上书说："三人者，南诏心腹也。宜止而鸩之，蛮可图也"①。具有讽刺意味的是，最初提出与南诏和亲的正是高骈。高骈对于南诏政治、社会做过深入的调查，对南诏的形势实在是了如指掌。

僖宗采纳了高骈的建议，赵隆眉一行皆被鸩死。从此南诏"谋臣尽矣"②。多年来，南诏不断发动侵袭寇扰唐朝的战事，频仍的战事使南诏极大削弱，赵隆眉等谋臣之死，无疑是雪上加霜。从此，南诏便一蹶不振了！

中和二年（公元 882 年），南诏又一次遣使来迎公主，并献珍怪毡罽百床。唐朝"方议公主车服为解"③，以正在准备礼仪而推脱。中和三年（公元 883 年）七月，南诏遣布燮杨奇肱来迎公主，诏陈敬瑄给南诏回信，辞以"銮舆巡幸，仪物未备，俟还京邑，然后出降。"杨奇肱不从，一直到成都来请迎公主④。唐朝再次确认"以宗室女为安化长公主，妻南诏"⑤，"诏检校国子祭酒张㻛为礼会五礼使，徐云虔副之。宗正少卿嗣虢王约为婚使。未行，而黄巢平，帝东还，乃归其使"⑥。从乾符三年（公元 876 年）以僧人景仙为代表的唐朝使团到南诏答应与之和亲开始，经过七年不间断的使团穿梭往返，唐朝一再借故拖延、推脱、敷衍，最终未能实现和亲。

二　郑氏篡权

乾宁四年（公元 897 年），南诏隆舜被奸臣杨登杀害，谥"谥圣明文武皇帝"。隆舜之子舜化贞继立，建元中兴。舜化贞遂上书唐廷，希望双方修好。昭宗欲以诏书回报，当时的西川节度使王建向朝廷上书："南诏小夷，不足辱诏书。臣在西南，彼必不敢犯塞。"⑦ 昭宗表示同意，遂对南诏的要

---

① （宋）欧阳修、宋祁等：《新唐书》卷二二二《南诏传》，百衲本。
② 同上。
③ 同上。
④ （宋）司马光：《资治通鉴》卷二五五《唐纪》七十一，中华书局标点本，第 8297 页。
⑤ 同上书，第 8300 页。
⑥ （宋）欧阳修、宋祁等：《新唐书》卷二二二《南诏传》，百衲本。
⑦ （宋）司马光：《资治通鉴》卷二六一《唐纪》七十七，中华书局标点本，第 8511 页。

求未予理睬，双方的政治联系到此中断。南诏内部也因连年对唐进行劫掠，使国力虚耗，民不聊生，社会生产力遭到严重破坏，加之统治阶级内部的矛盾日益尖锐，政局动荡不定。南诏王室已处于风雨飘摇之中。

篡夺南诏政权、废黜蒙氏统治的是郑回的第七世孙郑买嗣。历史就是如此具有讽刺意味。郑回是南诏侵掠巂州时虏获的唐朝西泸令。阁罗凤看中他学识渊博、儒雅多才，更名为"蛮利"，任用他做王室教师，教育王室子弟，他享有捶挞王子王孙的大权，"国中无不惮"①，后被异牟寻任命为清平官。他在贞元年间对南诏弃蕃归唐起了巨大作用。对于他后来的事迹以及他的后人的情况，因资料的缺乏不得而知。看来郑氏家族在南诏世代为清平官，位高权重。郑买嗣在隆舜时期的南诏朝廷中权势显赫，当隆舜离开都城时，就让郑买嗣留下来代表他负责处理朝廷日常事务。郑买嗣就这样逐步夺取了真正的统治大权。舜化贞在天复二年（公元902年）死去，留下一个儿子，是个一个多月的婴孩。郑买嗣用残忍的手段将他杀死，接着发动突袭，将整个蒙氏家族全部杀死。同年，他建立了自己的王朝，更名为大长和国。

这次残暴的篡权行动，正式结束了南诏国的统治。

南诏蒙氏自细奴逻起于巍山至舜化贞，传十三世，254年。

五年后，朱温篡夺了唐朝大权，改国号梁，李唐王朝也宣告灭亡。

附：南诏王室世系

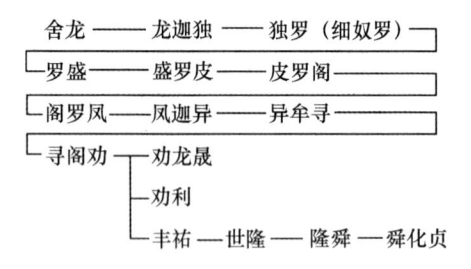

```
舍龙 —— 龙迦独 —— 独罗（细奴罗）
 └ 罗盛 —— 盛罗皮 —— 皮罗阁
   └ 阁罗凤 —— 凤迦异 —— 异牟寻
     └ 寻阁劝 ┬ 劝龙晟
              ├ 劝利
              └ 丰祐 —— 世隆 —— 隆舜 —— 舜化贞
```

---

① （宋）欧阳修、宋祁等：《新唐书》卷二二二《南诏传》，百衲本。

第二编

五代与宋代云南

第十一章

大理国的建立

第一节 长和、天兴与义宁政权的更替

一 长和国

南诏中兴六年（公元902年），清平官郑买嗣篡蒙自立，国号"长和"（亦作"大长和"），改元"安国"，历时250余年之久的蒙氏政权宣告结束。

长和国的建立，除了表现为简单的政权易姓之外，并没有使南诏后期旧有的社会矛盾得到缓和。因此，为了摆脱危机，篡蒙自立的郑氏政权仍然不得不沿着南诏后期诸统治者的道路继续滑行，对内提倡宗教，对外发动战争。安国五年（公元907年），郑买嗣建普明寺；六年，又铸佛万尊送寺祈福，"为杀蒙氏八百人故也"①。郑仁文即位后，于同光元年（公元923年），"施宫寺灾（按：当为'斋'误）"，并令僧人智照编撰《封民三宝记》②。他还大力推崇道教，炼丹服饵，最后自己也被丹药毒死。与此同时，郑仁文又大举兴兵攻蜀，至于黎、雅，被前蜀军队击败，伤亡逾万余人，主将赵嵯政被杀，赵龙眉等三人被俘，"自是南诏不复犯边"③。大力提倡宗教没有使长和国摆脱危机，而对外战争的惨败又使种种固有的社会矛盾加剧，故在战败之后，郑仁文虽然采取了一些旨在挽救时局的措施，联络前蜀，求婚南汉，分封族弟，却最终不能使长和国摆逃脱短命的命运。至郑隆擅立，翌年，剑川节度使杨干贞借故入朝，杀郑隆擅，仅历三世26年的长和国宣告灭亡。

---

① 《（胡本）南诏野史》。
② 同上。
③ （宋）司马光：《资治通鉴》卷二六九。

二 天兴国

长和国亡后，杨干贞恐郑氏势力不服，没有立即拥号自立，而是推举赵善政即位，建"天兴"（亦作"大天兴"）国。其所以拥立赵氏而非他人，原因有三：第一，赵氏自来为南诏贵胄，地位颇高；第二，赵善政在长和国时为清平侍中，权势颇重；第三，赵氏为宁北祛逸傍人，属剑川节度所辖①。除此而外，赵氏自幼及长素有"神异"，当为天子，而又得到郑氏旧族的支持。所以，在杨干贞不便代郑自立的时候，不得已遂选择了赵氏。但是，赵善政即位以后，一方面秉承杨干贞旨意，"尽诛郑氏子孙"②，把自己陷入孤立无援的尴尬境地；另一方面又恃其特殊的出身，并不过分地感恩杨氏，"待干贞恩礼浸衰，凡干贞所有请乞，辄不许"③，引起杨氏极大不满。于是，杨干贞"赂结诸臣，废善政而自立"④，天兴国仅仅存在了10个月即告结束。

三 义宁国

灭天兴国后，杨干贞自立为王，改国号曰"义宁"（亦作"大义宁"），"贪暴特甚，中外咸怨"⑤。在位二年，其弟杨诏（一作明）"称民怨以除干贞，竟篡其位"⑥，改元"大明"⑦。杨诏，"平地得国，只宜小心保守"，励精图治，除旧布新，而却贪虐无道，猜忌嗜杀，"谣言怪异，信假成真"⑧。在位七年，通海节度使段思平起兵往讨，义宁国即随以灭。

南诏灭亡后之所以出现政权频繁易手的局面，有两点原因至关重要。第一，既然南诏的灭亡主要是由于自身内部各种社会矛盾的激化所致，那么，新兴政权能否得到巩固与长久就要视其是否能够使激化的各种社会矛盾得到缓和与解决。显然，从上面的叙述可以看到，不管是郑氏、赵氏还

---

① 参见方国瑜主编《云南地方史讲义》（中），第183—184页。
② （清）冯甦：《滇考》卷上《云南备征志》本。
③ 《（胡本）南诏野史》。
④ 同上。
⑤ 同上。
⑥ （清）寂裕：《白国因由》，康熙四十五年（公元1706年），圣元寺住持寂裕刻本。
⑦ 关于杨诏篡杨干贞自立，方国瑜先生已有详考，参见其主编《云南地方史讲义》（中），第184—185页。
⑧ （清）寂裕：《白国因由》，康熙四十五年（公元1706年），圣元寺住持寂裕刻本。

是杨氏的篡权夺位，都没有能够做到这一点，而且往往变本加厉，故其短命也就是必然的下场。第二，南诏后期，伴随蒙氏贵族势力的削弱，其他贵族统治势力迅速膨胀，而又主要表现为郑氏、赵氏、杨氏、段氏、高氏、董氏六大贵族势力的崛起。这些以姓氏为代表的贵族统治势力的迅速膨胀，既是南诏灭亡的一大原因，更是南诏亡后政权频繁易手的一大原因。他们的向背与否，决定着一个政权的存亡与否。从表面上看，南诏政权似乎是直接亡于郑氏贵族势力之手，而事实上却是诸姓贵族势力联合行动的结果。也就是说，势力不算最大的郑氏贵族篡蒙自立所以能够成功，是由于得到了诸姓贵族势力的共同支持。

　　前面说过，郑氏贵族势力控制朝政始于隆舜，而隆舜死于杨登之手。据冯苏《滇考》称，杨登此举是受了郑买嗣"密令"，而郑买嗣夺位之后又有杨布燮者为督爽长，说明郑氏贵族势力在篡蒙过程中是联合了杨氏贵族势力的。长和国立，赵善政为清平官，而南诏旧臣赵嵯政、赵隆眉续为军将，表明郑氏贵族篡蒙也联合了赵氏贵族势力。郑氏贵族篡蒙还得到了高氏贵族势力的支持，诸葛元声《滇史》卷七称："买嗣之篡，高氏实赞成之。"此外，段氏、董氏均有人在长和国中担任要职。郑氏篡蒙以及对蒙氏贵族势力的斩尽杀绝，引起了依附于蒙氏贵族势力的滇东三十七部的不满，"谋起兵"。郑买嗣惧，"诛杨登以塞众口"[1]，并"族其家"[2]。郑氏贵族势力与杨氏贵族势力的联合由此破裂，而杨氏贵族势力又是当时最有影响的势力，在长和国中权力颇大。于是，一当长和国发生危机，杨氏贵族势力便联合赵氏贵族势力取而代之，是即史书所谓"杨干贞弑主皆善政协谋"[3]。

　　长和国虽灭，"时郑氏宗族尚数百人"，而鼎力支持郑氏的高氏亦"颇不平，然畏干贞，皆变姓名自匿"[4]。作为郑氏贵族势力与杨氏贵族势力的平衡，赵氏贵族势力登上王位宝座，建天兴国。但赵善政即位以后，一方面对郑氏贵族势力大张挞伐，失去郑氏贵族势力的支持；另一方面又谋打击杨氏贵族势力，"有为赵善政谋者曰：干贞不自立而让主君，以恶

---

[1] （清）冯甦：《滇考》卷上《云南备征志》本。
[2] 《（胡本）南诏野史》。
[3] （明）诸葛元声：《滇史》卷上《云南备征志》本。
[4] 同上。

名归人，旋欲自利，计甚狡也。宜解其兵权以渐除之，不然祸必及。善政为然"①。终于导致杨干贞拥兵入朝，天兴国不足一年即告短命。

义宁国立，鉴于长和国、天兴国的教训，对其他诸姓贵族势力一概排斥与打击，引起诸姓贵族势力的共同不满。诸姓贵族势力遂以段氏贵族势力为核心结成联盟，共同反对杨氏贵族势力，最后灭掉义宁国而建立了大理国。

在南诏灭亡后的政治舞台上，以姓氏为代表的各姓贵族统治势力的膨胀，具有非同一般的意义。

南诏国灭亡以后，如何使激化的各种社会矛盾得到缓和与解决，如何使日益膨胀的各姓贵族统治势力得到平衡与利用，这既是摆在长和、天兴、义宁几个短命王朝面前的难题，也是摆在随后建立的大理国面前的难题。

第二节 段氏贵族统治势力的崛起

一 段氏溯源

大理政权的建立者为段思平。段氏之先，诸本《南诏野史》引《哀牢夷传》称为云南土著：哀牢山下有妇名奴波息，生十女，九隆兄弟娶之，立为十姓，段姓其一。然而，此一记载显不可信。第一，根据《华阳国志》诸书所载，汉晋之际的南中大姓之中并无段氏；第二，根据王叔武先生的意见，此处所引《哀牢夷传》应为《哀牢世传》，系明人所著，与汉杨终所撰《哀牢传》一书绝不相同。②

近年在大理五华楼发现的《故理阳寨长官司案牍段琏墓铭并序》元碑，又持另一说法："案牍姓段氏，讳琏，考其世袭源流，乃楚庄跻之将官也。威王使跻伐滇，既克，会秦灭楚，跻遂留王滇池，以其众分为五将，而己总以统之，因成一百□□之属，段氏其一也。其族属爵秩，具有家谱，兹不复赘。"根据现在掌握的材料，庄跻入滇与段氏族属似乎并无直接关系。否则，秦汉之际已成望族的段氏不可能在《华阳国志·南中志》所载大姓之中没有记载。因此，这段源自家谱的材料只能说明，为

---

① （明）诸葛元声：《滇史》卷上《云南备征志》本。
② 参见王叔武《云南古佚书钞》，第2页。

了与其他诸姓势力抗衡，大理时期段氏已将家世追到先秦，以此证明自己王于滇中的合理。近年陆续披露出来的一些家谱，申明段氏为云南土著，大抵均可与此类观。

极为普遍的说法是，段氏之先本武威郡人。"武威"即今甘肃武威，汉元狩二年（公元前121年）置郡，以后相沿不废，直至宋时改西凉府。檀萃《诏史补》等书又称：段氏之先本武威郡姑臧人。姑臧为县始于汉武帝时，世为武威郡治所在。因此，武威与姑臧没有分别，都是指的今甘肃武威。把姑臧训为姑思臧、乌斯臧亦即西藏，并进而认为云南段氏当由西藏而来，显然是对姑臧设县的状况不甚了了而产生的附会。

在确定了云南段氏源自姑臧之后，史书又进一步认定段思平等人就是汉太尉段颖之后："段思平者，其先武威姑臧人，汉太尉段颖之后。"关于姑臧段氏的情况，檀萃等人也有简考："汉段会宗以天水上邽人为西域都护，颖盖其从曾孙，以平羌功封新丰侯，官至太尉者二人，前、后二书并有传。段氏世居西塞，子孙散处，或仕中国，或入蛮陬。段荣、段韶显于北齐，段志元为唐佐命，其后段文昌遂相穆宗，皆武威姑臧之族也。"① 此一简考有两点特别值得注意：第一，姑臧段氏来自天水上邽，故段氏祖籍当在天水上邽；第二，姑臧段氏在两汉以后"子孙散处"，流落四方。在"子孙散处"以后，姑臧段氏或有一支南下云南，这是极有可能的。我们知道，天水郡自汉武帝时置，一直是陇西望郡，下辖上邽、成纪等县而郡治上邽。向达先生首先引为论据的大理国后期改洱海以南诸赕为天水郡、改善巨郡为成纪镇②，提示了云南段氏与西北段氏的特殊关系。这一事实反映出的实际上是大理段氏对其祖籍西北的心理认同。因此，说大理段氏祖籍西北应该没有什么问题。至于是武威还是天水，段氏自己似乎更倾向于后者。

熟悉中国民族史的人知道，很早以来西北一带就是氐羌民族的主要聚居之地。约在周秦之际，这些氐羌世族逐渐退居于陇山山脉之中，而以天水一带古所谓秦州或陇州的地方为其中心。汉武帝时于其地置天水郡，王莽改为填戎，明帝时改为汉阳郡，魏晋以后置秦州，统陇西、南安、天水、略阳、武都、阴平六郡。如果大理段氏祖籍确在天水，那他就极有可

---

① （清）王崧：《道光云南志钞·大理世家》。按，此段记载主要是抄于檀萃《诏史补》。
② 参见向达《南诏史略论》，载《历史研究》1954年第2期。

能属于氐羌民族的后裔，学者的一般意见更倾向于是氐族。

在漫长的历史进程中，受到各种因素的影响，居于我国西北的氐羌民族有一个不断向南迁徙的过程。其迁徙的路线主要是由金牛道、米仓道、阴平道三道而下，到达成都附近以后，一路沿岷江而下自五尺道进入云贵高原，另一路则取道邛崃自灵关道南下。在这些迁徙路线上，据向达先生考证，有不少地名都记载了氐羌南下的事实。米仓道上的仪陇县，萧梁时置，并于其地置隆城郡，隋时废郡，县改隶巴西郡。阴平道上的彭县，西魏为天水郡，后改为九陇，北周置九陇郡和九陇县，唐时犹有九陇村。沿岷江南下的彭山县，周时置隆山郡，隋时罢郡为县，唐玄宗时避讳改为彭山县。向达先生认为，仪陇、九陇、隆山之得名都与陇山有关，说明居于陇山的氐羌民族南迁途中曾在这些地方流寓过。蜀汉时分犍为置朱提郡，晋朱提郡所统五县中有汉阳、南秦二县。汉阳、南秦原为天水、武都的别称，这些地名的出现也只能与仪陇、九陇、隆山等量齐观[①]。对于这些铭记着氐羌民族南迁的历史事实的地名，我们更感兴趣的是它们的设置年代。从上面的叙考可知，仪陇、隆城始设于萧梁，天水、九陇始设于西魏，隆山始设于北周；而汉阳西汉已设，南秦为晋时改南昌而来。那么，由此可以看出，如果秦汉以前的氐羌民族南迁可以置诸不论的话，以后则主要有晋与梁魏（含西魏、北周）两次高潮。根据有关文献的记载，晋末，略阳、天水等六郡氐叟、青叟数万家，以郡土连年军荒，曾在李特兄弟的领导下涌入三蜀，建立成汉割据政权，至其败亡，他们中有相当部分避祸进入了云南[②]。南北朝时，先是梁魏争夺汉中，继是西魏攻占成都，两次都大规模地卷入了六郡、汉中并川北一带的氐羌民族，或者随军南下，或者避祸南下；至于北周，益州总管王谦反叛，沙州（即阴平，今甘肃文县西）氐帅杨永安率利、兴、武、文、沙、龙六州（分别为今四川广元、陕西略阳、甘肃武都、文县、四川江油）氐羌民族起兵响应，后为梁睿举兵讨破，形成另一次大规模南迁的高潮。鉴于段氏进入云南的时间不大可能早于秦汉（在进入云南的氐羌民族中，段氏一族显姓最晚），我们倾向于认定他的南迁以这两次为契机的可能性最大。

林宝《元和姓纂》卷九《诸郡段氏》引《云南状》云："魏末，段

[①] 参见向达《南诏史略论》，载《历史研究》1954年第2期。
[②] 参见段玉明《五斗米道入滇考》，载《中国史研究》1993年第4期。

延没蛮，代为渠帅。裔孙凭入朝，拜云南刺史。孙左，领大将军。生子光、子游、子英。子光试太仆卿、长川王，生秀；子英，率府遂郡王、神营州兵马使。"此《云南状》为何人所撰与撰于何时已不可考，方国瑜先生估计或为贞元年间（公元785—805年）的记录。依照是书记载，云南段氏起于魏末段延没蛮。所谓魏末，方国瑜先生认为是曹魏之末①。从现在所见到的可信的材料来看，段之一姓在云南是直到皮罗阁时才出现的。如果他在曹魏之末即已进入云南，作为影响并非不大的家族势力，没有非常特殊的原因绝不可能显姓如此之晚。同时，蜀汉破灭之时虽有人建议退入南中，但并未为后主刘禅采纳，最后的选择是举国迎降，因而最终没有导致民族的大规模南迁。所以，我们认为这里的魏末应是元魏之末。在西魏北周的氐羌举事中，正好就有一位名叫段吒的首领，事败后被政府所杀②。害怕祸及，或即导致了段氏家族的举族南迁。

二 段氏崛起

段氏进入云南以后，初为"渠帅"，即以段氏为核心的南迁氐羌部族的首领。至段凭时入朝（当在唐初），拜为云南刺史。其后，段氏一族世任唐代要职：段左领大将军，段子光试太仆卿、长川王，段子英率府遂郡王、神营州兵马使，段秀试太常卿。其中，段子英一名亦见于樊绰《云南志》："波州……故渭北节度段子英，此州人也。故居坟墓皆在。""波州"即今云南祥云，说明段延一族进入云南以后很可能一直居于滇中一带。而"渭北节度"，方国瑜先生疑为宁北节度（即南诏剑川节度）之误，意即段子英在贞元十年（公元794年）以前曾为南诏宁北节度使③。但以段凭之后子孙世任唐职判断，段子英曾为渭北节度不应轻易否定。

诸本《南诏野史》并称："段氏，武威人，祖段俭魏为阁罗凤将，唐天宝中大败唐兵，功升清平官，赐名忠国，拜相，六传而生思平。"作为段思平的直系六祖，段忠国一名亦见于《南诏德化碑》碑阴题名，时为

---

① 参见方国瑜主编《云南地方史讲义》（中），第188页。
② 参见段玉明《氐羌民族南迁云南考》，载《西南文化研究》第二辑，云南民族出版社1998年版。
③ 参见方国瑜《中国西南历史地理考释》，上册，中华书局1987年版，第460页。

清平官、大军将，威权极重。这个近于突然冒出的段氏显贵是否与段凭一族有着直接的血缘关系，现在已是很难弄清。但从俭魏之名分析，他应该是与段延有着某种联系——铭记着魏末没蛮的一段史实。故可能的情形是：魏末段氏进入云南以后，以段凭为首的一族谋求向外发展，出仕唐朝；而以段俭魏先世为首的一族则就地壮大势力，投靠南诏。至皮罗阁时，有段道超者得封国师①，段氏势力迅速膨胀。至阁罗凤，遂出现了像段俭魏这样权势极重的段氏显贵。与段俭魏同时，段寻全、段全葛、段附克、段君利等人也先后为阁罗凤所倚重，分别为清平官、大军将。异牟寻时，复有段诺突、段谷普者为清平官，段盛为大军将。劝利晟立，据《白古通记》记载："洱河有妖蛇名薄劫，塞河尾峡口，兴大水淹城。王出示：能灭者，赏尽官库，子孙世免差役。有段赤城愿灭蛇，缚刀入水，蛇吞之，蛇亦死。水患息。王建寺镇之，以蛇骨灰塔，名曰灵塔。"极有可能是死于兴修水利的段赤城死后成了洱河龙王。他被神化是段氏贵族势力崛起的一个信号，标志着段氏贵族势力的影响已经可以在各个方面与旧有张、李、赵、杨诸姓贵族势力相提并论。劝丰祐时，段宗榜、段酋琮为清平官。时狮子国侵缅，缅王求救于南诏，劝丰祐令段宗榜率兵往救。还师腾越，劝丰祐卒，权臣王嵯巅摄政。段宗榜遂遗书嵯巅："天启不幸，父崩子幼。闻公摄位，国家之福。我救缅甸，缅酬金佛，本国无人，惟公与我回日，可亲迎佛，与国争光。"嵯巅不知是计，至日往迎，遂被段宗榜所杀。②由于此时南诏政权已经逐步陷入危机之中，朝中乏人，唯段宗榜与王嵯巅被引为股肱，故嵯巅的被杀，事实上是使段宗榜成了南诏政权的核心人物。与此同时，又有段酋迁者为世隆朝大军将。至于隆舜，有陀西段羌宝者奉命出使岭南，代表南诏与唐修好。稍后，又有布燮段义宗入蜀。何光远《鉴诫录》卷六记载："蜀后主乾德（公元919—923年）中，南蛮选布燮段义宗、判官赞卫姚岑等为使入蜀。义宗不欲朝拜，遂秃削为僧，曰大长和国左卫崇圣寺赐紫沙门银钵。既而届蜀群臣议奏：僧有胡法，宜令礼拜。义宗于是失节焉。至于谈论敷奏道理，一歌一咏，捷应如流，有《题大慈寺芍药》，又《题三学院经楼》，又《题判官赞卫听歌伎洞云

---

① 《白古通纪浅述·蒙氏世家谱》参见尤中《僰古通纪浅述校注》，云南人民出版社1988年版，第25页。

② 《（倪本）南诏野史》。

歌》，又《思乡作》。……似此制作，实为高手。义宗生居蛮貊，蔑有汉朝章表，□□颇生轻易，国师常莹、辩广、光业等酬酢偶句，皆失机宜。□□□还，遇鸩而卒。"可以肯定地说，除段俭魏（忠国）外，这些段氏与段思平没有直接的血缘关系。否则，各种史籍仅仅祖述段俭魏而不涉及他人就于情理不通了。但是，从上面的考证可以看出，以段姓作为标志的段氏贵族势力经过不断的发展，至南诏后期的确已经可以和其他诸姓贵族势力相与颉颃了。

李京《云南志略》："思平，蒙清平官忠国六世孙，布燮保隆之子。"段俭魏（忠国）而下，史书上提到段思平直系血亲的仅此段保隆一位，为段思平之父。按照诸本《南诏野史》记载："其母过江触木有孕，生二子，长思平，次思良。"我们知道，感生神话大多起源于知其母而不知其父的原始民族之中。作为早已脱离了此一发展阶段的段氏家族而言，这个神话的产生很是耐人寻味。寂裕《白国因由》："夫段思平者，三灵之子也。《白古通》云：梅树结李，渐大如瓜。忽一夜李坠，有娃啼声。邻夫妇起而视之，见一女子，彼因无嗣，乃收而育之。既长，乡人求配弗许。忽有三灵白帝与之偶，生思平、思良。"这段记述比前一个触水感生的神话更为详细，点出了三灵白帝为其生父。关于三灵白帝，镌于明景泰元年（公元1450年）的《三灵庙碑记》有较详细的叙述："窃闻三灵者，其来尚矣。按《白史》，自天宝壬辰，蒙诏阁罗凤神武王时，肇兴神迹，至灵至圣，其一灵乃土番之酋长，二灵乃唐之大将，三灵乃蒙诏神武王偏妃之子也。厥诞生时，中宫无出，阴谋以猴儿□（易）而废弃，埋于太和城之道傍，密遣侍女凤夜视之。冢生一苇而畅茂，群牛往复，有一瑕牯先来爱护。一旦，斑字忽食之。女遂报于宫中，宰字剖腹，出一男子，披戴金盔甲，执剑，恨指，腾空而北往吐蕃。后率□（众）伐太和，至德源城，蒙诏乞和而归。后同二将复举兵至摩用，大战弗克，回至喜睑赤佛堂前，三将殒□（命），乃托梦院旁耆老曰：若立庙祀享，能遍水利，除灾害。遂定星揆日，不月而庙宇成焉。由是雨阳时若，□（五）谷丰稔。每于四月十九日，阖郡祈告。迄异牟寻孝恒王，追封号元祖重光鼎祚皇帝、圣德兴邦皇帝、镇子佛景皇帝。院旁有一长者之嗣，默祷。其囿种一李树，结一大颗。坠地，现一女子，姿禀非凡。长者爱育，号白姐阿妹。蒙清平官段宝隆聘为夫人。浴濯霞移江，见木一段，□（逆）流触阿妹足。乃知元祖重光化为龙，感而有孕。将段木培于庙庭之右，吐木莲二枝。生思平、思胄，号先帝、先王。"尽管三段材料或许都是来自同一本书——《白古通记》，碑文却向我们透露了更多的信息。第一，碑文称"三灵"一为土番酋长，二为唐之大将，三为蒙氏遗子。所谓土番酋长，并不像一般所说的即吐蕃酋长（理由很简单，土番、吐蕃在碑中并出，可见二者应有区别），而是某一部落首领。唐之大将，即为唐将。而神武王为阁罗凤谥，段俭魏显名正好是在此朝。联系到我们前面的分析，段氏于魏末进入云南以后，以段凭为代表的一支历任唐职而多为将军，以段俭魏先世为代表的一支投靠南诏而渐受其宠，如果还有一支一直"代为渠帅"不变，那么所谓"三灵"，正好就是段氏进入云南以后的三个发展支系。第二，从"三灵乃蒙诏神武王偏妃之子"判断，段思平先世或与蒙氏有姻亲关系，这又正好反过来对段俭魏的骤显作了解释。第三，碑文称三灵同二将死于喜睑后感而有段思平之母，喜睑为大理国时地名，南诏时称大厘，即今大理喜洲，而碑也确实立于今喜洲凤阳村三灵真观内，说明段思平的籍贯当在喜洲，依据《太和段氏家谱》记载为喜洲阁洞螃村，此村村民至今仍称乃段思平之后。第四，碑文称段思平之母系出李树，杨鼐《南诏通纪》记曰："段思平母阿垣，生于李实。先是其父名欢喜富，无男女，每日焚香告天求嗣。后，园中李树结实，夜半坠地有声。往观之，李实破两半，生一女。收而育之，名曰阿垣。"所谓"生于李实"之"李实"，极有可能是段思平外公姓名，后人妄加附会，遂衍而成为李树之实。然而，各种史籍并称段思平起事前曾于巴甸（今云南蒙自）"就其舅爨判自匿"，说明段思平母家应当姓爨，而其母亦不当为独生。以阿垣之名较之于爨酋阿姹、阿宙等名，说段思平之母或为爨蛮之裔应有可能。这样一来，我们前后的分析便发生了矛盾：既是喜睑李实之女，就不可能是巴甸爨氏之裔；反之亦然。唯一能够两全其美的合理解释就是，段思平之母当为养女，亦即本为爨氏苗裔（与爨判为兄妹），后又过继给李氏抚养。正德《蛮书》卷二十称：杜光庭卒，"蒙学士爨泰立庙祀之"。杜光庭庙在大理有两处，一在玉局峰麓，一在中和峰麓。无论爨泰所立为哪一座，都说明南诏后期是有爨氏在大理一带流寓与任职。那么，段思平之母或为流寓大理的某一巴甸爨氏之女，就不是没有可能了。史籍与碑文并称段思平外公原本无嗣，其母系"收而育之"，印证了我们的如上判断。第五，尽管碑文称段思平之父为段宝隆，但毫无疑问应该就是段保隆，这种音同而字异的情形在南诏大理的史籍中是屡见不鲜的。碑文称段宝隆为蒙清平官，李京《云南志略》称其为布燮，二者并不矛盾，说明段思平之父曾在南诏后期担任要职。

胡本《南诏野史》称天福二年（公元937年）段思平四十四岁，由此上推，知段思平生于隆舜嵯耶五年（公元893年）。尽管段思平之父曾经贵为布燮，但据各书所载，其幼时境遇却并不很好。寂裕《白国因由》称之："及长，无依无倚，惟甘贫度日不敢妄为。"又称其曾经为人牧牛放马、砍柴伐木、打碓磨面等。诸本《南诏野史》则称段思平曾经"放牧山中"。由此推之，段思平出生以后，或者由于郑氏代蒙，或者由于父亲早逝，家境已并不显贵，故其不得不为人佣作。及长，胡本《南诏野史》称其曾为幕览，说明段思平始为小府副将。其后，由于战功卓著，段思平逐渐得到擢升，最后成为了通海节度使，开始走上了夺取政权的道路。

第三节　大理政权的建立

一　段思平起兵

由于处在政权频繁更替的特殊时代，段思平很早就有了自己取而代之的宏愿。杨鼐《南诏通记》记载："（段思平）既长，凡牧牛、牧马、鸡鸣、犬吠等处皆云：段思平将为王。"倪本《南诏野史》则载："思平放牧山中，闻为王之谶"。寂裕《白国因由》："人言段思平要得天下，牧牛放马处、砍柴伐木处、打碓磨面处、会客闲谈处金曰：段思平要得天下。"这些所谓的吉谶，除了把它们看成是段思平为自己起而代之所造的舆论外，别无他解。于是，在他一步一步升到通海节度使的高位之后，段思平加快了推翻义宁政权的准备。

前面说过，杨干贞建义宁国不足两年即被其弟杨诏所篡。段思平密谋推翻义宁政权的消息传来，杨诏大怒，称："段思平得天下，将我置于何地？彼必有欺篡之心，速令军士访而擒之。"于是，趁其返回苍洱之机，杨诏派兵擒拿段思平。段思平度不能辩，"逃而避之"[1]。回到通海，惧不能免，起事时机又不成熟，他不得不再往巴甸，藏匿于其舅爨判家。

---

[1] （清）寂裕：《白国因由》，康熙四十五年（公元1706年），圣元寺住持寂裕刻本。

前面分析指出，高氏政治集团是郑氏长和政权的主要依靠之一，对杨干贞灭长和而建天兴、义宁素来不满。故当段思平准备起而代之的消息传出，他们立刻倒向段氏。高氏政治集团的代表之一——高方时守善巨（今云南永胜），闻段思平藏于巴甸，即遣人密往迎接。段思平遂与其弟段思良、军师董伽罗"裂冠，变姓名"，装扮成猎人前往善巨。至于善巨，高方建议联合滇东三十七部。滇东三十七部对郑、杨诸氏篡蒙自立早有不满，加上段氏与爨氏的特殊关系，说动他们加盟推翻义宁政权应该不成问题。而一旦滇东三十七部愿意加盟，加上段氏、董氏、高氏已有实力，推翻义宁政权的力量就已基本具备了。于是，段思平立即遣人前往滇东说服三十七部，得到三十七部的支持，共约会于石城（今云南曲靖）而后西进，聚兵蒙舍（今云南巍山）。

一切准备就绪，段思平一行转至蒙舍，集兵举事，"凡见思平者皆生仰慕，归之者众，从之者多"[①]。候滇东三十七部到来，"军士众多，威风大振"[②]。段思平设酒劳众，言于众人曰："既承众列士兴义，相从是盛举也，我对众立盟誓：我若得国，不负大义，既患难与共，自然富贵同享！"[③] 遂以董伽罗为军师，刻期祭旗进兵，众十余万，鼓行北上。师至河尾，段思平连得三梦：一梦人斩其首，二梦玉瓶缺耳，三梦镜破。军师董伽罗解曰："公为丈夫，夫去首为天，天子兆也；玉瓶去耳为王，王者兆也；镜中有影，如人有敌，镜破则无影，无影则无敌矣。"故三梦均为吉兆[④]。众人得兆，倍加振奋。时杨诏以重兵拒守河桥，段思平等人欲渡不能。正踌躇间，遇一披缨浣纱妇女，告知可从河尾三沙（亦作三舍）之处渡河。段思平依其所指，果然得渡，遂大败杨诏。杨诏兵败，率其亲属退走永昌（今云南保山）。段思平遣兵追击，至万箭树，杨诏度不能脱，遂自缢而死，亲属皆为所俘[⑤]。杨诏既亡，段思平挥兵直逼都城。退

---

① （清）寂裕：《白国因由》康熙四十五年（公元1706年），圣元寺住持寂裕刻本。
② 同上。
③ 同上。
④ （清）冯甦：《滇考》卷上。
⑤ （明）诸葛元声：《滇史》卷七；（清）冯甦：《滇考》卷上。按：二书原为杨干贞退奔永昌。然（胡本）《南诏野史》称杨干贞在义宁国灭后被废为僧，结合义宁政权早已落入杨诏的控制而又兵败河尾，退奔永昌较为顺路，且各书均称义宁国灭后杨诏被杀，故退奔永昌者应为杨诏而非杨干贞。

位闲居都城的杨干贞闻杨诏兵败，弃城而逃，为段思平军所擒，义宁政权宣告结束。

二 段思平建国

后晋天福二年（公元937年），段思平即位，国号大理，建元文德，仍以阳苴咩城为国都。

与长和、天兴、义宁几个政权均是来自夺宫之变不同，大理国的建立是通过大规模的战争得以实现的。在这场改朝换代的武装较量中，段思平能够获得胜利，究其原因，以下几点应该注意。第一，联合了各种贵族政治势力。由前面的详考可以看到，段氏势力本身就是南诏后期的一支不可忽视的政治力量。军师董伽罗与善巨守高方的卷入，则标志着董氏与高氏两大政治势力的加盟。尤其值得注意的是，诸本《南诏野史》并称段思英之母为杨桂仙，也即段思平之妻，说明段思平在推翻杨氏政权的过程中还曾联络了部分杨氏势力。此外，就是滇东三十七部的加盟。由于郑氏与赵氏贵族势力在其政权灭亡时已经遭到毁灭性打击，段思平所结成的推翻义宁政权的联盟，事实上也就包含了当时几乎所有的政治力量。这是段思平能够克敌制胜的主要原因。第二，进行了充分的起事准备。自段思平决定起而代杨开始，他就不断制造舆论、炮制吉谶，以对杨氏政权和其他政治势力形成压力，造成一种众望所归的局面。然后，利用这种有利局面，段思平进行了广泛的招兵买马，结成了有各种政治势力参加的倒杨政治联盟。在推翻义宁政权的各种条件均已大体具备的情况下，段思平仍然没有贸然行动，"自是入洱海城（地点不详，疑在巍山一带）屯粮聚兵三年"[1]。就是在已经起事北上以后，段思平还和军师董伽罗炮制了一出人斩其首、玉瓶缺耳与镜破的梦兆，以为讨杨大军打气。正是由于起事准备相当充分，在推翻义宁政权的军事行动中，段思平几乎没有遇到太大麻烦。第三，杨氏政权的天怒人怨。杨干贞在长和、天兴政权时期的表现令诸政治势力切齿痛愤，正是因为如此，杨诏能够轻而易举地取而代之。但是，杨诏篡位以后，不但没有改弦更张，反而变本加厉，致使曾经支持义宁政权的各种势力先后倒戈。及段思平起兵，杨氏所能控制的地区已经只有苍洱一带了。而段思平所到之处，或有人藏匿，或有人密招，或有人相

---

[1] （清）寂裕：《白国因由》，康熙四十五年（公元1706年），圣元寺住持寂裕刻本。

送兵器，或有人指点津渡，说明杨氏政权几乎已经到了人人怨怼、必欲去之的地步。寂裕《白国因由》称其"自取绝灭"，当不是信口胡说，应有所本。

大理政权的建立，结束了南诏灭亡以后政权频繁更替的局面，为云南社会经济的进一步发展创造了条件。

第十二章

大理前期的政治状况

第一节 大理政权的初步稳固

前面说过，南诏亡后，新兴政权能否稳固长久，取决于它对各种政治势力的平衡与社会危机的缓和。对于前者，段思平在推翻义宁政权的过程中已经初步实现；而对于后者，则有待于段思平即位之后所做的种种稳定政局的努力。

段思平即位以后，深知其建国大业并未就此完结，新兴政权的稳固还需付出更多的努力。因而，在其当政的六年里①，段思平采取了一系列稳固政权的措施。

一 稳定各种政治势力

尽管在推翻义宁政权的过程中，段思平已经使各种政治势力加盟段氏，但他很清楚，这种加盟并不稳固。在段氏获得政权以后，如果没有使这些政治势力得到满足，其联盟立刻便会土崩瓦解。而这个联盟一旦瓦解，段氏政权就会陷入岌岌可危的境地。这是长和、天兴、义宁几个短命政权的历史已经昭示于人了的。因此，段思平即位以后，一方面对义宁旧臣尽行铲除——"尽逐杨氏邪臣"②，另一方面则对支持他的各种政治势力大加分封——封董伽罗为相国，封董庆治兰州（今云南兰坪）；封高方为岳侯，分治成纪（今云南永胜）、巨桥（今云南昆阳）等地；封爨判为

---

① 按：诸本《南诏野史》、清代冯甦《滇考》卷上等并称段思平"在位八年"，而事实上从正式即位到其死仅六年。

② （清）冯甦：《滇考》卷上。

巴甸侯，"自山（在今云南建水城南）迤里至东南有目则山，又东为羡哀山，皆南诏时以赵姓者守其地，至是皆为判有。至澄江河阳麽些蛮所居，判皆夺据之。"① 而且，即使对属于应当铲除的义宁旧臣，段思平也没有像长和、天兴、义宁几个政权一样赶尽杀绝，而是区别对待，"罪大者明正罚爽，表暴贞良"②，乃至对杨干贞也仅只废其为僧而不予杀戮，这对于稳定杨氏集团与义宁旧臣无疑具有极大的作用。各种政治势力得到稳定，大理政权的稳固也就有了必要的前提。

二 加恩滇东三十七部

在推翻义宁政权的过程中，滇东三十七部的加盟是其关键。因此，段思平即位以后，对滇东三十七部给予了特殊的恩惠政策，"免东方三十七蛮部徭役"③，"皆颁赐宝贝，大行封赏，故东方终段氏未尝加兵"④。虽然终大理之世未尝加兵（滇东）三十七部之说并不确切，但滇东三十七部自始至终都是一个较为特殊的政治团体则是事实。通过对滇东三十七部给予的优渥政策，段思平既表现出了对支持他建国的各族势力的厚待，又表现出了对未支持他建国的各族势力的召唤，"于是远近归心，诸彝君长，各来贡献"⑤，从而稳定了滇东及广大的边夷地区。

三 废除杨氏苛刑峻令

义宁政权统治时期，为了摆脱危机，杨氏颁行了一系列的苛刑峻令。但这些苛刑峻令不但没有使杨氏统治摆脱危机，反而使社会矛盾更趋尖锐，上下咸怨。段思平即位以后，对杨氏苛政进行了全面改革，"更易制度，损除苛令"⑥，"赦国中凡有罪无子孙者"⑦，"于是远近归心，咸奉约束"⑧。

---

① （明）诸葛元声：《滇史》卷七。
② 同上。
③ 《（胡本）南诏野史》。
④ （明）诸葛元声：《滇史》卷七。
⑤ （清）冯甦：《滇考》卷上。
⑥ （明）诸葛元声：《滇史》卷七。
⑦ 《（胡本）南诏野史》。
⑧ （明）诸葛元声：《滇史》卷七。

四　普遍实行减税宽役

在蒙舍誓师中，段思平曾经许诺起事诸部事成之后同享富贵。蒋彬《南诏源流纪要》更称段思平曾经言于众人："尔等协力，我得国必报之，减尔税粮半，宽尔徭役三载。"段思平即位以后是否履行了减税宽役的诺言，史籍没有明载。一般意见倾向于他确已实行，赦免滇东三十七部差役就是此一减税宽役政策的一个部分。毫无疑问，此一政策的实行将对社会稳定与生产发展产生巨大的作用。

五　大力推崇各种宗教

为了提高段氏的威信，稳定政局，段思平即位以后还大力推崇各种宗教。《三灵庙碑记》称段思平即位以后在喜洲建灵会寺，追封其母为"天应景星懿慈圣母"，后又重创三灵庙，尊母为神。段思平在起事过程中曾经得到秀山神示，故其即位以后，对秀山神也另眼看待，"思平感通海秀山神之灵异，乃封秀山神为英列侯，高大祠宇以旌之，至今为民祈祷之所"[1]。与此同时，段思平又着力推崇佛教。《（胡本）南诏野史》称："帝好佛，岁岁建寺，铸佛万尊。"大力推崇各式宗教的结果，不仅使大理政权罩上了一层神圣的外衣，而且对于弱化敌对势力、缓和社会矛盾均有积极的意义。杨干贞被废而为僧就是一个典型的事例。

以上措施的实施，从平衡各种政治势力与缓和社会危机两个方面使新兴的大理政权逐步站稳脚跟。至段思平死，大理政权已经基本稳固下来。

后晋开运元年（公元944年），段思平死，时年51岁。段思平是云南乃至中国历史上的杰出人物之一。他所建立的大理政权不仅结束了南诏亡后政权频繁更替的局面，促进了云南社会经济的发展，而且使中国的西南边疆进一步稳定，客观上有利于中华民族统一体的形成。

第二节　统治内部的矛盾冲突

一　段思英被废

后晋开运二年（公元945年），段思英即位，改元文经。段思英为段

---

[1] （明）诸葛元声：《滇史》卷七。

思平之子，在位仅一年即被其叔段思良与相国董伽罗废而为僧。诸葛元声《滇史》卷七称："思英性暴戾，居丧淫戏无度，多变易文德年制度。"这就是说，段思英的被废主要有三个原因：一是性情暴戾，二是淫戏无度，三是变易旧制。

段思英性情是否暴戾，除《滇史》外，其他各史均无记载。所谓淫戏无度，也就是荒淫狎昵无度，疏于政事。《滇史》卷七又称："思平一子思英不肖，心欲废之，左右诸臣谏阻。及将死，谓弟思良曰：'吾子非承大业，尔宜善继吾绪。'思良泣受命，是年晋齐王。"这里的"不肖"应该就是指其"淫戏无度"了。故冯苏《滇考》卷上曰："思英素不肖，思平在日，常欲废之，不果。既立二年，淫戏愈。其臣以先王命，废为僧，而立其叔思良。"因其不肖而被废黜固然可以算作一个原因，但段思英的"不肖"是否到了必欲废立的地步，则有待研究了。最耐人寻味的是第三个原因：变易旧制。怎样变易旧制，又变易了哪些旧制，诸书均无所载。诸本《南诏野史》并称：段思英之母杨氏桂仙娘殁而为神，屡著灵应，"封为榆城宣惠圣国母"。前面说过，段思平在起事过程中曾经通过联姻联合了部分杨氏势力。因此，杨氏桂仙既是段思平之妻，段思英之母，更是杨氏势力的代表。她的殁而为神、屡著灵应的背后，反映的是杨氏贵族势力的复活。那么，段思英封其为"榆城宣惠圣国母"也就不是一个单纯的崇母行为，而是一个推崇、依靠杨氏贵族势力的信号。这显然与段思平立国以董、高二姓贵族势力为其主要依靠的方针有悖。所谓变易旧制，应该就是指这一变化。

董氏为滇中旧族，汉晋时期即为大姓。至于隋唐，在西洱河一带，杨、李、赵、董并为名家，"各据山川，不相役属"[1]。及南诏末，董氏势力开始涉足政坛，逐步成为蒙氏统治依靠的主要力量之一。世隆即位，以董成为清平官；舜化贞时，命董善明铸崇圣钟；郑氏篡蒙，有董德义为督爽弥勤忍爽。尽管和其他诸姓势力相比，董氏贵族势力不算非常强大，但随着南诏亡后郑、赵、杨诸姓贵族势力相继受到打击，董氏贵族势力的实力便逐渐显露出来，成为段思平倒杨集团的主要依靠，他的代表人物董伽罗也由之成了段思平倒杨集团的军师。而当大功告成以后，董伽罗又顺理

---

[1] 梁建芳：《西洱河风土记》载方国瑜主编《云南史料丛刊》第二卷，云南大学出版社1998年版。

成章地成了大权在握的相国。很明显，在大理政权建立的过程之中，董氏贵族势力既是立有汗马功劳的先锋集团，又是主要的获利集团。段思英企图抬高杨氏贵族势力的地位，很大的可能就是由于受到了董氏贵族势力的威逼。而他的所作所为，恰恰又犯了当时的大忌，势必引起以董氏贵族势力为首的各姓势力的不满。寂裕《白国因由》记载：段思平被杨诏军兵追赶，受人庇护逃至下关，"段思良、董伽罗领一白犬来至"。由此可知，董伽罗与段思良的关系非同一般，他投靠段氏集团应该主要是段思良的功劳。因此，当段思平死后，董氏贵族势力受到挤逼之时，董伽罗便很自然地与段思良结成了联盟，加上其他不满各姓贵族势力，最后将段思英废而为僧，并由段思良取而代之。是即诸本《南诏野史》不书段思英被废之过，而反称"帝叔思良争位，废帝为僧"的原因所在，至于所谓先王在时即欲废之、以先王遗诏废之等，都是段思良、董伽罗为废黜段思英而炮制的借口，让我们联想到宋初的金匮之盟。

段思英被废与段思良即位是大理国初期一次典型的夺宫之变，反映了统治集团内部各种势力的相争相当激烈。

二 贵族势力抬头

段思良在位略无建树，各史惟称刻《楼坪碑》而内容不载，方国瑜先生认为既为各史特书"当是一大事"①。

至治六年（公元951年），段思良死，其子段思聪即位。时值后蜀衰弱，段思聪欲兴兵攻蜀，为高侯所阻，说明此时的朝政大权已由董氏转到高氏手中。

至段素顺立，实行无为而治，"恭俭自持，下入奉令受职，国中称为贤明"②。根据《三十七部会盟碑》署名分析，在全部11个署名中，段姓占去3个，杨姓占去4个，李、王、袁、苏4姓各占1个，说明此一时期的杨氏贵族势力复有抬头。

至段素廉时，围绕立嗣问题，统治集团内部的矛盾冲突再度加剧。倪蜕《滇云历年传》卷五记载："段素廉子阿统不肖，废之，而立其侄素

---

① 方国瑜：《云南史料目录概说》，中华书局1981年版，第937—947页。
② （明）诸葛元声：《滇史》卷八。

隆。"① 阿统被废的原因，倪氏没有细说。诸葛元声《滇史》卷八则称："素廉一子阿统，性顽钝不知理义，饮博好色，宣淫于国中。素廉尝以为忧，乃与国相谋，立其侄素隆为嗣而废阿统，幽于别馆，穴地通饮食。"由此可知，阿统的被废原因与段思英一样，主要是由于自己性情顽钝、淫逸无度。然而，令人费解的是，阿统废则废矣，何以还要"幽于别馆"？穴地以通饮食就更令人奇怪了！让人隐隐约约地感到，阿统被废之后似乎处于被软禁或囚禁的状态。（王本）《南诏野史》称："（段素廉）在位十三年，为君无述，其子前死，孙素贞尚幼，乃立素英之孙素隆。素隆者，素廉之侄也。"也就是说，在段素廉去世之前阿统即已去世，由于阿统之子段素贞年纪尚小，段素廉不得已遂立其侄段素隆以继。素隆之立是由于阿统不肖被废还是不幸早夭，方国瑜先生认为"不知孰是"②。我们认为，二者并不矛盾。以阿统被废之后的处境之恶，死于其父之前是完全可能的。但素隆之立却绝对应该在阿统死前而不是死后，否则阿统的被软禁或囚禁就难以置信了。无论从哪方面看，阿统的下场都类似于宫廷政变中失败君王的下场。因此，段素廉废子立侄的举动有可能是受到了段素隆父子势力的威逼。

冯苏《滇考》卷上："素隆立五年，阿统有子素贞，幼聪慧，祖母怜之。素隆乃避位为僧，传于素贞。"诸葛元声《滇史》卷八记载更详："阿统之废也，素廉之妻抚统子素贞。素贞幼警敏，识人意表。阿统幽死，祖母怜素贞不得立，使人让高相。高相不得已，劝素隆避之。素隆立五年矣，亦无失德。丙寅，避位为僧，传位于素贞。"此段记载证实了我们以上的诸多判断：第一，段素廉之废子立侄的确是受到了段素隆父子势力的威逼，否则就不会出现段素廉之妻倍怜阿统父子的遭遇而最后又必欲拥立段素贞即位的状况；第二，阿统的确是因幽囚而死，故段素隆之立并不是由于阿统早死之故；第三，从段素隆在位五年并无失德而愿逊退为僧分析，他的即位的确应该不是光明正大的。所以，阿统之废与素隆之立也应该是一场典型的夺宫之变，反映的是段素廉兄弟之间的势力较量。而当素隆即位之后，不足以弹压局势，遂又不得不将

---

① 按：清代冯甦《滇考》卷上将阿统视为素顺之子，而夺素英、素廉二代，显误。
② 转见木芹《南诏野史会证》，第235页。

王位归还阿统之子素贞①。所谓"高相不得已",其实是素隆不得已。在这场夺位还位的权力之争中,高氏贵族势力扮演了相当重要的角色。

继段素贞者为段素兴,"性好游狎,广营宫室于东京,多植花草",每遇春月,必游东京,"挟妓载酒,自玉案三泉,溯为九曲流觞。男女列坐,斗草簪花,昼夜行乐"。②朝政大事则"听任群小","征敛苛急,民不安生思乱"。③这样,段素兴在位仅三年,即被国人以"荒淫日甚"而废。④

段素兴即位时年纪不大,加上在位三年,岁数也应该不会太大。也就是说,在为政能力上还很不成熟,主要是依靠自己一系的势力的辅佐,是即所谓"听任群小"的含义。而"征敛苛急,民不安生"局面的形成,则标志着段思良一系势力统治的趋于末路。与此相反,段思平一系的势力迅速壮大,至其玄孙段思廉,"体貌魁杰,德量过人"⑤,逐渐赢得国人支持,并与大权在握的高氏集团结成联盟。于是,"高国相因其(段素兴)无道,与诸大臣共废之。"⑥诸葛元声《滇史》、冯苏《滇考》、《白古通纪浅述》诸书并称段素兴被废之后,思良之后无可立者,更立思平之孙思廉,似乎段思廉之立纯属偶然。事实不是这样,由于段思平、段思良两系势力的相互消长,至段思廉时,段思平一系势力已经对段思良一系势力形成了威胁,"国中翕然曰:'此我祖余庆也!'即推戴立(段思廉)为大理国王。"⑦因此,不独段素兴之被废是受到了段思廉势力的逼迫,高氏贵族势力的倒向也都应该是因为此一缘故。那么,段素兴被废与段思廉之立还是一场夺宫之变。而通过此一夺宫之变,统治权力又重新回到了段思平一系子孙的手中。

表面上看,大理国前期的政治状况似乎比较平稳,没有惊天动地的事件发生。而事实上,统治集团内部各种势力的矛盾冲突相当激烈。

---

① 按:元代李京《云南志略》称秉(素)贞为秉(素)廉之子。夫如是,素廉传位于素隆又回传素贞就更于情理不通了。既然素贞可以即位,又何必先让素隆即位后再让其即位?故是说不可取。

② 《(胡本)南诏野史》。

③ (明)诸葛元声:《滇史》卷八。

④ 《(胡本)南诏野史》。

⑤ (明)诸葛元声:《滇史》卷八。

⑥ 同上。

⑦ 同上。

第三节　高氏大中政权的建立

一　高氏崛起

段思廉的即位标志着段思平、段思良二系势力矛盾冲突的告一段落，统治集团内部各种势力的你争我夺却并未因此偃旗息鼓。所不同者，段思廉即位以前的矛盾冲突更多地表现为王室之间的明争暗斗，而并不危及段氏的统治；以后的矛盾冲突则更多的是外姓的卷入，直至高氏的废段自立。

南诏后期崛起的六大贵族政治势力，除了郑氏伴随长和国的灭亡而遭到了灭顶之灾与段氏顺天应人登上帝座而外，其他四姓贵族势力均加入了段氏的统治集团，包括段氏直接与之对抗的杨氏贵族势力。也就是说，自段思平开国，段氏政权就是一个各种政治势力共同参与的联合政权。而这其中，由于建国过程中的种种因素。董氏、高氏贵族占有相当突出的位置。我们知道，联合执政的前提是各种政治势力的相互平衡；只有相互平衡，才能相互牵制。因此，随着段氏内部在王位继承明争暗斗中势力逐步削弱、控御能力降低，各种政治势力的相互平衡逐步打破，段氏统治的危机也就随之到来了。

天兴政权亡后，赵氏贵族势力受到了很大的打击。由于赵氏系滇中旧族，树大根深，虽然并未像郑氏贵族势力一样就此一蹶不振，且因加盟倒杨集团而被段氏引为依靠，但总的说来是呈现日薄西山的趋势。故整个大理前期，赵氏贵族得授要职者仅赵公美一人，为姚州节度。

董氏贵族势力在大理政权之初相当得志，几乎到了左右朝政的地步。然而好景不长，董氏一姓很快便从政治舞台上销声匿迹了。个中原因，我们至今仍然不得而知。可能的推测是：（1）受到高氏贵族势力急剧膨胀的挤逼；（2）受到董氏世奉密教的影响。高氏贵族势力的急剧膨胀留待下面专述。董氏世奉密教的问题，据立于大理凤仪北汤天村法藏寺内的明永乐十九年重修碑记记载：法藏寺创建人董贤为阿吒力教法师，先祖董伽罗曾为大理国开国君主段思平国师，故法藏寺俗称"国师府"。1956年，考古工作者曾在寺内发现南诏至明的写经、刻经三千余册并元、明佛雕若干。由此可见，自南诏而下，董氏一族即一直为阿吒力教首领。由于阿吒力教可以娶妻生子、注重家传，那些写本刻本佛经显然就是他们世代相传的经书。那么，在大理政权建立过程中功勋卓著的董伽罗也应该是一位阿吒力教首领了。位于法藏寺北的董氏宗祠内有四十二代董氏家谱碑，以董伽罗为其初祖，反映出了董伽罗与这个世奉阿吒力教的董氏家族的关系。由于政治制度的改革，以阿吒力教僧人为国师不再成为定制，亦多不参与机要，故其在王国政治生活中的作用迅速衰减。董氏家族在大理政治生活中的地位由是日弱一日。

这里特别要对高氏贵族势力的崛起进行一番必要的考述，因为它不仅牵涉到大中政权何以建立的问题，而且牵涉到后理政权何以形成的问题。事实上，整个大理后期的历史就是一部高氏专政的历史。

高氏原籍，《楚雄族谱》《大姚县志》《一宗枝图》《威楚令长高公墓志铭并序》《姚郡世守高氏源流总派图》《苍洱丛谈》以及高萌映手书等均称为江西吉州（安）卢陵县井岗乡。《姚郡世守高氏源流总派图》记高氏54代事迹，"一世祖高公定公，原籍江西吉安府卢陵县井岗乡人也，后移居南滇。时有孟获踞滇，蜀丞相诸葛亮渡泸讨之。公素为夷长所畏服，有谋逆于公者，公拒之不从。后计诛雍凯、朱褒以为俘，献亮。亮加公忠顺，疏请封以益州守。是为高氏始祖，盖功德所由始焉。"文果《苍洱丛谈》："姚安高雪君，即升泰之嫡派，向余述其家世曰：始祖江西卢陵人，随诸葛亮武侯入滇，留相凤那佑，遂为滇人。"二书记载虽有高氏先于诸葛亮入滇还是随其入滇的差异，但其入滇时间不会晚于蜀汉则是基本一致的。《三国志·李恢传》："先主薨，高定恣睢于越西，雍凯跋扈于建宁，朱褒反叛于牂牁。"《吕凯传》："及丞相亮南征讨凯，既发在道，而凯已为高定部曲所杀。"《后主传》："建兴元年（公元223年）夏……越西夷王高定亦背叛。"《李严传》："又越西夷率高定进军围新道县，严驰往赴救，贼皆破走。"此事系于章武二年（公元222年）之前。常璩《华阳国志·南中志》所载与《三国志》诸传相同，惟高定为高定元。凡此种种，如果高氏始祖确为高定，那他应该在诸葛亮南征以前就已经居于越西一带且为"夷率"了。

高定而下，《姚郡世守高氏源流总派图》称："始祖定公复命蜀郡，殉昭烈帝之难，其后流于吴越之间，隐名七世莫可考，嗣复居滇者，云称九世。九世公子进，仕唐，封蒙大将军，再衍世泽，业断而复续，继述之功居多焉。"所谓"流于吴越之间"，推断当为流徙朱提，后因朱提地区长期动乱，大姓多迁往滇西，定居洱海，高氏一门亦复迁到洱海。而自蜀汉至唐四百余年高氏仅传九世，其说显不可信。鹤庆高氏宗谱谓一世祖为高光，汉封长沙御史，以下高宗、高显、高午、高子进，并领护国将军。自高光至于子进，五世即至唐代，尤不可信。是故"七世"或即"十七世"之误。①

高子进后，《姚郡世守高氏源流总派图》为望凑、凑晟、晟君、君补、补猷、猷武、武茫、茫善、善诺、诺义、义和、和亮、亮从、从君、君辅、辅仁、仁温、温情、情智、智升。鹤庆高氏宗谱则为崇文、承简、商骈、高芳、望凑、凑晟、晟君、君补、补余、余武、武邱、邱善，以下与《高氏源流总派图》同。以望凑为高芳之子，其离谱之甚自不待言。而十世祖望凑以下历代世系，虽多编造，但未必尽不可信。依据诸本《南诏野史》的记载，高智升系岳侯高方之裔。令人奇怪的是，《高氏源流总派图》所列世系都没有高方其人，而鹤庆高氏总谱所列高芳又显不可信。是《高氏源流总派图》记载有误还是历史上并无高方其人？高方其人见于云南各种志乘，其有无不能轻易怀疑。而高氏一门至高方始著，各种世谱唯恐攀附不及，亦当不至遗漏。唯可解者，高方当为上面所列诸世之中某人。有学者根据时代推断，认为高方就是高情智②。以方国瑜先生为代表的则认为，辅、方音近异写，高方即高辅，亦即高君辅③。以高方为高智升之父荒谬之甚显而易见，因二人中隔一百余年；以高方为高辅音近异写，理由亦欠充分。我们认为，高方之"方"或为上面所列诸世之中某人的字号或别名。依据古人取字或别名的一般原则，它应该与正名有着某种关联。《论语·雍也》："可谓仁之方也已。"那么，高方之"方"即可与"仁"字发生关联，亦即可与高辅仁发生关联。"辅"字为父名，则高方即高仁，亦即高仁，字方。高辅仁至高智升中隔四代一百余年，年代亦大体相合。

汉晋之际已为大姓的高氏，南诏前期势力并不显赫，各种世谱所录事迹亦系杂拾史事，任意附会，可信者少。南诏后期，高氏贵族势力逐步发展起来，成为一支重要的政治力量。至段思平建立政权，高方功莫大焉，

---

① 参见林超民《大理高氏考略》，载《云南民族学院学报》1993年第3期。
② 参见郭开云《护法明公运碑赞及其他》，载《楚州古今》1993年第2期。
③ 参见方国瑜《高氏世袭事迹》，转见林超民《大理高氏考略》，载《云南民族学院学报》1993年第3期。

封侯领地，使高氏贵族势力膨胀，段思聪时已经取代董氏成为朝政大权的实际控制者。之后，段素廉、段素隆、段素贞、段素兴、段思廉诸朝均以高氏为相，高氏贵族势力权倾朝野，成为最有实力的政治集团。

杨氏贵族势力是南诏后期崛起的六大政治势力中最有实力的集团，这在前面已经做过分析。义宁国的灭亡，杨氏贵族势力遭受沉重打击，但却没有万劫不复。它的部分势力很快倒向段氏，成为段氏联合统治的一支重要的政治力量。至段思英立，为与董氏势力抗衡而抬高杨氏没有成功，却让高氏贵族集团渔翁得利，迅速膨胀。尽管如此，杨氏贵族势力的恢复发展亦很迅猛。段素顺时出兵滇东、会盟石城，杨氏贵族势力为其主要依靠，说明它的实力此时已经毫不逊于高氏。而正是此时（即段素顺、段素英时），我们没有发现高氏专政的记载，朝政大权极有可能就是控制在杨氏手中。前面说过，在段素廉废阿统而立素隆的过程中，高氏势力扮演了相当重要的角色。应该说，段素隆的即位是其父子与高氏贵族势力联合行动的结果。而高氏之所以如此活跃，或者就是为了从杨氏贵族集团中夺回朝政大权。事变之后，高氏果然从杨氏贵族集团手中夺回了权力而且逐步巩固，无论段氏内部如何你上我下都没有使他的地位发生动摇，而杨氏贵族集团却就此逐渐与段氏疏远，变成了一个彻底的失利集团。

诸姓势力的相互消长打破了大理统治集团内部力量的平衡，最后把段氏政权拱手交给了一枝独秀的高氏贵族集团。

段思廉为段思平玄孙，按理讲，他的崛起应该给杨氏贵族集团带来福音。然而恰恰相反，段思廉在夺位过程中依靠的却是高氏贵族集团，由是引起杨氏贵族集团的大为不满。于是，保安八年（1052年），杨氏贵族集团的代表人物之一杨允贤率部发动变乱。① 关于杨允贤之乱，史书几乎没有什么记载。（倪本）《南诏野史》称杨允贤为"叛臣"，说明杨允贤初为段氏统治集团的成员，因不满于权力的丧失遂"叛"。变乱发生之后，段思廉命岳侯高智升率兵讨伐，"克之"②。杨允贤之乱不但没有使高氏地位受到影响，因其被平，高氏贵族集团一枝独秀的局面反而更加稳定。事

---

① 关于杨允贤发动变乱的时间，倪本《南诏野史》为"八年"，胡本《南诏野史》与《白古通纪浅述》为"嘉祐八年"（公元1063年），倪蜕《滇云历年传》为"皇祐二年"（公元1050年）。然王本《南诏野史》《白古通纪浅述》《滇云历年传》等并称壬辰（公元1052年）以平杨允贤功升高智升为统矢，故当以保安八年为是。

② 《（倪本）南诏野史》。

后，高智升擢升太保、加封德侯，领白崖和甸（今云南弥渡一带）之地，旋授统矢（领今云南姚安）首领、晋鄯阐侯，自滇中至于滇东的广大地区均为高氏贵族势力控制。

段思廉在位三十一年，避位为僧，其子段廉义立。段廉义生性柔懦，"不能再举"①，朝政大事悉听高氏，故（倪本）《南诏野史》称高智升为"跋臣"。

既然杨允贤之乱没有使杨氏贵族集团的政治地位得到改善，高氏贵族势力反而更为嚣张，势力并未遭到彻底毁灭的杨氏贵族集团自然不会善罢甘休。于是，广安四年（公元1080年），它的另一个代表人物杨义贞再次发动变乱，杀段廉义而自立，改元德安，史称"广安皇帝"。在位四月，高智升命子高升泰起东方爨白之兵，"讨而诛之"②，拥立段廉义之侄段寿辉即位。段寿辉即位，以平乱与拥立之功加升高智升为布燮，高升泰袭鄯阐侯，其弟其侄尽皆受封，"一门之盛，半于大理矣"③。

如果说至段思廉即位高氏贵族势力已经近于一枝独秀的话，那么通过两次平定杨氏之乱，他就已经成了大理统治集团中无与匹敌的势力了。故诸葛元声《滇史》卷八称："高氏世执政柄，威令尽出其手。智升元封威楚，至是子又封鄯阐，于是河东诸郡皆入高氏。"与此相反，势力最大的杨氏贵族势力两次遭到沉重打击，难以东山再起，他如李氏、王氏、袁氏、苏氏各姓贵族势力又还没有发展到能与高氏贵族势力相抗的地步，大理统治集团内部的力量平衡彻底打破，段氏的危机最后到来。

杨义贞之乱平定之后，高智升因权势太盛自求退位，居于鄯阐（今云南昆明），自号清侯。其子高升泰代父为相。段寿辉"逼于高氏，不自安"④，在位一年，避位为僧。诸葛元声《滇史》卷八记曰："寿辉在位一年，疑惧高氏，常忽忽不安。升泰觉之，托以国人未服，更废寿辉而立思廉之孙正明。"由此可见，段寿辉的避位为僧并非情愿，而是一种完全被迫的行动，由此亦见高氏贵族集团的势焰之盛。

继段寿辉者为段正明，（胡本）《南诏野史》："（段正）明在位十三

---

① （明）诸葛元声：《滇史》卷八。
② 《（胡本）南诏野史》。
③ （清）冯甦：《滇考》卷上。
④ 同上。

年，为君不振，人心归高氏。群臣请立鄯候高升泰为君，正明遂禅位为僧，而段氏中绝矣。"与段寿辉相比，段正明的在位时间虽然较长，结局却是如出一辙。其所以如此，《（胡本）南诏野史》认为是"为君不振"而使人心转归高氏的缘故。与此相左，诸葛元声《滇史》卷八却称："（段正明）凡在位十二年，性谨属尚俭素。甲戌（公元1094年），避位为僧。时段氏子孙不振，国人皆归心高氏，遂举高升泰为主，而段氏中绝。"依据诸葛元声的记载，段正明不但没有"为君不振"，而且谨恪俭素，堪为明君。高氏之所以能够起而代之，是由于段正明逊退以后"段氏子孙不振"所致。由此又引出另一个问题，既然不愧为一代明君，段正明又何以要避位为僧？倪蜕《滇云历年传》卷五引《南诏史》称："段氏世衰，人心渐归高氏。正明畏其逼，因避为僧，群臣遂请高升泰为君也。"此条不为今传诸本《南诏野史》所有的材料，向我们透露出段正明逊位的真正原因乃是由于受到高氏势力的逼迫。因此，除了在位时间的长短不同外，段正明的情形几乎与段寿辉一模一样。

二 高氏夺权

段正明的逊位标志着段氏统治前期的结束，经过一百五十余年发展壮大的高氏贵族集团终于由后台跃上前台，取代了段氏的统治地位。宋绍圣元年（公元1094年），权相高升泰废段正明自立，国号"大中"，改元"上治"。

关于高升泰建大中政权，史书并称是由于段氏不振，高氏逼于群臣所请，似乎大中政权的出现纯属偶然。但事实不是如此。《（胡本）南诏野史》："升泰，岳侯高方之裔，大理岨苍山莲山峰下芒涌溪人。将生，其父袭岳侯，智升往石云寺进香回，遇一老叟云：尔家将生贵子，可速归。智升至家，而升泰适生，心颇异之。"由此可见，高氏一门还在高升泰很小的时候就已经开始了为其取代段氏制造舆论。稍长，高氏贵族集团又利用手中的权力对他着力扶持，"及长，有材器，仕为清平官，兼九爽之事，誉望日重"。[①] 杨义贞之乱起，高升泰"佐其父伐叛讨逆，功绩赫然"。事平之后，高升泰代父为相，实际控制了朝政大权，"益得幸，赐妻赏地，势日以隆"。在这种情况下，段正明被迫避位为僧，而国中臣民

---

① 《（胡本）南诏野史》。

（实为高氏贵族集团）皆曰："杨义贞之篡，段氏亡矣，国固高氏之国也。今段氏微，君已委蜕而去，非高为主，人心其安归乎！"于是共相推戴，"升泰亦不辞也"。① 很显然，自高智升始，代段自立就一直是高氏一门的既定方针，故倪蜕《滇云历年传》卷五称："大理国相、鄯阐候高升泰逐其君段正明自立，僭号大中国，改元上治。"因此，高氏大中政权的出现绝不是一种历史的偶然。

高升泰在位两年，因病将死，遗命高氏子孙："段氏不振，国人推我，我不得已从之。今其子已长，可还其故物，尔后人勿效尤也！"② 高升泰死，其子高泰明不敢违抗父命，遂将王位归还段氏，大中政权宣告结束。

三　还位段氏

大中政权建立不足两年复又还政于段氏，这是否就可以反过来认为高氏之篡当非本心了呢？答案是否定的。高升泰死前之所以遗命子孙还政于段氏，段氏子孙已长只是一个借口，真正的原因是高氏贵族势力还不足以完全控制局面，段氏贵族集团还有相当的实力。关于这点，诸葛元声认识颇深，他在《滇史》卷八中议曰："呜呼！升泰以诛篡立功而躬自蹈之，无君甚矣！然临殁言善，戒子孙效尤，盖其心亦知段宗未可遽灭，人心不尽忘段氏也。不然，国人所逼，摄政可矣，更号改元可为者哉！倘在中土，难逃赤族之诛矣！"

高氏大中政权的存在虽然为时不长，但在大理政权的历史上却有划时代的意义。

---

① （清）倪蜕：《滇云历年传》卷五引《南诏野史》。按，此条与今传本《南诏野史》所载颇不同。

② （清）冯甦：《滇考》卷上。

第十三章

大理的政治制度

第一节 大理的疆域与行政区划

一 大理疆域

南诏后期的统治区域包括了今云南全境、四川南部、贵州西部、缅甸北部、老挝及越南北部的广大地区。具体地讲，它的东部以今云南昭通、贵州遵义、贵阳与唐交界；东南以贾勇步（今云南河口）与安南交界，约与今天云南与越南的边界相当；南部以今老挝的川圹、桑怒、琅勃拉一线与东南亚各国交界；西南与骠国交界，略与今云南与缅甸的边界相当；缅甸杰沙以北，南诏与天竺直接，其边界略与今缅甸与印度的边界相当。[①] 大理的统治区域与南诏后期略似。宋熙宁七年（公元1074年）杨佐至大理买马，于大云南驿（今云南祥云县云南驿）前见其"里堠"，题曰："东至戎州，西至身毒国，东南至交趾，东北至成都，北至大雪山，南至海上"。[②] 此处虽然仅言通道，然亦可以从中推见大理前期的统治区域当不减于南诏晚期。至蒙古平定大理，"其地东至普安路之横山，西至缅地之江头城，凡三千九百里而远；南至临安路之鹿沧江，北至罗罗斯之大渡河，凡四千里而近。"[③] 普安路之横山即以卖马闻名的邕州横山寨，地点在今广西田东；江头城即今缅甸实阶区东北部之杰沙；鹿沧江即今越

[①] 参见方国瑜《中国西南历史地理考释》，第416—421页；尤中：《中国西南边疆变迁史》，第46—57页；林超民：《云南郡县两千年》，第94—96页，等。又，此一部分参见以上诸书甚多，恕不另注。

[②] （宋）杨佐：《云南买马记》。

[③] 《元史·地理志》。

南莱州省境内之黑江；而罗罗斯之大渡河即今之大渡河。由此可见，大理后期的统治区域不独不逊于南诏晚期，似乎更有扩展。

具体言之，大理强盛时期的四方边界可以粗略考索于下。据《宋史·地理志》载，两宋时期的西南边界最狭时以黎州（今四川汉源）、嘉州（今四川乐山）、戎州（今四川宜宾）、泸州（今四川泸州）、恭州（今四川重庆）、涪州（今四川涪陵）、黔州（今四川彭水）、辰州（今湖南沅陵）、沅州（今湖南芷江）、融州（今广西融水）、宜州（今广西宜山）、邕州（今广西南宁）等为界，沿边均为处于羁縻状况的各少数民族部族。它们中的大多数既听命于宋朝而又臣服于大理。故在大理强盛时，其控制区域可以直接推到宋朝边境的黎、嘉、戎、泸、宜、邕等州。又据《越史通鉴纲目》称，大理军队曾经兵临安南国平林州境，而安南国渭龙州牧何㫤俊亦曾以渭龙、都金、常新、平原诸州叛归大理。平林州即今越南高平、广渊一带，渭龙州即今越南沾化一带，都金即今越南咸安一带，平原即今越南渭川一带。"七十城门甸"是大理东南部边境一带的少数民族部族，《招捕总录》称其"与安南邻"。元时，以"七十城门甸"并邻近的蒙当、蒙麻、蒙彭诸甸部设宁远州。宁远即今越南莱州，蒙当即今越南蒙登，蒙麻即今越南孟莫，蒙彭即今越南孟蚌。那么，大理强盛时期的东南边界则当自今越南奠边府西北一带往东折经伦州、琼涯，然后依黄连山省东界接河宣省咸安、沾化，再接高谅省之高平、广渊。南诏银生节度辖境内有"茫乃道并黑齿等十部落属"，分布于今西双版纳至缅甸南掸邦一带。尤中先生认为，在景龙金殿国出现以前，大理南部的边界基本上是围绕着南诏时期的这一边界盈缩变化的，即约自今南卡江入萨尔温江附近起沿江南下，至今泰国西北顶端处东折，依今泰缅边界至清迈北部的孟范西部折经孟范南部，然后大致依今泰国清莱府西部、南部和东南部界线，至泰国难府北端一带往东南折，依今萨耶武里西部的泰老边界又东折，再依今蔟耶武里、琅勃拉邦、川圹与万象之间的界线至今川圹东南部，便大致依今川圹东部的越老边界往北至越南奠边府西北与大理东南边界相接。大理的西部边界以"金齿百夷"居住区域的边缘划断，《云南志略》称其"北接吐蕃"，《招捕总录》称其西交"西天"。又，乞蓝部是大理时期腾冲府所属的边境部落，《元史新编·地理志》称其西北接印度、西南邻缅。由此可知，大理强盛时期的西部边界与南诏后期丽水节度的边界大致相同，即：北部与吐蕃接，界线大约与今缅甸北部和西藏之间的边界相同；西北接印度，界线与今那加山区一带的印缅边界相当；西南边界则大约在今缅甸境内亲敦江上游往东南至杰沙、八莫一带。至于北部，其边界则大致沿着现今云南与西藏、与四川的分界至四川木里北上九龙，最后由石棉与宋黎州边界相接。

当然，说大理强盛时期的四方边界曾经达到以上各地，本身也包含着此一划界并不是自始至终都稳定不变。事实上，在大理后期，中央政权衰落以后，邻近羁縻各族即先后脱离了大理的有效控制。受其影响，一些腹心地区的少数民族部落也纷纷拥土自立。

二 行政区划

大理前期的行政区划史无详载。方国瑜先生根据《元史·地理志》并《混一方舆胜览》的零星记载推断，大理前期的行政区划当亦承袭南诏后期，首府之外，置二都督、六节度以为外府统辖各地部族，同时委派贵族设郡、赕作为据点分守。至于受都督、节度管辖的部族则仍称部、甸，以土长为首领，与郡、赕错杂而居。首府即阳苴咩城并其畿辅之地；"二都督"即会川都督、通海都督；"六节度"即姚州节度、永昌节度、银生节度、剑川节度、拓东节度、敕化节度；其下郡、赕若干。姚州节度即南诏后期的弄栋节度，敕化节度为丽水节度。由于首府而外的二级政区共有八个，宋人记载并称"云南八国"；而又由于都督亦称节度，《南诏野史》诸书合称"八节度"。

阳苴咩城

段氏立国，以阳苴咩城为国都，统摄登川赕（又名德源城）、宁北赕（领云龙甸）、喜赕、赵赕、白崖赕、云南赕、品赕、蒙舍赕，并为首府直属地区，其管辖范围大致与南诏后期十赕之地相当。

会川都督

会川都督所辖，北起大渡河，南迄金沙江。大理前期，会川都督管领之地以建昌、清宁二郡各为北南中心。建昌郡下辖落兰、阿都、沙麻、科部四部。此外，居于宋黎州境外、建昌城北之间的邛部、两林诸部，在大理前期亦隶属于建昌郡。建昌城南，则另有屈部诸部隶之。清宁郡下辖边府睑、归依城、泥龙城、麻龙城与黎驱。绛部之地在大理前期亦属会川都督管领。

通海都督

大理前期，通海都督管领之地与南诏后期无大差异，唯于南北分设建水、通海二郡以重其势。二郡之外，巴甸、石坪邑、茶甸以及矣、空、破、马诸部在大理前期亦当受制于通海都督。

姚州节度

与南诏后期的弄栋节度相比，大理前期的姚州节度管领范围似有缩小，除府城统矢逻（姚府）外，仅有大姚保一郡相隶。至于《兴宝寺德化铭》与《嵇肃灵峰明帝记》中所谓"阳派郡"、"阳派县"，方国瑜先生认为就是统矢城。

永昌节度

大理前期永昌节度所领诸郡状况疏于记载，唯《元史·地理志》"永平县"条称其"唐蒙氏（大理前期，'唐'衍）改胜乡郡，属永昌"。永昌节度治所仍在南诏旧城，其辖境当略与南诏后期相同。

银生节度

大理前期，银生节度治于威楚，统辖南诏后期的览赕等地并银生节度领地。《元史·地理志》"开南州"："至蒙氏兴，立银生府，后为金齿、白蛮所陷，移府治于威楚，开南遂为生蛮所据。"由此可知，大理国前期的银生节度初治开南故城，后方移治威楚。石桑（即威楚）、开南二郡之外，定远（牟州）、镇南、威远、石鼓、路赕并隶。威远以南，南诏时为茫乃道，所辖诸部在大理前期并归银生节度管领。

剑川节度

大理前期，剑川节度所领州郡可考者有谋统郡、善巨郡。尽管在名义上大理前期的剑川节度仍然是南诏后期剑川节度的继续，而事实上其管领范围却是明显不如南诏后期。

拓东节度

拓东节度又称鄯阐节度，统辖南诏后期的拓东节度领地。大理前期的拓东节度管领滇中和滇东两在地区。滇中地区以鄯阐府为中心，计有长城郡、阳城堡、安宁城、巨桥城、河阳郡、江川、温富州诸州郡。滇东地区以石城郡为中心，计有弄泥甸、塔敝纳夷甸、路甸、阿彦甸、匿弄甸、巴甸、寻甸诸甸部。此外，南诏后期居于滇东北与滇北一带的东爨诸部亦多隶于拓东节度。

敕化节度

大理前期的敕化节度即南诏后期的丽水节度，其管领范围亦大致相当。大理国前期的敕化节度所领州郡大多失载，所可考者唯越赕、金齿二地。其中，越赕为敕化节度的治所。

很明显，大理前期的行政区划仍然带有相当浓厚的军事色彩，基本上保持了南诏后期以军设政的政区划分特点。这种带有军事据点性质的政区划分，是与大理前期境内各族社会发展的普遍状况相适应的。

大理后期，行政区划有了根本性的改变，废除了南诏以来以军事统治为主的节度、都督制，而代之以政治统治为主的府、郡制，在确实具有军事意义的地区则专门设置军事重镇以为防御。

依据元人的记载，蒙古平定大理时共得"五城、八府、四郡洎乌、白等蛮三十七部"①。所谓"五城"，即哈刺章（大理）、押赤（鄯阐）、察罕章（丽江）、金齿（永昌）与赤秃哥儿（安顺）；所谓"八府"，即鄯阐府、威楚府、统矢府、会川府、建昌府、永昌府、腾冲府与谋统府；所谓"四郡"，即东川郡、石城郡、河阳郡与秀山郡；而所谓"乌白等蛮三十七部"，即大理时期一直非常活跃的滇东三十七部。除此之外，大量资料表明，大理后期还设有"四镇"，即成纪镇、蒙舍镇、镇西镇与最宁镇。由于"城"之一称本身不是政区设置，故大理后期的行政区划大抵是首府之外，设立八府、四郡、四镇，各有境界，而部及赕、甸等分别隶属于各府、郡、镇。

阳苴咩城

大理后期的阳苴咩城又称"大理"和"紫城"。郭松年《大理行记》："大理，名阳苴咩城，亦名紫城，方围四五里。"与大理前期不同，大理后期的阳苴咩城仅为都会，其旧领诸赕之地则分设凤羽、天水二郡统辖。凤羽郡治凤羽，主要统辖洱海以北的邓赕、宁北赕、云龙甸、喜赕诸赕甸。天水郡治赵赕，主要统辖洱海以南的白崖赕、河东赕、云南赕、品赕诸赕甸。而旧辖之蒙舍赕则从畿辅之地划出，别为一单独政区。

鄯阐府

大理后期拓东节度废后，别设鄯阐府管领滇池四周之地。鄯阐府治鄯阐城，下隶黎嚷甸、嵩明郡、阳城堡、安宁城、碌啵甸、巨桥城诸郡甸。其中，嵩明郡即长城堡，而黎嚷甸、碌啵甸当为新设政区。至于旧拓东节度所辖滇东的广大区域，则分别另设石城、河阳、东川三郡管领。

威楚府

大理后期银生节度废后，别设威楚府管领旧境北部诸地。威楚府治白鹿郡，所领郡赕计有牟州、俗富郡、石鼓赕、路赕，大抵均为银生节度北

---

① （元）王恽：《秋涧先生大全集》卷五十《兀良氏先庙碑铭》。

部所领旧州，而南部所领开南、威远二州则另划归蒙舍镇管领。

统矢府

大理后期姚州节度废后，别设统矢府管领旧地。统矢府治统矢城，领大姚堡。

会川府

大理后期会川都督废后，别设会川府管领旧境南部诸地。会川府治会川城，下领边府赕、归依城、龙泥城诸城赕。旧清宁郡所辖的东部诸地，大理后期为㳽畔部所侵，别属东川郡管领。

建昌府

大理后期会川都督废后，别设建昌府管领旧境北部诸地。《元史·地理志》"建昌路"称：建昌诸酋争强不下、分地为四而推段兴为长之后，"其裔浸强，遂并诸酋，自为府主，大理不能制。"所谓"大理不能制"并不是脱离了大理的控制，而是脱离了会川都督的控制自为一行政区划。也就是说，建昌府或在会川都督还未废去之前即已成为一独立行政区域。建昌府治建昌城，下领落兰、阿都、沙麻、科部、邛部（勿邓）、两林、屈部诸部。

永昌府

大理后期永昌节度废后，别设永昌府管领旧地。永昌府治永昌城，除旧领胜乡郡外，另有枯柯甸、庆甸、佑甸相属。

腾冲府

大理后期敕化节度废后，别设腾冲府管领旧地，而于金齿之地别设为镇。腾冲府治越赕，其所管领之地当较敕化节度更狭。

谋统府

大理后期剑川节度废后，别设谋统府管领旧地之谋统郡，而以善巨郡别设为镇。谋统府治谋统城，下领义督赕、兰溪郡。

东川郡

南诏后期，东爨乌撒、乌蒙、茫布、㳽畔诸部别为一羁縻地区。大理前期，设东川郡与各部同列以为据点。至大理后期，以东川郡统率各部，计领乌撒、阿头、易溪、易娘、乌蒙、㳽畔六部，其东西又有芒布、阿晟二部。此外，绛部之崛起亦在大理后期，其所占姜州、会理、麻龙、通安四州自当隶于东川郡下。东川郡治㳽畔部。

石城郡

石城郡旧隶拓东节度，大理后期别为一独立行政区域。石城郡治石城，下领尽为东爨部落，计有磨弥、普摩、纳垢、罗雄、夜苴、落蒙、落温、师宗、弥勒、仁德、沙摩、于矢诸部。其中，普摩部即旧之弄泥甸，罗雄部即旧之塔敝邑甸，落蒙部即旧之路甸，落温部即旧之阿彦甸，师宗部即旧之匿弄甸，弥勒部即旧之巴甸，仁德部即旧之寻甸。

河阳郡

河阳郡旧隶拓东节度，大理后期别为一独立行政区域。河阳郡所领亦并为诸夷部落，治罗伽部。

秀山郡

秀山郡旧隶通海都督，大理后期别为一独立行政区域。秀山郡所领当以阿白部为主，别有思他、伴溪、七溪三部。思他即官桂思陀部，伴溪即伴溪落恐部，七溪即七溪溪处部。秀山郡治秀山城。

成纪镇

大理后期剑川节度废后，以旧善巨郡地设成纪镇。成纪镇治善巨郡，管领牛睒、三睒、楼头睒、罗波九睒、罗衰间、罗共睒诸睒。

蒙舍镇

大理后期银生节度废后，以旧境南部之开南、威远二州设蒙舍镇。蒙舍镇治开南县，下领威远睒。威远睒下复领罗殷、马龙、步日、思么、罗丑、罗陀、步腾、步竭、台威、台阳、设栖、依陀十二部，其南则为猛泐，即大理前期的茫乃道。

镇西镇

镇西镇亦称金齿镇。大理后期敕化节度废后，以旧金齿地设镇西镇。镇西镇治干额睒，下领镇康、蒙光、孟都诸地。

最宁镇

大理后期通海都督废后，以旧境东南部地设最宁镇。最宁镇治阿宁部，管领哈迷部、王弄山部、教合三部、矣尼迦部、舍资部、纳楼部、铁锁甸、花角蛮、大甸、七十城门甸、钟家部、刀刀王部、大笼刀蒙甸、点灯部、明椒坝、南关甸等部甸。其中，王弄山部即旧马部，教合三部即旧空部，矣尼迦部即旧矣部，钟家部即旧延众镇。此外，旧之破部后为褒古部，与维摩部一并亦归最宁镇管领。

除了以上所述的重要行政区划外，元代而下诸志书所载"旧名"、"蛮名"有称睒、称部者，亦为政区名号；而称笼（龙）、称罗（城）、称甸、称村、称寨者，则为小地名。

由上不难看出，大理前期行政区划的核心是以军事控制为出发点的，即将其所有控制地区划为八个部分，由军事首领出任节度、都督分别管领，其下复设州郡都甸，隶于节度、都督。而畿辅之地尽隶都城，亦明显带有拱卫都城的军事目的，且集首府之力可以抗节度，调节度之兵足以胁首府。这种行政区划与盛唐以后中原的行政区划形式颇肖，当来自南诏对唐行政区划的模仿。大理后期，废二都督、六节度而代之以八府、四郡、四镇，在经济较为发达的开化地区设府，在主要是少数民族聚居的地区设郡，而在强邻压境的边夷地区则设镇，其下再各领（县级）州郡部甸。《兴宝寺德化铭》称兴宝寺在"弄栋华府阳派郡"，而刻于同一碑上的《嵇肃灵峰明帝记》则首言"褒州阳派郡"，而文中又言"褒州阳派县"，可以看出大理后期在府、州之下又有郡、县之设的两级行政区划。① 这种主要是以经济状况与地区特点作为依据的两级行政区划，让我们想到宋朝的地方行政机构的设置，当亦来自对宋朝政区划分的模仿。而其模仿的动机，就是由南诏经过大理前期而至后期各地社会基础发展变化的需要。

第二节　大理的职官制度

一　王室

关于大理的职官制度，史无详载。近年来，经过史学前辈与同仁的努力并考古材料的不断发现，我们已经基本上可以为它勾勒出一个轮廓。

与南诏后期一样，大理政权的最高统治者称为皇帝，并有谥号或庙号。据《南诏野史》记载，其各代帝王的谥号或庙号分别如下表所示：

由下表可以看出，大理前期的各代帝王更重谥号，唯一的一个庙号正好是王位回归段思平裔孙段思廉后出现的，带有认祖归宗的意思。大理后期，也许是受到高氏夺位还位的影响，宗庙与社稷的关系变得格外重要，庙号也就几乎成了各代帝王必加的称号，以此表示大理王权的正统性与连续性。与皇帝的称号一致，皇帝的亲属也均以"皇"相称，如"皇叔"等。

李京《云南志略》："其称呼国王曰骠信。"段正兴为其太子所铸观音像背发愿铭文中也自称"皇帝骠信段正兴"，而《张胜温画卷》题款则称"利贞皇帝骠信"。可见，大理政权的最高统治者也称"骠信"。从《高兴

---

① 参见汪宁生《云南考古》（增订本），第178页。

蓝若碑》之"发用此弘奉福天王缥信冢宰国公禅师",以及以上二例均与佛教信仰有关判断,上一称谓当与宗教的关系极为密切,且未必只用于称呼大理的最高统治者。

序号	王名	庙号	谥号	序号	王名	庙号	谥号
1	段思平		圣神文武皇帝	13	段寿辉		上明皇帝
2	段思英		文经皇帝	14	段正明		保定皇帝
3	段思良		圣慈文武	15	高升泰		富有圣德表正皇帝
4	段思聪		至道广慈皇帝	16	段正淳	中宗	文安皇帝
5	段素顺		应道皇帝	17	段正严	宪宗	宣仁皇帝
6	段素英		昭明皇帝	18	段正兴	景宗	正康皇帝
7	段素廉		敬明皇帝	19	段智兴	宣宗	功极皇帝
8	段素隆		秉义皇帝	20	段智廉		享天皇帝
9	段素贞		圣德皇帝	21	段智祥	神宗	
10	段素兴		天明皇帝	22	段祥兴		孝义皇帝
11	段素廉	世宗	孝德皇帝	23	段兴智		向义定天贤王
12	段连义		上德皇帝				

正德《蛮书》卷二曰:"官渡市中有古碑,相传蒙摩诃嵯与三十七部会盟时立。""摩诃嵯"即摩诃罗嵯。张道宗《纪古滇说集》则称:蒙古兵进丽江,"大理摩诃罗嵯段兴智降"。而事实是,蒙古兵入上关,段兴智奔鄯阐,高泰祥至统矢逻募兵于三十七部,未至而蒙古兵已长驱而入。《蒙摩诃嵯与三十七部会盟碑》或即段兴智募兵于三十七部时所立[1]。是知大理的最高统治者亦有"摩诃罗嵯"之称。宪宗六年(公元 1256 年),段兴智与季父信苴福入觐,"宪宗大喜,赐兴智名摩诃罗嵯"[2],当系即其旧称而行加封。"摩诃罗嵯"之称起于南诏,据《白古通纪浅述》载:隆舜即位,"远见魏山巅有白气,使李紫奴往,挖得铜钟一,重三百两,阿嵯耶观音一位,自号摩诃罗嵯耶。"隆舜死谥"武宣"(一作"宣武"、"元宣"、"文武"),《南诏图传·文字卷》:"至武宣皇帝摩诃罗嵯,钦崇

---

[1] 《新纂云南通志》卷九十一。
[2] 《元史·信苴日传》。

圣像教，大启真宗，自获观音之真形，又蒙集众之钲鼓。"《张胜温画卷》中的"摩诃罗嵯"即是隆舜。至于何以称"摩诃罗嵯"，冯承钧《元代白话碑·绪言》称："梵名古翻中有摩诃罗堵，此云大王，印度及南海诸王之封号也。"另有学者认为："摩诃罗嵯"应为佛教瑜伽密宗（阿吒力派）的护法神——大黑天神[①]。我们认为，若"摩诃罗嵯"之谓"大王"可以信之不疑的话，则当理解为政教一体的特殊称谓才合情理，意即"某神佛转世的大王"。也就是说，不管怎样解释，"摩诃罗嵯"之称都应该与佛教有关。

李京《云南志略》："太子曰坦绰，诸王曰信苴。"段正兴所铸观音像背发愿铭文中有"资为太子段易长生、段易长兴等造"字样，说明大理王子均称"太子"，而《云南志略》称"坦绰"当为太子或兼坦绰之职。"信苴"一称，一般认为是指王子[②]。然从段实称"信苴日"、其叔称"信苴福"看，此一说法显然有误，还是当以李京之说为是。大理灭亡后，元朝政府屡以"信苴"赐封大理总管，证实了李京之说的正确。

大理后宫称谓是否承袭南诏，也称"诏佐""信么""进武信么"等，史无明载。《大理国故高姬墓铭》："姬，大高氏，讳金仙贵，天下相君高妙音护之女，母建德皇女段易长顺。""建德"为段正兴年号，则高姬之母当为段正兴之女，碑称"皇女"，意即公主。《大理国渊国公塔之碑铭》称渊公姓高，"母则王女"。则公主亦称"王女"。又，《三十七部会盟碑》署名中有"驸马"一称，知皇女所适称为驸马。和所有统治家族的婚姻一样，大理皇室家族的婚姻也都无一例外的是政治婚姻。《三十七部会盟碑》署名所称驸马者为段彦贞，说明大理前期皇室多与同姓联姻，即段氏内婚，以免外戚干政，大权旁落。至其后期，段正兴之女段易长顺下嫁相国高妙音护，反映出随着高氏势力的膨胀，段氏皇室多与高氏联姻，以求联络高氏，稳定政局。

二 封爵制度

《敕授鹤庆路照磨杨伯□墓志》："八代祖曰细师……师生般若恩……恩生羌，袭父爵，后为国老。""国老"是中国古代对告老退职的卿大夫的

[①] 参见杨延福《南诏大理称"摩诃罗嵯"议》，载《南诏史论丛》第一集下册。
[②] 参见李昆声等《南诏史话》，第73—74页；邵献书《南诏和大理国》，第60页。

称呼，属于一种特别的荣誉头衔。与此类似的还有"太保"，1982年在腾冲城南茶厂火葬墓中发现的一件墓幢上即有"大理国公□太保□□"字样。据学者考证，此任太保者当为高泰祥①。而据《南诏野史》称，高智升也曾加封太保。

除以"国老""太保"之类荣誉头衔加授朝廷重臣之外，大理另有一套赠号封爵制度。《高生福墓志铭》称高生福死谥"忠节克明果行义帝"，而其太祖亦谥"邦安贤帝"。《南诏野史》则称高贞明"伪谥义地威天聪明仁帝"。大理追臣为帝仅见于高氏一族，盖因高氏还政始有后理之继，故后理实为段、高共治，高氏一族一直享有帝王之尊，死后追封为帝当为特例。又，《敕授鹤庆路照磨杨伯□墓志》称："鼻祖以降，并谥王爵。"崇圣寺塔曾出一像，宽袍大袖，背有铭文曰："追为坦绰杨和丰追称宣德大王"。此杨和丰即当为杨伯□之裔祖。《南诏野史》称高隆也曾被封"鄯阐王"。那么，除追臣为帝之外，大理也多封臣为王。所不同者，前者仅限高氏一族而后者不限。从现有的材料看，大理爵位主要有公、侯二等。《大理国渊公塔之碑铭》称高明量曾被段正淳封为"政国公"。《护法明公德运碑》称高量成曾被段正严封为"护法公"，而《南诏野史》称其还曾被封"中国公"。之后，其侄高贞寿亦为"中国公"；贞寿死后，其子高寿昌复为"中国公"。《南诏野史》又称高贞明据鹤庆，号"明国公"。崇圣寺塔发现的一块铜片上面刻有"时辛酉岁平国公□□"字样。按《南诏野史》称，始封"平国公"者为高泰明，事在文治七年（公元1116年），其后第一个辛酉年为公元1141年，其时高泰明早死，故此平国公当是子孙袭其封号②。《滇云历年传》卷五：绍兴十七年（公元1147年），"三十七部夷叛，攻平国公于鄯阐，高明清力战却之。"那么，铜片所称"平国公"应是高明清无疑了。《溪智墓志》中又有"让国公"之载，称与"道隆皇帝"同时。"道隆皇帝"即段祥兴，时高泰祥为相，故此"让国公"当为高泰祥。整个大理时期，得封公爵的基本上都是高氏子孙，且均在大理后期。与此相关的就是另一个问题，即大理时期是否有"国公"之封。综观大理时期的史籍、碑志，称"国公"者大体有两种情况：一是称"相国公"，基本上都是曾任宰相之人；二是称"国公"，情

---

① 参见汪宁生《云南考古》（增订本），第253页。
② 同上书，第265页。

况则比较复杂，既有曾任宰相之人，也有未任宰相之人。称"相国公"者，大抵均有任相的经历，故当仅为一种尊称；而"国公"者，或有可能是一种荣誉封号。至于史籍碑志中每可见到的"相国"之称，则是地地道道的宰辅的另一种称呼了。据《南诏野史》载：段思平建国，曾封高方为岳侯、爨判为巴甸侯。之后，高智升袭岳侯，旋封德侯，再晋鄯阐侯。高智升后，高升泰、高升祥并为鄯阐侯。《敕授鹤庆路照磨杨伯□墓志》称杨伯□"乃故理杨侯觉诺十七代孙"，似杨觉诺也曾被封侯爵。《南诏野史》称高智升封鄯阐侯后"子孙世袭"，《敕授鹤庆路照磨杨伯□墓志》称杨伯□祖杨羌"袭父爵"，是知大理时期所封爵位概可世袭。

三 朝廷职官

一般认为，大理的执事机构与南诏无大差异，即以清平官为最高行政长官，而以"六曹"（"九爽"）为最高国务行政机构[①]。而事实不是如此。就目前所知的材料，整个大理时期，得称"清平官"者仅高升泰一人。高升泰为清平官时，朝廷的军政大权还掌握在其父高智升的手中，而平定杨义贞之变后高智升方为布燮，足见大理时期的清平官已经不是最高行政长官了。那么，大理时期的清平官又司何职呢？李京《云南志略》称："知文字之职曰清平官。"而胡本《南诏野史》称高升泰任清平官时"兼九爽之事"，这就不由得使我们联想到樊绰《云南志》的有关记载："又外算官两人，或清平官或大军将兼领之。六曹公事文书成，合行下者，一切是外算官，与本曹出文牒行下，亦无商量裁制。"由此可知，大理时期的清平官一职只相当于南诏时期的外算官，是故范成大《桂海虞衡志》将清平官与坦绰、酋望并称。

以《南诏野史》的记载来看，大理时期的最高行政长官自始至终均称"相国"。与文物考古材料中每以"相国公"称高氏相互印证，《南诏野史》诸书所载绝非虚语。然而，李京《云南志略》却称："相国曰布燮。""布燮"在南诏为清平官之职，地位同于宰辅。《三十七部会盟碑》署名，第一人为"皇叔布燮段子标"，第二人为"附马布燮段彦贞"。如

[①] 参见方国瑜《云南地方史讲义》（中），第195—197页；邵献书《南诏和大理国》，第88—90页。

以《南诏德化碑》的署名次序作为范例，大理时期的布燮的确应该地位颇高。故两布燮中，一为皇叔，一为驸马。前面提到，段寿辉立，以评定杨义贞并拥立之功而擢高智升为布燮。时高智升早为相国，以功加布燮，说明布燮之职应在相国之上。而整个大理时期的事实，又是朝政大权无不控制在相国手中，唯一合理的解释，就是布燮是一种地位高于相国的虚职，用来表示官位和俸禄的高低，本身不是实际职务。当然，说布燮是一种虚职只是相对而言，它也应该有权参与朝廷大事的商议，只是没有主宰的权力。《地藏寺造幢记》文首称袁豆光为"议事布燮"，而文中又仅称其为"布燮"，反映了大理时期布燮的此一议政特色。而正是由于此一特色，李京《云南志略》把它称为相国。整个大理时期任布燮者，除了以上提到的诸人而外，《为美县尹王君墓志铭》称："曾祖考讳世，白氏有土，尝领布燮。"《囗兆郡夫人墓志铭》："夫人高氏，讳药师娘，乃故理开国公黑布燮腾冲……泰廉之云。"按《高氏家谱》记载，高泰廉曾"归封腾越，号黑演习"[①]。而碑作黑布燮，当系高泰廉以黑布燮身份出任腾冲府演习。与此类似的还有《敕授鹤庆路照磨杨伯囗墓志》的记载，碑中亦称杨伯囗之母乃"永平县君细布燮之女高氏"，即高氏之父亦以细布燮身份出任永平县尹。布燮之前冠"黑"、冠"细"的具体含义目前还不清楚[②]，但此二例更证实了我们前面判断的正确。至元，布燮一称即完全变成了一种荣誉赠号。

坦绰在南诏亦为清平官之职，权势极重。段正严时，有坦绰李伯祥以副使身份出使宋朝。范成大《桂海虞衡志》亦称邕人曾得大理手抄《大悲经》，"称为坦绰赵般若宗祈禳目疾而书"。段祥兴时，医师白长善之妻为"李氏坦绰明朱"之孙女[③]。凡此种种，均见大理时期亦有坦绰一职。近年在禄劝县密达拉乡三台山发现摩崖一处，中有题记曰"奉为施主三遍坦绰"。"遍"之一词在大理时为习用量词。"三遍坦绰"可以解释为三任坦绰。那么，坦绰之职就应该是一种实职了。而从李伯祥使宋以坦绰身份仅为副使、任正使者为彦贲（一作布燮）判断，其地位应该低于相国、

---

① 《新纂云南通志》卷一七二。
② 在布燮之前冠"黑"、冠"细"，目前仅此两例，均为带职外放。故可能的情况是：布燮带职外放时，即在其前分别加冠。而"黑"或"细"，则当视为放府、放县的区别。
③ 《故大师白氏墓碑铭》。

布燮、彦贲。崇圣寺塔所出杨和丰铜像，铭文称其"追为坦绰"；《杨药师生碑》称杨药师生"谥曰才庄世用工巧坦绰"，知坦绰一职在大理并元时也常用于追谥大臣。

南诏时期属于清平官之职的久赞，在大理时期的史籍、文物资料中所见不多。《三十七部会盟碑》署名中有"侍内官久赞段子惠李善"。"侍内官"与"久赞"是两个官职，但侍内官署前而久赞署后。那么，大理时期的久赞也应该只是一种虚衔了。

从范成大《桂海虞衡志》的记载来看，大理时期似乎也有酋望一职。但迄今为止，我们还没有见到另外的记载。

在大理时期的众多职官中，最引人注目的当推彦贲。彦贲一职不见于南诏记载，显为大理时期新增官职。《三十七部会盟碑》署名中有"彦贲敞宇览杨连永杨求彦"；《宋史·大理国传》称：政和六年（公元1116年），有"天驷爽彦贲李紫琮"奉命使宋；龚鼎臣的《东原录》称："绍兴丙辰岁（公元1136年），大理国遣使杨时贤彦贲赐色礼衣金装剑亲侍内官（使宋）。"发现于大理崇圣寺塔的一块金属刻片，中有"成都典校舍师彦贲李珠睬智"字样；而发现于大理喜洲弘圭山的赵兴明母墓幢上，则有"大理国（监叶）榆郡彦贲赵兴明"题刻；《人匠提举杜昌海墓志铭》："杜昌海者，昔大理国彦贲杜青之八世孙也。"《陈氏墓碑铭》："其初□今彦贲满载之五世孙也……苟□□□兮钟节庆于彦贲"，末尾复称"追为彦贲陈明政"；《张闭通碑》题款："□□亡人彦贲张闭通神道"。从上面的各种记载分析：第一，任彦贲者多有他职，说明彦贲一职也是一种虚衔；第二，依据《宋会要》的记载，段和誉上给宋朝的奏本称使臣李紫琮为布燮，说明彦贲的地位应与布燮相同；第三，《陈氏墓碑铭》与《张闭通碑》并言"追为彦贲""□□（追为）亡人彦贲"，说明彦贲一职在大理并元时也常用于追谥大臣。

《三十七部会盟碑》署职中有侍内官、贴侍内官赞卫，龚鼎臣《东原录》称杨时贤为亲侍内官。亲侍内官即侍内官，相当于南诏时期掌管机要的内算官，而侍内官赞卫是侍内官的副职[1]。而称"贴"者，"意盖附属或兼职也"[2]。段子惠、李善以久赞为侍内官，杨时贤以彦贲为侍内官，

---

[1] 《新纂云南通志》卷八十九。

[2] 同上。

承继了南诏时期以清平官为内算官的传统。唯不同者，大理时期的侍内官已经隶于相国之下，而不是最高决策人物了。

前面提到，高升泰为清平官，"兼九爽之事"。此"九爽"当与南诏时期的"九爽"同义，为大理时期的国务行政机构。《三十七部会盟碑》署名称段彦贞为礼乐爽长。礼乐爽即慈爽，则大理时期幕、琮、慈、罚、劝、厥、万、引、禾等"九爽"之名职或亦不废，唯有别称而已。《三十七部会盟碑》另有"督爽"署职，保天八年（公元1136年）写本经卷上亦有"大理国督爽印"印文。督爽为南诏旧有机构，主管马牛仓廪，而由清平官、酋望、大军将兼任。《三十七部会盟碑》立于明政三年（公元971年），属于大理前期，而保天八年在大理后期。一前一后两个署印，说明督爽机构在整个大理时期一直沿设不废。又，《宋史·大理国传》称李紫琮为天驷爽。"天驷"本为房星，又用以喻神马，转而代为马政，结合南诏时期隶于督爽的乞托主马，我们认为天驷爽之一机构当即乞托的转化。所不同者，大理时期天驷爽的地位较之南诏时期的乞托更重，这是由于大理时期马市贸易极为兴盛的缘故。

南诏后期每以僧人为国师，参与机要。《雄辩法师大寂塔铭》称雄辩姓李，"少事国师杨子云为上足弟子"。则大理时期亦以僧人为国师，唯不获见参与机要的记载。又，《南诏野史》记载："高泰明卒，封国师。"而《杨生直碑》题款则云："谥曰居仁由义遗爱国师讳杨生直"。很显然，国师一称在大理时期也多用于追谥大臣。

《大理国故高姬墓铭》碑文为"谏议大夫敕赐紫大师杨俊升撰"，而《杨俊升碑》则曰"衡鉴君国谏议大夫杨俊升谥曰释龟儒镜圆悟国师释照明"，说明大理时期有谏议大夫之设。"赐紫大师"属于僧封，而其谥号也明显表明杨俊升乃一僧人，故疑谏议大夫一职也多由僧人充任。其所司职，以"衡鉴君国"推断，当与中原王朝的谏官类似。

与中原王朝一样，大理也开科取士。其开科取士的时间，则当为段素英即位之末。与中原王朝的科举不同，大理的科举悉取僧道，实际上是一种僧举和道举。郭松年《大理行记》："师僧有妻子然往往读儒书。段氏而上国家者，设科选士，皆出此辈。"《净妙澄碑》撰文为"翰林学士苏达"，此"翰林学士"即为大理开科取士的署号[①]。《大理国故高姬墓铭》

[①] 《新纂云南通志》卷九十一。

亦称高姬为"翰林郎李大日贤之内寝"。翰林学士的职责是为皇帝草诏修书。又，《段氏长老墓碑铭》："（段）义生（段）君，敕号经白撰官，写万德寺钟记。"则除翰林学士之外，大理时期还有经白撰官一职，也是属于书吏之官。李京《云南志略》："师僧教童子，多读佛书，少知六经者。段氏而上，选官置吏，皆出此辈。"李京称师僧"少知六经"绝对是一种误解。这可以从上面所引几条材料中的"读儒书"与向宋朝购买儒经获得证实。那么，大理科举考试的内容即当以儒书、佛书为主了。至于大理选官置吏是否悉自科举，目前还难以证实。但有一点可以肯定，即大理时期释儒参政的事例绝非一二，尤其是在参议文书方面。

政和年间（公元 1111—1118 年），李紫琮、李伯祥使宋，分别冠以进奉使、进奉副使之衔，此为大理时期临时加衔的事例。

四　僧官僧封制度

大理时期，各种宗教极为兴盛。与此适应，就有了僧官僧封制度。《兴宝寺德化铭》称杨才照为"崇圣寺粉团侍郎"，《地藏寺造幢记》称段进全为"大佛顶寺都知天下四部众"，而崇圣寺塔发现的金属刻片上则有"当寺博士史贞□智"等字样。由于大理时期释儒参政为一普遍现象，"粉团侍郎"一职当即以释儒身份以备顾问的僧职。"都知天下四部众"为大理僧尼总管。至于"当寺博士"，可以理解为一种特殊寺职，类似于宋代的提举宫观。大理时期的僧封相当复杂，大体可以分为补堵黎、赐紫大师、赐金澜僧以及赐号大师四类。此外，还有一种荣誉赏级——赏黄绣手披，《故溪□谥曰襄行宜德履戒大师墓志》即称溪智被"赏以黄绣手披之级"。

五　地方官职

大理地方官制的设置与其行政区划一致。大理前期，以节度、都督行使府州职权，故其地方行政长官以节度使、都督使最高。不仅如此，大理后期改节度、都督为府、郡之后，节度之名作为府、郡长官的别称仍被保存了下来。《故大师白氏墓碑铭》即曰："道隆七年（公元 1245 年），公子［庆］充姚州、会川等节度……道隆十二年庚戌（公元 1250 年）公子庆［死］，弟高通袭州节度。"由于节度、都督的职权并不完全等同于南诏时期的大府主将，故以演习称呼节度使、都督使的情形在大理前期至今没有见到。相反，根据《续锦里耆旧传》的记载，大理前期的建昌城守称

大理中央官制表

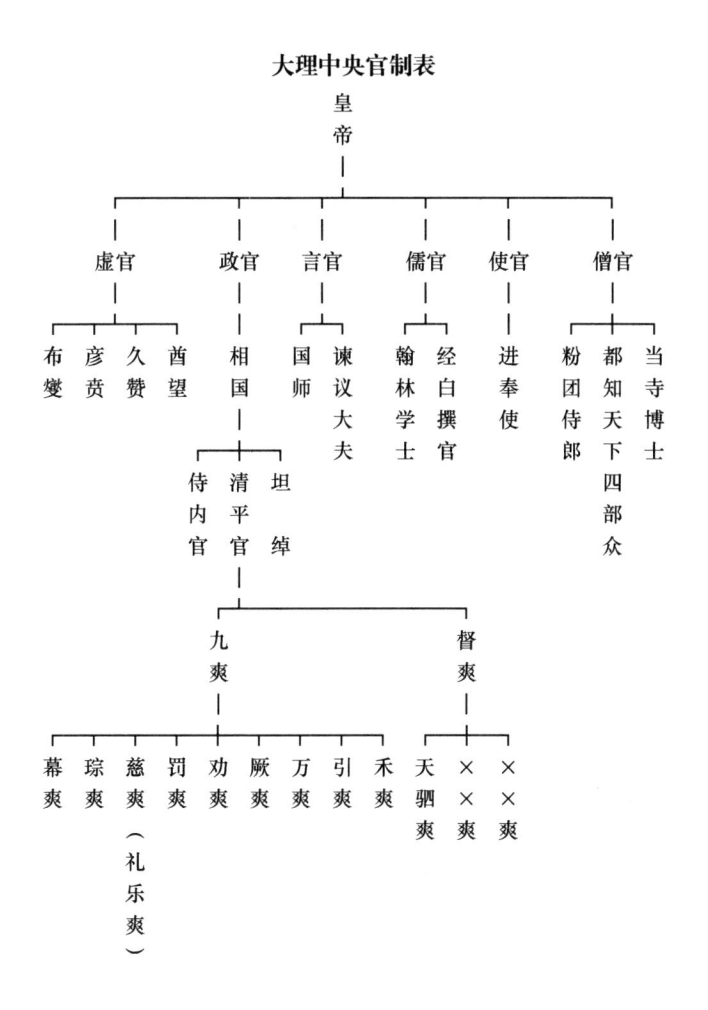

```
                            皇帝
    ┌─────────┬──────┬──────┬──────┬──────┐
   虚官       政官    言官    儒官    使官    僧官
  ┌─┬─┬─┐     │      │     ┌─┴─┐    │    ┌──┬──┐
  布 彦 久 酋   相国   国师  翰 经  进奉  粉 都  当
  燮 贲 赞 望    │     谏议  林 白  使    团 知  寺
              ┌─┼─┐   大夫  学 撰       侍 天  博
             侍 清 坦       士 官       郎 下  士
             内 平 绰                     四
             官 官                        部
                                         众
              ┌──────┴──────┐
              九爽          督爽
        ┌─┬─┬─┬─┬─┬─┬─┬─┐  ┌─┬─┬─┐
        幕 琮 慈 罚 劝 厥 万 引 禾  天 × ×
        爽 爽 爽 爽 爽 爽 爽 爽 爽  驷 × ×
              （         ）      爽 爽 爽
              礼
              乐
              爽
```

"演习爽"。时建昌城为建昌郡，隶会川都督，故演习当为节度、都督之下的府郡一级军府长官，副职则称演览。《三十七部会盟碑》署职有"理摸陀道"，疑"摸陀"即"谋统"之音转[1]，而谋统在大理前期为郡，隶剑川节度，则"理道"抑或当为郡府之称。《三十七部会盟碑》又有"敞宇览"署职，"敞宇"为"缮裔"音转[2]，故"敞览"或即缮览，即中府副将。胡本《南诏野史》称段思平曾为幕览，说明以幕执、幕览称小府

---

[1] 《新纂云南通志》卷八十九。
[2] 《新纂云南通志》卷八十九。

将副在大理前期亦当沿袭不废。至于下府将副是否仍称澹酋、澹览，则不获考，估计亦或不变。《三十七部会盟碑》在"理摸陀道"署职之后为"陀栖"。"陀栖"即陀西，为各军府管记。前面说过，大理前期的行政区划带有很浓的军事色彩，故各军府的军事首领同时也是地方行政首领。军府之下，《三十七部会盟碑》有"求州首领""延众镇长"之称，均由当地夷人首领担任，带有民族自治性质。与此类似的还有部长、甸长之类。

大理前期地方官制表

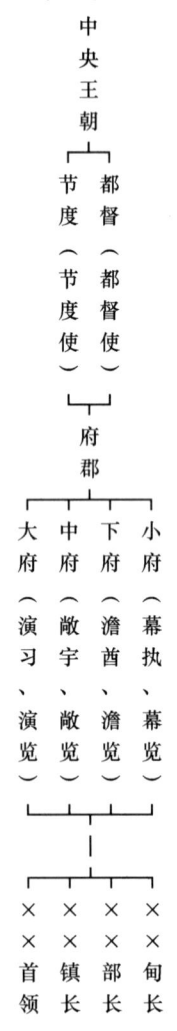

```
          中央王朝
         ┌────┴────┐
        节度      都督
       (节度使)  (都督使)
         └────┬────┘
            府郡
     ┌────┬────┬────┐
    大府  中府  下府  小府
   (演习、(敞宇、(澹酋、(幕执、
    演览) 敞览) 澹览) 幕览)
              │
     ┌────┬────┬────┐
     ××   ××   ××   ××
     首领  镇长  部长  甸长
```

大理后期地方官制表

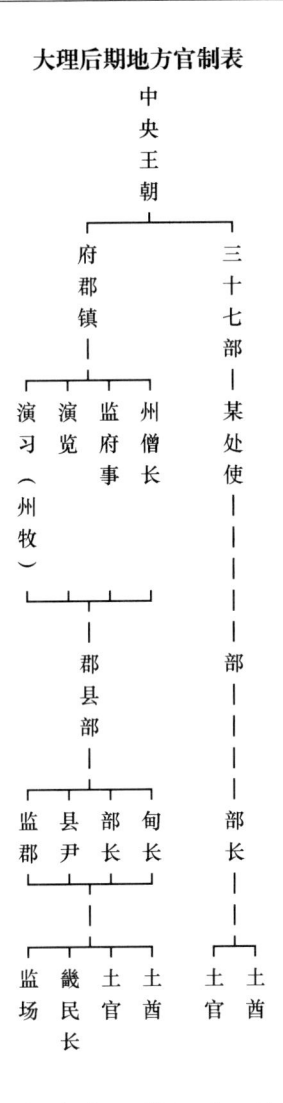

```
                    中央王朝
                       │
           ┌───────────┴───────────┐
          府郡镇                  三十七部
           │                        │
    ┌──────┼──────┐              某处使
   演习   演览   州僧长              │
  （州牧） 监府事                    │
    └──────┬──────┘                 │
         郡县部                     部
           │                        │
    ┌──────┼──────┐              ┌──┴──┐
   监郡   县尹   部长 甸长       部长
           │                        │
    ┌──────┼──────┐              ┌──┴──┐
   监场  畿民长  土官 土酋      土官 土酋
```

大理后期改节度、都督为府、郡之后，地方官制也作了相应的改变，废除了节度使、都督使之职而代之以演习、演览。《重建阳派兴宝寺续置常住记》："……演习，即汉之节度使也。"《升姚安路记》："演习者，彼国牧守之称也。"袭用中原旧称，演习也常称作"州牧"。《高生福墓志铭》中有"曾祖□□□牧高祥坚"之称，而《读史方舆纪要》卷一一四则有"段氏时，以高智升领鄯阐牧，遂世有其地"之载。府郡的副职称为演览，《敕授鹤庆路照磨杨伯□墓志》即称杨伯□八代祖细师"职司演览"。除此而外，府郡一级还有监府事一职，《故大师白氏墓碑铭》称白长善之妻即为"监府事宗救之女"。至于府郡以下的县级郡县的职设，就目前所掌握的材料看，主要有监郡和县尹两种。赵兴明母墓幢称赵兴明为"大理国（监叶）榆郡"。《敕授鹤庆路照磨杨伯□墓志》："（杨）胜受凤羽县尹……胜生庆舆廉，继袭县尹。"在民族聚居之地，则以部长、甸长行使（县级）郡县职权。禄劝《凤公世系记》崖刻："宋阿而，孝宗淳熙中（公元1174—1189年）段氏举为罗武部长。""罗武部"即罗婺部。（县级）郡县以下，则有监场、畿民长以及土官、土酋之类。《故父张照磨墓志》称张庆在大理灭亡前夕"掌职监场"，《敕授鹤庆路照磨杨伯□墓志》称杨伯□远祖杨兴"职畿民长"。前者当为矿冶工场所在地的职掌，而后者则为一般地区的基层长官。《景泰云南图经志书》卷一：伽宗城在呈贡县西，"蒙段时土官皎宗所筑濠垒俱存"。《读史方舆纪要》卷一百一十七卷：华马山在巨津州东南，"忽必烈南灭大理时，三赕土酋麦良内附"。土官、土酋并为夷人首领，属于民族自治之职。除上面的地方职官而外，大理后期另有两种职设应该引起注意：一是州僧长，二是某处使。《敕授鹤庆路照磨杨伯□墓志》称杨益在高国公陵（疑即高隆——高逾城隆）时"为□十七部等处使"。"□十七部"当即三十七部，说明大理后期对滇东三十七部设有类似宋朝路使一级的机构，职官即为某处使。故碑文接下来又称："迨国公逊位，仍以益为□举……忠君泽民之绩为……路……"。《故大师白氏墓碑铭》："至天定三年癸丑（公元1253年）天军南下，高通庐于会川，师（指白氏）保忠义，与高通同艰苦。至丙辰岁（公元1256年），高通复归姚州，以师为姚州僧长。"顾名思义，"僧长"当为地方宗教之职，说明大理后期的各式宗教自上而下都是纳入中央管理的。不仅如此，以白氏在特殊时期的卓越表现而授此职推断，州僧长一职的地位应该不低。

综上考述，尽管大理时期的职官制度承袭南诏颇多，但其差异也是显而易见，尤其是在大理后期。那种认为大理职官制度与南诏相较没有变化或变化极微，并进而以此作为大理不过是南诏的简单继续的证据，我们无论如何不能同意。

第三节　大理的军事制度

一　概况

关于大理的军事制度，由于文献、考古材料两难稽征，至今仍然很不清楚。我们只能就有限的材料，勾勒出一个大概的情形。

《三十七部会盟碑》署职中有"三军都统长""都监三军"二职。作为某一军事行动后的盟誓碑文，其"三军"应指参与此一军事行动的军队的三种类型，而非师旅总名。参照南诏军队的三种形式，并考虑到此事发生在大理前期，它们应该就是常备军、乡兵与夷卒三种军队形式的统称。从碑中可以看到，参与此次征讨滇东的军队来源很杂。军队的精锐是布燮段子标、段彦贞所率的常备军，数量不应很大。而主力则是敝宇、敝览所率的乡兵。前面说过，敝宇、敝览是大理前期中府副将，参阅南诏的情形，其所率之兵例为乡兵。又，假定"理摸陀道"就是理谋统道，也为郡府之称，其所率之兵当然也是乡兵。而且由此可以看出，此次征调的乡兵主要应是剑川节度所辖。"陀栖"作为军府管记，印证了我们以上关于乡兵的推断。此外，碑文中又有"合集卅七部、娉伽诺十二将弄略等"称，这些部将所率之兵当然就是夷卒了。

《元史·地理志》："交水，下，治易陬龙城。其先磨弥部酋蒙提居之，后大理国高护军逐其子孙为私邑。"此处所谓"护军"很可能是一种领兵的军职而不是名字，高氏以此领兵逐走磨弥土酋并世居其地，说明其所领之兵为常备军而不是临时征调的乡兵。大理灭亡以后，段兴智与其季父信苴福入觐，"宪宗大喜，赐兴智名摩诃罗嵯，命悉主诸蛮白爨等部，以信苴福领其军。"[①] 信苴福所领之军即所谓的"爨白军"，《元史·兵志》："云南之寸白军（即爨白军）……则皆不出戍他方者，盖乡兵也。"大理亡后而爨白军尤能单独存在，这当然不可能是临时征调的乡兵，故其虽在元时被降格为乡兵而在大理时期应是常备军。

《敕授鹤庆路照磨杨伯□墓志》："（杨）胜受凤羽县尹，知军国事。……（杨）胜生庆舆廉，继袭县尹，兼管兵马。"县尹兼管军兵，说明南诏时期军政一体的地方行政特色在整个大理时期仍然得到了保持，而其所管之

---

① 《元史·信苴日传》。

兵则当然属于"平时为民，战时为军"的乡兵了。《南诏野史》记载："道隆六年（公元1244年），元兵至九禾，命高禾（和）率三品人迎战，杀败。""三品"近于现在何地有待进一步考证，而此迎战蒙古军的"三品人"则可以肯定属于乡兵系统。

自段思平起，每遇战事，大理统治者多借兵于滇东三十七部，说明夷卒在大理的军事力量中有着相当重要的地位。

由上可见，大理的兵种也与南诏一样，分为常备军、乡兵与夷卒三种类型。

大理军队的数量史无明载。《元史·兀良合台传》："宪宗遣使谕旨，约明年（公元1259年）正月会军长沙，乃率四王骑兵三千、蛮白万人，破横山寨，辟老苍关，徇宋内地。""蛮白万人"即上面提到的爨白军，而"万人"明显是一约数。《元史·信苴日传》："（段）兴智遂委国任其弟信苴日，自与信苴福率白爨二万为前锋，导大将兀良合台讨平诸郡之未附者，攻降交趾。"大理亡后爨白军尤能保存两万精锐，由此可以推知大理常备军的数量一定不在两万之下。以南诏常备军的数量推测，当在三万左右。《越史通鉴纲目》正编卷二：宋大中祥符七年（公元1014年）正月，"鹤拓蛮杨长惠、段敬至二十万人入寇，屯金花步，布列军营于五花寨"。"鹤拓蛮"是古越南人对大理国人的称呼。此条见于越南史籍的记载虽然不免夸大，但与南诏进攻成都用兵二十万，进攻安南用兵十万互较，大理临时签军可以达到十五万以上应该没有问题。前面说过，大理时期每每借兵于滇东三十七部应乎战事，这是否就意味着大理军队的主要构成当是夷卒？答案是否定的。理由十分简单，滇东三十七部几次反叛大理都被大理统治者调兵迅速加以平定，说明它们在军事力量上并没有占有优势。

二 军官

与南诏不同，大理的最高军事长官不称"军将"，而称"将军"。《兴宝寺德化铭》称高明清为"定远将军"，倪辂《南诏野史》称高观音为"安东将军"，《地藏寺造幢记》则称高观音为"大将军"。与南诏一样，这些称号多数属于军衔性质，而领兵另有实职——"护军"，即前面提到的逐磨弥土酋的高氏所任之职。在有重大军事行动时，大理统治者另委"三军都统长"一职统率全军，这与南诏的情形颇为相似。承袭南诏的监军制度，大理也有"都监三军"一职，负责对整个军事行动进行监督。至于乡兵、夷卒平时的训练管理，则由地方行政长官与部落首领全权负责。

大理前期，分封族人心腹戍守各地以为屏藩。《世德堂张族谱初辑》："段氏得志，引用族人为其长率，并津要隘，使其戍守，富沃之区，使敛归库，期其拱卫，而无二志，数代世守，各依地卜居。"至大理后期，高氏当政，亦以族人心腹分封各地。《大中大夫云南鹤庆军民府世袭土官知府高侯墓碑志》："高升泰有才子八子，封牧八府，庶子十一人，分牧四镇郡邑，世禄为官。"由此可见，大理的军事防卫系统与其行政区划一致，分为首府、府郡、郡县三级。也就是说，大理时期对中央政府所在的首府的拱卫，是通过府郡、郡县各领兵卒层层设防予以实现的。《敕授鹤庆路照磨杨伯□墓志》铭文"辅佐蒙理，演习蕃维"与正文"继袭县尹，兼管兵马"的记载，提示了大理军事防卫的三级特点。无论前期还是后期，抑或段氏还是高氏，大理统治者无不备加重视分封族人心腹管领地方，奥秘即在这里。

三 边防

大理后期，在东南，有雄心勃勃的（越南）李朝日渐进逼；在南边，有幅员甚广的景龙金殿国若即若离；在西南，有势力强大的（缅甸）蒲甘王朝兵临边城；唯在西北，吐蕃处于分裂割据状态，不足以对大理形成威胁。正是看到了周边的这种严峻形势，大理后期在对行政区划进行重大调整的同时，在东南、南、西南、西北分别设置了最宁、蒙舍、镇西、成纪四镇，以为边防冲要。此一边防设置，正好与明代军事地理学家顾祖禹的分析不谋而合[①]，说明其在战略上的考虑相当正确。

四 军力

整个大理时期，对内对外战争不如南诏频繁，规模也不如南诏庞大。但是否即可以因此认定大理军队的战斗力不如南诏，并进而作为"大理国没有对宋王朝发动军事行动，也没有军力向别的地方进行攻掠"的原

---

① 顾祖禹：《读史方舆纪要》卷一一三。

因?① 事实不是如此：第一，从上面的考述可以看出，无论是在兵种还是数量上，大理军队都与南诏相若，基本上不存在弱于南诏的状况；第二，说大理没有军力向别的地方攻掠，也不是事实。从前后有关章节的叙述可知，大理军队曾经先后远涉今贵州西部、越南北部以及缅甸北部诸地，说明大理是有力量进行域外作战的。而且，从元初爨白军被蒙古倚重东征西讨、所向克捷来看，大理常备军的战斗力绝对不弱；第三，大理没有对宋朝发动军事行动，是双方相互克制的结果，与军事力量的强弱没有关系。因此，说大理军事力量不如南诏，还需要更多的令人信服的证据。

既然大理的军事力量并不薄弱，何以会在蒙古军队的进攻面前顷刻土崩瓦解？其中的原因十分复杂。就军事的角度而言，第一，伴随大理后期社会危机逐步加深，阶级冲突与民族冲突此起彼伏，边夷各地纷纷拥兵自重，政府的有效控制渐被弱化，整个防御体系随之崩溃。于是，在蒙古的进攻面前，本为国之屏蔽的望风归降，本为都城拱卫的先后倒戈，转而成为蒙古军队的先导、中坚。因此，大理的灭亡首先是由于自身社会危机所导致的军事防御体系的解体。第二，以大理的军事力量而言，即使最终不能抗御蒙古，也绝不至于望风披靡。高禾以乡兵而能退蒙古，况常备军乎？问题还是出在大理后期的特殊政局上。从蒙古平定大理的整个情况来看，发生激烈战斗的地区不外两类：一是高氏领地，如会川、姚州；二是滇东一带，如鄯阐四周。归根结底，其实只有一类，即高氏子孙世代固守的地区。很明显，为了削弱段氏势力，控制国政，至大理后期，高氏有意在军事上采取了强高弱段的方针，一方面把大理军队的精锐置于高氏的控制之下，另一方面则着力发展高氏的地方武装。而在王畿之地，军事力量反而相当薄弱。因而，在大理后期的政治冲突中，高氏子孙谁都能够轻而易举地带兵入京，废相立相。那么，蒙古军队能够不费吹灰之力攻占大理都城，也就不足为怪了。一言以蔽之，大理后期出现的以高氏为代表、夷国为象征的地方力量的滋长，是大理迅速覆灭的根本原因。

如果说大理的职官制度还不尽然全是承继南诏的话，那么很显然，它的军事制度就主要应是南诏军事制度的翻版了。

---

① 邓承礼：《南诏大理国军事史略》，第39页。

第十四章

大理的经济状况

第一节 农业的发展

一 长足进展

南诏农业曾经发展到一个很高水平。及至后期,由于连年战争,社会生产遭到极大破坏,国中疲弊,帑藏不给,"横敛于民,上下俱困"[1]。

大理建立,段氏统治者采取了一系列恢复生产的措施,减税宽役,释奴赦罪,使遭到严重破坏的社会经济迅速复苏。其后三百余年,尽管统治者的相互倾轧从来没有片刻停止,但像南诏那样给社会生产带来灭顶之灾的战争却基本没有出现。大理后期高氏内部为领地和相权持续发生争夺,并由之引起系列社会冲突,但其对社会生产的破坏都不能和南诏后期的战争相提并论。以此作为背景,大理农业生产得到了长足进展。发展的标志,就是水利灌溉的扩大和耕地面积的增多。

大理政权刚刚建立,段思平即很注重兴修水利,发展农业。今云南祥云的段家坝,据称就是段思平在开国之初修筑的水利工程[2]。而在滇南通海,段思平也曾兴修水利,开垦农田,把东华山泉水引入普塘、水城两个坝塘,可以灌溉粮田千亩[3]。至段素兴,复在东京鄯阐整治渠道,筑堤开沟,把原来规模很小的水利工程扩大成了庞大的灌溉系统,鄯阐一带沃野千里皆蒙其惠[4]。至于大理晚期,东起鄯阐,西起苍洱,北迄姚府,南达

---

[1] 《(胡本)南诏野史》。
[2] 《嘉靖大理府志》卷二。
[3] 参见许秋山《大理国王段思平在通海》,载《云南文史丛刊》1989年。
[4] 《(胡本)南诏野史》。

通海，水利工程星罗棋布，灌溉沟渠密如蛛网。与此相应，这一带便成为大理农业最为发达的地区。

在大理腹心地区，农业生产水平发展最为引人注目的又数姚州一带。宋熙宁七年（公元1074年），杨佐出使大理，至束密一带，"渐见土田生苗稼，其山川风物，略如东蜀之资、荣。又前此五七里，遥见数蛮锄高山"①。以川中一带的资州（今四川资阳、资中、内江一带）来比喻束密一带，说明这一带的农业生产状况已经可以和域外发达地区一比高下了。《兴宝寺得化铭》则称姚州一带"家足农桑"。诸葛元声《滇史》卷八："其地有崇山修谷，平畴广川，水陆之饶，盖滇之沃壤。"就是中原富庶之区，也不过如此罢了。

除了腹心一带，各少数民族居住的地区，农业生产也都有了程度不同的发展，就是居于山地、半山地的一些民族也都有了粗放的农业。

南诏时期，粮食作物品种已很齐全，稻、麦、粟、稷、黍种植均较普遍，经济作物则以麻、蔬作为代表。至大理时，除了以上作物继续广为种植外，属于经济作物的果、桑两种异军突起，特别引人注目。《兴宝寺德化铭》以"农桑"并称表现姚州一带的富庶，李京《云南志略》将果与麻、麦、蔬排比表现"白人"社会经济的发达，说明桑、麻两种经济作物在大理的社会经济中已经占有相当重要的地位。不但如此，从后面将要叙述的各少数民族经济情况中可以看到，不仅主要粮食作物被各少数民族广为引种，一些少数民族还栽培出了自己独特的经济作物，诸如红椒、荔枝等。在农作物的品种方面，大理时期又有增多是毋庸置疑的。

大理时期，"二牛三夫"的耕作方式仍被广泛采用。有学者根据《高兴蓝若碑》中提到有人曾向寺院施舍"牛二头、奴二人"分析认为，"奴二人"的出现绝非偶然，作为寺院土地的耕种者，他们与"牛二头"并赠，应当视为二牛二人共同构成一组耕作单位。在不排除"二牛三夫"耕作制仍被广泛采用的前提下，一些先进地区或已出现了"二牛二夫"耕作制。② 此一分析显然颇有道理，所减一夫即为坐杠踏辕之人。

二　土地制度

一般认为，大理的土地名义上均为帝王所有。诸封建主以领地的形式

---

① （宋）杨佐：《云南买马记》。
② 参见刘云明《大理国农业考略》，载《史与志》1994年第3期。

从帝王的手中获得土地，然后将这些土地划为若干区域分给臣仆进行管理，使其成为地方基层的世袭小领主，再下即采用村社传统的分配土地的方式分给每个农奴一块份地。农奴对所属封建领主有提供劳役和实物纳贡的义务，而小封建主又有向大封建主提供劳役和实物纳贡的义务，层层相因，直到大理国王，其形式与西周的封建领主制相似[①]。然而，从一些材料分析，实际情形未必如此。《高兴兰若碑》中关于佛教信徒施舍福田的记载提示我们：第一，施主对其所施的一切具有绝对的支配权力；第二，这些施舍并不来自同一家庭。众所周知，土地的施舍、转让必须以私有作为前提；只有使用权而没有所有权的土地，使用者是无权支配的。那么，在"溥天之下，莫非王土"的背景下，即是封建主也没有权力对"王土"的所有权进行转让，维持寺院之类公益机构所必需的田地并其他主要是由国王或领主拨置而不是施舍。也就是说，在西周式的封建领主制下，土地施舍的条件是不存在的。这就说明在大理时期应有私有土地存在。其次，碑文中可以辨认的施主约有10人，牵涉到多个家庭，身份则为官员、僧人等。都能以土地捐赠，说明大理时期土地私有的情形并不罕见，远比我们所能推想的还要普遍。

以"双"作为土地的计算单位，南诏时期已经盛行。至于大理，"双"一计量单位仍被沿用，计量制度更加完备。在《高兴兰若碑》中，有两种土地类型和两套面积计量单位：一曰"禾地"，计量单位用"双"、"脚"、"分"；二曰"搔地"，计量单位用"禁"。"双"、"脚"、"分"之间的换算，碑文中有"一双十八分当三脚"，又有"一脚当三双"，相互抵牾，极不可解。陶宗仪《南村辍耕录》卷二十九引《云南杂志》称："犁一日为一双，以二乏为己，二己为角，四角为双，约有中原四亩地。"汪宁生先生认为："双"即碑文之"双"，"角"或为"脚"；"双"较"脚"大，与"四角为双"暗合；"乏"与"分"、"己"与"禁"音读相近，说明四种土地计量单位确曾流行于滇地，但分属于两种不同土地类型。由于"搔地"零碎分散，故只使用小的计算单位——"禁"[②]。那么，它们之间的换算就应该是这样的：

---

① 参见邵献书《南诏和大理国》，第103—105页。
② 参见汪宁生《云南考古》（增订本），第256页。

1 双（4 亩）＝4 脚
1 脚（1 亩）＝2 禁
1 禁（0.5 亩）＝2 分

南诏时一双五亩，大理一双四亩，个中差异，赵吕甫先生认为："大抵滇中度田不用尺度，而以佣工力作一日计算，南诏一日约耕五亩，宋以后始降为四亩。"① 果如所言，则大理的农业生产当较南诏更为精细。

按照蒋彬《南诏源流纪要》记载，段思平起事前曾以"减尔税粮半"招诱众人加盟讨扬集团。由此可知，至迟在南诏晚期以粮纳税即已出现。纳税的依据是以田地还是丁户，目前尚难确定。诸葛元声《滇史》卷八记载：段智祥时，建法华寺，"山下田亩免租，以供僧人"。证明大理时期的所有田地是要按亩纳租的。所谓免租供僧，就是把政府应收的田租转赠僧人，以为赡养。《陈氏墓碑铭》亦称：生于 1221 年（当段智祥时）的陈明政，因其有功于国，"前后蠲免赋役"。所谓"赋"，即田赋，说明陈氏也是得到了豁免田租的优渥的。

那么，大理时期田租的数额又是多大呢？张洪《南夷书》记载：赛典赤为云南行省平章，"告其民曰：'吾欲分尔耕，贷尔牛、种、耒耜、蓑笠之具，度亩收若干？'夷曰：'可得稻二石。'公曰：'输官几何？'夷曰：'半之。'公曰：'太重，后将不堪。其牛、种、耒耜之具不复再给，牛死买牛，具弊修具，一家衣食所需，半岂能给？'夷曰：'然则三之一。'赛公曰：'尔虽克供，惧尔子孙弗继也。后之代我者，必欲盈其数，则上下相恶矣！吾与约，尔毋我违，亩输米二斗，其勿逋。'夷大悦。"在这里，"夷人"首次允诺的"半之"显然当与原来应该交纳的田租数目相近。如果除去赛氏提供的种种方便，"夷人"愿意承担的田租或在"三之一"左右。由此可以推测：第一，大理时期的田租征收采用的是分成制形式；第二，分成比例或在 1/2 到 1/3 之间。如果风调雨顺，大理时期发达地区的最高产量也应在二石上下。那么，每亩所能交纳的实际田租就在七斗至一石之间。

除交纳田租外，大理的每一臣民还有承担徭役的义务，即无偿为国家

---

① 赵吕甫：《云南志校释》，中国社会科学出版社 1985 年版，第 295 页。

提供劳动力。建国之前，段思平曾以"宽尔徭役三载"① 相号召；建国以后，又"免东方三十七部差役"②，反映出南诏后期徭役相当繁重，故宽徭免役可以诱人。后理开国，段正淳以"赦徭役"③ 安天下，说明当时徭役负担也很繁重。因其繁重，豁免徭役在大理自始至终都是一种特权。《陈氏墓碑铭》即称陈氏享有"不口徭役，不系军使"的优待，为其有功于国。大理时期的徭役显然是以年作为度量、以户作为单位，即每年每户必须提供多少劳动力。所谓"宽役三载"，就是减免徭役三年。而陈氏"不口徭役"，实际是陈氏一家豁免徭役。和中国历史上的许多王朝一样，大理的徭役也应主要是用于公共工程，诸如兴修水利、道路，以及庵庙寺院、皇室园林、离宫别馆等的兴建。是否运用一些力役耕种公田（诸如皇庄、官庄之类），目前还没有见到明确的记载。甚至公田是否存在、存在是否普遍等，也都还是悬而未决的问题。

从《高兴蓝若碑》的记载可知，大理时期还有部分家内奴隶存在。

总而言之，无论从哪方面讲，大理时期的农业生产都较南诏有了明显进步。而这些进步的取得，又和它的土地制度、赋役制度的改变密切相关。当然，说大理的农业生产有了显著发展只是相对于前代而言，对它本身的水平还不能给予过高的评价。直至元代建立行省，它的很多地区农业生产的水平都还是相当落后的。

第二节 畜牧业的兴盛

一 家畜

由于独特的地理环境，自古至今，畜牧业一直在云南各族的社会经济中占有重要地位。在南诏发达的畜牧业基础上，大理的畜牧生产取得了令人注目的成就，成为了社会经济的主要支柱之一。

《（倪本）南诏野史》记载：段思平少时，曾经为人"放牧山中"。及其立国，在社会生产迅速恢复发展的同时，畜牧业得到了前所未有的发

---

① 蒋彬：《南诏源流纪要》。
② 《（胡本）南诏野史》。
③ 同上。

展。段正严时，各方节庆供物，"牛马遍点苍"①。至于元初，随处可见，"人民以畜牧耕种为生"②。

在畜牧生产中，马匹是最重要的牲口，既是运载工具，又是财富的代表。大理时期，马匹牧养区域较南诏更加拓宽，几乎遍及整个境内。范成大《桂海虞衡志·志兽》："蛮马出西南诸蕃。……大理，古南诏也，地连西戎，马生尤蕃。大理马为西南蕃之最。"以大理马比之于西南诸蕃，说明西南诸蕃普遍养马。所以，周去非《岭外代答》卷九称："南方诸蛮马，皆出大理国。"其重点牧养地区有四：一是今元谋、武定一带，二是今大理、剑川一带，三是今通海、建水一带，四是今保山、腾冲一带。除此重点地区，沿边各少数民族亦多养马，麽些各部、黎州诸蛮、泸夷、乌蛮各部、罗殿、自杞、特磨、和泥等部、金齿百夷等都程度不同地卷入了此一畜牧生产，是以《宋史·兵志》称雅（今四川雅安）、嘉（今四川乐山）、泸（今四川泸州）"地接乌蛮、西羌，皆产善马"。

大理所产马匹很早即引起了周边各国的重视。北宋初年，宋朝已经通过黎州诸蛮时时"货其善马"③。至北宋末，北宋政府更对大理马"自四尺一寸至四尺七寸"定为八等，逐等定价购买④。至于南宋，马匹质量更高，常有出格，"厥直太高，蛮人不肯一概售之"，于是有人建议"自四尺六寸以上、五尺以下高等壮阔齿嫩大马增立价格"⑤。即使如此，"蛮人"亦感吃亏，称："其尤驵骏者，其出处或博黄金二十两，日行四百里。"⑥ 由上不难看出，自北宋而至南宋，大理马不仅一直受到宋朝政府的重视，而其内在品质也在日益提高，不断超出宋朝制定的规格。周去非《岭外代答》卷九有一段关于大理马品质的记述："蛮人所自乘谓之座马，往返万里，跋步必骑，驼负且重，未尝困乏，蛮人宁死不以此马予人。盖一无此马，则不可返国，所谓真堪托死生者。闻南诏越赕之西产善马，日驰数百里，世称越赕骏者，蛮人座马之类也。"又曰："闻今溪峒有一黄淡色马，高止四尺余，其耳如人指之小，其目如垂铃之大，鞍辔将来，体

---

① 《（胡本）南诏野史》。
② 《马可波罗行记》第117章、第127章。
③ 《宋史·黎州诸蛮传》。
④ 《宋会要·兵》二十二之十九。
⑤ 同上。
⑥ 同上。

起拳筋，一动其缰，倏忽若飞，跳墙越堑，在乎一喝。此马本蛮王骑来，偶病黄，峒官以黄金百两买而医之。后蛮王再来，见之叹息，欲以金二百两买去，勿予之矣。尝有一势力者，欲强取之，峒官凿裂其蹄，然不害于行也。此马希世之遇，何止求十一于千万哉！"与南诏相比，大理马在域外的声誉绝对是有增无减！

大理时期的马匹生产数额尚无法确定。宋与大理市马，北宋时官定黎州马额四千匹，"其他如戎、泸等州岁与蛮人为市"，总额当不在五千匹以下①。至于南宋，川司五州军（黎州、南平军、叙州、长宁军、珍州）每年买马五千余匹②，而邕州最高时也在四五千匹左右③，总额当在万匹以上。由此可以大体推知，大理时期马匹生产数额约为数万余匹。

作为农耕民族的重要生产工具，在大理时期，牛的牧养亦颇兴盛，"牛马遍点苍"就是这种盛况的真实写照。应该指出的是，大理时期牛的牧养主要还不是为了满足农业生产的需要，而是一种财富的象征。樊绰《云南志》卷七曾称："通海已南多野水牛，或一千二千为群。"而《马可波罗行记》第一百二十七章却称："其地有良土地，好牧场，故牛及水牛亦甚多。"说明原来野生的水牛在大理时期已尽被驯化，牛的牧养成为了当地民族经济的主要支柱。此外，李京《云南志略》也称滇东北一带出名马名牛。

南诏时期，羊的牧养虽已盛行，但在社会经济中的地位还不突出。其主要品种为大羊，亦即大尾羊。大尾羊在大理时期称为"花羊"，范成大《桂海虞衡志·志兽》："南中无白羊，多黄褐白斑，如黄牛。又有一种深褐，黑脊白斑，全似鹿。"周去非《岭外代答》卷九"南中无白羊，多黄褐白斑，如黄牛。又有一种深褐，黑脊白斑，全似鹿群，山谷望之，真鹿也。"除花羊外，范氏《志兽》另记："乳羊本出英州，其地出仙茅，羊食茅，举体悉化为脂，不复有血肉，食之宜人。"又云："棉羊出邕州溪洞及诸蛮国，与朔方胡羊不异。"檀萃认为：此二种羊亦产自大理，"其云蛮国，即指云南"④。去非《岭外代答》卷五载邕州互市的大理货物时

---

① 《宋史·兵志》。
② （宋）李心传：《建炎以来朝野杂记·甲集》卷十八。
③ （宋）周去非：《岭外代答》卷五。
④ （清）檀萃：《滇海虞衡志》卷七。

有"胡羊"一种。所谓的"胡羊",其实当为花羊、乳羊、绵羊种种的总称。那么,大理时期,羊也应该是主要的出口货物之一,深受域外各族的青睐。反过来讲,羊在大理畜牧生产中的地位之高,牧羊数量之大,也就应该是可以想见的了。

范成大《桂海虞衡志·志兽》:"蛮犬,如猎犬,警而制。"周去非《岭外代答》卷九:"蛮犬,如猎狗,警而制。诸蛮以马互市于横山,皆作茅舍野次,谓之茅寮,率携一犬以自防,盗莫敢近。"既为市马诸蛮所携,显然应是大理所属民族豢养。

二 家禽

范成大《桂海虞衡志·志兽》:"长鸣鸡,高大过长鸡,鸣声甚长,终日啼号不绝,生邕州溪洞中。""邕州溪洞"其实应是大理,周去非《岭外代答》卷七:"长鸣鸡,自南诏诸蛮来,一鸡直银一两,形矮而大,羽毛甚泽,音声圆长,一鸣半刻。"大理时期,长鸣鸡的饲养极受重视,范围更广,数量更大。

根据祝穆《方舆胜览》与李京《云南志略》的记载,大理时期的"白人"俗以猪、牛之肉"生醢"。由此可知,猪的饲养在大理时期亦颇兴盛。其饲养之法,檀萃《滇海虞衡志》卷七称:"蛮俗养豕至多,未有囚而豢于室者,故其产益蕃。……而皆出自野牧,故知家豢不及野牧之蕃。"明清时期的饲养尤以野牧为主,大理时期当更如此。

南诏时期,养象已较普遍。至于大理,象皮被大量用于制造甲胄,透露出驯象数量极大。绍兴六年(公元 1136 年),有大理国民以驯象三头至邕州互市①。驯象既然是大理用于边境贸易的货物之一,它在大理的畜牧生产中就当占有一定的地位。

其他如猫、兔、鹅、鸭之类,饲养虽亦普遍,但多限于自给自足,一不体现财富,二不参加交换,故在大理的畜牧生产中影响不是太大。

三 产品流向

大理时期,畜牧产品的流向主要是三个方面:第一,贸易。关于这点,我们将在后面详加叙述;第二,宗教。由于大理所属民族众多,宗教

---

① 《宋会要·兵》二十二之二十三。

活动频繁，此一方面的畜牧产品消费数量极大；第三，食用。前面提到，大理时期"白人"喜好生食，而其生食之物即是猪、牛、鸡、鱼等。对于某些民族来说，食用甚至是其畜牧产品的主要流向。

整个大理时期，畜牧生产的确是较南诏更为兴盛。而这其中，马匹生产最为引人注目，成为大理对外贸易的主要货物。

由于大理统治区域以山地、半山地居多，社会经济发展极不平衡，畜牧业在社会经济中的地位丝毫不亚于农业。不充分认识到这一点，就不能正确把握大理的经济状况。

第三节 手工业的繁荣

一 概况

南诏时期，手工业已经比较发达，尤以冶炼、纺织为其代表。冶炼主要是冶铁、炼铜与金银制造，制造各种武器、生产工具、佛像法器及王公贵族的日常用品；纺织主要是以蚕丝、麻、羊毛等为原料，织成绫、锦、绢和麻布、披毡等，以供人们日常所需[1]。至于大理，手工业虽然仍以冶炼和纺织最为突出，但由于南诏后期大批的西蜀工匠被掳南来，其他手工业部门也发展很快，工艺水平显著提高，手工业呈现出十分繁荣的局面。范成大《桂海虞衡志·志蛮》称："大理地广人庶，器械精良。"马可·波罗则称押赤（昆明）："城大而名贵，商工甚众。"[2]

上德元年（公元1076年），大理遣使贡物于宋，其物为金装碧干山、毡罽、刀剑、犀皮甲、鞍辔等等[3]。文安四年（公元1108年），大理节庆，各方贡物"金银、罗绮、犀象、珍宝万计"[4]。宋政和七年（公元1117年），大理再贡方物于宋，其贡为麝香、牛黄、细毡、碧干山诸物[5]。1978—1980年，在对大理崇圣寺三塔的中塔（千寻塔）加固维修工程中，发现各种文物576件。其中，出土于塔顶部分的多属大理时期文物，计有金、银、铜、铁、水晶、玉石等各种质料的造像，鎏金银质、木质、陶质

---

[1] 参见邵献书《南诏和大理国》，第114—119页。
[2] 《马可·波罗行记》第117章。
[3] 《宋史·大理国传》。
[4] 《（胡本）南诏野史》。
[5] 《宋史·大理国传》。

塔模、金刚杵、各种法器和念珠，以及瓷器、金银饰品、丝织品和药材，另有大批写经和经画①。不排除其中的某些物品来自域外，但绝大部分应是大理自己所产。那么，仅从上面提到的物品就已证实，冶炼、纺织、皮革、漆雕、珠宝诸业在大理时期均极兴盛。

二　冶炼业

范成大《桂海虞衡志·志金石》称："生金出西南州峒，生山谷田野沙土中，不由矿出也。峒民以陶沙为生，胚土出之，自然融结成颗，大者如麦粒，小者如麸片，便可锻作服用，但色差淡耳。欲令精好，则重炼，取足色，耗去十二三。既炼，则是熟金，丹灶所须生金。"周去非《岭外代答》卷七亦称："广西所在产生金，融、宜、昭、藤江滨与夫山谷皆有之。邕州溪峒及安南境皆有金坑，所产多于诸郡。……凡金不自矿出，自然融结于沙土之中，小者如麦麸，大者如豆，更大如指面，皆谓之生金。"范、周二氏虽然仅称"西南州峒"、"邕州溪峒"，并未言及大理，但若参看樊绰的记载，则可以肯定这些生金的相当部分出于大理。李石《续博物志》卷七："生金出长傍诸山。取法，以冬或春，先于山腹掘坑，方夏水潦，荡沙泥土注之坑，秋始披而拣之。有得片块，大者重一斤或两斤，小者不下三四两。"其产金之地，沙金以金沙江为饶，块金以大理为饶，外有滇南、滇东北等地。黄金生产在大理冶炼业中占有相当重要的地位。因而，大理八方贡物与馈赠使节多有黄金。

大理时期的黄金制品主要有原料与成品两种形式。原料即生金，仅仅经过初步锻炼，麸金、块金即属此类，用于出口与交易。《政和经史证类本草》称，流入中原的大理黄金为"云南块金"，而《马可·波罗行记》不止一次记载云南黄金参与交易。成品是指将黄金铸成各种饰品或工艺品，用于日常装饰或某些特殊活动。淳化年间（公元990—994年），节度使赵公美奉命迎接宋使，所赉既有"金龙二条"②。大理三塔发现的大理文物中，黄金制品与饰品不在少数，工艺均极精巧③。

李石《续博物志》卷七："会同川银山出银矿，私置冶，官收十之

---

① 参见汪宁生《云南考古》（增订本），第263页。
② 辛怡显：《至道云南录》。
③ 参见姜怀英等《大理三塔史话》，第81—82页。

三。"会同川"即会川，在今四川会理一带。大理产银之地当或不止会川一处。大理节庆，各方贡金银"万计"；三塔所出大理文物，银片、银盒、塔模、佛像历历皆有，反映出大理冶银产量之大与工艺水平之高。

大理时期，铜的冶炼产量极大。段思平时，"铸佛万尊"[1]，耗铜不止万斤，说明了冶铜生产极其兴盛。从三塔发现的大理文物看，铜的应用极为广泛，既有铜削、铜锲、铜夹、胡刀之类日用工具，也有铜铃、铜盂之类日用器物，还有铜镯、铜像之类饰品佛物。而传世的文物中，则有段正兴为太子所铸的观音像、段正淳时所铸的"文安开国"铜镜等。这些铜铸器物制作相当精美，反映了大理时期较高的冶铜技术水平。

南诏时期，铁的冶炼已经达到一个相当高的水平，铎鞘、郁刀、浪剑驰名域外。至于大理，冶铁制品仍然以"刀"闻名。范成大《桂海虞衡志·志器》："云南刀，即大理所作，铁青黑沉沉不韬，南人最贵之。"周去非《岭外代答》卷六在记载瑶刀和黎刀之后，称："蛮刀，以大理所出最佳。""今世所谓吹毛透风，乃大理刀之类"。大理与宋使节往来常以刀剑为献，边境贸易货物中有云南刀一种，无不说明大理刀在当时声誉极高。除刀之外，《张胜温画卷》卷首还绘有矛、钺，槊、铲、大刀、铎鞘之类，亦当均为铁制。而大理三塔发现的文物之中，则有铁锤、铁像种种。可以肯定，冶铁生产在大理的社会经济中已经占有相当重要的地位。

李石《续博物志》卷七："诺赕川有锡山，出锡。"诺赕川在今四川黎溪一带。有学者推断，当时的锡矿很可能是官营的，是专用于铜合金的原料，老百姓不能随便开采[2]。

云南铅的采炼汉时已见记载。至于大理，尽管公私著述不见记载，出土文物亦无纯铅器物，但从出土青铜器中大多含铅推断，铅的采炼并未中断。如大理三塔发现的铜像、铜铃以及塔顶的铜刹，含铅量即多在5%—10%之间。[3]

他如黄铜、白铜等的冶炼亦应颇有规模，名播域外。

不难看出，冶炼业在大理时期已有长足发展，成为手工业中最为兴盛的部门。

---

[1] 《（胡本）南诏野史》。
[2] 参见张增祺《云南冶金史》，载《云南文物》第36、38期。
[3] 同上。

三 纺织业

南诏时期，纺织业已有相当规模，已掌握丝织、麻织与毛织技术。至于大理，纺织业发展非常迅速，纺织产品广泛运用于社会生活的各个方面，织布绩麻成为大理所属各族普遍从事的副业。

前面说过，在大理统治的腹心地带，桑、果两种经济作物的种植极其普遍，"家足农桑"成为一种富庶的象征。不止于此，依据李京《云南志略》的记载，一些边夷地区也已经是"地多桑柘，四时皆蚕"。而在泸州互市上，则有来自大理境内的白毡之类货物①。以桑、柘的广泛种植为先决条件，大理的丝织业视前更为兴盛。据《南诏野史》记载，段思平起兵灭义宁国，至西洱河，"有被缨浣沙妇女"为其指点迷津。"被"为"披"误，"沙"为"纱"误。丝绢织成以后，为了增加色泽，一般有一道水洗工序，古籍中常以披、濯、浣等字描述，如披练、濯锦、浣纱等。因此，为段思平指点迷津的显然是一位从事纺织的妇女。由此说明，在大理建国前后，民间丝织业已经很是普遍。段正淳时节庆，各方贡物万计，罗绮列于其中，说明大理丝织品的生产数量极大和在社会生活中极受重视。高祥明袭职，段正淳赐"八章礼衣"，"八章"为丝织纹样，反映了大理纺织技术的提高。

1978年，考古工作者在大理三塔中发现一批南诏、大理丝织品，主要是写经、经袱、手披和单页经咒。种类以绢为主，兼有纱、锦、罗、绫、绮等种。其中，写经素绢16件、方孔纱3件、织锦2件、文绮1件、素绫1件、刺绣手披1件。这些丝织品多数应为当地所产而非中原地区所输入，其刺绣手披很可能就是大理时期盛行的"米黄绣手披"之类。②

就目前掌握的材料分析，丝织业在大理时期虽然已有明显的发展，但丝织产品却还仍然属于奢侈品一类，主要为满足官员贵族的消耗，而大多数人的服饰所需依旧是以麻织品为主。

郭松年《大理行记》称元初白崖一带"禾麻蔽野"，李京《云南志略》则称"白人"所栽麻、麦之属"颇同中国"，反映出大理时麻的种植相当普遍。但是，宋熙宁七年（公元1074年），杨佐出使大理，记其行

---

① 李心传：《建炎以来系年要录》卷六十四。
② 参见邱宣充《大理三塔出土的古代纺织品》，载《云南文物》第20期。

程:"初,铜山为蕃汉贸易之场,蕃人从汉境负大布囊,盛麻苴以归。囊罅遗麻或苴,既久而丛生。佐之徒蹑麻苴生踪前寻去路,自达虚恨界,十月八日而抵束密之墟。"① 大理居民年年均需从宋嘉州铜山寨购买麻苴,说明麻苴的需求量极大,进而说明大理麻织业的极为兴盛。

大理时期的麻织品类别,限于史料,目前已经很难详说。范氏《志器》记有一种叫作"练子"的麻织品:"练子出两江州峒,大略似苎布。有花纹者谓之花练,土人亦自贵重。"周氏《代答》卷六亦载:"邕州左右江溪峒,地产苎麻,洁白,细薄而长。土人择其尤细长者为练子,暑衣之,轻凉离汗者也。汉高祖有天下,令贾人无得衣练,则其可贵自汉而然。有花纹者为花练,一端长四丈余,而重止数十钱,卷而入之小竹筒尚有余地。以染真红尤易着色,厥价不廉,稍细者,一端十余缗也。"马端临《文献通考·四裔考》称大理东南边境一带各族"夏辑蕉竹麻苎为衣",土产"练布"、"峒淡"。"峒淡"即"淡",范成大《桂海虞衡志·志器》称:"如中国线罗,上有遍地小方胜纹。"周去非《岭外代答》卷六则称:"邕州左右江峒蛮有织白淡,白质方纹,广幅大缕,似中都之线罗,而佳丽厚重,诚南方之上服也。"乐史《太平寰宇记》卷八十八载大理东北边境一带的"夷僚"盛产"斑布",抑或为一种麻织品。周氏《代答》卷六:"瑶人以蓝染布为斑,其纹极细。"由此可见,所谓"斑布"其实就是经过染花的土布,不仅仅只出于"夷僚","瑶人"(古文有以"猺人"称呼今瑶族)亦颇出之。不仅如此,王象之《舆地纪胜》卷一六七还称"夷僚"俗在"近衣服青布刺绩纹",说明刺花织纹在少数民族中也很盛行。

流入中原的大理麻织品因其较高的纺织技术,素来享有盛誉。苏轼曾于长宁军边市"得西南夷人所买蛮布弓衣,其文织成梅圣俞《春雪诗》",转赠欧阳修以为琴囊,被欧视为家珍[2]。

云南以莎罗树子织布在汉晋时已然,称"桐华布"。至于大理,莎罗纺织仍然备受重视。李石《续博物志》卷七记载:"骠国诸蛮并不养蚕,收娑罗木子,破其壳,中如柳絮,细织为幅服之,谓娑罗笼段。"李时珍《本草纲目》卷三十六引宋沈怀远《南越志》:"南诏诸蛮不养蚕,唯收娑

---

① (宋)杨佐:《云南买马记》。
② (宋)欧阳修:《六一诗话》之五。

罗木子,中白如絮,纫为丝,织为幅,名娑罗笼段。"又引祝穆《方舆胜览》:"平缅出娑罗树,大者高三五丈,结子有绵,纫绵织为白叠、兜罗绵,此亦斑枝花之类,各方称呼不同耳。"大理时期的莎罗制品除旧有的"莎罗笼段"外,《宋史·黎州诸蛮传》称,端拱二年(公元989年)邛部川蛮遣少盖使宋,所携贡物中有"莎罗毯"1件,说明莎罗布也被用来制造大型生活用品。

大理时期的毛织产品主要是毡罽。范成大《桂海虞衡志·志器》称:"蛮毡出西南诸蕃,以大理者为最。蛮人昼披夜卧,无贵贱,人有一番。"周去非《岭外代答》卷六:"西南蛮地产绵羊,固宜多毡毳,自蛮王而下至小蛮,无一不披毡者,但蛮王中锦衫披毡、小蛮袒裼披毡尔。北毡厚而坚,南毡之长至三丈余,其阔亦一丈六七尺,摺其阔而夹缝之犹阔八九尺许。以一长毡带贯其摺处乃披毡,而系带于腰,婆婆然也。昼则披,夜则卧,雨晴寒暑,未始离身。其上有核桃纹,长大而轻者为妙,大理国所产也。佳者缘以皂。"大理所产毡罽在域外声誉极高,故常成为使节必携贡物与边境贸易货物。上德元年(公元1076年),大理遣使朝宋,所携贡物即有"毡罽"。广安四年(公元1080年),泸夷乞弟部献"毡二领"乞宋罢兵①。宋政和七年(公元1117年),大理再贡方物,其中亦有"细毡"。而南宋时期,泸夷阿永部至泸州互市,所携货物有"毡兰之属"②。周氏《代答》卷五亦称邕州互市,大理货物有"披毡"一种。

无可否认,大理时期纺织业的总体水平较南诏又有新的提高。

四 皮革业

在南诏的基础上,大理时期的皮革业有了显著的进步。这表现在:第一,制革原料进一步拓宽。南诏时期,制革原料主要是犀皮与牛皮。至于大理,除犀牛与牛皮外,象皮、豹皮、鹿皮等均被引为原料,反映出此一时期制革技术取得了长足的进步。第二,皮革制品种类增多。南诏时期,皮革制品主要为皮甲与腰带两种。至于大理,皮甲仍然是主要皮革制品,受到皮革业的广泛重视。此外,皮鞘、皮衣、皮盔等制品也已逐步受到重视。(胡本)《南诏野史》称段思平起事前宿于品甸旅舍,"舍有戟,以生

---

① (宋)李焘:《续资治通鉴长编》卷一○一。
② (宋)李心传:《建炎以来系年要录》卷六十四。

牛革裹之。"范成大《桂海虞衡志·志器》称"大理刀""以象皮为鞘，朱之，上亦画犀毗花纹，一鞘两室，各函一刀。靶以皮条缠束，贵人以金银丝。"周去非《岭外代答》卷六则称："蛮刀""以褐皮为鞘，金银丝饰靶，朱皮为带。"马端临《文献通考·四裔考》记载大理东南边境各族"以牛皮为因席"。而在泸州边市，来自大理境内货物还有鹿皮、豹皮之类皮张。第三，皮革制品工艺提高。依据樊绰《云南志》的记载，南诏皮革制品的工艺并不很高，故在中原几无盛誉。至于大理，皮革制品工艺明显提高，享誉域外。以传统制品蛮甲为例，范式《志器》称："蛮甲，惟大理最工。甲胄皆用象皮，胸背各一大片，如龟壳，坚厚与铁等。又缀联小皮片为披膊护项之属，制如中国铁甲，叶皆朱之。兜鍪及甲身内外悉朱地间黄黑漆，作百花虫兽之纹，如世所用毗器，极工妙。又以小白贝累累络甲缝及装兜鍪，疑犹传古贝胄朱綅遗制云。"周氏《代答》卷六则称："诸蛮唯大理甲胄以象皮为之，黑漆，坚厚，复间以朱缕，如中州之犀毗器皿。又以小白贝缀其缝，此岂《诗》所谓贝胄朱綅者耶？大理国之制，前后掩心以大片象皮，如龟壳，其披膊以中片皮相次为之，其护项以全片皮卷圈成之，其他则小片，如中国之马甲。叶皆坚与铁等，而厚几半寸。苟试之，以弓矢将不可彻、铁甲殆不及也。"除象皮甲外，大理的犀皮甲也在中原颇享盛誉。段廉义时，大理使臣使宋，所贡货物即有"犀皮甲"一种。

五 雕漆业

雕漆业属于一种工艺手工业，包括雕镶与漆绘两种门类。

南诏以前，云南雕漆制品鲜有所载。唐之中世，南诏兵入成都，尽俘工巧艺人以还，雕漆一业由此渐兴。至于大理，雕漆业得到迅速发展，成为手工业中引人注目的行业。手工产品多用雕漆加工装饰，如前面提到的刀鞘、皮甲等，工艺极为繁芜。大理遣使朝宋，所携贡物多有"金装碧玕山"一种。所谓"金装碧玕山"，目前有两种推测：一种推测认为"为碧玉雕琢嵌金点缀"的玉制产品[①]，另一种推测认为是"镶金点缀"的"经过雕刻的大理石"制品[②]。但不管是玉制产品还是大理石制品，它是

[①] 参见方国瑜《南宋邕州与大理交通及市马》，油印本。
[②] 参见邵献书《南诏和大理国》，第121页。

一种经过雕刻加工处理的工艺产品，则是没有问题的。正是经过大理时期的迅速发展，元明以后，云南雕漆工艺开始甲于天下。

六 珠宝业

云南自古以来就是我国的重要珠宝产地与集散地。至于大理，珠宝一业极为兴盛。1978年，考古工作者在大理三塔中发现大批南诏、大理文物，珠宝制品数量巨大。其中，珍珠清理出土的约200余粒，最大直径为0.6厘米，一般为0.3—0.4厘米，最小的仅0.2厘米，尽皆穿孔，并有用细铜丝与其他珠饰相缀连者，均为河蚌所产；珊瑚制品为珊瑚珠，也有未经加工的珊瑚枝碎片，淡红色，呈肉色暗纹，加工制品则有管状与椭圆形两种，亦均属于内陆产品；水晶及水晶制品数量最多，仅水晶珠即达700多颗，有圆形、枣核形、椭圆形、扁圆形、多菱形、圆锥形、晶体形多种，最大直径3厘米，最小的不到半厘米，其他还有佛像、金刚杵、戒指、鱼形珠饰等制品，伴随出土的还有水晶块体及半成品，显然也是本地产品。除珍珠、珊瑚、水晶之外，考古工作者还清理出不少玛瑙、琥珀、绿松石和琉璃制品，多数属于念珠。这些珠宝制品也是大理地区古代的传统制品[1]。以此为背景，大理与宋的黎州边市成为了著名的珠宝市场，"塞外诸戎贩珠玉入黎株，官常邀市之"[2]。大理时期的珠宝产地主要应是建昌与永昌两地。

珠宝之外，贝螺之属也是大理珠宝业的主要加工原料。范成大《桂海虞衡志·志蛮》称：大理与邕州互市，所需有香蛤、海蛤之属。周去非《岭外代答》卷七："海南有大贝……亦有小者，大如纸面，其背微青，大理国以为甲胄之饰。"在大理三塔发现的南诏、大理文物中，有一种白色的被切刻成碎片的厚质螺壳，反映了大理时期贝螺加工业存在的事实。

以冶炼、纺织、皮革、雕漆、珠宝诸业为骨干，大理时期的酿造、竹木、陶石、盐茶诸业也有很大发展。

---

[1] 参见姜怀英等《大理三塔史话》，第82—83页。
[2] 《宋史·食货志》。

七 酿造业

《（胡本）南诏野史》称：段素兴每至春月即"挟妓载酒"四处巡游。杨佐出使大理，束密守臣以"藤觜酒"相饮。而在泸州边市，则有来自大理境内的"酒"一货物。由此种种判定，酒在大理士庶的社会生活中占有相当重要的地位，酿酒业应该较为发达。

除酒而外，李京《云南志略》称："（芭蕉子树），初生子，不可食。移树于有水处栽，所结子方可食之。正、二月开花，红色，如牛心。结子三、五寸，如皂荚样。七月取其子，以瓶盛覆，架于火棚上，使熟。剥肤而食，其甘如饴。"又称："无花果树，不甚大。果生树末，状如青李。生食无味，蜜煎甚佳。"那么，大理统治区域内的各族还有程度不同的蜜饯业存在。

八 竹木业

大理时期的竹木制品，首先让人想到的是筇竹杖。"筇竹杖"一名，汉晋已见注录。至于大理，此一地方产品发展极快，成为大理与宋边市中常见的货物。陆游《老学庵笔记》卷三称："筇竹杖，蜀中无之，乃出徼外蛮峒，蛮人持至泸、叙间卖之。"两宋时期，中原人士每以策筇竹杖引为自豪。张浚曾为南宋宰相，他的筇竹杖则被视为个人立世的铭诫，其《筇竹杖铭》曰："用则行，舍则藏，惟我与尔。危不持，颠不扶，则焉用彼？"①

范成大《桂海虞衡志·志器》："蛮鞭，刻木节节如竹根，朱黑间漆之，长才四五寸，小首有铁环，贯二皮条以策马。"有学者认为，此一"蛮鞭"就是唐诗中提到过的"露青长鞭"，也就是《南诏野史》中称的"金马杖"，以其用金色漆之之故②。段正淳时，高祥明"进金马枝八十节"，或应就是这种产品。

范氏《志器》又载："蛮弩，诸峒猺及西南诸蕃其造作略同，以硬木为弓桩，甚短，似中国猎人射生弩，但差大耳。猺人弩又名编架弩，无箭槽，编架而射也。"周去非《岭外代答》卷六"凡蛮猺之弩，状如中都之

① 《宋代蜀文辑存》卷四十五。
② 参见李家瑞《两宋时代云南和中原的经济文化交流》，载《云南铁器时代文化论》。

吃笮弩，盖不能弯弓而皆能踏弩也。以燕脂木为之，长六尺余，厚二寸，博四寸许。其长三尺余，厚止半寸，不划箭槽，编架其箭于栝，名曰编架弩。其箭刿竹为之，或用小圆竹，而皆有弩之箭户，镞如凿或如枭茨叶。以软皮为羽，利于射高，而不可以俯射。则弓易软，矢易钩，非良才也。宜州、南丹等及邕州、左右江之诸峒、西南旧弩，其制作略同，其弓才则良矣。"由于"蛮弩"劲力不足，杀伤力有限，又用"药箭"与之相配。范氏《志器》："药箭，化外诸蛮所用弩虽小弱，而以毒药濡箭锋，中者立死。"周氏《代答》卷六"溪峒弩箭皆有药，唯南丹为最酷。"某些民族还以桄榔木为箭镞，"桄榔遇血悉裂，故其矢亦能害人"。

周氏《代答》卷六有"蛮笠"一种，称："西南蛮笠以竹为身，而冒以鱼毡，其顶尖圆，高起尺余，而四围颇下垂，视他蕃笠，其制似不佳，然最宜乘马。盖顶高则定而不倾，四垂则风不能扬，他蕃笠所不及也。"

大理时期著名的木制产品应数"蛮鞍"。范氏《志器》："蛮鞍，西南诸蕃所作，不用鞯，但空垂两木镫。镫之状，刻如小龛，藏足指其中，恐入榛棘伤足也。后镳秋木为大钱，累累贯数百，状如中国骡驴秋。"周氏《代答》卷六："蛮人马鞍与中国鞍不相远，但不用鞯，唯有桥镫贴腿耳。桥朱黑相漆如犀毗纹，镫如半靴，藏足指其中。盖猺人路险，马行荆棘，惧伤足也。贴腿以皮包，下亦用毡以傅马脊，后镳秋为大钱数十枚，珠贯而系之，如骡驴。然鞍皆大，宜于马脊，但前桥差低耳。"以大理马的大批输入中原为前提，有学者推测，由于云南马小而精干，中原马鞍必不相称，故而云南马鞍亦必随着马的大批输入而输入中原[1]。

与竹木业相关的，还应提一提大理的藤编织品。龚鼎臣《东原录》称，绍兴六年（公元1136年），大理曾遣使"进表两匣及金藤织两个"，此"金藤织"就是一种镶金的藤编织品。考古工作者曾在清理大理洱源三营火焰山砖塔遗址中，发现一件编织十分精致的藤背笭。此笭整体呈六边形，盖与笭身处设有子母扣。笭上有朱色书写的梵文经咒多处。笭内装有写经和不少中草药[2]。两相参校，说明大理时期藤编制品应用颇广、声誉颇高。

---

[1] 参见李家瑞《两宋时代云南和中原的经济文化交流》，载《云南铁器时代文化论》。
[2] 参见张增祺《洱海火焰山砖塔出土文物研究》，载《云南铁器时代文化论》。

九　陶石业

抗日战争时期，考古工作者在今大理县城西玷苍山脚下先后发现和发掘过白王冢、三塔寺、一塔寺、五华楼故址、太和城遗址、中和乙址、东岳庙、史城故址、白云乙址等十余处遗址，共收集到有字瓦片200余件。这些瓦片大多出土于南诏建筑遗址中，故其时代应属南诏，晚者可至大理。1965年春，考古工作者在楚雄城西的车坪村发现一处大理时期的砖瓦窑址。址中残留不少有字瓦、滴水和瓦当，瓦山多模印"政安三年，岁次乙未"的纪年题记。1974年夏，考古工作者又在洱源三营火焰山发现一座大理的废塔基。塔砖上多模印梵、汉两种文字，汉文为"大宝七年岁次乙亥正月十五日"及"大宝皇帝及施主法界有情"。此外，考古工作者还先后在姚安高陀山、诸葛寺、大理金梭岛等地南诏、大理遗址中发现不少有字瓦[1]。类似发现表明，有字砖瓦烧制在南诏、大理时期已经很是兴盛。

根据已经发现的有字瓦分析，它基本上可以分为板瓦和筒瓦两种。板瓦居多，约占出土总量的90%以上；筒瓦则仅见于楚雄车坪大理砖瓦窑址中。这些瓦件内壁均留有极清晰的粗布纹，外壁多经磨光，间有刀削或竹片修理痕迹。瓦片两侧留有整齐的刀割痕迹，可知原为筒状泥坯，烧制时方剖为两半。结合今天大理白族制瓦的工艺过程，有学者认为，有字瓦的制作过程是在制作前先做一木桶为瓦坯内壁的支撑，木桶外壁套一层浸过水的粗布，然后将揉压多次的瓦泥涂抹在布上，置于陶轮上打磨成桶状，再将活动木桶及麻布取出，泥坯不够整齐光滑处用刀或竹片作进一步修饰。待泥坯稍干，用刀将其剖成四块（板瓦）或两块（筒瓦）。瓦上模印文字，估计是在瓦坯表面修光之后与支撑木桶取出之前。文字印模当为木制，阴文反刻，文字全部竖行。如上工序完成之后，最后才把干坯放入窑中烧制[2]。有字砖瓦大多出土于滇西地区，尤以洱海区域为最多，可见此类砖瓦在当时只使用于南诏、大理的"皇都"附近和一些经济文化比较发达的地区。一般来说，有字瓦多用在官府的大型建筑物上，而有字砖

---

[1]　参见张增祺《南诏大理国时期的有字瓦》，载《云南铁器时代文化论》。
[2]　同上。

则多用在佛教寺塔的建筑上①。由此更进一步，我们认定这些烧制有字砖的作坊应该都是官窑。

有确凿的资料表明，云南古代的许多民族盛行火葬。与此一致，考古工作者在云南各地发现了大量火葬墓群，出土火葬陶罐无数。属于大理时期的，造型较为复杂，纹饰颇为丰富，反映出此一时期的制陶工艺颇高。不仅如此，考古工作者曾在永平营口小学出土两件青釉人物盖罐，在剑川钟科山火葬墓出土两件灰白釉瓶，时代均为大理晚期，说明瓷器的烧制也在此一时期出现了②。由此推断，大理时期的陶瓷业在手工业中已经有了突出的地位。

这里，有必要对大理石的开采与加工专门作一考述。大理石，古称"点苍石"、"醒酒石"、"榆石"、"文石"，民间称为"础石"。在中国，大理石的开采与应用绝对是最先从云南开始的。据确切记载，约在南诏中期，云南即已开始了大理石的开采与加工。元稹诗中有"题石研屏"诗一首，吟称："磷磷石屏上，浓淡树中分。"据考就是一首吟诵大理石屏的诗作。李德裕晚年于洛阳平泉修建别墅，"采天下奇花异竹、珍奇怪石为园池之玩……有醒酒石，德裕醉即踞之，最保惜者"。此石后为某中使监军所得，置于家园。德裕之子敬义通过军将张全义索要，竟致引起一场流血冲突③。曾任隆舜布燮的杨奇鲲也有一首名叫《岩嵌绿玉》的诗："天孙昔谪下天绿，雾鬓风鬟依草木。一朝骑凤上丹霄，翠翘花钿留空谷。"《太平广记》中有一段记西洱河事的文字，称唐乾符二年（公元875年）有韦陀将军童真者告宣律师，"西洱河有白石，其土人造多宝佛全身像，安在西洱河鹫山寺。蜀青城人往，与彼易请佛像"。凡此种种，可见南诏中后期，大理石的开采与加工已较为普遍，大理石制品已在域外享有盛名。

大理时期，大理石的开采与加工继续受到重视，大理石制品的应用范围更广。近年在大理归源寺发现的凿于大理时期的"镇国灵天神"造像，就刻在一块长83厘米、宽25厘米的大理石上。发现于大理五华楼遗址的元代《□兆郡夫人墓志铭》，也是刻于一块大理石上。不仅如此，大理石

---

① 参见张增祺《南诏大理国时期的有字瓦》，载《云南铁器时代文化论》。
② 参见葛季芳《云南陶瓷》有关章节；《南诏、大理的陶瓷工艺》，未刊稿。
③ 《旧五代史·李敬义传》。

制品在域外的声誉视南诏更高，流入中原的数量更大。清人周尚赤《大理石赋序》历叙宋人所藏大理石屏："宋欧阳永叔有山松石屏，狄咏有雪林石屏，苏东坡有月石风林屏，然皆虢上石。"[1] 至于屡被大理作为特产奉送宋朝的"碧玕山"，到底是玉制产品还是大理石制品，则是现在已经很难证实的问题了。

元明以后，大理石的开采与加工达到极盛。但很明显，如果没有大理时期奠定的基础，此一极盛是不可能到来的。

十 盐茶业

关于大理时期的煮盐业没有明确的记载。元初，马可·波罗出使云南，随处所见，均以制盐作为货币。由此推之，大理时期的煮盐业相当兴盛。应该注意的是，樊绰《云南志》卷七称南诏时，"颗盐每颗约一两二两，有交易即以颗计之"，而《马可·波罗行记》则称元初"其盐煮之，然后用模型范为块，每块约重半磅"。煮盐制品由"颗盐"向"块盐"的转变，正好反映了大理时期煮盐业在工艺与技术方面的某些变化。

大理时期的主要茶叶产地是今滇南一带，即所谓"银生诸山"。李京《云南志略》记载"金齿百夷"市集，茶叶是其主要贸易货物，反映了此一地区茶叶生产极盛的状况。李心传《建炎以来系年要录》卷六十四"绍兴三年四月戊申"条记阿永蛮至泸州互市，博易货物亦有茶之一种。由于阿永蛮地本不产茶而又常在大理与宋之间进行中介贸易，故其所货之茶当是来自大理。是故李京《云南志略》称这一带民族"常以……贩茶为业"。部分民族可以依赖贩茶为生，大理时期的茶叶生产数量之大，范围之广也就可以想见了。

无可否认，大理时期的手工业较前代有了惊人的进步，行业门类拓宽，产品数量剧增，而且创制了一批享誉域外的名特产品。

第四节　商业与对宋朝的贸易

一　集市

以社会经济的长足进步为后盾，大理的商业与对外贸易得到了空前的

---

[1] 《大理县志稿》卷三十一。

发展。

大理时期的商业主要是以城镇作为骨架，辅以临时的集市形成网络。

大理时期的重要城镇，我们已在前面作过考述。以八府、四郡、四镇为核心，大理时期的重要城镇计有百座之多。这些城镇应该都在贸迁有无中发挥了巨大作用，马可·波罗称押赤城中"商工颇众"可以视为一个例证。

除重要城镇外，村落也在一定程度上成为商品交换的场所。而在大理经济较为发达的腹心地区，村落的分布颇为紧密。马可·波罗出使云南，称建都一带"环墙之城村不少"，而姚州一带"环墙之城村甚众"。

与城镇、村落的商品交换相补充，大理时期还出现了不少临时集市，当时称为"街子"。李京《云南志略》："市井谓之街子，午前聚集，抵暮而罢。"著名的大理"三月街"，据说就是形成于南诏、大理时期。李京《云南志略》又载："（金齿百夷）交易五日一集，旦则妇人为市，日中男子为市，以毡、布、茶、盐互相贸易。"大理统治的边夷地区商品交换尚且如此，其他地区更可想见。

二　贝币

根据学者的一般意见，大理时期的商品交换通用贝币。云南用贝的时间很早，晋宁石寨山遗址即已发现大量海贝。但直至南诏，这些海贝基本上都是用于装饰。最早记载云南用贝作为货币的文献，目前所见的是《新唐书·南诏传》。《南诏传》称：南诏"以缯帛及贝市易，贝之大若指，十六枚为一觅"。至南诏末，贝币逐渐流行。《政和经史证类本草》卷二十二引李绚《海药本草》记载："贝子，云南极多，用于交易。"①

关于大理时期贝币的使用情况，没有直接的记录和实物予以说明。元初，赛典赤入滇，推行钞法。《元史·赛典赤传》称："云南民以贝代钱。是时初行钞法，民不便之。赛典赤为闻于朝，许仍其俗。"《元史·世祖纪》至元十三年（公元1276年）记载此事："云南贸易与中州不同，钞法所实未谙，莫若以交会、钯子公私通行，庶为民便。"直至马可·波罗入云南，云南各地仍然普遍盛行贝币。其《行记》称昆明地区"所用货币则以海中所出之白贝而用作狗颈圈者为之"，称大理地区"亦用前述之

---

①　参见方国瑜《云南用贝作货币的时代及贝的来源》，载《滇史论丛》第一辑。

海贝，然非本地所出，而来自印度"，称金齿州"其货币用金，然亦用海贝"，称秃落蛮州"使用海贝，如前所述"，称阿木等州"亦习用海贝、黄金"，等等。贝币的换算情况，李京《云南志略》记曰："交易用贝子，俗称为叭，以一为庄，四庄为手，四手为苗，五苗为索。"《元史·世祖纪》：至元十九年九月己巳，"定云南税赋用金为则，以贝子折纳，每金一钱直贝子二十索"。二十索值金一钱，则金一两当贝一万六千枚[①]。

李京《云南志略》记载"斡泥"："治生极俭，家有积贝，以一百二十索为一窖，藏之地中。将死，则嘱其子曰：我平日藏若干，汝可取几处，余者勿动，我来生用之。"由此可见，由于商品交换的进一步发展，贝币作为一般等价物在大理时期已经被广泛地作为财富的象征加以收藏。

除贝币外，大理时期也以黄金、白银作为货币。《马可波罗行记》第116章："至其所用货币，则有金条，按量计值，而无铸造之货币。"第118章："产金之多，致于交易时每金一量值六量。"第119章："其货币用金……其境周围五日程之地无银矿，故金一两值银五两，商人多携银来此易金而获大利。"由于大理产金特多，故金银兑换比例一般低于周边各国。

前面说过，大理时期还以制盐作为货币。《马可波罗行记》第116章："其小货币则用盐……每块约重半磅，每八十块值精金一萨觉，则萨觉是盐之一定分量。其通行之小货币如此。"第114章："境内无纸币，而以盐为货币。"按照马可·波罗的记载，盐币似主要用于小型商品交换与边夷地区。

把以上三种大理通行的货币作一个合于逻辑的推测，我们以为：得之不易、携带方便的贝币应该是大理时期商品交换的主要货币，价值极高而又更易携带的金银币则是远途贸易与贵重贸易的支付手段，笨重不便却有实用价值的盐币仅仅作为小型与边夷贸易的货币使用。三者在大理的商品交换中正好起了互补的作用。

三 与宋朝的交流

较其内部商品交换更为引人注目的是大理的对外贸易。

杨佐《云南买马记》记其在云南驿前所见"里堠"：东至戎州，西至

---

① 参见方国瑜、林超民《〈马可波罗行记〉云南史地丛考》，第122—123页。

身毒，东南至交趾，东北至成都，北至大雪山，南至海上，"悉著其道里之详，审询其里堠，多有完葺者"。大理后期，沿边设成纪、蒙舍、镇西、最宁四镇。其中，成纪镇通黎雅、成都，蒙舍镇通堕和罗、真腊，镇西镇通天竺、蒲甘，最宁镇通交趾。此"四镇"之设，除了以武力防边的用意外，同时还有维护交通与沿海诸国贸易的目的①。由此可见，大理时期的对外贸易应该相当兴盛。

在大理的对外贸易中，与宋的边境贸易占有举足轻重的地位。在某种程度上甚至可以说，大理的对外贸易主要是与宋的边境贸易。

大理与宋的边境贸易主要是在宋朝辖境举行，故其市场主要分布在大理东北与东二面宋境的沿边州军。

东北方面系与川峡三路（成都府路、潼川府路、夔州路）有关。雍熙、端拱（公元984—989年）间，川峡开市市马计有益、文、黎、雅、戎、茂、夔、永康八处州军。其中，雅、黎、戎、夔四州属于大理边面去处。熙宁六年（公元1073年）后，雅、戎"皆置博易场"②。川峡"自黔、恭以西，至涪、泸、嘉、叙，自阶又折而东，南至威、茂、黎、雅，被边十余郡，绵亘数千里……自治平（公元1064—1067年）之末迄于靖康（公元1126—1127年），大抵皆通互市"③。南渡以后，川峡"买马路之未通，吴璘首开之，货以茶彩，抚以恩信……马道行而人赖之"④。文、黎、珍、叙、长宁、南平、阶、利开市"凡八场"⑤，五场近于大理边面。是故宋人称之："汶山以西，邛笮之南，牂柯、犍为之壤，皆控带外夷，绵亘交趾，而羧髳毡裘与我互市。"⑥

广南西路的宜、观、邕、宾、横、平诸州作为大理东毗，与大理的经济往来不减川峡。绍兴四年（公元1134年），广南东西路宣谕明橐上言，称平州"税场互市之利又为守臣边吏所私"，则平州曾为南宋互市边州之一⑦。早在北宋时期，邕州已经开市。殆宋南渡，得马不易，朝廷即命置

---

① 参见方国瑜《云南用贝作货币的时代及贝的来源》，载《滇史论丛》第一辑。
② 《宋史·食货志》。
③ 《宋史·泸州蛮传》。
④ 《宋会要辑稿·兵》二十二之二十七。
⑤ 《宋史·食货志》。
⑥ （宋）王咨：《上汪制置书》，《全蜀艺文志》卷二十九。
⑦ 《宋史·抚水州蛮传》。

使邕州买马。绍兴初，以买马机构隶经略司；三年，复在邕州置提举买马司；四年，移广西买马司于邕管；六年，废买马司，以帅臣领其事。邕州买马机构分为三级：第一级是帅臣、经干，东、西提举为第二级，知寨、主簿、都监为第三级①。邕州的马市贸易在南宋基本没有中断。绍兴三年，李预上言："本司所买马，全籍沿边郡协力收买。今来，除邕州知州已得旨专管买马外，有宾、横、宜、观四州并系连接外界，可以招诱收买。欲令宾、横、宜、观等四州并依邕州例专管买发战马，庶得及时分头责办。"诏从②。宜、观、宾、横四州市马时间不长。

以上仅就所见材料，对宋与大理边境贸易中宋朝政府直接插手的边市情况稍作考察。由于官市而外的私市大量存在，应该说，二者接壤的整个边面都有可能成为贸易市场，只是疏于记载，难以说考罢了。

大理与宋边境贸易的货物以马为主，他物称繁。正是这种百货辐辏的往来，使大理与宋的边境贸易呈现出丰富多彩的内容。

大理用于边境贸易的货物，主要分为以下几类。

1. 畜牧产品

前面说过，畜牧生产是大理的重要经济部门。在畜牧生产中，马匹以其独有的生产与战斗的双重用途，历来占有相当重要的地位，成为与宋边境贸易的大宗货物，"非单纯之贸易可比"③。大理与宋的马市贸易，据现有史料记载，早在开宝时期（公元968—976年）即已开始。之后，与大理接壤的其他边州相继开市市马，时断时续，此伏彼起，直到南宋末年陆续罢停。其贸易区域极广，有明确记载的州军即有雅州、黎州、嘉州、叙州、长宁军、泸州、夔南、沅州、邕州、宜州、观州、宾州、横州等处。

大理与宋马市贸易的数额各个时期不一。川峡诸州市马，嘉祐（公元1056—1063年）时黎州岁额2100匹，崇宁五年（公元1106年）增至4000匹④。长宁军"岁市蛮马三百九十五匹"⑤。政和（公元1111—1118年）末年，宇文常提举成都府路茶马。"自熙（宁）、（元）丰（公元1068—1085年）以来，岁入马蕃多；至崇（宁）、（大）观（公元1102—

---

① （宋）周去非：《岭外代答》卷五。
② 《宋会要辑稿·兵》二十二之二十、二十一。
③ 方国瑜：《云南史料目录概况》，第144页。
④ 《宋史·赵开传》；《宋史·兵志》。
⑤ （宋）王象之：《舆地纪胜》卷一六六。

1110年）间，其法始坏。提举官岁以所入进羡余，吏缘为奸，市马裁十一二，且负其值，夷人皆怨。常尽革其弊，马遂溢额"。① 南渡以后，川峡市马五州——黎州、叙州、长宁军、南平军（今四川南川）、珍州（今贵州正安）每年买马5000余匹左右。其中，长宁军约占1/10，即500匹左右②。乾道年间（公元1165—1173年），"秦、川买马额岁万一千九百有奇，川司六千，秦司五千九百"；庆元年间（公元1195—1200年），"合川、秦两司为万一千十有六"；嘉泰（公元1201—1204年）末年，"合两司为万二千九十四"③。南宋川路市马之盛由此可见。川峡市马，以黎州为首，"凡云蜀马者，惟沈黎所市为多，其他如戎、泸等州，岁与蛮人为市"④。广西边面市马，以南宋为盛。绍兴六年（公元1136年），"岁额一千五百匹，分为三十纲赴行所"⑤。七年，胡舜陟以待制帅邕，领市马事，"岁中市马二千四百匹"；其后马益精，"而得马千五百匹"⑥。二十七年（公元1157年），令马纲分往江上诸军，"后乞添纲，今元额立外，凡添买三十纲，盖买三千五百匹矣。此外，又择其权奇以入内厩，不下十纲"⑦。广西市马，以邕州为首，宜、观、宾、横"协力收买"⑧。

　　大理与宋市马，价格历来有定，"旧蕃蛮中马，良驽有定价"，"岁与蛮人为市，第存优恤，数马以给其直"⑨。黎、叙诸市，"委属官说诱番羌，于价外增支犒赏锦彩、酒食之类，每匹不下用茶七驮、准绢十匹"⑩。这是宋朝政府为了招诱马匹的增价，之前可能稍低。广西边面市马，大观年间已有定格，"大观中所定有八等"⑪。绍兴三年（公元1133年）八月，进义副尉前权广西路邕州靖远寨黄迥言："朝廷旧法，于本路邕州横山寨招马特磨道等蕃马，元立等格自四尺一寸至四尺七寸，逐等各立定价钱收

---

① 《宋史·宇文常传》。
② （宋）李心传：《建炎以来朝野杂记·甲集》卷十八。
③ 《宋史·兵志》。
④ 同上。
⑤ （宋）周去非：《岭外代答》卷五。
⑥ 《宋史·兵志》。
⑦ （宋）周去非：《岭外代答》卷五。
⑧ 《宋会要辑稿·兵》二十二之二十、二十一。
⑨ 《宋史·兵志》。
⑩ 《宋会要辑稿·兵》二十五之七。
⑪ （宋）王应麟：《玉海》卷一四九。

买，只应副本路州军马军调习备边缓急之用。"① 同年，邕州进士昌忞亦言："伏睹大观买马格，每招马一百匹，支盐一二百斤，彩一十匹与招马人，充入蛮开路结记人信，乞指挥买马司如差效用入蛮招马，许借官钱充买盐彩俟。招到马数，乞依大观买马格销破折会。"② 以是观之，大观定格主要是对所买之马的规格与价格的限制，同时兼及遣人入募招马的报酬。北宋时期，广西边面市马主要应副本路州军所需。南渡以后，由于战争需要，广西买马数额大增，大观定格已不合适。昌忞复言："递年蕃马之来，其间有出格马，厥直太高，蛮人不肯一概售之，有司亦不敢违格收买，溪洞主将或有力之人，搭价交易，乞指挥买马司，如有出格马，并依溪洞两价数收买，不可循其旧例。"③ 黄迥亦言："窃见蕃蛮巢冗有出等高马，官司未曾增钱破格收买，乞于格收自四尺六寸以上、五尺以下高等壮阔齿嫩大马，增立格价，下措置买马司，官差招马官前去罗殿国等处蕃蛮别行招诱，赴官收买。"④ 绍兴四年（公元1134年），南宋政府移广西买马司于邕管后，"岁捐金帛，倍酬其直"⑤。六年，朝廷"岁拨本路上供钱、经制钱、盐钞钱及廉州百康盐、成都府锦，付经略司，为市马之费。经司以诸色钱买银及回易他州金锦彩帛尽往博易。以马之高下视银之重轻。盐锦彩缯以银定价。"⑥ 绍兴七年以后，马匹益精，"岁费黄金五镒、中金二百五十镒、锦四百端、絁四千匹、廉州盐二百万斤，而得马千五百匹，必四尺二寸以上乃市之，其直为银四十两。每高一寸，增银十两。有至六七十两者。"即便如此，土人亦感吃亏，称："其尤驵骏者，在其出处或博黄金二十两，日行四百里，但官价有定数，不能致此耳。"⑦ 市马双方"两平等量，议定价值"，所付货款"从蛮人所愿，或用彩帛，或用盐银等物，依彼处市价博易"⑧。

  大理与宋的马市贸易非常兴盛，尤其南宋以后形势更佳。陆游所吟

---

① 《宋会要辑稿·兵》二十二之十九。
② 同上。
③ 同上。
④ 同上。
⑤ 《宋史·食货志》。
⑥ （宋）周去非：《岭外代答》卷五。
⑦ （宋）李心传：《建炎以来朝野杂记·甲集》卷十八。
⑧ （宋）周去非：《岭外代答》卷五。

"国家一从失西陲，年年买马西南夷"①，就是这种盛况的诗意描写。

除马而外，根据范成大《桂海虞衡志》与周去非《岭外代答》的记载，胡羊、长鸣鸡、驯象等都曾是大理与宋边境贸易的主要货物。

2. 冶金产品

大理时期，金、银、铜、铁的冶铸制品应用极广，并常成为与宋边境贸易的货物。《续资治通鉴长编》卷二十三"太平兴国七年八月"记载："伪蜀广政中，始铸铁钱，每铁钱一千，兼以铜钱四百。凡银一两直钱千七百。绢一匹直钱千二百，而铁工精好，殆与铜钱等。（宋）初，益买金银装发，颇失裁制，物价增长，寻又禁铜钱入界，铁钱十乃直铜钱一。太平兴国四年，始开其禁，令民输租及榷利，每铁钱十纳铜钱一。时铜钱已竭，民甚苦之，商贾争以铜钱入川界与民互市，每铜钱一得铁钱十又四。其明年，转运副使右赞善大夫张谔言：'旧市夷人铜，斤给铁钱二百，望增为千钱，可以大获，因复铸铜钱，民租当输钱者许，且令输银及绢，俟铜钱多，即渐令输之。'诏许市夷人铜，斤止给钱五百，然卒难得铜。"由于此条所载系戎州状况，其"夷人"毫无疑问应该就是大理所属民族。那么，自北宋初年开始，大理所产之铜即已输入边市，每斤值铁钱二百，后又增至五百。因其运输不易而又价值不高，故其贸易量始终不大。大理冶铁制品以"大理刀"最为著名，深得宋人喜爱，广西边市多有所货。

3. 珠玉产品

前面说过，大理盛产珠玉。以此作为后盾，大理与宋边市的珠玉交易颇为有名。绍兴二十九年（公元1159年），权发遣黎州军州事冯时行上书朝廷，称："本州系蕃蛮互市之地，所出犀角、真珠等物，官吏于蕃蛮两行牙人收买，亏损价值，乞应于互市货物，不许见任官收买，如有违犯，重审典宪。"得到朝廷依从②。事过不久，淳熙七年（公元1180年），"塞外诸戎贩珠玉入黎州，官常邀市之。臣僚言其黩货启衅，非便，止合听商贾、百姓收买"。朝廷遂不得不再次下诏禁断官吏"邀市"③。由此可见，南宋时期黎州边市的珠玉交易也极兴盛。绍兴二十六年（公元1156年），南宋政府诏黎、雅二州博易场罢收珠犀，"已买者赴激赏库送纳，

---

① （宋）陆游：《剑南诗稿》卷五《龙眠画马》。
② 《宋会要辑稿·食货》三十八之三十七、三十八。
③ 《宋史·食货志》。

日后蕃蛮将到珠犀等，并令民间依旧交易"①。

4. 医药产品

据《政和经史证类本草》记载，宋时产于大理的药物达二十余种之多。其中，麝香、牛黄是其代表。因此，大理的朝贡物品中每有麝香、牛黄之属。《宋会要辑稿·食货》三十八之三十七记载黎州、雅州市场每有"蕃蛮"以犀角、水银、麝香前来交易。周去非《岭外代答》卷五记载邕州互市的大理货物，除麝香之外别称"及诸药物"。可以断定，大理与宋的药材贸易在整个边境贸易中占有相当的地位。

5. 土特产品

皮毡制品是大理最享盛誉的手工产品之一，以蛮毡、蛮甲为其代表。故在泸州和邕州边市上，蛮毡、蛮甲都是常见货物。

在长宁军边市，苏轼曾经市得"蛮布弓衣"一件，说明大理与宋边境贸易货物中也有大理的纺织产品。

陆游《老学庵笔记》卷三记载蛮人每持筇竹杖至泸、叙间货卖，"一杖才四五钱，以坚润细瘦九节而直者为上品。蛮人言语不通，郡中有蛮判官者为之贸易。蛮判官盖郡吏，然蛮人慑服，惟其言是听，太不直则亦能群讼于郡庭而易之。"

李心传《建炎以来朝野杂记·乙集》卷二十："（马湖蛮）太平兴国中始市马，其后又以板来售。盖夷多巨木，边民嗜利者，赍粮深入为之庸锯，官禁虽严而不能止也。板之大者，径六七尺，厚尺许。若为舟航楼观之用，则可长三数丈，蛮自载至叙州之江口，与人互市。太守高辉始奏置场征之，谓之抽收，至今不废也。"木材货卖主要局限于大理沿边民族。

他如红椒、白榇、茶、盐、酒、米种种之属，不一而足。

在宋方面，大理所需的物品主要有以下几类。

1. 丝织品

丝织品是宋与大理边境贸易的主要货物。熙宁八年（公元1075年），蔡延庆请川峡沿边开市买马，即建议"以锦彩茶捐招市"②。乾道年间

---

① 《宋史·大理国传》。
② 《宋史·兵志》。

（公元1165—1173年），"岁出易马绸绢十万四千匹"①。南宋末年，李曾伯请"以盐锦银博易"②。凡此种种，均见丝织品在宋与大理贸易中的重要。唯此，双方贸易之中也常以丝织品计价，如"准绢十匹"③、"锦四百端、絁四千匹"④ 等，而"锦采缯以银定价"⑤。丝织品之于大理如此重要，故而常常作为宋朝政府招诱大理商人的货物，"说诱番羌，于价外增支犒赏锦采"⑥。宋与大理贸易所货丝织品，除缯、帛概称而外，计有锦、彩、绢、绸、絁诸类。种类之齐，足见大理对宋丝织品的需求之高。

此外，麻苎也是大理需要量颇大的货物。

2. 日用品

大理从宋所得日用品，主要有盐、茶二种。建炎四年（公元1130年）李域使人入大理招马，"厚界之盐采"。绍兴四年（公元1134年），明橐建议"厚其缯采盐货之本"以招马，并"行下广西提刑司根究诸司盐剩利钱去著应副买马"⑦。隆兴元年（公元1163年），方滋所议买马定价，有"或用盐银等物"⑧ 之说。淳熙十二年（公元1185年），广西漕臣胡庭直上书，称："经略司初准朝旨，置马盐仓，贮盐以易马，……悉与蛮互市。"⑨ 特置盐仓以备易马，盐在与大理贸易中的地位亦以见之。所以，广西边民与交趾互市，有妨盐法，宋朝政府立即诏禁。迄南宋末，李曾伯仍请以盐作为开市博易的资本。宋在与大理贸易之中所售盐额，绍兴七年，邕州市马岁费"廉州盐二百万斤"⑩，他可类推。盐在贸易中亦"以银定价"⑪。

---

① 《宋史·兵志》。
② （宋）李曾伯：《可斋续稿》后卷五《缴印经略来札手奏》。
③ 《宋会要辑稿·兵》二十五之七。
④ （宋）李心传：《建炎以来朝野杂记·甲集》卷十八。
⑤ （宋）周去非：《岭外代答》卷五。
⑥ 《宋会要辑稿·兵》二十五之七。
⑦ 《宋会要辑稿·兵》二十二之二十二。
⑧ 《宋会要辑稿·兵》二十二之二十八。
⑨ 《宋史·抚水州蛮传》。
⑩ （宋）李心传：《建炎以来朝野杂记·甲集》卷十八。
⑪ （宋）周去非：《岭外代答》卷五。

熙宁年间，蔡延庆言邛部川蛮愿意卖马，朝廷"即诏延庆以茶招来"①。绍兴四年（公元1131—1162年），赵彦博"始以细茶"市马②。乾道年间，川司买马，以"每匹不下用茶七驮"支付，岁费茶叶42000驮③，数额也是十分惊人的。可见茶亦为大理所需宋朝货物之必需。以茶博马主要流行于川峡诸场。

由于大理本身即是盐、茶产地，我们认为，这些宋朝政府用于博易的盐、茶应该主要是流向了大理的沿边民族之中。

1978年，考古工作者曾经在大理三塔中发现各式青铜镜17面，多数属于宋代遗物。其中，八菱形素石铜镜两面是南宋时产品，其一镜纽一侧铸有"成都刘家青铜镜子"八字，镜文边框饰芙蓉花纹；另一作凸线方形边框，中铸反文"湖州念二叔家镜子"④。此外，云南省博物馆也收藏了一批宋代铜镜，如"心形湖州镜"、"带柄四龙纹镜"、"龙凤纹镜"、"八方形圆圈纹镜"、"足球纹铜镜"、"双鱼纹铜镜"、"福寿康宁镜"等，款式相当丰富⑤。大理市博物馆收藏的宋代铜镜则有"八卦十二生肖铭文镜"、"六曲六边镜"几种，其一"双鱼纹镜"左侧有"官口口镜子局"六字铭文⑥。鉴于玻璃镜在宋以后逐步盛行，而使铜镜铸造逐步绝灭，这些发现于云南的为数不少的宋代铜镜，基本可以肯定是大理时期从宋货买而来的。

在大理三塔发现的众多文物中，亦有瓷器数件，其中包括白瓷莲瓣盒一件、白瓷小口四出莲缸一件。另有数件则属景德镇附近生产的宋代影青瓷，其中包括文殊、普贤、观音等像和狮纽盖瓶数种⑦。它们流入云南的情形也应该和铜镜一样。

根据范成大《桂海虞衡志》的记载，他如浮量、钢量及各种质地的碗等也是大理所需的日常货物。

---

① 《宋史·食货志》。
② 《宋史·兵志》。
③ 《宋会要辑稿·兵》二十五之七。
④ 参见姜怀英等《大理三塔史话》，第73—74页。
⑤ 参见《我馆收藏一批宋代铜镜》，载《云南文物》第29期；方晓《宋代足球运动的真实写照》，载《云南文物》第10期。
⑥ 参见杨益清《大理市博物馆馆藏铜镜》，载《云南文物》第34期。
⑦ 参见姜怀英等《大理三塔史话》，第74页。

3. 药品

范氏《桂海虞衡志》记载大理所货物品中有柴檀、甘草、石决明、泉石、密陀僧、香蛤、海蛤等药货。1972年，考古工作者在拆毁洱源三营火焰山的一座大理佛塔塔座时，于砖墙中发现一个藤箧编成的背篓，内存各种药物。据有关部门鉴定，中有金箔、珊瑚、玛瑙、珍珠、干姜、檀香、荜拨、草果、槟榔、樟木子等药30多种①。在大理三塔发现的文物中，也有珍珠、玛瑙、琥珀、珊瑚、金箔、朱砂、云母、麝香、檀香、松香、水君子等物②。这些药物除部分产于大理本地之外，有相当部分来自域外，印证了范氏记载的可靠。

4. 文化品

在文化品方面，书籍是大理的主要购买对象。乾道九年（公元1173年），大理李观音得等至横山互市，所购之物多为书籍，计有《文选五臣注》、《五经广注》、《春秋后语》、《三史加注》、《都大本草广注》、《五藏论》、《大般若十六会序》、《初学记》、《张孟押韵》、《切韵》、《玉篇》、《集圣历》等③。

大理与宋边境贸易的支付形式应该主要是以物易物，"每汉人与蕃人博易，不使见钱。汉用绸、绢、茶、布，蕃部用红椒、盐、马之类"④。但同时，也不排除以金银货币作为一般等价物，"开场博易，厚以金缯"⑤。宋朝买马，以金银定其价值，也多以金银计算买马耗资，如"岁费黄金五镒、中金二百五十镒……其直为银四十两"⑥ 等。由于大理本身即是金银产地，故而其从宋所得金银多用于边市，用于购买宋朝货物上了。在大理时期的火葬墓中，考古工作者曾经发现19枚宋代"政和通宝"和"大观通宝"；而在清理大理三塔文物中，考古工作者也曾发现两枚宋代"熙宁重宝"和"开禧通宝"，说明大理与宋边境贸易中也或采用宋代钱币。前面说过，大理时期通行贝币。故这些宋钱的流向很明显是与金银一样，最后又都用于了购买宋朝货物。邵伯温《邵氏闻见录》卷十

---

① 参见张增祺《洱源火焰山砖塔出土文物研究》，载《云南铁器时代文化论》。
② 参见姜怀英等《大理三塔史话》，第81—84页。
③ （宋）范成大：《桂海虞衡志·志蛮》。
④ （明）曹学佺：《蜀中广记》卷三十五引余授《朱缨堂记》。
⑤ 《宋会要辑稿·兵》二十二之二十四。
⑥ （宋）李心传：《建炎以来朝野杂记·甲集》卷十八。

七记载："泸南之长宁军有畜秦吉了者，亦能人言，有夷酋欲以钱伍拾万买之"，可以作为一个例证。

文同对黎州互市的状况曾经这样作过概述：大理所属民族"岁驱马过（大渡）河，抵公城（即黎州城）中，与中国相贸易"①。余授《朱缨堂记》则称黎州互市："蛮商越驵，毡裘椎髻，交错于闤闠之中。"李心传记载雅州互市："夷人时至碉门互市，蜀之富商大贾皆辐辏焉。"② 苏辙吟咏戎州互市："江水通三峡，州城控百蛮。沙昏行旅倦，边静禁军闲。汉房更成市，罗纨靳不还。投毡拣精密，换马瘦屡颜。兀兀头垂髻，团团耳带环。夷声不可会，争利苦间关。"③ 王象之记长宁军："通商贾于蛮烟瘴雾之外，环井于山光水色之中。"④ 李心传记载泸州互市盛况："每岁冬至后，蛮以马来州。遣官视之，自江门寨浮筏而下，蛮官及放马者九十三人，悉劳飨之，帅臣来以为礼。诸蛮从而至者几二千人，皆以筏载白氎、茶、麻、酒、米、鹿豹皮、杂毡兰之属，博易于市，留三日而去。"⑤ 周去非描述邕州互市："蛮马之来，他货亦至。蛮之所赍麝香、胡羊、长鸣鸡、披毡、云南刀及诸药物，吾商贾以赍锦缯、豹皮、文书及诸奇巧之物，于是译者平价交市。"⑥ 凡此种种，大理与宋边境贸易的盛况不难想见。

由上面的考述不难看出：第一，大理与宋边境贸易的货物非常丰富，不仅局限于马匹；第二，嘉州铜山寨等地在市马以前已是大理与宋的"贸易之场"，可知马市而外的其他贸易并非"随马贸易"，而是与马市贸易并驾齐驱的独立贸易。

宋朝建立，北边先后有辽、金、蒙古，西北有西夏，西有吐蕃，西南有大理，边境贸易曾在广袤的边境线上展开。然而，在宋与以上几个政权的边境贸易中，与大理的边境贸易最为复杂，特点最为突出。马市贸易是大理与宋边境贸易的代表货物，最能反映大理与宋边境贸易的特点。

---

① （宋）文同：《丹渊集》卷三十九《龙图母公墓志铭》。
② （宋）李心传：《建炎以来朝野杂记·乙集》卷二十。
③ （宋）苏辙：《栾城集》卷一。
④ （宋）王象之：《舆地纪胜》卷一六六。
⑤ （宋）李心传：《建炎以来系年要录》卷六十四。
⑥ （宋）周去非：《岭外代答》卷五。

西南一带，"产马之国曰大理、自杞、特磨、罗殿、毗那、罗孔、谢蕃、滕蕃等"①。其中，无论就马匹质量而言还是数量而言，大理位居榜首。大理与宋的贸易通道，以沈黎、邕管二道为主，"大概管自邕州入大理界凡四十程，又二十程至其国；蜀自沉黎至大理之姚府二十八程，又五程至其国"②。显然，如此遥远的路程，由大理直接贸易于宋困难不少。而且，大理之境，北阻邛部川蛮；东北阻叙州三蛮（董蛮、石门蛮、南广蛮）、罗氏鬼国、西南夷部；东阻自杞、罗殿、特磨，这些地区不可避免地成为大理与宋边境贸易的障碍，"所以谓大理欲以马至中国，西北阻自杞、南阻特磨者，其道理固相若也"③。在这种情况下，转手贸易的出现也就成为必然。处于大理与宋之间的各羁縻民族遂纷纷充当了这种转手贸易的主角，"马产于大理国。大理国去十五程尔，中有险阻，不得而通。故自杞、罗甸皆贩马于大理，而转卖于我者也。罗殿甚迩于邕，自杞实远焉"④。"今之买马，多出于罗殿、自杞诸蛮，而自彼乃以锦彩博于大理，世称广马，其实非也"⑤。这种转手贸易弥补了大理与宋边境贸易中的地理不利因素，与直接贸易一道共同构成了大理与宋边境贸易的全部内容。

至道元年（公元995年），诸驱请重开嘉州旧路，宋朝不许，"只令于黎州卖马"⑥。政和年间（公元1111—1118年），有人乞于大渡河外置城邑以便互市，宋朝政府因"虏情携贰，边隙寝开，非中国之福"而止治黎州⑦。绍兴三十一年（公元1161年），自杞与罗殿有争，乃由南丹驱马直抵宜州互市。帅司为之量买三纲，戒之"后不许此来"⑧。有人请开宜州边市，前后帅臣"皆以宜州近内地"而罢。淳熙八年（公元1181年）四月，罗氏鬼国引马沅州互市，宋朝政府"说谕自今不须前来中马"，并将与之有关的一干官员统统予以处置⑨。由上可见，宋朝政府自

---

① （宋）周去非：《岭外代答》卷五。
② （宋）李曾伯：《可斋杂稿》卷十七《帅广条陈五事奏》。
③ （宋）周去非：《岭外代答》卷三。
④ （宋）周去非：《岭外代答》卷五。
⑤ （宋）王应麟：《玉海》卷一四九。
⑥ 《宋史·邛部川蛮传》。
⑦ 《宋史·宇文常传》；冯苏：《滇考》卷上。
⑧ （宋）周去非：《岭外代答》卷五。
⑨ 《宋会要辑稿·蕃夷》五四一。

始至终都将与大理的边境贸易控制在一定范围之内。

不管宋朝政府在与大理的边境贸易中采取何种政策,大理时期的对宋贸易都是十分引人注目的。以此类推,大理与其他地区的贸易也应具有相当规模,只是疏于记载罢了。

第十五章

大理的民族组成

第一节 "白蛮"各部

一 "白蛮"的分布

大理时期，白蛮分布在洱海为中心的大理各地，主要集中于鄯阐（今昆明）、威楚（今楚雄）、永昌（今保山）等城镇。会川、通海二都督辖地也有白蛮分布。

白蛮各部的社会发展状况普遍较为发达。其大部以农业生产为主，多居平坝。我们在经济部分所谈到的先进地区的状况，大抵亦可视为白蛮的状况。同时，由于南诏大理时期白蛮分布极广，我们也注意到其社会发展的不平衡性。《元史·地理志》中"白"、"㦅"同出，意在区别"生蛮"与"熟蛮"，反映了这种不平衡性。凡"㦅"所在，大抵均为生存环境较为恶劣的地区；而"白"所在，自然条件则较优越。

尽管白蛮各部分布很广，其风俗习惯却大体相同。兹依姓名、服饰、居食、婚丧、宗教、节祭，分别表述于下。

二 "白蛮"姓氏

李京《云南志略》称："白人，有姓氏。"根据各种史籍记载，白蛮姓氏与中原汉姓类同，以张、王、李、赵、杨、周、高、段、何、苏、龚、尹、董、孙、袁、任为其大姓。此外，南诏大理时期白蛮尚有嵌名的习俗。受佛教信仰的影响，南诏大理时期的白蛮每以佛号嵌入名中，诸如张般若师、鲁药师空、苏难陀智、李圆通镜、陈观音婢、段易长生、李大日贤、高妙音护、董金刚田、杨法华坚、杨天王秀等。其中，药师、难陀、观音、大日、妙音、金刚、天王等为佛名，般若、圆通、易长为佛语，而《法华》则为佛经。白蛮以三字为名可以溯源很早①，但与南诏大理时期的嵌名习俗当有区别：第一，三字名之首二字并无特殊含义，如段施忙凑之"施忙"、赵附于望之"附于"等，而嵌名之首二字则相反，大抵均有含义，如张药师玉之"药师"、高观音明之"观音"等；第二，三字名之首二字并不泛用，即并不重复被人使用，如我们不能获见李施忙某、张施忙某等，而嵌名之首二字则屡被名姓使用，如李观音得、高观音隆、朱观音保、章观音奴等。所以，我们认为此一习俗当仅见于南诏大理时期，降及明初。除以佛号相嵌之外，另外还有一些内容，如高逾城生、董六斤黑、没力石玉、杨北极奴、李安吉奴、谷添生奴等。其中，"逾城"指"太子逾城"，象征释迦牟尼离家修行，故其亦当为一种佛号。"北极"即北斗，在道教里专主消灾解厄、保命延生。"安吉"为平安吉祥，"添生"即新添生命，"六斤"系初生婴儿的重量，而"力石"则是强壮健康的一种比喻。很明显，此一组嵌名基本上都与婴儿出生有关，可以视为一组吉祥用语。以此反观，以佛号嵌名其实也是取其吉祥。

父子连名与重名习俗渊源于我国古代的氐羌。白蛮与乌蛮并为氐羌支系，故此二俗得以保存。文果《洱海丛谈》："蒙氏、段氏、高氏，父子相承皆以名之末一字联续。"具体而言，似段氏以重名制为主、连名制为辅，而高氏则以连名制为主、重名制为辅②。段氏以重名制为主、连名制为辅的情形，我们可以从王室世系上获得实例。从段氏世系可以看出，它的命名是世代以一个字相重，如"思"、"素"、"正"、"智"等，同时辅以连名，如思廉—廉义、智祥—祥兴—兴智等。从前面列出的高氏世系可知，自高智升而下均用连名，而至高逾城生、高观音隆改为重名，其子分别为高逾城光、高观音妙、高观音政。除段、高二姓外，其他白蛮各姓亦如此，近人已获证据多种③。连名习俗普遍存在于白蛮之中，而重名则不如此普遍。

三 "白蛮"服饰

至于大理，李京《云南志略》记载白蛮装束："男女首戴次工，制如

---

① 《新纂云南通志》卷九十方国瑜跋《白王墓碑》认为"始于南诏"，徐嘉瑞《大理古代文化史稿》，第178—180页亦以为"南诏已有"，而杨政业《大理白族地区的冠姓三字名》（载《云南民族学院学报》1994年第3期）则认为始于汉代。

② 参见徐嘉瑞《大理古代文化史稿》，第176页。

③ 同上书，第177—178页；张锡禄：《白族姓名探源》，载《南诏文化论》。

中原渔人之蒲笠，差大，编竹为之，覆以黑毡。亲旧虽久别，无拜跪，唯取次工以为礼。男子披毡，椎髻。妇人不施脂粉，酥泽其发，以表纱分编绕首盘系，裹以攒顶黑巾；耳金环，象牙缠臂；衣绣方幅，以半身细毡为上服。"除"戴次工"外，很明显，大理时期的白蛮服饰与南诏时期相较无大变化：男子披毡，椎髻，饰以珠宝，衣饰方幅。而"次工"，根据李京的描述，颇类中原的斗笠。《张胜温画卷》第75开绘有一担物老人，头戴一类似斗笠的东西，大而扁平，无明显笠锥，当即所谓"次工"了。

李京出使云南在元大德五年（公元1301年），时大理国已灭亡多年，故其所载仅白蛮民间服饰，而宫廷、贵族装束无从所见。从《张胜温画卷》提供的情况来看，宫廷、贵族服饰"略与汉同"，宽袍大袖。武士羽仪披毡椎髻，并皆跣足；文臣梳判头戴头囊，衣饰华丽。樊绰所载披波罗皮（老虎皮）、佩金怯苴（金腰带）之俗，亦有所见。那么，大理时期的"白蛮"贵族服饰也当与南诏时期无大差异。

这里，尤其应对《张胜温画卷》所绘帝王服饰别加表张。其服饰虽然仍以南诏时期的"矮圆领右直衽"为主体款式，但或因受佛教影响，阔袖褶叠一如袈裟。而最应引起关注的，是其上面繁杂的图案纹样。这些纹样与中原帝王衮衣的"十二章"纹样一致，分别为日、月、星、龙、山、华虫、宗彝、藻、火、粉朱、黼、黻，日中有马，月中有兔。其色彩搭配亦与中原帝王衮衣的"五方正色"一致，即以青、赤、黄、白、黑分别代表东、南、中、西、北五方。由此可见，即使在"白蛮"的服饰习俗上，我们也能看到大理与中原文化互摄关系[①]。

由于披毡、椎髻、跣足等习俗与今彝族习俗颇为一致，一般常把它们作为判定乌蛮族别的标志。事实上，从我们上面对白蛮服饰的叙述可以看出，这些习俗同时也是白蛮的习俗，至少在南诏大理时期应是如此。

四 "白蛮"居室

李京《云南志略》记白蛮居室："多为回檐，如殿制。"所谓"殿制"，也就是"上栋下宇"式的外观风格。《张胜温画卷》第78开右下角所绘屋舍，可以作为此一型制的代表。所谓"回檐"，意思较为含混，既

[①] 参见杨郁生《南诏服饰》，载《南诏文化论》；李霖灿《南诏大理国新资料的综合研究》，第25页。

可指顶式，也可指布局。我们注意到《张胜温画卷》第 73 开下部所绘屋舍，其布局为曲尺型，无立墙，别作屏隔，颇似中原传统的回廊建筑。在第 80 开下部，我们发现了同样的建筑型制。那么，所谓"回檐"也就是回廊，其不同之处在于一为居室、一为游廊。必须指出的是，这种型制并不起于大理时期。在《南诏图传》中，细奴逻家就是这种型制。此外，在《张胜温画卷》第 73 开中，我们还看到了栏杆，而在第 90 开则看到了竹篱围成的庭院，说明大理时期的白蛮建筑仍"有栏槛"。《张胜温画卷》第 51 开上部绘一茅屋，殿宇式，仍无立墙，而设隔扇，此或为一般贫居。总之，与南诏相较，大理时期的白蛮居室当无大变。

五 "白蛮"食俗与婚俗

李京《云南志略》记白蛮食俗："食贵生，如猪、牛、鸡、鱼皆生醢之，和以蒜泥而食。"至今仍在白族中保留的"剁生"、"生皮"习俗，就是"白蛮"食生习俗的延续。

李京《云南志略》记称："处子、孀妇出入无禁。少年子弟号曰妙子，暮夜游行，或吹芦笙，或作歌曲，声韵之中皆寄情意，情通私耦，然后成婚。"与南诏时期白蛮婚前有绝对的社交自由，而一经成婚，则当收心敛性，不再与人私下往来的风俗十分相似。

六 "白蛮"葬俗

大理时，白蛮改行了火葬。1935 年在楚雄城北莲花池发现的高生福墓，出土墓志一块，其文有曰："于仁寿四年十月廿三日奄疾，薨于硪碌故第，越翼月火化山麓，卜宅北而安厝。"由此可知，高生福是实行火葬的。1959 年在大理喜洲弘圭山发现的赵兴明之母墓幢，幢呈扁方柱形，顶有莲花浮雕，周刻梵文，中有佛像，座亦作莲花状，其文亦曰："元亨十一年岁遇乙卯，三月六日辛卯迁化，四月十日乙丑设五十斋镇幢功毕，谨记。"据称，挖掘此墓时还曾发现火葬罐两件①。1982 年，腾冲城南茶厂火葬墓地中发现墓幢一件，正面刻一佛龛，内雕佛像一尊，四周刻梵文经咒，其文称之："十七年腊月廿五日为亲捐躯火化南栅祭"②。此外，丽

---

① 参见孙太初《大理国彦贲赵兴明为亡母造尊胜幢跋》，载《考古》1963 年第 6 期。
② 参见吕蕴琪《腾冲火葬墓及重要遗物》，载《云南文物》第 23 期。

江九河曾发现许多残砖，上有梵文，中夹"追为××××"汉字，多为段、高二姓。此亦为九河之战阵亡将士火葬墓塔的塔砖①。凡此种种，无不说明大理时期的白蛮盛行火葬。这是一个非常值得注意的变化。

大理时期白蛮火葬的具体葬法，李京《云南志略》记称："人死，浴尸，束缚令坐，棺如方柜。击铜鼓送丧，以剪发为孝，哭声如歌而不衰。既焚，盛骨而葬。"人死以后，首先清洁尸体，然后捆绑为坐形，置于棺中，和棺而焚，携带其骨殖。盛骨之器，考古学界称为火葬罐，多为陶质，在今云南各地屡有发现。依据《大理国彦贲赵兴明之母墓幢》的铭文，建塔立幢尚有"五七斋"之类仪式。

白蛮属于氐羌别种，而氐羌民族实行火葬，故白蛮亦当保留此俗。然据梁建方《西洱河风土记》与樊绰《云南志》记载，隋唐之际，受到内地汉族的影响，白蛮已经改行土葬。有学者研究了现代白语词汇后指出：土葬棺墓的各部分名称，如棺材、含口、墓圹、碑心、帽券、海底板等，都没有白族本民族的语言，可知棺椁土葬是汉化的结果②。降及大理，白蛮复又改行火葬。其中原因，或是受到了佛教习俗的影响。

七 "白蛮"信仰

大理时期的白蛮各部信奉佛教，这在李京《云南志略》中有明确的记载："白人……佛教甚盛。……民俗，家无贫富皆有佛堂，旦夕击鼓参礼，少长手不释念珠，一岁之中斋戒几半。诸种蛮夷刚愎嗜杀，骨肉之间一言不合，则白刃相搏；不知事神佛，若枭獍然。惟白人事佛甚谨，故杀心差少。"除此而外，大量的考古与文物材料也已证明白蛮奉佛甚笃。

据《说郛》卷五《溪蛮丛笑》记载："秋冬之交，聚饮以为乐，名曰吃乡。"盛会客很像是"吃乡"习俗的演变。此外，以隆舜与赵叔达《星回节游避风台》的唱和诗看，南诏时期的重要节祭还有星回节，时间是每年夏历十二月十六日。除盛会客、星回节外，樊绰《云南志》卷八又称："其余节日，粗与汉同，唯不知有寒食清明耳。"

根据邵献书先生的意见，盛会客和星回节在大理时期仍然存在。不仅如此，邵先生还进一步认为：李京《云南志略》所记"白人""每岁以腊

---

① 参见李家瑞《滇西白族火葬墓概况》，载《文物》1960年第6期。
② 参见邵献书《南诏和大理国》，第238页。

月二十四日祀祖，如中州上冢之礼"，或即由星回节改变而来①。我们认为，盛会客和星回节至大理时仍然存在，或可信；但称腊月祀祖或即星回节之变异，则需要做进一步的研究，因为此一习俗与内地汉族的腊月二十四日祭祖送灶极为相似。李京《云南志略》又载："六月二十四日，通夕以高竿缚火炬照天，小儿各持松明火相烧为戏，谓之驱禳。"此为关于火把节的最早记载。火把节的起源传说很多，但均出自明代以后的附会，并无史实可据。然无论其起源如何，大理时期已经盛行当无问题。

白蛮是南诏大理时期的主体族属。总体而言，除了上层贵族不可避免的权力斗争之外，它与南诏大理政权的关系较为融洽。

第二节 "乌蛮"各部

一 "乌蛮"的分布

《宋史·蛮夷传》载："黎州诸蛮，凡十二种：曰山后两林蛮，在州南七日程；曰邛部川蛮，在州东南十二程；曰风琶蛮，在州西南一千一百里；曰保塞蛮，在州西南三百里；曰三王蛮，蛮曰部落蛮，在州西百里；曰西箐蛮，有弥羌部落，在州西三百里；曰净浪蛮，在州南一百五十里；曰白蛮，在州东南一百里；曰乌蒙蛮，在州东南千里；曰阿宗蛮，在州西南二日程。凡风琶、两林、邛部皆谓之东蛮，其余小蛮各分隶焉。""滇东三十七部"又称"东方黑㸑三十七蛮部"②、"乌蛮三十七部落"③，来源于阿芋路、阿猛、夔山、暴蛮、卢鹿蛮、磨弥敛等乌蛮部落的演变，散漫分布于鄯阐四周及其以东的广大地区。它们既是大理时期的部落名称，又是大理时期的地方组织，在大理的政治舞台上扮演了相当重要的角色。

除北部与东部的乌蛮部落外，大理境内的其他地区也有乌蛮部落存在，只是不如这两个地区集中。

二 "乌蛮"社会

由于分布很广而环境各异，乌蛮各部的社会发展状况不尽相同。李京

---

① 参见邵献书《南诏和大理国》，第240页。
② 《（胡本）南诏野史》。
③ 《元世祖平云南碑》。

《云南志略》称乌撒一带"节气如上都、宜牧养,出名马牛羊",并称乌蛮各部"善意造坚甲利刃,有价值数十马者",而《武定凤氏本未》则称"其民多散居林谷,不事耕作"。总体而言,这些地区大体均以家族为社会组织;首领称"鬼主",势大而辖别部者称"大鬼主";畜牧业在社会经济中占主要地位,兼营农业;人口买卖现象较为普遍[①]。杨兴贤撰《狮山建正续寺碑记》称:"然三十七部之俗,嗜杀性成。虽老师宿德家至,日见提耳训诲,犹执迷不悛,无缘而化。武定其一部也,山水险峻,人物殷淫性,是失其秉彝,甘于自暴自弃,良可悯也。"武定初为碌券部地,后属罗婺部,地近姚州与鄯阐,元初尚是如此,其他乌蛮各部可以类推。

三 "乌蛮"姓氏

乌蛮姓氏以父子连名,此一制度导源于西北,自西北向西南,经行于冕宁、西昌、盐源一带,然后分为两支:一支向东流入武定、元谋、雷波、屏山、马边一带,一支向西流入大理、姚州及以南一带[②]。西支的实例自然是南诏蒙氏的命名情形,自细奴罗而至舜化贞一直相连不断:细奴罗—罗盛炎—盛罗皮—皮罗阁—阁罗凤—凤迦异—异牟寻—寻阁劝—劝丰祐—祐隆—隆舜—舜化贞。东支的情况,丁文江编《爨文丛刻》(甲编)"帝王世纪"记大定彝族从始祖希母遮至爨文译为汉文时共120代,其47代至55代世系如下:渎阿更—阿更可父—阿父洛南—洛南阿嗑—阿嗑一典——典即期—即期忍——忍卜野—卜野一尊。参照《水西安氏本来》与《西南彝志》:阿嗑即阿阔,一典即阿得(额迭),即期即沮区(纪杞),忍一即则额(忍额),卜野即仆夜(濮额)。自阿嗑(阿阔)而至卜野(仆夜、濮额)大体应在北宋时期,亦即大理前期。"乌蛮"的父子连名是一种非常严格的命名制度。

四 乌蛮服饰

樊绰《云南志》卷一言及乌蛮服饰:"男则发髻,女则散发","无布帛,男女悉披牛羊皮","妇人以黑缯为衣,其衣曳地"。李霖灿先生在对《南诏图传》与《张胜温画卷》深入研究以后,概括乌蛮的文化特征为八

[①] 参见木芹《南诏大理史论》,载《研究集刊》1983年第1期。
[②] 参见徐嘉瑞《大理古代文化史稿》,第151页。

个方面，其与服饰有关者如椎髻、高冠、跣足、披毡等①。至于大理，李京《云南志略》记称："男子椎髻，摘须髯，或髡其发"，"妇女披发，衣布衣，贵者锦缘，贱者披羊皮。乘马则并足横坐。室女耳穿大环，剪发刘眉，裙不过膝。男女无贵贱皆披毡，跣足，手面经年不洗。"与南诏时期相较，大理时期的乌蛮服饰虽然没有大的改变，但仍有两点需要特别提出：第一，由"无布帛"到"衣布衣"；第二，由妇女衣服"其长曳地"到"裙不过膝"。前者反映了社会经济发展对其习俗的影响，而后者或为其他民族习俗浸染的结果。此外，李氏记载值得注意的还有三点：一是始记男子拔胡、髡发之俗，二是服饰有贵贱（实为等级）之分，三是服饰有婚否之分。由此三点，足见乌蛮服装在沿继旧制的基础上已向类别化、复杂化演进②。至于李霖灿先生列为乌蛮文化特征之一的高冠，则未必仅为乌蛮的习俗了。

五 乌蛮婚俗

李京《云南志略》："夫妇之礼，昼不相见，夜同寝。子生十岁，不得见其父。妻妾不相妒忌。虽贵，床无褥，松毛铺地，惟一毡一席而已。嫁娶尚舅家，无可匹者，方许别娶。……凡娶妇必先与大奚婆通，次则诸房昆弟皆舞之，谓之和睦。后方与其夫成婚。昆弟有一人不如此者，则为不义，反相为恶。正妻曰耐德，非耐德所生，不得继父之位。若耐德无子，或有子未及娶而死者，则为娶妻，诸人皆得乱，有所生，则为已死之男女。酋长无继嗣，则立妻女为酋长，妇女无女待，惟男子十数奉左右，皆私之。"从李京的记载可知，大理时期的乌蛮各部普遍实行一夫多妻制，其婚姻则以家族内婚制为主，大奚婆（男巫）享有初夜权，而诸房昆弟亦可与新妇交欢；家庭以正妻之子为嗣，酋长无嗣，妻女享有立为酋长的权力。

六 乌蛮葬俗

近年，考古工作者在靠近巍山坝子东山、西山的部分地区，先后发现大批火葬墓群，总数当以千计。其中，年代最早的属于大理时期，多数属

---

① 参见李霖灿《南诏大理国新资料的综合研究》，第51—53页。
② 参见冯敏《彝族服饰考》，载《毕摩文化论》。

于元、明时期①。另有学者在弥渡牛街、南涧乐秋、巍山青华、漾鼻龙潭等地彝族聚集区征集到一批火葬罐，罐上或有些微青釉或无釉，或为灰陶，或为黑陶，罐外只有简单的附加堆纹、旋涡纹等纹饰，罐内的骨上未发现梵文经咒，也未发现佛教符号，只有碳和未烧化的碎骨，火葬罐多数为高颈罐。学者推断，这些火葬罐应与彝族火葬有关②。其中，当亦有属于大理时期的。个别火葬罐内尚另有一小铜瓶，某些学者疑即盛耳之器③。那么，大理时期的乌蛮各部当仍盛行火葬，而其方式与南诏无大出入。李京《云南志略》："酋长死，以豹皮裹尸而焚，葬其骨于山，非骨肉莫知其处。葬毕，用七宝偶人，藏之高楼，盗取邻近贵人之首以祭。如不得，则不能祭。祭祀时，亲戚毕至，宰杀牛羊动以千数，少者不下数百。"以是观之，乌蛮各部实行火葬，必先以兽皮裹尸，和皮而焚；然后守骨逾月，藏其于深山，不令人知；其祭祀，必盗以邻近贵人之首，家庭毕会。在近代彝族的习俗中，火化之后，毕摩还要为其念诵《指路经》，指引其灵魂沿着本家族的迁徙路线返回祖先发祥之地与祖先团聚④。

七 乌蛮信仰

乌蛮各部信奉鬼教，首领称"鬼主"，诸事皆决于巫师。李京《云南志略》称："有疾不识医药，惟用男巫，号曰大奚婆，以鸡骨占吉凶。酋长左右斯须不可阙，事无巨细皆决之。""奚婆"即"觋皤"，亦即近代彝族所称的毕摩，在彝族社会中具有相当重要的地位⑤。

近代彝族的节祭极多，可以确定在南诏大理时期已经盛行的，只有火把节一种⑥。此外，李京《云南志略》称："每岁以腊月春节，竖长竿横高一木，左右各坐一人，以互相起落为戏。"由此可知，大理时期的乌蛮各部或还盛行一种春节。此"春节"是否即汉族春节抑或乌蛮自己的年

---

① 参见刘喜树《巍山古代火葬墓调查》，载《云南文物》第 31 期。
② 参见田怀清《南诏大理国时期的丧葬习俗》，载《南诏文化论》，云南人民出版社 1991 年版。
③ 参见杨毓才《南诏大理国历史遗址及社会经济调查纪要》，载《大理白族自治州文物调查资料》。又，赵吕甫《云南志校释》，认为此说与樊氏所记相异，恐非。见《云南志校释》，中国社会科学出版社 1985 年版，第 297 页。
④ 参见陈世鹏《彝族火葬文化管窥》，载《毕摩文化论》，云南人民出版社 1993 年版。
⑤ 参见何耀华《彝族社会中的毕摩》，载其《中国西南历史民族学论集》。
⑥ 参见诺海阿苏《试论彝族火把节的起源》，载《毕摩文化论》。

节，现已很难确定。在节日里，人们以磨秋作为主要游戏项目。

根据《三十七部会盟碑》与《摩诃罗嵯会盟碑》提供的信息，乌蛮各部还有歃血为盟的习俗。前碑碑文在叙述了盟誓原委以后称："于四月九日斫罗沙一遍，颁赐取赏，故□与约盟誓，务存久长，上对众圣之鉴知，下揆一德而玷血。"方国瑜先生考曰："玷血"，"即歃血也"。又，碑有"斫罗沙一遍"，"斫"即研字，"罗沙"即丹砂，所以表示诚意。《旧唐书·南诏传》记载：异牟寻致书韦皋，以生金、丹砂为贽，示其赤心。则石城之会，歃血为盟，"研丹砂一遍以明心迹也"①。

大理前期，乌蛮各部与段氏政权的关系颇为友好。直到高氏大中国出现以前，他们一直是蒙氏、段氏政权的主要支持与依靠。进入大理后期，乌蛮各部与段氏政权的关系起了变化，由以前的合作走向了分离乃至反叛。此一变化明显是与段氏政权性质的变化紧密相关。在其前期，由于段思平与之开辟的友好关系，乌蛮各部对段氏政权一直倍加拥护与支持。至其后期，当政权转到高氏一门之手后，双方开始交恶，发生冲突。因而，当蒙古军队长驱大理时，高泰祥募兵于"三十七部"，乌蛮各部没有像以前一样闻风而至。最后，随着大理的灭亡，"三十七部"领地也纳入了元朝政府的一统江山之中。

总之，大理时期的乌蛮分布极广，其政治、经济、文化的发展也极不平衡。在他们之中，有的氏族、部落界线已经被突破（如西部的部分）；有的则就自己所居住的地域内各自为部、为姓（如北部和东部的部分），自成一个小集体，同时又不断地进行分化和重新组合，但部、姓的痕迹却始终未能消除。延续至近代，形成彝族中方言差别大、"支系"众多、名称复杂的现象②。

第三节 "金齿百夷"各部

一 金齿的分布

大理时期，金齿百夷的分布状况，仍以南诏时期的三大区域为主要聚居之地。《元史·地理志》："开南州……其川（州）分十二甸，昔朴、和

---

① 方国瑜：《云南史料目录概说》，第937页。
② 参见尤中《中国西南的古代民族》，第153页。

泯二蛮所居也。……至蒙氏兴，立银生府，后为金齿、白蛮所陷，移府治于威楚，开南遂为生蛮所据。自南诏至段氏，皆为徼外荒僻之地。"银生为府在大理前期，治今景东文井。"十二甸"即"十二部"或"十二泐"，同书"元江路"："（至元）二十五年，割罗般、马笼、步日、思么、罗丑、罗陀、步腾、步竭、台威、台阳、设栖、你陀十二部于威远，立元江路。"其地在今元江、墨江、江城、普洱、思茅及西双版纳北部等处，大理后期属威远赕①。《元史·地理志》："威远州……其川（州）有六（甸），昔朴、和泥二蛮所居。至蒙氏兴，开威楚为郡，而州境始通。其后金齿、白夷蛮酋阿只步等夺其地。"威远治今景谷。由此可知，南诏后期开南以南地区失去控制。至大理前期，开威楚为郡，立银生为府，"州境始通"，旧时"金齿"各部尽为所控。至其后期，随着大理控制能力的削弱，"金齿百夷"各部不仅固有其地，而且向北扩展，至于威远、开南。《元史·地理志》所谓"自南诏至段氏，皆为徼外荒僻之地"，"南诏"显为"蒙氏"之误而当为大理前期，方国瑜先生认为"此当出于威楚高氏的记载"，盖因大理后期废银生节度，高氏世守威楚府，开南、威远之地不归威楚府统治，故称其为"蛮酋夺其地"、为"生蛮所据"②。江应梁先生认为，此处系指"金齿百夷"各部驱除了大理属官而控制了这些地区③。是为开南以南地区"金齿百夷"的情况。永昌以西，《元史·地理志》言其"土蛮"凡八种，而金齿、白夷为其二，并称："按唐史，茫施蛮本关（开）南种，在永昌之南，楼居，无城郭。或漆齿，或金齿，故俗呼金齿蛮……唐南诏蒙氏兴，异牟寻破群蛮，尽徙其人以实其南北，取其地，南至青石山缅界，悉属大理。及段氏时，白夷诸蛮渐复故地，是后金齿诸蛮浸盛。"这里的"蒙氏"亦为大理前期，而"异牟寻"则或为段素顺之误④。那么，永昌以西的情况当与开南以南地区类似：南诏后期失去控制，大理前期"悉属大理"，后期"金齿百夷"各部"浸盛"，"渐复故地"。元初，分"金齿百夷"为东、西两路安抚使：东路为镇康路，即今临沧地区的镇康、永德一带；西路为建宁路，即今德宏州一

---

① 参见方国瑜《中国西南历史地理考释》，第654页。
② 同上。
③ 参见江应梁《傣族在历史上的地理分布》，载《贝叶文化论》。
④ 参见方国瑜《中国西南历史地理考释》，第664—665页。

带。永昌一带"金齿百夷"分布之广,由此可见。而在红河,范成大《桂海虞衡志》称:邕州南江之外,"罗孔、特磨、白衣、九道等以道名"。张栻《南轩集》卷一《静江府厅壁题名记》亦称:"其外则小蕃罗殿、自杞、特磨、白衣之属环之,其外则交趾、大理等国属焉。""特磨"即今云南广南一带。"白衣"在特磨之下,其分布地即当在今文山州南部。周去非《岭外代答》卷二记载:安南国,"西有陆路通白衣蛮"。赵汝适《诸蕃志》亦载:交趾国,"西通白衣蛮"。二者并言"白衣蛮"在交趾之西,尤中先生以为即今云南红河州南部至越南莱州省北部一带的傣族。《元史·世祖纪》所载至元十五年四月招降临安路"白衣、和泥分地城寨一百九所"的"白衣",就是居住于这一带的"金齿百夷"部落①。由此可见,大理时期红河一带地区的"金齿百夷"分布也极广。总之,与南诏相比,大理时期"金齿百夷"各部的分布大体不变,且有向四周扩散的趋势。是故李京《云南志略》称:"西南之蛮,百夷最盛,北接吐蕃,南抵交趾,风俗大概相同。"

二 金齿社会

金齿百夷各部的社会发展状况大体较为发达,王恽《秋涧先生大全集》卷八十一《中堂记事》称之:"其土宜稻,有牛、马、山羊、鸡、豚、鹅鸭之属。"木芹先生则将其划入以火西制度为特征的地区②。大理时期,这些地区已经进入锄耕农业阶段,纺织业也有了新的发展,交换开始发生并日益活跃,社会形态早期属于农村公社阶段,晚期形成部落联盟。

据学者研究,至 7 世纪,勐卯王国形成,沿瑞丽江流域各勐均由勐卯统治者派遣诸子或亲属进行统治。10 世纪时,勐卯政权形成四个强大的部落:西北为勐兴古,南为勐兴威,再南为勐兴色,最南为勐艮。是即后来的勐养、木邦、南甸与干崖、勐卯土司之地。此四部落虽各有其独立性,但也时常联合而成一个强大的部落联盟,史书上称"乔赏弥国"(Kausambi),亦称"九掸卑国"(Koshampye)。据哈威的研究,所谓"九掸卑"包括耿马(Kaingma)、猛卯(Mengmaw)、芒市(Mowun)、腊撒

---

① 参见尤中《中国西南的古代民族》,第 186 页。
② 参见木芹《南诏大理史论》,载《研究集刊》1983 年第 1 期。

(Latha)、杉木笼（Hotha）、盏达（Santa）、木镇（Mona）、猛怜（Mainglyin）、昔温（Sigwin）九镇，"均在今云南省境"①。由此可知，大理建立之初，永昌以西"金齿百夷"各部正好处在一个大的发展时期②。

南诏时期，傣族先民即已在开南节度南部建立了茫乃政权，其辖地包括今西双版纳各勐，史书上称之"茫乃道"③。至于大理，《元史·地理志》称"至蒙氏兴，开威楚为郡，而州境始通"，说明在其前期大理政权或曾有过军事或别的行动，将茫乃政权纳于控制之下。大理后期，金齿百夷各部势力膨胀。"传说为泰北景线老蜀王之后裔"④的叭真，经过十年的兼并战争，统一各部，于傣历五四二年（公元1180年）"入主勐泐"，建立了"景龙金殿国"。之后，叭真继续进行征服战争，把控制区域拓宽到了今老挝中北部、泰国北部一带。而在北部，景龙金殿国也把势力直接推到了今景谷、景东一带。景龙金殿国是一个庞大的政治军事联盟，其统治下的各部具有相对的独立性。尽管景龙金殿国势力极大，它与大理国却始终保持着一种臣属关系，直到大理灭亡。

三 金齿风俗

金齿百夷各部风俗习惯大致相同，而饰齿、纹身、干栏建筑是其共同的文化特征。

樊绰《云南志》卷四言及金齿百夷服饰："（黑齿、金齿、银齿蛮）皆当顶上为一髻，以青布为通身绔，又斜披青布条。""皆衣青布短绔露干，藤篾缠腰。红缯布缠髻，出其余垂后为饰。妇人披五色裟罗笼"。各地虽有差异，但总体情形趋于同一。至于大理，李京《云南志略》称："（男子）去髭须鬓眉睫，以赤白土傅面，彩缯束发，衣赤黑衣，蹑绣履，带镜。……妇女去眉睫，不施脂粉，发分两髻，衣文锦衣，联缀珂贝为饰。……彩缯分撮其发者，谓之花角蛮。"王恽《秋涧先生大

---

① 参见哈威《缅甸史》，第101—102页。
② 参见宋蜀华《唐宋时期傣族的政治发展及其和南诏大理政权的关系》，载《中央民族学院学报》1986年第3期；江应樑：《傣族在历史上的地理分布》，载《贝叶文化论》；黄惠焜：《掸傣古国考》，载《从越人到泰人》。
③ 参见宋蜀华《唐宋时期傣族的政治发展及其和南诏大理的关系》，载《中央民族学院学报》1986年第3期；王懿之《试论西双版纳茫乃政权》，载《云南历史文化新探》。
④ 参见朱德普《西双版纳召片领（车里宣慰使）世系考释》，载《泐史研究》。

全集》卷八十一《中堂记事》记金齿百夷使者："其人衣冠装束，髻发于顶，裹以绛毡，复以白叠布盘绕其首。衣以皂缯，无衿领之制。膝以前裂而编之，如悬索然。眉额闻涂丹墨为饰。"由此可知，金齿百夷的衣冠装束自上而下分别为：以彩缯束发于顶，并以白布缠于头上；以赤白或丹墨涂料涂于双颊或额上；衣服以黑色为常，无有衿领；裤为裙绔，前面不缝合，交叠编于膝前。这种衣冠装束的特征，上可以在晋宁石寨山青铜器图像上找到发端①，下可以在今傣族服饰中得到呼应。②

金齿百夷各部或以金裹其齿、或嚼食物染其齿，这在唐代已有记载。樊绰《云南志》卷四称："黑齿蛮以漆漆其齿，金齿蛮以金镂片裹其齿，银齿蛮以银。有事出见人，则以此为饰，寝食则去之。"又称茫蛮部落"或漆齿，或金齿"。至于大理，李京《云南志略》："金裹两齿，谓之金齿蛮；漆其齿者，谓之漆齿蛮。"《马可波罗行记》第119章记金齿州："此地之人皆用金饰齿。另言之，每人齿上用金作套，如齿形，套于齿上，上下齿皆然。男子悉如此，妇女则否。"而剌木学本则称："女子如同男子，皆用薄金片嵌齿之习，既嵌之后，永不取下。""金齿百夷"以金裹齿习俗六朝以后始或出现，而明、清时期既已不见流行③。而据樊绰《云南志》与元人记载，此一习俗似在永昌以南以西地区的"金齿百夷"更为盛行。所谓"漆齿"者，则与其嚼食槟榔和石灰的习俗有关。由于长期嚼食，遂使牙齿染成黑色。此一习俗至今仍在傣族之中盛行。

文身是百越民族的古老习俗。在樊绰《云南志》中，以"绣脚蛮"、"绣面蛮"称部分"金齿百夷"，即以此习俗作为民族识别特征。其卷四记曰："绣脚蛮则于踝上腓下周匝刻其肤为文彩……绣面蛮初生后出月，以针刺面上，以青黛傅之如绣状。"南诏而下，此一习俗一直沿袭不变。李京《云南志略》称"金齿百夷"各部"男子纹身"，又称"纹身面者，谓之绣面蛮；绣其足者，谓之花脚蛮"。《马可波罗行记》第126章记"交趾国"："其人多用针刺身，作狮龙鸟及其他各物形。文身以后，其色永远不减。此种文身之事，或在面颈胸上为之，或在臂手上为之，或在腹

---

① 参见汪宁生《晋宁石寨山青铜器图象所见古代髻考》，载《考古学报》1979年第4期。
② 参见黄美椿《略论傣族的服饰传统》，载《贝叶文化论》。
③ 《新纂云南通志》卷三十五。

上为之，或在全身上为之，以此为美。刺愈多者，其美更甚。"据方国瑜、林超民二先生考订，这里的"交趾国"实为今云南景谷①。刺木学本又称金齿之地"男子刺黑线纹于臂腿下。刺纹之法，结五针为一束，刺肉出血。然后用一种黑色颜料涂擦其上，既擦，永不磨灭。此种黑线为一种装饰，并为一种区别标志。"那么，此一习俗当较以金裹齿的习俗流行更广。

金齿百夷的饮食习俗，《马可波罗行记》第119章记"金齿州"："彼等食一切肉，不问生熟，习以熟肉共米而食。"李京《云南志略》则称："槟榔、哈灰、茯榴叶奉宾客。"

《马可波罗行记》第119章"金齿州"："其俗男子尽武士，除战争、游猎、养鸟之外，不作他事。一切工作皆由妇女为之，辅以战争所获之俘奴而已。"由此可知，战争之于"金齿百夷"各部具有相当突出的地位。李京《云南志略》："金齿百夷……杂霸，无统纪，略有嫌隙，互相伐贼。遇破敌，斩首置于楼下，军校毕集，结束武，髻播雉尾，手执兵戈，绕俘馘而舞，仍杀鸡祭之，使巫祝之曰：'尔酋长、人民速来归我！'祭毕，论功名，明赏罚，饮酒作乐而罢。攻城破栅，不杀其主，全家逐云。不然，囚之至死。"因其"杂霸"，互不统率，各部之间的相互争夺十分激烈，是以战争频繁，男子的地位突出。

泼水节是现今傣族最为重要的节日。根据南传上座部佛教在云南传播的情况，以及云南与东南亚的特殊关系，泼水节习俗在傣族中的广泛流传大约应在12世纪末13世纪初②。换言之，至迟不晚于大理后期，此一习俗应即已经在"金齿百夷"各部推广开来。

根据樊绰《云南志》记载，金齿百夷各部"土俗养象以耕田"。而据明《洪武实录》卷一八九记载，麓川之战时"百夷"首领尚驱象战。傣族先民很早即对象有特殊的感情，故象之意象几乎渗透到傣族文化的一切领域③，是以有学者将"乘象与役象"作为百越民族的重要文化特征④。

---

① 参见方国瑜、林超民《〈马可波罗行纪〉云南史地丛考》，第89—99页。
② 参见陈茜《泼水节的起源、传播及其意义》，载《贝叶文化论》。
③ 参见岩峰《漫谈傣族象文化》，载《贝叶文化论》。
④ 参见黄惠焜《从越人到泰人》，载其《从越人到泰人》。

四 金齿婚俗

金齿百夷各部婚恋普遍较为自由。李京《云南志略》："嫁娶不分宗族，不重处女，淫乱同狗彘。女子红帕首，馀发下垂。未嫁而死，所通之男人持一幡相送，幡至百者为绝美。父母哭曰：'女爱者众，何期天耶！'""淫乱同狗彘"显然是李氏对金齿百夷习俗不甚理解的诬蔑之词，然其青年男女交往较为自由则是事实。《马可波罗行记》第126章记今景谷一带："其国王贪淫，致有妻三百人。如见国内有美妇，即娶以为妻。"说明其上层贵族亦以多妻为常。而其身份继承，则以直承血缘为主。李亦《云南志略》："酋长死，非其子孙自立者，众共击之。"

金齿百夷习俗最为特异的是产翁坐褥。《马可波罗行记》第119章"金齿州"："妇女产子，洗后裹以襁褓，产妇立起工作，产妇之夫则抱子卧床四十日。卧床期间，受诸亲友贺其行为如此者。据云：妻任大劳，夫当代受其苦也。"李京《云南志略》亦称："（男子）不事稼穑，唯护小儿。……（妇女）尽力事事，勤苦不辍。及产，方得少暇。既产，即抱子浴于江，归付其夫，动作如故。至于鸡亦雌卵则雄伏也。"此一习俗亦见于我国古代南部、西南部地区的越、僚、苗、仡佬等族之中，并非金齿百夷各部所独有。

五 金齿民居

作为百越民族的共同文化特征，干栏式建筑见于记载颇早。而在云南，晋宁石寨山已有类似模型发现。至于南诏，樊绰《云南志》卷四称"茫蛮部落"："楼居，无城郭。"所谓"楼居"，就是指干栏式建筑。《元史·地理志》沿用樊说，亦称大理时的"茫施蛮""楼居，无城郭"。李京《云南志略》："金齿百夷……风土下湿上热，多起竹楼。"周去非《岭外代答》卷四亦称："深广之民，结栅以居，上设茅屋，下豢牛豕。栅上编竹为栈，不施椅桌床榻，唯有一牛皮为茵，寝食于斯。牛豕之秽，升闻于栈罅之间，不可向迩。彼皆习惯，莫之闻也。"所谓"深广之民"，即远离广西路的少数民族，亦既大理东南一带的百越民族。除以干栏式建筑为特征外，金齿百夷各部居住尚喜近水。李京《云南志略》称其："居滨江，一日十浴，父母昆北惭耻不拘。"

六　金齿信仰

金齿百夷各部的宗教信仰以南传上座部佛教为主。《马可波罗行记》第 119 章 "金齿州"："其人无偶像，亦无庙宇，惟崇拜其族之元祖，而云：'吾辈皆彼所出。'"在今西双版纳地区，傣族称有共同血缘关系的祖先为 "披卡滚"，一般供奉在每家的老家，由家长主持祭祀。除 "披卡滚" 外，他们还信奉 "丢拉很"（屋神）、"丢拉曼"（寨神）、"丢拉勐"（勐神）等，祭祀亦很隆重[①]。

第四节　其他族类

一　麽些

麽些源于汉、晋时期的摩沙夷，主要分布在今四川盐源至云南丽江一带。南北朝后，其一部分向南移动，到达今宾川县境，成为唐初 "六诏" 中的越析诏。开元年间（公元 713—741 年），南诏兼并越析诏地，南下的麽些族人被迫北退，依旧固守汉、晋旧地[②]。樊绰《云南志》卷四："麽些蛮……铁桥上下及大婆、小婆、三探览、昆池等川，皆其所居之地也。""铁桥" 即今丽江塔城，"大婆" 即今永胜，"小婆" 即今宁蒗，"三探览" 即今宁蒗永宁，而 "昆池" 即今四川盐源。至于大理，李京《云南志略》称："末些蛮，在大理北，与吐蕃接界，临金沙江。"自贞元年间（公元 785—804 年）南诏驱逐吐蕃之后，麽些分布区域一直较为稳定，历大理而至于元无大改变。

南诏时期，麽些各部的社会经济已经较为发达，以畜牧业为主，"土多牛羊，一家即有羊群"[③]。至于大理，农业跃居首位，手工业亦相应发展起来，并出现了初步的市场交换，"地土肥饶，人资富强"[④]。其社会组织，则以部落为主，各自为政，似还没有形成强大统一的联盟，故李京《云南志略》称其："依江附险，酋寨星列，不相统摄。"

[①] 参见宋恩常《西双版纳傣族民间宗教初步考察》，载《贝叶文化论》。
[②] 参见尤中《中国西南的古代民族》，第 159—160 页。
[③] （唐）樊绰：《云南志》卷四，聚珍本。
[④] 《元一统志》卷七。

由于麽些源于氐羌，故其命名亦为父子连名。《玉龙山灵脚阳伯郡木氏贤子孙大族宦谱》提供的谱系以草古天能古为始祖，至于清初，共61代。其中，第33代至第40代当大理时期，分别为刺土俄无—俄均牟具—牟具牟西—牟西牟磋—牟磋牟乐—牟乐牟保—牟何阿琮—阿琮阿良。

麽些服饰，樊绰《云南志》卷四称："终身不洗手面，男女皆披羊皮。"《元一统志》卷七称："男女红白缠头，女人头髻如河西。"李京《云南志略》："妇人披毡，皂衣，跣足，风鬟高髻。女子剪发齐眉，以毛毳为裙，裸霜（露）不以为耻。既嫁，易之。"综而言之，麽些服饰有以下几个明显的文化特征：男女索发缠巾，女子编发高髻；男女尽皆披毡，身着短衣；男子着靴，女子跣足；经年少浴。

麽些饮食，李京《云南志略》称："俗甚俭约，饮食疏薄，一岁之粮，圆根已半实粮也。贫家食盐外，不知别味。""圆根"，即蔓菁。显然，麽些各部治生极俭，没有过多的饮食追求。

麽些盛行火葬，李京《云南志略》："人死，则用竹簧升至山下，无棺椁，贵贱皆焚一所，不收其骨；非命死者，则别焚之。其余颇与乌蛮同。"

麽些宗教当是一种原始信仰，李京《云南志略》称："不事神佛，惟正月十五日登山祭天，极严洁。"祭天，纳西语叫"蒙本"或"美本"，是东巴文化的重要构成。由此推之，东巴教此时也或已经形成。《丽江木氏十六世画像题字》称："肇基始祖名曰爷爷，宋徽宗年间到雪山，原西域蒙古也。初于昆仑山中结一龛于岩穴，好东典佛教，终日趺坐禅定，忽起一蛟，雷雨交兴之际，乘一大得树浮入金江，流至北澜沧。夷人望而异之，率众远迎，遂登岸上。……是时，村长分有五支：一去干罗睦督，二云甸起选，三去阿娘挥。四云刺宛，五云瓦均阿乃，愿崇爷爷为五家之长。"从李京所记"不事神佛"判断，这位"好东典佛教"、顺金沙江而下的先祖可能将佛教因素融入了当地的原始信仰之中。这与东巴教中具有很浓的藏传教成分的情形一致。

《元一统志》卷七称："此部人善骑射，最勇厉。"李京《云南志略》亦称："善战喜猎，挟短刀，以车碟为饰。少不如意，鸣钲鼓相仇杀。两家妇人中间和解之，乃罢。"凡此种种，均见麽些族人十分剽悍。而当发生械斗，唯妇女能解劝，说明妇女在社会中的地位较高。

李京《云南志略》则称："男女动数百，各执其手，团旋歌舞以为乐。"所谓"团旋歌舞"，即俗所称踏歌，至今仍是纳西族人民喜爱的娱乐形式。李京《云南志略》又称："有力者尊敬官长，每岁冬月宰杀牛羊，况竞相邀客，请无虚日；一客不至，则为深耻。"说明麽些还有好客的习俗。

二 和蛮

和蛮源于汉、晋时期的僰、叟、昆明。南诏大理时期，和蛮主要分布在通海都督府（秀山郡）与开南节度府（开南州与威远州）境内。在通海都督府境内，和蛮与白衣、僚子、乌蛮共同杂居于今文山州西部、红河州南部一带。在开南节度府境内，和蛮则与朴子蛮、金齿百夷、乌蛮共同杂居于今景东、景谷县往南至思茅并景洪、勐腊二县北部连接地带。往东南则在今元江县与东部通海都督府境内的同族居住区相连接[①]。李京《云南志略》："翰泥蛮，在临安西南五百里，巢居山林。治生极俭，有积贝，以一百二十索为一窖，藏之地中。将死，则嘱其子曰：'我平日藏若干，汝可取几处，馀者勿动，我来生用之。'其愚如此。"很明显，及至元初，和蛮的社会经济仍不发达。"和泥"风俗，男子绾结缠头，珥环跣足，女子盘头露顶，花布套头，着黑布桶裙；女子无子则离；人死，先行"洗鬼"之仪，然后火葬；喜好乐舞，常以为乐。

三 僚

南诏时期，僚主要分布在今滇东南而迄滇、黔、桂连接地带与滇东北而迄川、滇、黔之间两个区域。根据樊绰《云南志》与新、旧《唐书》的记载，其社会组织称为"溪洞"，首领为"洞主"，又称"大首领"。其近广西边面者，社会经济较为发达，商业亦有相当发展，并向唐朝缴纳赋税[②]。至于大理，基本情况亦复如是而略有变化。范成大《桂海虞衡志·志蛮》："獠，在右江溪洞之外，俗谓之山獠。依山林而居，无酋长、版籍，蛮之荒忽无常者也。以射生食动为活，虫豸能蠕动者皆取食。无年甲姓名，一村中惟有事力者曰郎火，余但称火。旧传其类有飞头、凿齿、

[①] 参见尤中《中国西南的古代民族》，第163—169页。
[②] 同上书，第186—189页；木芹：《南诏大理史论》，载《研究集刊》1983年第1期。

鼻饮、白衫、花面、赤昆之属二十一种。今右江西南一带甚多,殆有百余种也。"所谓"右江溪洞之外",即今滇东南并滇、桂连接地带。居住于此一地区的僚人部落,社会经济明显尚不发达,仍以采集狩猎为主,迁徙无常。为与社会经济较为发达的僚人部落区别,时人专以"山僚"相称。而近广西边面者,则已有姓氏,侬、黄为多。范氏《志蛮》:"羁縻州洞,隶邕州左右江者为多。旧有四道侬氏,谓安平、武勒、思浪、七源四州,皆侬姓。又有四道黄氏,谓安德、归乐、露城、田州,皆黄姓。又有武侯、延众、石门、感德四镇之民。"马端临《文献通考·四裔考》卷七引《桂海虞衡志》:"侬智高反朝廷,讨平之。因其疆域,参唐制,分析其仲落大者为州,小者为县,又小者为洞,凡五十余所。推其长雄者首领,籍其民为壮丁,以篱内郡,障防外蛮,缓急追集备御,制如官军。其酋皆世袭,分隶诸寨,总隶于提举。左江四寨二提举,右江四寨一提举。寨官,民官也,知寨、主簿各一员,掌诸洞财赋(左江屯永平、太平,右江屯横山),掌诸洞烟火兵丁,以官兵尽护之。大抵大物犷悍,风俗荒怪,不可尽以中国教法绳治,姑羁縻之而已。"由此可知,这些僚人部落的部分初期或曾隶于大理(如延众诸镇之民),但在侬智高事变后,其绝大多数变成了宋朝的羁縻溪洞。而如特磨等地,则发展成了相对独立的一个区域,游移于宋与大理之间。其社会经济则与广西编民相去不远,以边面的情形相似,居于滇东北一带的僚人部落因其地近宋朝泸、叙边界,社会经济亦较发达。根据李京《云南志略》的记载,他们已经进入农耕阶段。因其"山田薄少",采集、贸易仍然占有相当重要的地位。

僚的风俗,李京《云南志略》记"土獠蛮":"叙州南、乌蒙北皆是。男子及十四、五,则左右击去两齿,然后婚娶。猪、羊同室而居。无匙,手抟饭而食。足蹈高橇,上下山坂如奔鹿。妇人跣足,高髻,桦皮为冠,耳坠大双环,衣黑布,项带锁牌以为饰。出入林箐,望之宛如猿猱。人死,则以棺木盛之,置于千仞颠崖之上,以先坠者为吉。"《马可波罗行记》第128章"秃落蛮州":"秃落蛮是东向之一州,居民是偶像教徒。自有一种语言,臣属大汗。其人形色虽褐而不白晳,然甚美,善战之士也。有环墙之城村甚众,并有高山天险。人死,焚尸,用小匣盛其余骸,携之至高山山腹大洞中悬之,俾人兽不能侵犯。""土獠蛮"人皮肤褐色,男子击齿,女子跣足高髻,抟饭而食,奔跑善战;悬棺葬为其典型的文化特征,而焚与不焚略有差异;宗教信仰属于偶像崇拜,当为佛教或道教之类。

　　除上面提到的各少数民族之外，大理时期，其辖境内还广泛地分布着其他一些少数民族部落。或因其人数较少、影响不大，或因其疏于记载、钩稽不易，故均从略。但总体言之，他们与南诏大理政权的关系是较为和谐的，没有发生激烈的冲突。

第十六章

大理与宋朝的关系

第一节 大理与北宋关系

一 疏而不离

诸葛元声《滇史》卷八记载："宋太祖建隆元年（公元960年），蜀主孟知祥死。孟昶继之，不理国事，日务奢侈，委任非人。大理觇知之，欲乘衅攻蜀。高候独不可，言：'蒙诏强盛时与吐蕃连兵，尚不能侵夺巴蜀，卒以黩武酿内变，宗社不保。今闻周主柴英明，削平僭乱，孟蜀必为所并。吾国第当修辑城堡，练兵养民，以观时变。何必劳师远征，启衅召祸。'思聪从其言，不敢入犯中国。"由此可见，与南诏立国不同，大理自其建立就基本上是采取内守政策，不存在明显的扩张野心。

乾德三年（公元965年），宋兵平定后蜀。统帅王全斌建议乘胜攻取大理，并以大理地图进于朝廷。宋太祖赵匡胤鉴于唐朝与南诏战争失败的教训，手执玉斧，划大渡河为界，声称大渡河以外的地方不再用兵。这就是所谓"宋挥玉斧"典故的来历，后世屡被引于文章典籍之中。但据考证，此一传说纯系好事者为之，断不可信[①]。不仅如此，自北宋建立，大理国与宋的政治、经济往来就一直未曾间断。后世史籍所谓"宋挥玉斧"割断了大理与宋的联系，显然也是站不住脚的。但是，不管宋太祖玉斧划界的传说是否真实，宋朝军队平蜀以后没有继续南下大理则是事实。

当然，宋朝政府在西南地区采取收缩政策并不等于与大理断绝往来。恰恰相反，两国的政治、经济交往相当频繁。乾德三年（公元965年）夏，

---

① 参见刘复生《从"宋挥玉斧"说起》，载《历史知识》1981年第4期；宁超：《"宋挥玉斧"与大理国》，载《楚州古今》1993年第2期。

宋朝平蜀，"黎州递到云南牒，称大理国建昌城演习爽贺平蜀之意"①。至开宝元年（公元968年），黎州再次接到建昌城牒，"云欲通好"，没有结果，大理但遣黎州诸蛮"时有进奉"②。太平兴国（公元976—984年）初，"（大理）首领有白万者，款塞乞内附，我太宗册为云南八国都王"③。所谓"白万"，方国瑜先生认为当为"白王"之误，亦即大理国主④。史书又载，大理国主虽被册封为"云南八国都王"，"然不与朝贡，故久不谙蜀之蹊隧"⑤。

二　亲而不密

称大理与宋没有朝贡关系显然不确，"时有进奉"的黎州蛮代表的就是大理政权。太平兴国四年（公元979年），刑部郎中许仲宣为西川转运使，以"西南夷不供朝贡，寇钞边境"，"亲至大渡河，谕其逆顺，示以威福，夷人皆率服"⑥。至于七年（公元981年），宋朝政府更令黎州造大船于大渡河上，"以济西南蛮之朝贡者"⑦。由此可见，大理所属建昌各部与宋的朝贡关系在宋初一没有中断。此后在雍熙二年（公元985年）、端拱二年（公元989年）、淳化二年（公元991年）、至道三年（公元997年）、咸平二年（公元999年）、景德二年（公元1005年）、大中祥符元年（公元1008年）、宝元元年（公元1038年），大理均曾派遣黎州诸蛮朝贡于宋⑧。在这种背景下，大理再次上表于宋，请求册封，宋朝答称："敕南诏国王某，所上表事具悉。卿勤王岁久，望阙情深，特推北拱之心，远有东封之请。嘉赏之外，愧耻良多。朕闻封禅之仪，皇王大礼。苟非功格天地，泽被昆虫，虽力行于一时，终取笑于千古。矧在凉德，敢诬介丘？况燕土未平，河流屡决，中夏之欲，罹于羌戎；多稼之田，垫于水潦，一念之此，恫瘝乃心。而又镐黍江茅，东鹣西鲽，未之有也。泰山梁

---

① 李焘：《续资治通鉴长编》卷十引《续锦里耆旧传》。
② 同上。
③ （宋）杨佐：《云南买马记》。
④ 参见方国瑜《中国西南历史地理考释》，第611页。
⑤ （宋）杨佐：《云南买马记》。
⑥ （宋）李焘：《续资治通鉴长编》卷二十。
⑦ （宋）李焘：《续资治通鉴长编》卷二十三；《宋会要辑稿·方域》十三之四十四。
⑧ （宋）李攸：《宋朝事实》卷一二。

甫，匪予意焉！卿当善育民人，谨奉正朔。登封之请，以俟治平。诞布朕心，固宜知悉！所请宜不允。"①　淳化五年（公元994年），李顺继王小波之后率领的农民起义军攻占成都，声震川西。事平之后，李顺下落不明。宋朝政府恐其南奔大理，遂募嘉州人士辛怡显出使大理。至于姚州，辛怡显受到了姚州节度使赵公美的热情接待。其《至道云南录》载："至姚州，其节度使赵公美以书来迎，云当境有泸水，昔诸葛武侯戒曰：非贡献进讨，不得辄渡此水。若必欲过，须致祭，然后登舟。今遣本部军将赍金龙二条、金钱二千文并设酒脯，请先祭享而渡。乃知南夷心服，虽千年如初。"辛怡显最后一直走到了大理都城阳苴咩城。根据辛氏的记载，大理对宋一直保持着元和年间（公元806—820年）南诏与唐的那种臣服心态。大中祥符八年（公元1015年），直史馆张复上言，"乞纂朝贡诸国衣冠，画其形状，录其风俗，以备史官广记"，为真宗所允。"是时，外夷来朝者，惟有高丽、西夏、注辇、占城、三佛齐、蒙国、达靼、女真而已，不若唐之盛也"②。此处的所谓"蒙国"，方国瑜先生疑即大理③。非常清楚，北宋初年宋朝政府与大理一直保持着一种密切的友好关系。

第二节　侬智高与大理

一　侬智高退入大理

仁宗皇佑元年（公元1049年）九月，广源州蛮侬智高反宋。四年（公元1052年），攻占邕、横诸州，进围广州，建国称帝。宋朝政府以狄青为宣抚使，率兵平定。次年，侬智高兵败邕州，"由合江口入大理国"④，其母阿侬并弟智光，子继宗、继封退奔特磨。宋兵追至特磨，生擒智高母子及弟四人，"致之阙下"⑤。尔后，宋兵是否继续西进、深入大理，史载不详。乾隆《云南通志》卷二十六记载蒙自古城有古碑，题曰"宋将杨文广驻师之所"，称狄青讨侬智高时，杨文广曾经追兵至此。此外，李元阳《云南通志》卷二记载临安古迹，称境内有杨文广城三处：

---

①　（宋）王禹偁：《小畜集》卷二十七《批答南诏国王柬封表》。
②　（宋）王泳：《燕翼诒谋录》卷四。
③　转见木芹《南诏野史会证》，第230页。
④　《宋史·侬智高传》。
⑤　《宋史·余靖传》。

一在通安桥前，二在坪铺，三在石头寨田间，均系杨文广屯兵之所。道光《广南府志》卷二："杨公祠在狄公庙（庙在府治）后，宋杨文广为狄青部将，追侬智高至此，后人令祀之。"民国《广南地志》下册："六郎城在县治东三十余里宝曰关傍，尚存无损，相传为狄武襄部将杨六郎筑为大本营。"似乎宋兵进至特磨后，杨文广曾经率领一部自今文山一带深入而至开远、建水等地。前面提到，侬智高退奔大理自合江口而入。"合江口"即三江口，在云南开远一带。诸葛元声《滇史》卷八："（侬智高）既败，遂谋入大理。狄青遣杨文广等率劲兵追之，至阿迷州（即今开远）合江口，智高已渡江，不及而返。"若是载不诬，则杨文广部宋兵追击侬氏的确是深入了大理国境，但恐引起大理与宋的纠纷，很快即退了出去。

二　侬智高之死

据《宋史·狄青传》并《侬智高传》、《余靖传》、《萧注传》、《杨文广传》等记载：侬智高退奔大理之后，狄青大军班师还朝，仅留余靖、萧注等人收拾残局。萧注率领宋兵在特磨俘获智高母子及弟以后，没有继续进兵大理，而是招募死士使入大理索取智高，"至则已为其国所杀，函首归献"。智高之死，《（胡本）南诏野史》称曰"思廉杀之"。似侬智高投奔大理之后，被大理国主段思廉所杀，函首以送宋朝。然据诸葛元声《滇史》卷八记载："智高子身投蛮，至和泥，其酋卢豹等不及从，蛮人疑之，且虞其险诈，鸟而杀之。大理遂函首以归于宋。"自注："和泥，即今元江。"以是记载，侬智高自合江口渡江以后，进至今元江一带，为当地少数民族所杀。大理国主担心因为侬氏与宋发生误会，遂将侬氏之首函送宋朝。

三　侬智高余部融入大理

侬智高死后，随其退奔大理的部属纷纷投靠大理。马端临《文献通考·四裔考》卷七记载随侬智高反者，除侬氏部族外，另有广州进士黄玮、黄师宓二人。智高败后，黄师宓为狄青所杀，黄玮下落不明。20世纪80年代初在大理五华楼旧址发现宋、元碑刻70余块，其《故大师白氏墓碑铭并序》记载："大宋仁宗皇佑四年壬辰，即我大理……南州府，有和原从之，即（白）敏中之苗裔……江，降于大理，其医术之妙则和原，文学……大理文学医方巧匠，于斯而著。……不得不诛，然而不可使玉石俱焚……是函其首，送于知邕州萧注……也。是时黄玮以文学、和原……林，升和原为医长，由是为……。"此一碑文铲毁虽多，但大体意思还是较为清楚：皇祐四年，白氏八世祖白和原从官南州。侬智高起兵反宋，白氏归侬氏。至侬氏败，白氏随侬氏自合江口渡江投奔大理。大理以侬氏乃宋要犯，"不得不诛"，函首送于邕州知州萧注；而白氏以"其医术之妙"、黄玮以其"文学"之长均得留任，以不"使玉石俱焚"。由此可见，除侬智高外，侬氏部属（包括要犯黄玮在内）多数都受到了大理的重用。

也许正是由于大理重用侬氏旧部，宋朝政府颇为恐慌，乃至怀疑侬氏是否真死。"既而西川复奏智高未死，谋寇黎、雅"，宋朝政府得报，急令成都府路备御。御史中丞孙抃又请敕益州先事经制，"以安蜀人"①。与此相应，广南西路也作了备御。在大理方面，针对宋朝政府的行动，段思廉则加强了会川与石城的防御。《元史·地理志》称大理前期曾迁白蛮十二姓以实会川，估计就在此一时期。诸葛元声《滇史》卷八："时宋大兵驻邕，大理震动，因遣高护军至曲靖，以防不测。"大理与宋的关系立时变得分外紧张。双方相持年余，宋臣范镇上书朝廷，称："臣伏见去年为西川奏侬智高事宜，权于陕西差那兵马于黎、雅等州驻扎。今来边事既以宁息，窃闻近日两川物价腾长，兵士又不乐往彼，深恐非便，况当时只是权时差那，欲乞抽还，免致别有生事。"② 于是，宋朝政府率先撤军，双方关系趋于缓和。应该说，在侬智高事件的处理上，大理与宋双方都表现了高度的克制。至于诸史所谓此一事件使"段氏始闻名于中国"③，则未必是事实了。

第三节　大理与北宋关系的新发展

一　臣属宋朝

熙宁九年（公元1076年）八月，大理遣使奉表，携金装碧玕山、毡

---

① 《宋史·侬智高传》。
② （宋）范镇：《乞追还黎、雅屯驻兵状》，载《宋代蜀文辑存》卷八。
③ （清）冯甦：《滇考》卷上。另见（胡本）《南诏野史》、《滇载记》、诸葛元声《滇史》卷八等。

氍、刀剑、犀甲皮、鞍辔等货物朝贡于宋①。宋朝政府沿袭旧制，仅仅待之以礼而不行册封，"自后不常来，亦不领于鸿胪"②。

宋徽宗立，大理与宋关系有了新的飞跃。崇宁二年（公元1103年），大理段正淳遣高泰运奉表入宋，"求经籍得六十九家、药书六十二部"以归③。段正淳死，子段正严立，与权臣高量成谋求归宋。广州观察使黄磷得报，转奏朝廷，称："南诏大理国慕义怀徕，愿为臣妾，欲听其入贡。"徽宗诏黄磷置局宾州，"凡有奏请，皆俟进止"④。于是，政和六年（公元1116年），段正严即遣进奉使、天驷爽、彦贲李紫琮与副使、坦绰李伯祥等使宋。宋徽宗诏黄磷与广东转运副使徐惕相偕入京，"其所经行，令监司一人主之"。道出湖南鼎州，李紫琮等"闻学校文物之盛，请于押伴，求诣学瞻拜宣圣像"，为宋所允，"遂往，遍谒见诸生"⑤。李紫琮等人到达宋都汴京后，受到了宋朝政府的热情款待，还被允许参观了御书阁。在这种情况下，次年，大理遣使贡马三百八十匹及麝香、牛黄、细毡、碧干山诸物，外携乐人一队。使臣同样受到了宋朝政府的礼遇，其所献乐人尤其深得徽宗喜爱，"以供欢宴，赏赐不赀"⑥。宋朝政府即正式册封大理国主段正严（即段和誉）为"金紫光禄大夫、检校司空、云南节度使、上柱国、大理国王"。自始至终与此事密切相关的黄磷等人同时受到加封⑦。这是大理与宋首次正式确定臣属关系，故于宋、于大理都是一件大事。八年（公元1118年），宋赐大理宋行日历之后，科举考试题目即是"代云南节度使大理国王谢赐历日"⑧。

二 戒心不减

尽管宋与大理的友好关系得到了前所未有的发展，但宋之君臣多数却还是对大理心存戒备。因此，当有人提出于黎州大渡河外置城以便加强宋

---

① （宋）李焘：《续资治通鉴长编》卷二七五。另见《宋史·大理国传》、李攸《宋朝事实》卷十二、王应麟《玉海》卷一五四、马端临《文献通考·四裔考》卷六等。
② 《宋史·大理国传》。
③ 《（胡本）南诏野史》。
④ 《宋史·大理国传》。
⑤ 同上。
⑥ （清）冯甦：《滇考》卷上。
⑦ 《宋史·大理国传》。
⑧ （明）张志淳：《南园漫录·辞学指南》。

与大理的政治、经济往来时，立刻遭到了以宇文常为代表的众臣的反对。不仅如此，知桂州周童等人还上书朝廷，弹劾黄磷贪功枉上，轻启边衅①。宣和元年（公元1119年），黄磷获罪，"自是大理国复不通于中国，间一至黎州互市"②。

第四节　大理与南宋关系

一　开放边关

宋室南渡以后，绍兴三年（公元1133年），大理遣使至广西，请求入贡与市马。广西宣谕使明橐奏于朝廷，朝臣朱胜非言曰："昔年大理入贡，言者深指其妄，黄磷由是获罪。"③ 高宗遂曰："遐方异域，何由得实？彼云进奉，实利于贾贩。进奉可勿许，令卖马可也。"④ 出于当时客观形势的考虑，已被北方女真搞得焦头烂额的宋高宗，一方面深恐再与大理发生冲突而两面受敌，另一方面又不得不与大理市马以保证军需，于是采取了收缩官方往来而放宽民间贸易的政策，是即史家所谓："因中国多故，皆不见许，惟于黎、西境外，夷民私相贸易，有司不禁也。"⑤ 至绍兴六年（公元1136年），大理复遣使奉表并携象、马若干至广西，请求入贡。宋高宗诏广西经略安抚司护送行在，"优礼答之"⑥。同年，翰林学士朱震上言："乞谕广西帅臣，凡市马当择谨厚者任之，毋遣好功喜事之人，以启边衅。异时南北路通，则渐减广西市马之数，庶几消患于未然。"建议南宋政府恪守北宋时期在西南采取的收缩政策，尽量减少与大理的直接接触，以免枉生事端⑦。二十六年（公元1156年），唐拒知黎州，再次提醒高宗恪守祖制，万勿贪利邀功以启边衅⑧。因此，整个南宋，大理与宋的边境贸易虽极兴盛，政治往来却反而不如北

---

① （宋）周辉：《清波杂志》卷六。
② 《宋史·大理国传》。
③ 同上。
④ （宋）周辉：《清波杂志》卷六。
⑤ （清）冯甦：《滇考》卷上。
⑥ 《宋史·大理国传》。
⑦ 同上。
⑧ （宋）王应麟：《玉海》卷一五三。

宋频繁。

二　民间往来

从各种材料看，南宋时期大理与宋的民间往来相当频繁。《护法明公德运碑》的作者在碑中自称"大宋国建武军进士"，"建武军"即今广西南宁一带。可见，碑文作者明显是南宋流落大理的失意文人，来到大理以后，受到高量成的特别器重，令为史官。《高兴蓝若碑》的作者署名为"神州杨德亨"，此杨氏也有可能来自宋朝。大理崇圣寺塔发现的一块铜片上刻有"亲手作俎成都典校舍师彦贲李珠睐智"等字样，此"亲手作俎"的"成都典校舍师"自然也不可能是大理土著。此外，李元阳《云南通志》称：鄯阐地藏寺亦为宋末四川僧人永照、云晤所建。凡此种种，均见南宋时期大理与宋的民间往来从未中断。

根据《地藏寺造幢记》记载：高明生死后，鄯阐遭遇危机，其布燮袁豆光曾经"求救术于宋王蛮王"，最后得以转危为安。嘉泰二年（公元1202年），大理遣使入宋，得赐《大藏经》1465部以归，置于五华楼中①。淳祐四年（公元1244年），蒙古兵入大理，大理军将高禾战死。段祥兴遣段连佑入宋报丧，宋朝政府亦曾遣使前往大理吊祭。由此可见，除了民间往来以外，大理与宋的官方、半官方往来并未断绝。

三　谨慎有余　开放不足

当然，在与大理的交往中，不管是民间还是官方，南宋君臣始终是心有戒备的。淳熙年间（公元1174—1189年），张栻知静江府，面对大理与宋邕州边贸的扩大，极为恐慌。当时，"邕管戍兵不能千人"，一旦有事，极难抵御。于是，张栻一方面"申严保伍之禁"，另一方面精选左右江峒丁以为防备②。至嘉熙四年（公元1240年），大理请道黎、雅入贡，也遭到了宋四川安抚使孟珙的拒绝③。这种一而再、再而三的防范与拒纳，阻碍了大理与宋关系的进一步发展，并最终导致了大理的迅速灭亡，而后殃及于宋。

---

① 《（胡本）南诏野史》。
② 《宋史·大理国传》。
③ 《宋史·孟珙传》。

由上不难看出，大理与宋的关系既不是如传统所说的不相往来，也不是只有经济关系，而是始终保持着一种广泛的友好接触。遗憾的是，由于宋朝政府在与周边民族接触中的过分谨慎，限制了此一友好关系的进一步发展。

第十七章

大理与东南亚各国的关系

第一节 大理与交趾

一 何勗俊之乱

尽管关于大理与东南亚各国往来的记载极少，但可以肯定，大理与这些国家一直保持着一种较为密切的联系。

交趾在大理东南，"交趾之南，则占城、真腊、佛罗安也；交趾之西北，则大理、黑水、吐蕃也"①。就目前所见到的材料，大理与交趾发生关系最早是在段素廉时。段素廉时，大理国人至交趾渭龙贸易，与渭龙州牧何勗俊交好。交趾国王李公蕴使人劫夺边市，引起何氏反叛。李公蕴亲自率兵征讨，何氏抵敌不住，退入大理②。何勗俊退入大理之后，得到大理政府的支持，遂以杨长惠、段敬芝为将，率兵二十万进攻交趾。大理军队进入交趾北部以后，在金花步（今越南高平附近）被交趾军队大败。《越史通鉴纲目》正编卷二记载此事："顺天五年甲寅（公元1014年）春正月，蛮人入寇，命翊圣王击破之。鹤拓蛮杨长惠、段敬芝二十万人入寇，屯金花步，布列军营于五花寨，平林州牧黄思荣以闻。命翊圣王击破之，斩首万级，获其士卒马匹而还。"《越史略》卷二亦载："顺天五年甲寅，命翊圣王讨蛮将杜（杨）长惠于金华步，克之，斩首万计，俘获士马不可胜计。"事后，交趾惧与大理交恶，遂遣员外郎冯真等以所获马百匹转遗于宋，并上书一封奏称："鹤拓蛮万众于本州界立寨，将图本道。臣发人骑与战于芳林州界，贼众大败，斩首生擒主军杨长惠及蛮党人马。

---

① （宋）周去非：《岭外代答》卷二。
② 《越史通鉴纲目》正编卷二。

遣节度支使冯振、左都押衙李皋诣阙，贡马六十匹献捷。"宋真宗召来使于崇德殿，"赐冠带器币马有差"。① 由于宋的介入，兵败之后的大理没有再度发兵。何晸俊孤守渭龙、都金、常新、平原诸州，势单力薄。在这种情况下，次年（公元1015年），交趾国王李公蕴复命翊圣王、武德王发兵讨何晸俊。《越史通鉴纲目》正编卷二："顺天六年乙卯二月，何晸俊复叛，讨诛之。晸俊以渭龙、都金、常新、平原诸州，命翊圣王、武德王讨之，擒晸俊归京师，枭首东市。"何晸俊被杀以后，大理与交趾在渭龙诸地的争端告一段落，交趾北部重新纳入交趾的有效控制之中。

宋熙宁八年（公元1075年），交趾出兵十万，以水陆两路进入宋境广西，攻陷邕州。由于大理东南与宋邕州接壤，故此次交趾与宋交恶亦殃及了大理。立于云南马关县城西南二公里处"大坟包"的《宋代难民因公殒命古墓碑》记载："大坟，相传土人合葬于此。当有宋之时，吾邑接壤越南，越人开拓边疆，不时过界滋扰，土人不服，起而反抗，惨遭杀戮者指不胜屈。昔部落时代……人死多属鸟葬，狐狸丛食，蝇呐姑撮，惨不忍闻，惟此地某酋长独怜而合葬之。"由此可见，交趾出兵广西的同时，还不时侵入大理东南边境。《越史略》卷二李乾德会丰五年丙子（公元1096年）记载木师黎文盛有大理奴，或即此一时期从大理边境掳掠而去的。

二 翁申利事件

段正严时，交趾发生内讧，李乾德庶出之子翁申利出奔大理。《宋会要辑稿·蕃夷》四之四十三记载此事："绍兴九年（公元1139年）六月二十七日，广西经略安抚司言：探得李乾德有妾生一子奔入大理国寄养，改姓越，名智之，自号平王。知阳焕（李乾德之侄）死，天祚（阳焕之子）为郡王，大理国遣还，现在安南龙令州驮河驻扎，要与天祚交割王位，天祚领兵对敌。又探得赵智之差人赍金五十两、象一头，称欲进奉，借兵本司。已密令沿边溪洞首领，如有文字到即婉顺说谕约回。及探知安南州郡尽降智之，惟蛮人不服，相敌势力不及，情愿归明朝廷。"大理趁李阳焕死、李天祚新立之际，令翁申利返回交趾，争夺王位。得到大理的支持，翁氏连战告捷，迅速占领了交趾北部的广大地区。但为时不长，翁

---

① 《宋会要辑稿·蕃夷》四之三十。

氏即被击败，为人所擒。《越史略》卷三记载：绍明三年（公元1139年），"翁申利，自称仁宗（李乾德）之子，据上源州以叛，僭号平皇，有众千余人。二月，诏谏议大夫高禹称击之，为利所败。利出据西侬州，攻破富良府，欲向京师。命太尉杜英武讨之，利军大败，奔隆令州。十月，英武攻隆令州，破之。利奔谅州，为太傅苏灵成所擒，送京师斩之。"这样，大理企图利用交趾内讧从中渔利的打算也就彻底破灭了。

翁申利夺位事件之后，大理与交趾的往来疏于记载。《越史略》卷三李龙翰天资嘉瑞四年（公元1189年）记载有大理僧人惠明、戒日等朝越，说明翁申利死后大理与交趾的关系有所改善，趋向友好。

第二节　大理与缅国

一　阿奴律陀出访大理

缅国，后称蒲甘，在大理西南，"自大理国五程至其国"[①]。11世纪中叶，阿奴律陀（公元1044—1077年）统一缅甸大部分地区，建立蒲甘王朝，北部边境一直推到大理金齿之地。这样，大理便与蒲甘发生了频繁接触。哈威《缅甸史纲》称：阿奴律陀征服北阿拉干后，附近的掸族酋长纷纷称臣纳贡。阿奴律陀沿着东方的丘陵地带建造了边营43处，其中33处的名字至今仍是村名或区名：在八莫者有康新（Kanngsin）、康唐（Kaungton）、希威古（Shwegu）；在杰沙者有音克（YInhke）、莫打（Moda）、杰沙（Katha）、底格言（Tigyaing）；在摩谷者有庙当（Myadaung）、太公（Tagaung）、欣塞毛（Hinthamaw）、江尼雅（Kyunhnyat）、三帕纳哥（Sampanago），在曼德勒者有新古（Singu）、康塞亚（Konthaya）、玛威塔亚（Mahwetaya）、叶南塞（Yenantha）、桑庙（Sonmyo）、麻达亚（Madaya）、色克金（Thetkegyin）、威音达克（Wayindok）、唐比昂（Taungbyon）、苗丁（Myotin）；在皎释者有梅克亚（Mokkaya）、达昂（Ta On）、孟桑（Yinsnig）、梅沙（Myittha）；在梅克的拉者有黑伦德（Hlaingdet）、塞加亚（Thagaya）、娘岩（NyaungYan）；在亚美森者有希威苗（Shwemyo）；在洞吾者有苗拉（Myohal）、克林（Kelin）、思瓦（Swa）。这些针对掸族各部建立的边营，大多分布在大理国边境一带。因此，可以肯定，

[①]　（宋）周去非：《岭外代答》卷二。

向阿奴律陀表示友好的"掸族酋长"都是大理所属的金齿百夷各部。那么，蒲甘王朝自一建立，大理便与之有了半官方往来。之后，阿奴律陀又亲自出访了大理。哈威《缅甸史纲》称："他（指阿奴律陀）又带着水陆军队，进到现在的八莫以外，侵入南诏王国。南诏王（Lltibwa）自然封起京都大理的城门，拒纳这位不速之客，安诺拉塔（即阿奴律陀别译）就驻扎城外，经过一个时期，两位君王互致赠礼，言归于好。虽然据缅人说他们曾给南诏留下一个极深刻的印象，但并没能从南诏王手里得到那个极其宝贵的佛牙；他只得到一尊玉佛，也可与佛牙媲美。带着这件胜利品，安诺拉塔提兵回国，沿途巡视各掸族国家，接受他们的朝贡。掸族中最大的国家毛国（Maw），即毛贡（Mogaung），将一个女儿梭曼拉（Sawmunhla）献给他为后"①。"毛国"即木邦，大理时期称为"孟都"，属镇西镇管辖。阿奴律陀此次出访大理，表面看是为了得到一枚佛牙，而实际是为了安定北境。貌丁昂《缅甸史》称："高棉人进攻的危险不复存在了，阿奴律陀把他的注意力转向南诏。为了替骠人雪耻，他发起了一场反对泰人王国的战役，并且几乎没有遭到什么反击。他前往南诏表面上是要获得南诏人所保存的圣迹——佛牙，但是就像要求直通的经典一样，此举实际上是要求对方进贡。使阿奴律陀感到高兴的是，南诏王顺从了，给了他许多礼品，包括一件佛牙的复制品。编年史书隐约提到，阿奴律陀试图以小乘佛教取代南诏盛行的大乘佛教，但是没有成功。然而，阿奴律陀还是非常满意，因为他去南诏的主要目的就是防止南诏干涉他征服他的王国东部的泰——掸人。因此，他从南诏回国后就巡游掸人国家，接受掸人首领们效忠。这些首领都列入'小王国'或'日落王国'之列"②。阿奴律陀此次出访系带兵而行，这应该没有什么问题。但称他发动了一场反对大理的战争，并且没有遭到反击便进到了大理国都，则与情理有悖了。果真如此，关于大理的史籍中不可能没有任何蛛丝马迹。而且，由缅北至于大理都城不啻千里，蒲甘军队没有遭到力量并不太弱的大理军队的抵抗，简直是无法想象的事情。因此，称阿奴律陀此次出兵不仅征服了金齿各部，而且迫使大理称臣纳贡，根本是站不住脚的。可能的情况是，阿奴律陀兵临之城并非大理都城，而是金齿之地的某一重镇。由于大理民闭城坚守，

---

① ［英］哈威：《缅甸史纲》，李田意等译，第 25 页。
② ［缅］貌丁昂：《缅甸史》，贺圣达译，第 30—31 页。

阿奴律陀久战无功，遂转而与大理和解，双方互致赠礼，结成睦邻友好关系。在这种情况下，金齿百夷各部重新对阿奴律陀表示了特别的亲近，但并没有因此脱离大理而归顺蒲甘。

二 蒲甘遣使入大理国

根据哈威《缅甸史纲》"缅甸大事年表"记载，段正淳时（约在天正年间，公元1103—1104年），蒲甘曾经遣使出使大理。诸本《南诏野史》并称："乙酉（公元1105年），缅人、昆仑、波斯三夷同进白象、香物。"有学者认为，此处所言"波斯"当为今之缅甸勃生，而"昆仑"则为今之缅甸地那悉林[1]。显然，《缅甸史纲》与《南诏野史》所载当为一事。至段正严，《南诏野史》记载："政和五年（公元1115年），缅人进金花、犀象。"哈威《缅甸史纲》"缅甸大事年表"：1115年，"缅甸使节聘云南"；又有"一一一五年他（指阿隆秀）遣使到南诏，进贡金银花、犀牛角与象牙；以后他自己也漫游到那里，带着大队兵马，他想要南诏的佛牙，但终未得到。"龚鼎臣《东原录》："绍兴丙辰（公元1136年）夏，大理国遣使杨贤时贡，赐色绣礼衣、金装剑亲侍内官、副使王兴诚，蒲甘国遣使俄记乘摩诃菩，进表两匣及金藤织两个，并称大理国王封号，金银书《金刚经》三卷、金书《大威德经》二卷。"由此可见，大理后期之初，大理与蒲甘的交往相当频繁。

此外在大理时期，南海诸国并印度、西亚均与大理保持着较为密切的民间交往。

由上不难看出，大理时期，东南亚各国与大理的官方、半官方并民间交往颇为频繁，其中既有军事冲突，也有友好往来。美籍学者查尔斯·巴克斯在其《南诏国与唐代的西南边疆》一书中称："然而，后来的一段时期中，无论在大理国，还是在蒲甘或安南以及其他任何东南亚国家间，都没有关于发生激烈的军事和活跃的外交活动的记录。"[2] 显然是缺乏根据的。

---

[1] 参见木芹《南诏野史会证》，云南人民出版社1990年版，第271页。
[2] ［美］查尔斯·巴克斯：《南诏国与唐代的西南边疆》，林超民译，第190—191页。

第十八章

大理后期的政治状况

第一节 后理政权的形成

上治二年（公元1096年），高升泰死，其子高泰明还位段氏，史称"后理"。与前期相比，后理政权具有很多特异的地方。

一 高氏一门世代为相

段氏恢复王位以后，段正淳以高泰明为相国、高泰运为栅主，执掌政柄。后沿成例，高氏一门世为相国，如下表所示。

年 代	大理国主	相国
1096—1117	段正淳、段正严	高泰明
1117—1119	段正严	高泰运
1119—?	段正严	高明顺
?	段正严	高顺贞
1141—1150	段正严、段正兴	高量成
1150—1162	段正兴	高贞寿
1162—1174	段正兴、段智兴	高寿昌
1174	段智兴	高贞明
1174—1176	段智兴	高寿昌
1176—?	段智兴、(段智廉)	高观音妙
?	(段智廉)、段智祥	高观音政
1212—1225	段智祥	高阿育
1225—1237	段智祥	高逾城隆
1237—1253	段智祥、段祥兴、段兴智	高泰祥

形式上，段氏仍为国主，世世不替。而事实上，一切内外大权尽归高氏，"赏罚政令，皆出其门"①，"诸蛮来贡者，皆先谒相国"②，"段氏拥虚位而已"③。有鉴于此，国人均称高氏为"高国主"。倪蜕《滇云历年传》卷五称："高氏自升泰篡位后，虽已还国于段，而大权悉在高氏，故国人悉以国主称之。"

二 高氏子孙分治各地

高氏还大肆分封子孙于各地，把大理政权的重要府郡尽皆变为高氏一门的世袭领地。限于资料，高氏分封的具体情况不能尽知，然仅就已见资料也可考获不少，兹分录于下。

威楚（今云南楚雄）

天明六年（公元 1102 年），段正淳于威楚筑城，封高明量驻守。明量之后，量成辞相退居威楚，子孙世守其地，直至裔孙长寿降附蒙古。

姚州（即统矢府，今云南姚安）

文、永年间（公元 1110—1128 年），段正严封高明清为统矢演习，世守其地，子孙相传二十余世。

姚安（今云南姚安）④

高护隆为布燮，封其子隆政为姚安、会川、建昌三郡演习，出居姚安。蒙古平定大理，隆政降附。

腾冲（今云南腾冲）

段正严时，高泰运辞相，封腾冲，号黑演习。传至高救，蒙古兵平大理，高救出降。

永昌（今云南保山）

高升泰之子高泰贤分封永昌，世袭土官。

北胜（即善巨郡，今云南永胜）

高升泰之子高泰慧奉祖父智升之命守善巨郡，子慧珠袭。传至高俊，

---

① （明）诸葛元声：《滇史》卷八。
② （明）蒋彬：《南诏源流纪要》。
③ 《（胡本）南诏野史》。
④ 按：姚州、姚安实为一地，此处可能有误，或有一为大姚堡，即今云南大姚。

蒙古兵平大理，以郡出降。

鹤庆（即谋统郡，今云南鹤庆）

高泰慧之子高慧珠封为谋统郡演习，传子珠寿，珠寿传子寿长，再传长明、明慧、慧直。

鄯阐（今云南昆明）

段氏初命智升为鄯阐侯，智升辅政，长子升泰继袭；升泰为君，升祥续之。后升祥卒，子祥明袭；祥明卒，子明生袭。不仅如此，高升祥时，又将府境州县封其子孙。

晋宁（今云南晋宁晋城）

高祥明时，以其次子高明智守晋宁，袭传而至情受，任晋宁州知州，入元。

嵩盟（今云南嵩明）

高祥明时，以第三子高明兴守嵩盟，袭传而至高阿况，入元。

禄丰（今云南禄丰）

据万历《云南通志》称：大理国时，鄯阐侯命义胜守禄丰。

罗次（今云南禄丰碧城）

高量成封威楚，命高连庆治罗次部。传至高升，蒙古兵入大理，城陷。

易门（今云南易门）

高升祥守鄯阐，命子祥坚世守夷门，传子坚成，传孙成生，再传生福。

交水（今云南沾益）

《元史·地理志》曲靖路沾益交水县："其先，磨弥部酋蒙提居之，后大理国高护军逐其子孙为私邑。"

概而言之，高智升二子，长子升泰及其子孙分封于今滇西，次子升祥及其子孙分封于今滇东。升泰诸子，泰慧及其子孙在大理以北，泰运及其子孙在大理以西，其余则是泰明一系子孙。泰明三子，明清封于姚安，明量封于威楚，明顺继为相国。大理后期行政区划分为八府，高氏为巩固其国主地位，每府均委派高氏子孙世守。于是，"从首府大理、东都鄯阐到各个府、郡全由高氏控制，段氏虽为国君，却是毫无实权、徒有虚位的傀儡"[1]。

---

[1] 林超民：《大理高氏考略》，载《云南民族学院学报》1993年第3期。

三 东、西两京相对独立

南诏、大理均以阳苴咩城为都城，而以鄯阐为东都。高氏夺位还位以后，升泰一系分治滇西，控制都城，世代为相，把持朝政。与此相对，升祥一系分治滇东，着力营建东都鄯阐，在威楚以东形成"州国"，设官自治，以与滇西高氏相抗。立于东都的《地藏寺造幢记》称："君臣一德，州国一心"，"尊卑相承，上下相继"，"文列武列，万国口实而宣威；神风神气，千将若権而留世"，"本州为兄弟之土，将相怯上下之权"。凡此种种，无不说明高氏以东都鄯阐为中心形成的"州国"有着较为完备的统治机构，俨然就是一个政权的形制。故王崧《道光云南志钞·大理世家》称："段正明之臣高升泰篡位二年，后虽还政于段正淳，然大权悉归高氏，国人皆以国主称之。其后泰明、泰运、量成居然与段氏并立，盖东、西各据一京。"

总之，与大理前期相比，后理政权与其说是段氏统治，毋宁说是高氏统治。段氏所有者仅王号而已，高氏才是真正的政府权力的掌握者。就此而言，我们同意以"后理"来称呼大理后期，以便昭示出其与前期相异的政治特色。

当然，说大理后期的政治是高氏一门的政治，并不意味着政府权力的性质已经发生改变。在形式上，段氏还是王国的主人。高氏一门可以世代为相，但在他之上，无论有无实际意义，帝王的话总是圣旨；高氏一门可以拥土自重，分地而治，而在名义上，这些封地却都应该是属于段氏所有，段氏有权在任何地方悠游寻乐，建立行宫；即使所谓"州国"，也都不外属国的性质，它的所谓"君主"的继袭在形式上也都必须得到段氏的认可。所以，不管大理国后期的政治如何打上高氏的印记，古今史家却并不因此改变对大理后期政权属性的看法。

第二节　后理统治的危机

一　内争外叛

进入后理时期，伴随高氏势力的无限膨胀，把持朝政，段氏统治逐步削弱，听命高氏，碌碌无为。

上治二年（公元 1096 年），高泰明遵父遗训还政段氏，拥立段正明之弟段正淳即位，仍号大理。段氏复位，国号虽然不变，上下却自命为建立新朝，传世的"文安开国"铜镜即以"开国"称誉此事。后世史家亦多以段正淳为开国之主，如《南诏野史》载历代据土总纲，即以段思平与段正淳为两姓创业之主。尽管如此，自命为中兴之主的段正淳却并没有多少中兴之举，在位十三年，有案可稽的几项政绩均被史家归入高氏头上，文安四年（公元1108年）禅位为僧。

继段正淳者为段正严，又名段和誉。其在位时，"勤于政事"①，"爱民用贤"②，"故远方慕之，悉来贡献"③，应该算是后理时期的一个比较贤明的君主了。但是，由于段正严在位时政局特别动荡（主要表现为高氏势力的内讧），灾异频繁出现，"思揽政权"④也未如愿，故其努力并未改变后理政权的基本性质。及老，"因诸子内争外叛，禅位为僧"⑤。

段正严时诸子如何"内争外叛"，史书无载。但可以肯定，这后面隐藏的事实应该是高氏贵族势力内部的你争我夺，各拥一子，以令天下。最后，得到权相高量成的支持，段正兴登上了王位。段正兴又名段易长，南宋绍兴十七年（公元1147年）即位。史书上称："正兴能守父遗绪，高量成佐之，亦称贤相。"那么，段正兴即位之初，政局还是较为稳定的。大宝二年（公元1150年），高量成退位，"然国有大事，正兴必遣问乃决"。至其晚年，也许是受到后继高氏势力的控扼，情况有了变化，段正兴转而对佛教产生了极大兴趣，逐渐疏于政事，"正兴事佛戒杀，上下偷安，高氏不能禁戢"，在位二十五年，禅位为僧⑥。

二 沉迷佛教

段智兴立，政局益加动荡，遂更醉心佛教，懒于朝政。诸葛元声《滇史》卷八记曰："智兴奉佛，建兴宝寺，君相皆笃信佛教，延僧入内，朝夕焚咒，不理国事。"在位二十九年卒，其子段智廉立。

段智廉后，弟段智祥立。段智祥时，（胡本）《南诏野史》称之："举

---

① （清）冯甦：《滇考》卷上。
② （明）诸葛元声：《滇史》卷八。
③ （清）倪蜕：《滇云历年传》卷五引《滇记》。
④ （明）诸葛元声：《滇史》卷八。
⑤ 《（胡本）南诏野史》。
⑥ （明）诸葛元声：《滇史》卷八。

贤育才，时和年丰，称治国焉。"似乎又呈中兴气象。但是，史书复称："智祥喜怒不常，恃才妄作，多好奇怪。"① 加之高氏专权的局面并未改变，这种"中兴"的成效到底如何可以想见。不仅如此，据史书载，段智祥亦笃信各种宗教，在各地大兴土木，建寺造像，并在东都盛建离宫别馆，"男女异室，极为华丽"②。因此，即使段智祥是一个有着非凡才智的君主，其在位时也没有能够使后理时期的政治局面有所改观，至多只是功过两较而已。南宋嘉熙二年（公元1238年），段智祥卒，在位三十四年③。子段祥兴立，大理政权开始步入最后阶段。

与大理前期相比，后理时期的各代帝王大多在位很长。按照中原王朝的逻辑，帝王临朝时间的长短一般是与其文治武功成正比的。而后理时期不然，它的各代帝王尽管监朝时间大多不短，却多不是治化隆洽的缘故。恰恰相反，这些帝王基本上都是无绩可述，其在位时有限的几许政绩，没有一项不是高氏所为。总之，后理时期的各代帝王已经成为一种徒有虚名的摆设，没有多少政治价值。唯其如此，他们才能在位很长。与此相应，就是后理时期各代帝王的醉心宗教。在我们上面所述列的六位帝王中，除段智廉情况不明之外，其余五位均沉迷佛教，并有四位或三位帝王禅位为僧。此一情形固然可以看作是后理时期佛教盛行的后果，但更应该看做是后理时期段氏统治危机的后果。禅位为僧在任何时候都是帝王政治上失意后的无可奈何的下场，越是具有雄才大略的君主越是如此。显然，在高氏贵族政治势力上下严密的控制下，段氏统治的危机已经回天乏术了。

三　高氏擅权与兄弟阋墙

与段氏统治的危机相对应的，就是高氏统治的加强。随着段氏统治势力的彻底削弱，南诏后期崛起的六大政治势力最终只剩下了高氏一门。这是否就意味着后理时期的政治状况可以海晏河清？换句话说，在高氏一门专政的前提下，大理前期的那种统治集团内部的激烈争夺是否就会因此偃旗息鼓？事实是不但没有，反而更为加剧。所不同的，只是由诸姓势力的

---

① （明）诸葛元声：《滇史》卷八。
② 同上。
③ 按：诸本《南诏野史》、《白古通纪浅述》、冯甦《滇考》卷上、倪蜕《滇云历年传》卷五等并称段智祥死后才由段祥兴继立，而（胡本）《南诏野史》与诸葛元声《滇史》卷八却称段智祥系禅位为僧后由子段祥兴继立。

争夺变成了高氏一姓内部的争夺。

前面说过，高智升二子，升泰一系分治滇西，升祥一系分治滇东，而朝政则基本上是由升泰一系控制。对于削弱段氏的统治而言，这无疑是一项极为有效的举措。但同时，由于封地和相权的诱惑，高氏势力内部展开了激烈的争夺，尤其是在升泰一系。

段正淳时，高祥明曾以鄯阐民户三万三千进呈①，当是一种袭职礼仪，不存在领地争夺的问题。尽管如此，高祥明时鄯阐领地的确发生过很大危机。《地藏寺造幢记》记载："净边遏寂，定远殄奸。东海浪澄于惊波，楚天宵净于谗雾。""东海"泛指东方，此处或喻滇东三十七部；"楚天"一般认为是指威楚，为高升泰一系封地。那么，高祥明（碑中为高观音明）时，滇东三十七部或曾兴波滇东而威楚高氏或曾进谗滇西。经过高祥明的上下努力，"定远""净边"于滇东，"殄奸""遏寂"于滇西，终致"东海浪澄于惊波，楚天宵净于谗雾"。高祥明后，高明生早死，"子小绍迟，系孤亚脱"，鄯阐高氏再次陷入危机。从碑文中"楚方罢暄，东京辍照"、"求救术于宋王蛮王，果成功于务本得本"判断，此次危机当主要来自东方，而最后是借助了宋朝与大理的力量才得以转危为安的。《（胡本）南诏野史》称：段正严时，"三十七部叛，高相国泰明讨平之，使四子高明清居鄯阐镇守"。当即指此事，而其转危为安的代价则是升泰一系高氏染指滇东。未几，三十七部复叛，攻陷鄯阐，高明清战死。

高明清死后，升泰一系高氏是否仍然盘踞鄯阐史无明载。元僧普祥所撰《创建妙湛寺碑记》称昆明官渡"乃古拓东（鄯阐）演习高侯之苗裔生世攸义之所"。方国瑜先生认为，此高生世即高明生之子，袭职在段正兴时。②那么，高明清死后，鄯阐当又重新回到了升祥一系高氏控制之中。

高祥明子孙世守鄯阐，又分支子于白崖（今云南弥渡江岩），以观音为号。至段智兴时，其势渐长，向西问鼎相位，向东进据鄯阐。《（倪本）南诏野史》："高妙音自白崖起兵，破河尾关，据鄯阐。"由此可知，在段智兴时，鄯阐控制权又由明生一系转到了观音一系手中，虽然同属升祥一

---

① 《（倪本）南诏野史》。
② 参见方国瑜《云南史料目录概说》，第951页。

系。《（胡本）南诏野史》："时有妙音之甥成贤、成正二人来谒，意在夺鄯阐。妙音觉之，与之盟于天王庙。二人口含丁香叶，出庙吐之曰：盟非我也，叶也。未几，二人起兵，方战，见白马将斩之。白马将，乃庙中二力士也。"高妙音进据鄯阐以后，同属观音一系的成贤、成正曾经起兵争夺，但是没有成功。

段智祥立，"封高隆鄯阐王……以光日为演习"①。"高隆"即高逾城隆，为高明清裔孙。他封鄯阐王与光日为鄯阐演习，表明升泰一系高氏重新入主鄯阐。（淡生堂本）、（王本）《南诏野史》："（嘉定）八年，国公隆下鄯阐，立光日为演习。"倪蜕《滇云历年传》卷五："（绍定）六年，高隆下鄯阐，以元日为演习。"到底是嘉定八年还是绍定六年似不重要，重要的是两者均称"隆下鄯阐"。所谓"下"者，此处显然为攻下的意思，说明升泰一系此次入主鄯阐是通过武力予以达到的。

作为大理政权的东都，鄯阐对于控制滇东有着非同一般的意义。因此，高氏内部对之争夺异常激烈。除鄯阐外，其他领地的争夺也时有发生，只是不如鄯阐更具代表。

比领地争夺更为激烈的是相位的争夺。《（胡本）南诏野史》记载：高泰明死，其子智昌"以罪流死"。智昌部下伊、何二人谋为报仇，"乘（段和）誉入寺进香，图弑逆，事露被收"。事后，段正严"嘉二人之义，赦之，为立义士冢"。高智昌何罪被流不得而知，令人感到蹊跷的是，部下为其报仇却要刺杀段正严，而段正严不但不予追究，反而分外嘉许，既"赦之"，又立冢，说明伊、何二人尽管得到了段氏的谅解，最后还是被杀掉了。被杀的原因，《（倪本）南诏野史》称是二人"愿死，以风后人"，这显然不足以服人。联系到此事正好发生在高泰明死后，我们认为，杀死伊、何二人的应该不是段氏，而是段氏以帝王之尊也无可奈何的势力——高氏。也就是说，高智昌流死与伊、何二人谋刺事件背后，隐藏着的肯定是高氏内部争夺相位的斗争。诸本《南诏野史》于此事件之后紧接着称"高泰运立"，可以证实我们的以上判断。

高泰运为相不长，朝政大权很快即转回到了泰明一系的明顺手中，明顺再传顺贞，父子相继二十余年。顺贞之后，《（胡本）南诏野史》记称："郡臣以高升泰侄高量成有德，请立为相，号中国公。""郡臣"一作"群

---

① 《（胡本）南诏野史》。

臣";高量成为高明量之子,故当为高升泰曾孙。依据《护法明公德运碑》载:"公自幼孤,久失庭训,不喜盘游。弱冠岁余,天地合德,日月同明,温良五德□□,六艺三□,随而有之,所谓生而知之者上也。"由此可见,还在高量成很小之时,其父明量即已谢世。高明量封地威楚在天明六年(公元1102年),其死最早也在进入封地之后,故高量成的幼年基本上是在封地威楚度过的。《碑》文又称:"量成自幼有大器,及长,思欲立大功、定寰宇,而道未合。"于是,他四处招兵买马,八方收揽人心,"以礼义为衣服,以忠信为甲胄,以智勇为心肝,远之来者割地而封之,不归化者兴兵而讨之,自是天下大化"。与其曾祖一样,高量成也是自小便是雄心勃勃。及其羽翼丰满,正值天下攘乱,"公于时领义兵、□乡勇,扫除烽燧,开拓乾坤,安州府于乱离之后,收遗民于虎口之残,四海清肃,路不拾遗,帝敕号曰□□□□□□□□……",立时成为举国上下注目的政治人物。这样,在高顺贞死后,团结在高量成周围的所谓"郡臣"便拥立高量成夺取了相位。即使退而言之,"郡臣"当为"群臣",高量成的入主朝廷也包含着武力的威慑。

依据《护法明公德运碑》的记载,高量成任相九年,"乃让位与其侄中国公"。"中国公"即高贞寿,《(倪本)南诏野史》:"讨三十七部夷,量成让位与侄寿贞(应为贞寿),退居楚雄。"以是记载,高量成让位正好是在他平定三十七部之后。按照常理,得胜还朝理当论功行赏、加官晋爵,突然逊位是十分令人费解的。即使功成身退,也不应是如此突兀。故有学者认为,这里隐含着一场夺位之变:高量成平叛回朝,随即"让位"与侄,似乎事出突然,其实早有预谋,当他出征时,相国职位即被贞寿占据,待其得胜归来,木已成舟,遂只好退居威楚了。《护法明公德运碑》高度赞誉高量成以大局为重、忍让为国的精神,称之"功业盖天地,道德高古人,尚和光同尘,而不负自高自大之意……皆以身为天下安危",又称"公虽以深仇大雠,胸襟坦然而怀不校,此皆能仁之行",透露出了此次"让位"的真相[①]。结合高量成的相位夺于顺贞一系,而其结局又复归于顺贞一系,我们认为,如上的推断应该可以成立。

高量成退居威楚以后,并没有就此善罢甘休。相权虽然已经失于贞寿,但贞寿心腹股肱爪牙"皆公□为",故朝中大事仍受干预,"四夷八

---

① 参见顾峰《关于大理国相国高量成的几个问题》,载《楚州古今》1993年第2期。

蛮，累会于此；八方群牧，□□于此；虽夷狄之深仇，部曲之死恨，到此善归方寸，恶竟冰释。袖刃怀刀，一时捐弃；甘辞艳语，以□喜戏"①。同时，高量成还在威楚一带大施仁政，收揽人心，师范《滇系》称之："避位不仕，筑城于楚雄之德江村，优恤孤寡，教诲子弟，风俗翕然丕变，称为夷中君子。"尽管如此，高量成及其子孙却再也未能重登相位。

治大理史者，为了叙述方便，一般把高泰明一系称逾城派，而把高祥明一系称观音派。高量成之前，相权的争夺主要是在逾城派内部进行；而在之后，观音派卷入，局势更为复杂，争夺更为激烈。

贞寿之后，其子寿昌继袭为相。利贞三年（公元1174年），属于观音派的高观音隆起兵入朝，夺寿昌相位予侄贞明。为时不长，逾城派的阿机进京，复夺贞明相位以还寿昌。至于盛德元年（公元1176年），高观音妙起兵白崖，破河尾关以入，再夺寿昌相位而自立为相，朝政大权转到升祥一系手中。逾城派经过反复折腾，人疲马乏，实力不敌，遂不得不与观音派暂时和解。《兴宝寺德化铭》述高逾城光业绩时称："嗟乎！义以道合，事由运□。不意蝇玷成瑕，南箕自远。乃与兄牧公及先君诸旧臣等议曰：大义不可无方，至忠不可无主。惟其平国大宰，定远将军，君臣之义最高，叔侄之分最重。不异霍光辅汉，姬旦匡周，盛衰惟终，安危同力，在我子孙后嗣。弃兹历世垂休，孤立一隅，介于大国，岂不谓事之末乎？然狐犹首丘，葵能卫足，不忘本也。姑可忽诸?! 乃与中国行成，独兴庙计，自此散从释道，缩甲抑战，公兄弟之力也。至哉！难不让于历试，位则退以居谦。郁其千里之才，擢以百成之命。奉旨则仁声已洽，下车则清风载兴。箪食壶浆，歌来苏而满路；逸民傲吏，辍考盘以登朝。"方国瑜先生认为："所谓高阿机者，或即逾城光子兄。"② 高寿昌为高阿机之侄，亦高逾城光之侄，《碑》文所谓"君臣之义最高，叔侄之分最重"即指此一关系，而"乃与中国行成，独兴庙计"则是指扶持寿昌一事，最后的结局却为"散从释道，缩甲抑战"，奉旨下车，退居姚州。当然，与高量成一样，逾城派与观音派的握手言欢实属无奈，高逾城光退居姚州自然不会就此罢休，而是生聚教训、蓄势再起，"乃煦以秋阳，威以夏日，坐甘棠而听讼，设庭燎以思贤，振平惠而字小人，弘义让以勖君子。

---

① 《护法明公德运碑》。
② 方国瑜：《云南史料目录概说》，第994页。

民识廉耻，咸习管子之风；家足农桑，旁尽孟轲之制"①。但是，高逾城光在世之日，逾城派始终没能东山再起。

继高观音妙为相者系高观音政，二人共计执掌朝政三十五年。其后，逾城派高阿育起兵，击败观音派，夺回相权。高阿育后，高逾城隆继之。倪蜕《滇云历年传》卷五记载："高阿容（当为育）为国主……废国事，榆城高隆代之。"说明高阿育为相时或曾陷入危机，不得已，方由高逾城隆继之。传至大理亡时，执掌朝政的高泰祥、高泰和均为逾城派代表。

高氏内部对于领地和相权的相互争夺，对大理后期的历史产生了两方面的影响：一是削弱了高氏亦即段氏的统治力量，二是加深了已有的社会矛盾。前者使大理政权的周边地区逐渐脱离控制，后者则使阶级冲突与民族冲突逐步加剧。

四 诸部离心

进入后理时期，伴随统治力量的逐步削弱，位于大理边面的各民族部落与地区纷纷拥土自重，割据称雄。在北部，位于大渡河、金沙江之间的邛部（今四川越西一带）自称"山前山后百蛮都鬼主"，攻掠四周大理所属部落；位于金沙江上游两岸的麽些各部，也各自划地自守，脱离大理控制。在西部，属于金齿百夷的勐卯诸部结为联盟，形成区域自治。在南部，景兰贵族叭真统一金齿百夷各部，建立景龙金殿国；阿白诸部则在普洱、建水一带建立白蛮国、波丽国、阿伯国等。在东部，三十七部势力坐大，蚕食滇东；罗氏鬼国、自杞、特磨割据边界，自立为王。由于统治力量的削弱，一枝独秀的高氏贵族势力在相互的火并之后只能自守领地，面对这些边夷地区的纷纷不受节制，后理统治者基本上是束手无策。

如果说后理初期社会危机还不是十分明显的话，至段正严后，阶级冲突与民族冲突便愈演愈烈。文治元年（公元1110年），三十七部反叛，被相国高泰明兴兵讨平。广运末年（公元1147年），"慕宁远、矣、空、破、马地方诸夷叛，发兵征之，大败"②。方国瑜先生认为："慕宁"为"最宁"之误，辖区约今云南东南一带；矣为矣尼迦，空为空亭，破为褒古，马为阿马，此四地名即矣尼迦、教合、褒古、王弄山四部，分别为今云南马关、

---

① 《兴宝寺德化铭》。
② （清）倪蜕：《滇云历年传》卷五。

文山、屏边、河口一带①。同年，三十七部复叛，进攻鄯阐，高明清战死。《护法明公德运碑》记载当时形势："四夷八蛮，叛逆中国，途路如猬毛，百姓离散，天不早命公，斯氏坠矣。"依据碑文作者的意思，如果不是高量成率领义兵东征西讨，段氏江山早就完结了。段正兴立，永贞元年（公元1148年），"腾、永叛，高明清讨平之"②。按照诸本《南诏野史》的记载，高明清已在段正严时死于鄯阐，故此处应为高量成之误。是乱甫定，三十七部又叛，高量成移师滇东，"平之"③。至段智祥时，三十七部再叛滇东，大理国军队追至寻甸（今云南寻甸）始平。《高生福墓志铭》记述高生福行状："兹居蛮貊，以适时变，□死生契阔，共禄穷人。迢递汉川之头，发如雪变；飘泊夷山之外，生若云浮。尝胆同危，一十有六年矣。"此墓志刻于段智祥当政晚期（公元1229—1239年）④，而倪蜕《滇云历年传》卷五称此次三十七部反叛在嘉定五年（公元1212年），故墓志所述高生福的遭遇很可能与三十七部再叛滇东有关。果真如此，则此次三十七部反叛影响之大、历时之长，在大理统治时期是绝无仅有的。直至大理灭亡，阶级冲突与民族冲突一直没有间断。撰于元初的《创建中庆路大成庙碑记》记载当时情况："酋领星碎，相为雄长，干戈日寻，民坠涂炭。"

总之，无论是站在段氏还是高氏的角度，后理统治都已陷入一种深刻的危机之中。如果不是蒙古的入侵，可以肯定，伴随危机因素的进一步滋长，它的覆灭也是指日可待的事了。

第三节　蒙古平定大理

一　斡腹之谋

13世纪中叶，崛起于北方草原的蒙古帝国经过不断西征南攻，把战场直接推到了南宋沿边乃至腹地。忽必烈即位以前，蒙古帝国的灭宋战略主要是想打通川东，然后沿江东下，故不惜在四川战场调集精兵强将，实行重点突破。在连续数番进攻均不能达到目的之后，蒙古统治者决定采取

---

① 参见方国瑜《中国西南历史地理考释》，第695页。
② （清）倪蜕：《滇云历年传》卷五。
③ 同上。
④ 参见汪宁生《云南考古》（增订本），第178—180页。

史无前例的迂回战略，先从四川西部的吐蕃地区以达大理，再从大理对南宋腹地发动进攻，以制南宋于死地，是即所谓"斡腹之谋"。

南宋淳祐四年（公元1244年），蒙古军队经川西吐蕃之地直下大理，开始实施其"斡腹之谋"的计划。当时，正是段祥兴即位次年，军将高禾受命率兵拒敌九和（今云南丽江九河），高禾战死，蒙军亦被击退。事后，南宋政府得报，遣使吊祭，亦赐经书银缎，以谢大理拒蒙之助。高禾即高泰和，又称高逾城和，系后理晚期的权臣之一。20世纪以来，人们先后在丽江九禾白王故城拾得有字塔砖70余块，系当年所建白王塔遗物。在这些有字塔砖中，除高逾城和外，涉及人名还有高福善、高明胜、高明祥、高政连、高政志、杨明智等，他们都应该是一同阵亡的将领，说明此次战斗极为激烈①。

淳祐五年（公元1245年）以后，蒙古军队加快了实施"斡腹"攻宋的计划，各种探报陆续传入南宋。但是，这些让南宋政府极度恐慌的探报与事实，却并未引起大理政府的高度重视。九和之战后，大理政府并没有对来自北方的威胁产生警惕，进行相应的布防；也没有对居于大理边面的诸夷各部加以有效的联络，共同防御蒙古，致使蒙古军队得以一次次地突入大理边面。尽管至蒙哥即位前蒙古军队突袭大理的计划一直未能实现，但这不是由于大理防御固若金汤的缘故，而是蒙古突袭之师多非精锐与南宋四川防御体系较为完善、川西吐蕃地区未被征服等原因。通过一次次的突袭，蒙古军队对由川西直下大理的各条道路均已了如指掌，从而为后来蒙古军队的大规模远征奠定了基础。

二 忽必烈远征大理

道隆十三年（公元1251年），段祥兴死，子段兴智立。次年九月，蒙古统治者以忽必烈为主帅，"从东、西大军中每十人抽二人"②，组成一支数目达十万之众的精锐之师③，开始了对大理的大规模突袭。八月，师至临洮（今甘肃临洮），忽必烈遣使玉律术、王君候、王鉴先行前往大理

---

① 参见方国瑜《云南史料目录概说》，第1003—1010页。
② 志费尼：《世界征服史》，第724页。
③ 关于忽必烈远征军的数目，各书所载不一。从各种情况分析，当以十万最近事实。参见胡昭曦主编《宋蒙（元）关系史》，第210—211页。

招降，因道阻而未能成行。九月，师至芯刺（一作塔拉，今甘肃迭部与四川若尔盖之间的达拉沟），忽必烈把突袭大军分为三路，分别由自己、兀良合台和抄合、也只烈率领。

忽必烈所率中路大军于九月二十九日至满陀城（今四川泸定），留下辎重，次日轻装渡大渡河，"经行山谷二千余里"①，始至大理成纪镇境的楼头赕（又名答蓝，今云南宁蒗永宁）。麽些蛮首领和字出降，蒙古军队由是顺利抵金沙江，自卞头"乘革囊及筏以渡"②，经罗邦至罗寺（均在今丽江县北），进围大匦（今云南丽江大具），迫降其麽些酋长，名其寨曰察罕忽鲁罕。军至三赕（今云南丽江），麽些蛮首领麦良归附。至谋统府，复又招降其众。与此同时，善巨郡宋高俊、牛赕（今云南永胜顺州）顺蛮首领自瞠也相继归附蒙古。于是，忽必烈中路大军一路顺风，直下遵赕（今云南洱源邓川）。于是，蒙古军队几乎没有受到任何抵抗，逼近大理都城。

兀良合台所率西路大军取道阿坝草原，穿越吐蕃境南下，经今壤塘、炉霍、新龙、理塘，自旦当岭（今云南中甸境）进入大理③。麽些蛮二部酋长唆火脱因、塔里马来迎降。蒙古军队顺势渡金沙江，南岸九赕（今云南丽江巨甸）麽些蛮酋旭附。兀良合台分兵直下白蛮（察罕章）之地，所在寨栅，以次攻下④。

抄合、也只烈所率东路大军沿川西平原的边缘南下，进入大理辖境，在会川（今四川会理）一带遭到了大理军队的殊死抵抗。蒙古军队接战不利，绕过会川，直逼姚州，却又被姚州大理守军所阻，不能动弹，直至后来中路与西路大军会于城下。

忽必烈所率中路大军率先到达阳苴咩城。稍后，兀良合台所率西路大军亦从龙首关赶至。阳苴咩城方圆约四五里，"西倚苍山之险，东挟洱水之陇扼，龙首关于邓川之南，龙尾关于赵睑之北"⑤，防御相当坚固。忽必烈中路大军渡金沙江后，曾经再派玉律术、王君候、王鉴三使前往大理

---

① 《元史·世祖纪》。
② 同上。
③ 参见吴景敖《元代平滇征缅路线》，载《西陲史地研究》；龚荫：《蒙古军平"大理"路线考辨》，载《民族研究》1983年第2期；陈世松：《忽必烈征滇过蜀路线考》，载《四川历史研究文集》。
④ 《元史·兀良合台传》。
⑤ （元）郭松年：《大理行记》。

谕招，如果投降蒙古，"许不杀掠"，否则"噍无遗类"。大理君臣"以为诳，磔其尸于树"①。至是，蒙古大军兵临城下。段兴智与高泰祥出兵出战，大败。忽必烈复遣使招之，"三返弗听"②，高泰祥等人企图凭借阳苴哶城的坚固防御顽强抵抗。忽必烈令蒙古军队登点苍山，下临城中。高泰祥登陴望之，见蒙古军队遍山野，"骇愕口张不收"③，弃城而遁，段兴智退奔鄯阐，"城中宵溃"④。蒙古军队入城，忽必烈使人寻玉律术等三使首级，或谓投洱海中，遣渔者网之无得。忽必烈大怒，意欲屠城。谋士张文谦、刘秉忠与姚枢力劝，忽必烈遂令姚枢等人裂帛为旗，上书止杀之令，传示城内各处，"由是其民父子完保，军士无一人敢取一钱直者"⑤。此一做法立刻深得人心，大理臣民纷纷投顺归附蒙古，阳苴哶城的局势迅速平定。作为南诏、大理数朝都城，阳苴哶城先后经营数百余年，"自以为金城汤池，可以传之万世。及天兵北来，一鼓而下，良可叹哉！"⑥

阳苴哶城既下，忽必烈挥军南下龙尾关（今云南大理下关），大理守军一触即溃。蒙古军队进逼姚州。高泰祥自阳苴哶城遁走姚州，意欲募兵于滇东三十七部以抗蒙古。三十七部未至，而蒙古军队已逼姚州，与抄合、也只烈所率东路大军南北策应。大理守军拒战不利，城破，高泰祥被俘，被蒙古军队押回阳苴哶城，斩于五华楼下，临死叹曰："段运不回，天使其然，为臣殒首，盖其分也。"⑦ 姚州城破，蒙古军队"分兵略地，所向皆下"⑧。天定四年（公元1254年）春，忽必烈留下兀良合台继续平定大理未附各地，自己则率军由原路北返，于同年八月回到金莲川大本营。

三 兀良合台平定云南

兀良合台受命继续攻取滇东地区，破合剌章水城（今云南禄劝云

---

① （元）姚燧：《牧庵集》卷十五《中书左丞姚文献公神道碑》；卷十八《提举太原盐使司徐君神道碑》。
② （元）程钜夫：《元世祖平云南碑》。
③ （元）姚燧：《牧庵集》卷十五《中书左丞姚文献公神道碑》；卷十八《提举太原盐使司徐君神道碑》。
④ （元）程钜夫：《元世祖平云南碑》。
⑤ 《元史·张文谦传》；姚燧：《牧庵集》卷十五《中书左丞姚文献公神道碑》。
⑥ （元）郭松年：《大理行记》。
⑦ 《（胡本）南诏野史》。
⑧ （元）程钜夫：《元世祖平云南碑》。

龙）。进次罗部（今云南禄丰碧城），大理守将高升集诸部兵力拒战，与蒙古军队大战于夷可浪山下，不胜，收合余部退保鄯阐。鄯阐"城际滇池，三面环水，既险且坚"①，易守难攻。兀良合台选骁勇以炮摧其北门，又放火焚城，均不能下，只好采取疲劳战术，"大震钲鼓，进而作，作而止"，使鄯阐大理守军不知所为。如是七日，"酣困气靡"，蒙古军队趁夜潜师跃入城中，乱斫乱砍，大理守军由是大溃。段兴智逃匿昆泽，被兀良合台所擒②。

鄯阐四周平定以后，兀良合台挥师滇东，攻取不花合因、阿合阿因（在今云南曲靖一带）等城。"阿术先登，取其三城"③，进至赤秃哥山寨（今贵州水西），阿术率部沿岭而战，拔其山寨。蒙古军队乘胜北上，攻鲁鲁厮国（今云南昭通至四川西昌一带），破塔浑城，取忽兰城。鲁鲁厮国大惧，送款请降。滇东既定，蒙古军队掉头南下，攻阿伯国（今云南建水一带）。阿伯国有兵四万，恃强不降。阿术挥军猛攻，突入城中，"举国请降"④。复攻阿鲁山寨，逼阿鲁城，"克之"⑤。移师滇南，征白蛮国、波丽国（今云南普洱一带），生擒其骁将，滇南随平⑥。

与此同时，蒙古又以大理归附名士杨公与蒙古八答剌丁为安抚使，协力同心，招诱永平（今云南永平）、永昌（今云南保山）、腾越（今云南腾冲）等地，"诸方人民□定安"⑦。这样，蒙古军队即基本上平定了大理全境，雄峙云南三百余年的大理政权最后宣告结束。

尽管云南自古以来就是中国领土，但至元以前，一直与中原王朝保持着一种松散的联系。中原王朝对云南的有效控制，可以说，是从蒙古平定大理以后才开始的。由此更进一步，中国西南边疆的最后定型，也是从蒙古平定大理以后才形成的。这对于我国多民族统一国家的发展，对于云南地区经济、文化的进步，无疑都具有重大的意义。

---

① （清）顾祖禹：《读方史舆纪要》卷一一四。
② （元）王恽：《秋涧集》卷五十《兀良氏先庙碑铭》。
③ 《元史·兀良合台传》。
④ 同上。
⑤ 同上。
⑥ （元）王恽：《秋涧集》卷五十《兀良氏先庙碑铭》。
⑦ 《故大理□□氏躬节仁义道济大师墓碑铭》。

第十九章

南诏大理的文化

第一节 语言文字

一 汉字

南诏时期,以汉字为通用文字。留存至今的《王仁求碑》、《南诏德化碑》、建极年号铁柱铭文、剑川石宝山石窟造像题记以及《南诏图传》题记等,即是用汉字写成的。

大理时期,仍以汉字为官方文字,这在大理文献与考古材料中可以获得证实。大理时期,多次向宋索求经籍,并于边市大量购买汉文书籍,以及用汉字抄写大批佛经,均说明大理国人运用汉字相当熟练。乾道九年(公元1173年),李观音得至横山互市,所购汉文书籍中有《张孟押韵》《切韵》《玉篇》诸种韵书字书,说明大理时期汉字的读音也与中原读音基本一致。

在肯定南诏大理时期汉字读音与中原读音基本一致的前提下,必须指出,由于受到各个民族语音系统的影响,他们的汉字读音不可能像中原人士一样纯正。在这一方面,南诏时期已经有了明显差异。樊绰《云南志》卷八记载:"言语音白蛮最正,蒙舍蛮次之,诸部落不如也。但名物或与汉不同,及四声讹重。"从樊氏的记载可以看出,南诏时期居于云贵高原的各族汉语发音已经颇不一致,而专用词汇与汉语差异尤殊,声调亦颇不同。至于大理,情形应与南诏相去不远。李京《云南志略》记载"白人"风俗:"白人语着衣曰衣衣,吃饭曰咽羹茹,樵采曰拆薪,帛曰幂,酒曰尊,鞍鞯曰悼,泥墙曰砖垣,如此之类甚多。"很显然,这些与中原汉语用法不同的词汇,全部为专用词汇,亦即樊氏所谓的"名物"词汇。不仅如此,我们发现这些词汇基本上都是古语,曾经在中原汉语中运用过,而并不是白人土语。

二 白文

在已经发现的南诏、大理经卷中，经文旁边常常用汉字注有白语读音，说明这些汉文佛经或许是用白语念诵。那么，除了汉字汉读之外，南诏、大理时期民间或还存在汉字白读的情况。从各种记载分析，我们怀疑这种汉字白读或为汉字古读（读其古音）、汉字俗读（读其方言音）。此一现象仅仅存在于宗教场合，还是普遍存在于民间，目前尚难确定。但在正式场合，汉字白读的情形应不存在，否则，南诏大理与唐宋的政治、经济往来就会发生障碍。

由此涉及南诏、大理时期是否有"白文"存在的问题。李京《云南志略》中有"蛮文云"之称，说明元初有"蛮文"存在。所谓"蛮文"，一般认为就是"白文"。作为"白文"存在的最早证据，南诏、大理时期的有字瓦大多残缺不全，残留文字一般只有二三字，至多也仅有七八字。其文字大体可以分为四类：第一类是制瓦时间，如"十年官作"、"大罗诠四年"等；第二类是瓦的用途或产地，如"官瓦"、"官作"等；第三类是吉祥语，如"长乐"、"常住"等。此三类文字用汉语均可解读，当系汉字无疑。除此而外，另有一类或虽为汉字然不可解，或仅系汉字的省笔或偏旁，或纯粹就是一些符号，如"罗买子"、"李罗买"、"埧"、"媳庆"等。对于这一类文字，学术界争议颇大。周祜在其《白文考证》一文中举出"田晟完"、"买诺"、"官诺"几组字例，称其中的"完"字就是"瓦"的白音，"买诺"就是"买的"，而"官诺"就是"官家的"[①]。是释不诬，那有争议的这一类文字或许确为白语注音。其注音方式是采取部分注音，即仅对与白语发音相异的字或词加注，如"田晟瓦"中的"田晟"读汉字正音，而"瓦"读"完"音。这不禁让我们联想到前面提到的南诏、大理写经上的白语注音，二者的注音方式是一致的，除了有字瓦上直接以注音代替原字外。这样一来，情况就比较清楚了。南诏时期，由于某些专用词汇和汉字发音与中原汉语不同，出于使用的需要，一些人士开始在某些汉文作品上用汉字注上白语发音，进而发展为以白语注音代替原字。及至元明，此一方式被推而广之，运用于碑刻诗文之中，遂

---

① 参见周祜《白文考证》，载《南诏文化论》，云南人民出版社1993年版。

形成了所谓的"白文"作品。

由此更进一步，我们发现，所谓白语事实上当是汉语的方言语，其与现代汉语相异的读音基本上是汉语（最大可能是古代汉语）的变音。例如："瓦"、"完"为一音之转，而"诺"（通"若"）作为代词亦普遍用于古代汉语之中。鉴于此，把"白文"视为一种独立的民族文字，还需要在其语音、语汇和语法三个方面进行广泛的调查和研究，以提出更令人信服的证据。

三 汉文异字

此外，在南诏大理时期的汉字使用中，常常出现异字、别字。方国瑜先生曾经对《三十七部会盟碑》中的异字、别字作过考订[1]，而徐嘉瑞先生则对《护法明公德运碑赞》、《稽肃灵峰明帝记》、《兴宝寺德化铭》、《地藏寺造幢记》等的异字、别字作过考订[2]。根据考订，南诏大理时期所用异字、别字大体有四种情形。第一，俗字。这类字曾经流行于中原，而多为民间习用。第二，假借字。这类字多为同音假借，而又以笔画简单作为假借原则。第三，异体字。这类字数量最大，或更偏旁部首，或移框架结构，或简略笔画。第四，古字。南诏大理时期所用异字，有一部分笔画非常复杂，与其他异字、别字使用意在删繁就简的原则极不吻合。它们应该都是一些古体字，曾经在中原使用过，传入云南以后，亦被世代沿用下来。南诏大理时期所用异字、别字，基本上是以自制的异体字为骨干，加上部分中原俗字和中原已经废弃不用的古字，以及部分假借字所构成的。以某些异字、别字在各碑中的频繁出现推断，这套别字、异字系统在南诏大理时期使用当较普遍。在这里，值得特别注意的是，撰于天开十六年（公元1220年）的《大理国渊公塔之碑铭》异字、别字绝少。由此以降，此一情形愈见突出。至于元碑，除少数字外，我们即已不能见到南诏大理时期所用别字、异字，说明它们已逐步退出了使用。

四 傣文

据专家研究，傣族所使用的傣文（指老傣文）有四种形体不同的文

---

[1]《新纂云南通志》卷八十九。
[2] 参见徐嘉瑞《大理古代文化史稿》，第335页。

字：傣仂文、傣哪文、傣绷文、傣瑞文。其中，傣仂文的创制年代最早。据一本名为《多拉维梯》的傣文文献记载，傣仂文的使用时间是在傣历六三九年（公元1277年）。元延祐元年（公元1314年），忽剌丁出使八百媳妇，其国主"手书白夷字奏章"①。八百媳妇国即当时泰国北部以清莱、清迈、景线一带为中心的景线王国，或称清迈王国或兰那泰王国，与西双版纳有很深的渊源关系；而所谓"白夷字"，就是傣文。与此可以互为印证的是，西双版纳在13世纪后半叶已经使用傣仂文，应是不成问题的。不仅如此，以其已经相当完善推断，它创始年代还应更早。傣哪文、傣绷文的创制年代稍晚，一般认为是在元、明以后；而傣瑞文的创制年代，因资料很少，目前还不清楚②。

作为一种图画文字，按照文字发展的一般规律，纳西文字的创制年代可以推至很早。但就目前已经见到的证据，却仍只能推至大理时期。传统认为，纳西象形文字为东巴教主丁巴什罗所创。丁巴什罗曾在中甸白水台修行传教，时代当为大理前期。"东巴文"在纳西语中叫做"森究鲁究"，意为"木石之痕迹"，亦即刻于木石之上的文字。这不仅提示了纳西象形文字的创制与东巴教的关系，而且为我们描绘了这种文字初创时的应用情形。《木氏宦谱》记载阿琮："生七岁，不学而识文字，及长，旁通百蛮各家诸书，以为神通之说，且制本方文字。"阿琮即麦宗，生于13世纪之初。所谓"不学而识文字"的"文字"，一般认为即指纳西象形文字；而且"制本方文字"之"文字"则可能是指标音的哥巴文。那么，无论是东巴文还是哥巴文，其创制都不应晚于大理时期③。

第二节　文学与史学

一　文学

南诏文学受汉文化的影响很深。阁罗凤时，命通晓汉文化的郑回为宫廷教师。异牟寻归唐后，每年派数十成百的学生到成都和长安学习汉文

---

① 《经世大典·招捕总录》。
② 参见张公瑾《傣族的语言和文字》，载《贝叶文化论》。
③ 参见方国瑜《纳西象形文字谱绪论》；《纳西族简史》编写组：《纳西族简史》，第131—137页。

化。所以，南诏不少人士精通汉文，擅长诗赋。《南诏德化碑》的行文辞令工巧，文字高雅，酣畅淋漓，一气呵成，毫不逊于唐代其他碑文。诗人段义宗的《题大慈寺芍药》云："繁影夜铺方丈月，异香朝散讲筵风。"《题三学院经楼》云："玉排拂道珊瑚道，金错危楼翡翠楼。"清平官董成出使成都，赋诗以抒发怀乡之情："泸北行人绝，云南信未还，庭前花不扫，门外柳谁攀；久坐销银烛，愁多减玉颜，悲心秋月夜，万里照关山。"诗人杨奇的《游东洱河》云："风里浪花吹又白，雨中岚色洗还青。江鸥聚处窗前见，林穴啼时枕上听。此际自然无限趣，王程不敢再停留。"他们的诗歌也被称为高手佳作，收入《全唐诗》中。南诏隆舜所写的《骠信诗》："避风鄐闸台，极目见滕越。悲哉古与今，依然烟与月。自我居震旦，翊卫类夔契。伊昔经皇运，艰难仰忠烈。不觉岁云暮，感极星回节。元昶同是心，子孙堪贻厥。"与唐五言诗的形式和风格完全相同，感情真挚，词语清新，寓意深远。不难推想，南诏文学应该颇为繁盛。

与南诏一样，大理文学受汉文化的影响也很深。《故大师白氏墓碑铭》称侬智高部将黄玮以文学之妙而为大理所留用，"大理文学医方巧匠，于斯而著"。欧阳修《六一诗话》称苏轼所赠蛮布弓衣上织梅尧臣《春雪诗》，"此诗在《圣俞集》中未为绝唱，盖其名重天下，一篇一咏传落夷狄，而异域之人贵重之如此耳"。范成大称李观音得至横山购书，中有《文选五臣注》一种。如此等等，提示了我们这种影响关系。

大理时期的文学作品留存至今的极为少见。李元阳《云南通志》卷二记有《哀牢夫人墓碑》一通，撰文者为段中庸，其略曰："夫人讳福，则伽宗胄裔之嫡女也。事君子也，乐其道而不淫；逮下妾也，用其能而不妒。"又曰："月出碧鸡，照哀牢之名县；鸿飞滇渚，下浔阳之长江。"范成大《桂海虞衡志》称李观音得等所携文"字画略有法"，其文尾曰："古文有云：察实者不留声，观行者不识词，知己之人，幸逢相遏；言音未同，情愫相契。吾闻夫子云：君子和而不同，小人同而不和。今两国之人不期而会者，岂不习夫子之方哉！续继短章，伏乞斧伐。短章有'言音未会意相和，远隔江山万里多'之语。"由此可知，大理时期的散文作品受到中原骈文的影响很大。这与李观音得购买《文选五臣注》的史实正好吻合。

《三十七部会盟碑》立于明政三年（公元971年），是大理前期的作品，撰者不详。碑文记述了大理征服今滇东南地区后与三十七部会盟石城的情形，叙事极为简练。全文仅140余字，时间、地点、过程、参与者等无不交代清楚。文中奇字连篇，兼夹部分少数民族语言，说明此文有着较浓的地方文学特色。同时，文中又有诸如"故乃共约盟誓，务存长久；上对众圣之鉴知，下揆一德而玷血"之类骈句，反映了中原文学风格对它的影响。

《护法明公德运碑》系摩崖，镌刻年代与作者均不详，当为大理后期作品。碑文以散句为其骨干，杂以骈体，各种修辞手法交替运用，佳句迭出。例如，文中记叙高量成早年经历："公自幼孤，久失庭训，不喜盘游。弱冠岁余，天地合德，日月同明，温良五德□□，六艺三□，随而有之，所谓生而知之者上也。"简练而有起伏；状其品行："以礼义为衣服，以忠信为甲胄，以智勇为心肝，远来者割地而封之，不归化者兴兵而讨之，自是天下大化。"生动而有气势；述及德化："四夷八蛮，累会于此；八方群牧，□□于此。虽夷狄之深仇，部曲之死恨，到此善归方寸，恶意冰释。袖刃怀刀，一时捐弃；甘辞艳语，以□喜戏。"感同身受，如在目前；至于书其退隐："明月侍座，清风扫门。喜听法鼓明心，不闻尘嚣聒耳。"清幽恬淡，意境肃然。全文读罢，一位年高德劭的长者形象活脱而出。

《兴宝寺德化铭》与《嵇肃灵峰明帝记》刻于同一碑上，撰于元亨二年（公元1186年），作者杨才照。《德化铭》颂赞高逾城光功绩及重建兴宝寺之事；《明帝记》记述高逾城光祭祀嵇肃山神的盛典。文章寓散于骈，气势宏伟。议论纵横捭阖，舒卷自如；叙事跌宕多姿，飞瀑溅玉。其状山川风物，尤见功力。如《德化铭》描写兴宝寺环境："穷山水之幽致，溢烟霞之佳趣。西则松风发夕，惊闻苦空之音；南则江月残朝，忽认灵台之镜。东临雾阙，近接应供之贤；北枕平坡，远嫌钓鳌之客。一一美丽，事事新奇。盛矣哉！信华州之佳境也。"环境描写与文章主题浑然一体，相得益彰。又如《明帝记》描写嵇肃灵峰："千寻卓立，惊神剑之干霄；万仞削成，讶青莲之出海。霏霏膏泽，岂道徐州之车；霭霭丹霞，似拥芒砀之盖。风泉相涣，松竹共清。灵变无端，云雷未恻。盖天府之巨镇，此方之灵佑也。"行文气势磅礴，挺拔清丽。其艺术成就丝毫不逊于中原，而其作者的才华也丝毫不在中原名士之下。

《渊公塔之碑铭》立于天开十六年（公元1220年），作者赵佑。碑文叙述的是大理国公高量成之子皎渊出家为僧的经过及其生平。其文多阐佛理，善用譬喻，如："用真假主修无上菩提，如将金为器，器器皆瓦"；"本分作家手段量度锻佛钳锤，毁骂露珠电掣，赞善水月空花……难能而能，不能于能者也"。又如："出声闻之清水，擢凡夫之淤泥，如彼莲花，斗顿馨香，无物以喻也"；"以无言之深言，诠言绝之深理；以无为之妙行，应无作之妙心。融真俗以无迹，□静乱而不偏。坏其可坏，远离诸离……五蕴付于云梦，三界寄于电泡"。禅理圆通，文字精练。

《高生福墓志铭》撰于段智祥时，作者不详。其文以散骈交错的笔调，极其洗练地叙述了高生福一生的事迹。其中，描写高氏遭逢不测后的境遇尤其传神："迢递汉川之头，发如雪变；飘泊夷山之外，生若云浮。"而对高氏死后的烘托，也颇精妙："亡镜之悲，岂独于唐帝；祸国之哭，不翅于□□。愁结云昏，□□沾□。□□烟而月晓，□翻飞而目□，则衷肠郁结，未尝不恋慕焉。"

《地藏寺造幢记》也是大理后期的作品，作者段进全。文章记述鄯阐守牧高明生早死子幼，权力受到威胁，其布燮袁豆光八方奔走，扶助幼主，最终转危为安。其文以骈句为主，杂以散句，议理叙事，横枝错出，读来有如流水下滩，不可遽止。而其铺叙烘托，亦有成效，如其描写高明生死后的危急情形："悲夫！四大元无主，五蕴空去来。天地横兴不慈，大运俄将不意。哀哉！云郁郁兮穷天丧，雨霏霏兮尽山悲。楚方罢暄。东京辍照。本州为兄弟之士，将相怯上下之权。子小绍迟，系孤亚脱。"在这种情况下，布燮袁豆光挺身而出，"求救术于宋王蛮王，果成功于务本得本"，其再造之功时洞见，较好地达到了颂扬袁氏的目的。

《大理国故高姬墓铭》撰于大理后期，作者杨俊升。碑文是为颂扬大理国公高妙音护之女高金仙贵所写，属于骈文。其文引经据典，音韵铿锵，如："姿立合浦，少溢照车之光；质孕蓝田，长发联城之莹。□降宗室，心规帝乙归妹之文；卫廷台阁，志效齐姜济鲁之术。麟麟而光庶□，谦谦以涉大川。动应承宜，同荇菜之生沼；朝暮不爽，类尸鸠之在桑。妇节妇功，门不入于□利；女工女史，闺无旷于庶宫。备危急则安土重迁；培胜刹则□而化□。黄裳元吉，色不过于所天；牝马利贞，健允谐于应地。"字字珠玑，极其华美，几与中原晋唐骈文争胜。

《故溪□谥曰襄行宜德履戒大师墓志》亦为大理后期作品，撰者不详。碑文历叙了溪智一家数代以医行世的业绩，颂扬了溪智"行事敬"、

"进德煦"、"亲亲和"、"友友信"四端美好的德行。文风平实,叙事简练,时而杂以骈句,以求句式变化多姿,亦为大理时期难得的佳作。

尽管以上诸碑并不完全能够反映大理时期的散文状况,但仅就它们的艺术特色而言,也足以令人刮目了。可以大胆地说,大理时期的书面文学已经相当发达了。

二 史学

从《南诏图传》题纪可知,南诏时期已有《张氏国史》、《巍山起因》、《铁柱记》、《西洱河记》等史书,可惜均已佚亡。今存的樊绰《云南志》(又作《蛮书》)所依据的资料为袁滋的《开复西南夷事状》和《云南记》;袁滋的两本书又采自南诏的地方志书。从樊绰《云南志》可推知,南诏史书的编纂已达到较高水平,官府已设有专门的史官及编写史志的机构。

至于大理,史学的鉴诫功能得到了前所未有的认识,中原史籍由此成为大理君臣争相采购的书物。李观音得从横山所购书籍,就有《三史加注》、《春秋后语》、《国语》之类史书。唐太宗《帝范》共有 1 卷 12 篇,"五代丧乱,书有录而遂阙"①。现存《帝范》,系元泰定二年(公元 1325 年)从云南所得②。显然,是书的保存也是得益于大理时期重视史书的风气。

尽管我们几乎无法见到直接的记载,但大理时期有专门的修史机构与史官,则是可以肯定的。《护法明公德运碑》的撰者为"大宋国建武军进士",文中自称:"两战场屋,画虎无成,□□南国,十有六年。蒙公清照如族辈人,□命□□□□□□□□□□史记,修春秋,褒贬合宜,为万世之信书,而发微言曰:知我者,其惟春秋乎?罪我者,其惟春秋乎?"很明显,《护法明公德运碑》的撰者就是大理的一位史官。修史机构与史官的职责是纂修《国史》。《兴宝寺德化铭》称:"有公子高逾城光者,曾祖国明公高秦明,祖定远将军高明清,已备《国史》。"此《国史》即当指国家修史机构所修史书。因高泰明、高明清均是大理后期的重要人物,或有再造之功,或有戡乱之绩,故其事迹均被载入了《国史》

---

① (明)张志淳:《南园漫录·征梗得〈帝范〉》。
② (元)吴莱:《渊颖集》卷十;《四库全书总目提要·帝范》。

之中。《高生福墓志铭》颂扬高生福时称："公之言行志节，恭友孝弟，备载史籍。"此处的"史籍"亦当指《国史》，因高生福曾被封为"忠节克明果行义帝"，也是大理后期的一位重要人物。这些《国史》元初尚可见到，欧阳玄撰《升姚安路记》即称："尝考其载记，高自升泰相国，六世至护隆，封其长子隆政为姚安、越西、会川三郡之演习。"欧氏所见到的"载记"，当即大理时期的《国史》之类。遗憾的是，它们没有一部保存至今。

除官修史书外，大理时期纂录家谱的风气也极兴盛，但署名公豪族，多有家乘。《故溪□谥曰襄行宜德履戒大师墓志》中称："大公护赏白衣以□□彩之□，家牒行状，乃杨文伯俊之述词。"《敕授鹤庆路照磨杨伯□墓志》亦称："按杨□家谱，乃故理杨候觉诺十七代孙。"《张长老墓碑》："家谱备绩，未能尽评。"《故大师白氏墓碑铭》："其谱录中甚详，不复备载。""其家世勋业，具有谱录。"《陈氏墓碑铭》："有家谱云，其先自陈霸先……自善铎和尚于满□，凡十三世，具见家谱。"凡此种种，均见大理时期纂录家谱的风气之盛。这些家谱的部分内容，我们今天尚可从明、清以后续修的一些家谱中见到端倪。

《大理图志》为大理时期所修地志之书。此书虽已亡佚，但据考证，元时所修《混一方舆胜览》与《元史·地理志》中的云南部分，所载沿革即多出自此书。综观二书，所记路、府、州、县沿革分为蒙氏、段氏两个时期，而事实上是大理前期和后期，涉及南诏事迹甚少，南诏以前更不待言①。由此可知，大理时期的地志编纂重于当代而疏于前朝，同时特别注意前期和后期因政局的变化而引起的政区设置的变化。再联系上面述及的《国史》修撰，我们推测，注重当代历史当为大理官修史书的特点之一。

《白古通记》是一部云南流传很广的古代史书，原系"白文"。至明中期，杨慎删正削译而为《滇载记》一书。之后，明、清方志杂著复多征引，遂使此书影响倍增。从《白古通纪浅述》可以看出，《云南国记》、《蒙氏世家谱》与《大理国纪》三篇与其余各篇篇目明显不很一致，当系一种整体考虑的结果，与其余篇目的缺乏系统形成鲜明的对照。因此，我们认为此三篇内容在《白古通记》中应当形成较早，或即元初。降及明、

---

① 参见方国瑜《试论〈大理图志〉诸问题》，载《滇史论丛》第一辑。

清，更扩而充之，形成各种版本、译本，并行于世，遂使是书年代错出、内容杂乱无绪。元代以前的《白古通记》内容多为神僧灵迹，与《南诏图传》所绘以及近年刊布的"文字卷"内容大同小异，而《南诏图传》所绘与"文字卷"内容又系依据《巍山起因》、《铁柱记》、《西洱河记》、《张氏国史》诸书。由此我们认定，《巍山起因》、《铁柱记》、《西洱河记》、《张氏国史》诸书当为《白古通记》最初所本。由于此一部分内容史传并出，变形极大，用以证史需要审慎。除此而外，元代以前的《白古通记》中还有部分追述云南远古历史的内容，诸如释迦证位西洱、迦叶入定鸡足、阿育王子封滇等。此一部分内容则主要是化于佛经与汉晋史籍，附会穿凿，荒诞不经，没有多少史学价值。元代以前的《白古通记》中最有价值的部分，是其所载的南诏、大理统治家族事迹。由于此一部分内容或自相传、或其经历，可以引为信史，每为后世史家称引乐道。

与《白古通记》相与争辉，《纪古滇说集》是云南历史上另一部较为重要的古代史书。是书之成，书末题曰"咸淳元年春正月八日滇民张道宗录"。张道宗为云南人，事迹不获详考。宋咸淳元年当元至元二年（公元1265年），是时大理已亡十有二年。既题"咸淳元年"，其书又记此年之后事迹，可能是张氏成书之后续有补笔抑或后人擅添。就其全书观之，南诏以前备极详细，分条专述，至于大理则仅略略数语，言极概括，给人以明显的虎头蛇尾之感。鉴此，我们推断张氏本意或将述及大理之末，然至南诏部分完成，大理已亡。张氏不测蒙元态度，未敢擅述大理，遂致仓促结尾。那么，此书的主要部分似应完成于大理灭亡前夕。较之于《白古通记》，《纪古滇说集》具有以下几个明显的特点：第一，体系更为完备，"始自唐虞，迄于咸淳，方舆年运，谣俗服叛，一一详焉"[①]，是一部比较规范的云南地方通史著作；第二，虽亦不免神僧灵迹、穿凿附会，但史事叙述分量更重，这与《白古通记》正好形成对比，更近于史著；第三，像书末所题，此书系一纂录之作，故其征引文献典籍远较《白古通记》为广。

《白古通记》与《纪古滇说集》两部史书的出现，表明大理时期私家修史的风气亦当较浓，其兴趣则主要是在通史之属，实为后世此类著作的滥觞。

[①] （明）沐朝弼：《纪古滇说集序》。

第三节 美术与乐舞

一 书法

云南书法艺术肇始很早，至汉晋已经颇有成就。及唐元和年间（公元806—820年），有南诏人张志诚"游成都学书，得二王帖，宝惜之，日临数过。及归，从学书者甚众"①。受此影响，南诏大理时期的书法首推二王，多有晋人笔意。故李京《云南志略》称："（白人）其俊秀者颇能书，有晋人笔意。……故云南尊王羲之，不知尊孔孟。"

南诏、大理时期的书法作品保存至今的主要有碑刻与写经两类，均非刻意之作。就其书体而言，大多类似，属于当时流行的写经体，结构严谨，用笔挺拔犀利，"深受欧、柳楷法的影响"②。个别碑刻则于写经体外独树一帜，体现出南诏大理时期书法风格的多样。其中，《南诏德化碑》颇类会稽刻石，书法苍劲秀整，为唐代碑刻的精品之一；《三十七部会盟碑》体兼行楷，运笔流畅，叶昌炽《语石》赞其"精彩飞动"，《蜗寄庐随笔》则称之"大类李北海"；《护法明公德运碑》敦厚遒劲，笔意放纵，近于颜真卿、苏东坡③；《兴宝寺德化铭》笔法峻整瘦劲，富有欧阳询、虞世南意而略饶北齐风貌，被一些学者视为"大理国碑的精品"④；《高兴兰若碑》与《大理国故高姬墓铭》章法绵密，行笔恣意，洒脱之中别有厚朴之气。南诏大理时期的书法作品尽为楷体带行，结体清整，表明此一时期的书法仍然是以实用为主。

二 绘画

《南诏图传》是南诏绘画的代表之作，为南诏主掌内书金卷赞卫理昌忍爽臣王奉宗、信傅士内掌酋望忍爽臣张顺制作。画卷全长5.37米，高0.3米，纸本，设色。其画依据南诏史书《张氏国史》、《巍山起因》、《铁柱记》、《西洱河记》等作南诏史连环画长卷，共分两个部分：第一部

---

① （明）谢肇淛：《滇略》。
② 孙太初：《南诏大理的碑刻》，载《南诏大理文物》。
③ 顾峰：《云南碑刻与书法》，第90、96页。
④ 同上。

分为"观音七化",起于南诏始祖躬耕巍山、观音化为梵僧显灵赐福,终于隆舜父子、君臣礼拜阿嵯耶观音;第二部分为"西洱河记",仅绘金螺金鱼二蛇缠绕并洱海的图像。画卷构图精巧,色彩明丽,形象生动,笔意自然,为唐代艺术珍宝,有重要的艺术价值和史料价值。在第一部分的题款与西洱河图之间,复有"文武皇帝"诸人礼佛图像。此"文武皇帝"为谁,目前有两种意见:一认为是大长和国开国君主郑买嗣[1],二认为是大理国开国君主段思平[2]。依据题款,此画绘于南诏中兴二年(公元899年),理不应有郑买嗣或段思平像。故一些学者推断画成之后或有补绘,但多数学者更倾向于现在所见的版本或为12世纪、13世纪的摹本[3]。

大理时期的绘画作品,最享盛誉的是《张胜温画卷》。此画卷又名《大理国描工张胜温画梵像卷》,现存台北故宫博物院。卷为纸本,全长16.35米,宽0.3米,绘于大理盛德五年(公元1180年),画师张胜温。画卷原为"梵夹装",共有134开,绘制各式人物628个。依据所绘内容,画卷可分三个部分:第一部分为大理国王段智兴及男女扈从,第二部分为诸佛菩萨天龙八部等众,第三部分为十六大国王。由于画卷辗转易手,多次装裱,错讹颠倒颇多。为恢复原貌,近世学者着力尤盛,研究论著极丰。就艺术成就而言,画卷所绘人物、鸟兽、山水无不精致巧妙,舒张有序,深得中原高手笔法,故成画以后一直备受推崇。时人释妙光谓之"神慕张(僧繇)、吴(道子)之遗见"、"妙出于手,灵显于心";明人宋濂则称之"其施色涂金,皆极精致";释宗泐评其"绘事工致,诚佳画也";释豫章论曰"设色精致,金碧料然";至清乾隆更是推崇不已,称"卷中诸像,相好庄严;傅色涂金,并极精采"。近人李霖灿评价更高,认为《张胜温画卷》是"世界宗教图像画中的瑰宝"[4]。

《维摩诘经卷》高0.36米,长8.32米,制于大理文治九年(公元1118年),现藏美国纽约大都会博物馆。此卷经文之前为一维摩称病图像,以金银色线条加彩色绘成。构图以维摩为主,与中原文殊、维摩并重

---

[1] 参见向达《南诏史略论》,载《唐代长安与西域文明》;汪宁生:《云南考古》(增订本)第199页。

[2] 参见李霖灿《南诏大理国新资料的综合研究》,第49页。

[3] 参见向达《南诏史略论》、汪宁生《云南考古》(增订本)、李霖灿《南诏大理新资料的综合研究》并查平《云南的观音像》、李昆声《云南艺术史》等有关论述。

[4] 李霖灿:《南诏大理国的绘画艺术》,载《南诏文化论》。

的情形颇不一致。人物主次进退安排合理，紧凑而不繁杂，线条流畅生动，人物形象鲜明，设色金碧辉煌，"充分表现出大理国当时的艺术造诣已达很高的水准"[①]。

郭松年《大理行记》记载："（赵）州之北，行绝约数百步，地极明秀，蒙昭成王保和九年，有高将军者即其地建遍知寺。其殿像壁绘于今罕见，意非汉匠名笔，不能造也。"由此可知，南诏时期寺庙兴建已经普遍伴随着壁画的绘制。这与中原的情形极为相同。至于大理，此一习俗当仍沿袭不废。遗憾的是，随着各式寺庙的废毁殆尽，我们已经不能亲眼目睹当时的杰作了。

三 石刻与雕塑

剑川石窟位于剑川沙溪乡石宝山中，始凿于南诏而止于大理，共16处，造像139躯，碑碣5通，崖画1处。按照地理位置，这些石窟可以分为三个区域：石钟寺区8处，狮子关区3处，沙登村区5处。剑川石宝山石窟大部分是佛教题材，间有部分属于原始崇拜的内容。人物造型极有地方特色，身材粗短，圆脸，鼻翼宽大，嘴唇肥厚，颇类现代白族形象[②]。"异牟寻坐朝图"、"阁逻凤议政图"以及"细奴逻全家福"等窟人物众多，主次分明，表现出极高的构图技巧。单体造像亦有精妙，如王者之端严慈祥、观音之悲天悯人、明王之愤怒威猛以及读书郎、驯象奴等等造型，均各有特色。石宝山石窟造像在中国艺术史上占有独特的地位。

法华寺石窟位于安宁城东小桃花村洛阳山中。石窟共分四区：第一区共有二大一小3龛，大龛应为观音、地藏，小龛为一跌坐菩萨。第二区由18个小龛组成，一龛一像，一般认为是"十八罗汉"。龛下有一平整崖面，上题"晚照"二字。参照中原其他石窟，此區当初或为碑记经文之类，"晚照"二字似为铲毁之后所刻。第三区亦为3龛，左龛已毁，中龛似为迦叶（一说达摩），右龛疑为"伏牛"。第四区共有4龛，两龛已毁，一龛仅余轮廓，一龛凿一卧佛，长约4米，枕头抚膝，侧身而卧。由于法华寺石窟造像毁坏颇甚，其开凿年代极难断定。在中国，

[①] 李霖灿：《南诏大理国新资料的综合研究》，第3页。
[②] 参见李昆声《云南艺术史》，第195页。

"十八罗汉"的形成是在五代以后；之前仅有"十六罗汉"，形成时间亦不会早于中唐。而在云南，《张胜温画卷》所绘罗汉亦只"十六"，可见"十八罗汉"的称名输入更晚。那么，如果法华寺石窟第一区所凿18窟确为"十八罗汉"的话，它们的开凿年代当绝不会早于大理时期乃至大理后期。但总体而言，法华寺石窟较之剑川石窟艺术价值不是很高。

挖色石窟位于大理市挖色乡高兴村东北山间，1990年始被发现。石窟共分二区23窟：凤鸣台区共有5窟，一窟为普贤，一窟为猛虎，其余为坐佛；龙绕石区共有18窟，均为罗汉。其开凿年代当与法华寺石窟相当，这不仅可以从"十八罗汉"的类比中得出，而且可以从单雕普贤得出（当系受到了宋代而下峨眉成为普贤道场的影响）。

除了以上较有规模的石窟外，云南各地还广泛分布着一些零星的摩崖造像，如剑川金华山摩崖造像、晋宁摩崖造像、禄劝密达拉摩崖造像等，题材则均为大黑天神和毗沙门天王，造型亦大同小异。这些造像的开凿年代多数应为大理时期[1]。由于大黑天神与毗沙天王单独造像在中原并不多见，云南的这些摩崖石刻具有一定的历史和艺术价值。

阿力罗卜惹摩崖位于四川西昌市南大箐乡阿力罗卜惹山顶，内容为释迦、弥勒、明王、金刚、菩萨、供养人以及狮、犬、怪兽、鹏鸟等。其像或为浮雕或为线刻，最大者通高1.3米，小者0.56米。据判断，此摩崖亦约成于大理时期[2]。其中，明王六面六臂、手执法器坐于水牛背上，金刚高大魁伟、上裸下裙携一犬，造型与《张胜温画卷》第120开、第7开、第8开所绘大体一致，说明二者或有某种渊源关系。

博什瓦黑崖画位于四川昭觉弯长乡博什瓦黑山间，均为线刻，编号81401—81416，分布于16块巨石之上。其中，81401刻石最大，顶部面积达198平方米，正中为释迦牟尼涅槃像，头东脚西，左斜而卧，神态极为安详，其下为菩萨、弟子及供养人像。81409为"王者出巡图"，共刻6骑：第一、二骑者戴莲花高冠，着圆领长袍；第三骑者戴幞头，佩剑；

---

[1] 参见汪宁生《云南考古》（增订本），第195—196、270页；张楠《南诏大理国的石窟寺艺术》，载《南诏文化论》；王海涛：《昆明文物古迹》，第214—224页；杨德均：《美与智慧的融集》，第517—559页；李昆声：《云南艺术史》，第198—201页等。

[2] 参见温玉成《中国石窟与文化艺术》，第414—415页。

第四骑者戴头囊，马饰华丽，头有腾龙；第五、第六骑者亦戴幞头；有犬二相随马之前后。81405为天王、明王、神僧诸像。神僧卷发，执扇，背有杖瓶，前有怪兽，或即《南诏图传》所绘、"文字卷"所述的阿嵯耶观音化身。81404为明王像，两腿劈开坐于水牛背上，其造型颇类《张胜温画卷》第120开所绘。此外，还有一些别的明王画像并及塔、兽等。博什瓦黑崖画的年代，一般认为是在大理时期，但不排除其极少部分属于南诏晚期的可能[1]。整个崖画以"王者出巡图"最为壮观，构图严整，形象生动，线条流畅，手法细腻，有较高的艺术价值。

与云南各地的摩崖造像主要是以圆雕、浮雕为主不同，位于四川凉山州的这些摩崖造像主要是以线刻为主，反映出南诏大理时期摩崖造像的地域特色。

镇国灵天神造像刻于大理喜洲金圭寺村中一方形大理石柱上，造型与剑川石钟山石窟中的大黑天神并《张胜温画卷》第124开的"大圣大黑天神"完全一样，故为大黑天神当无问题。像左有一长条形榜题，刻有"归源寺镇国灵天神"八字。据分析，此石刻造像应为大理时期的作品[2]。

立于昆明城东的大理时期石幢全名"佛顶尊胜宝幢"，原为地藏寺所属，幢高6.5米，七级八面，通体石制，周雕诸佛、菩萨及天龙八部300余躯，大者1米，小者0.3米。自下而上，基座为八部天龙，一级为四大天王与六夜叉像，二级为阿众、宝生、阿弥陀、不空成就四方佛与四金刚等像，三级为地藏、虚空藏、观音、除盖障四菩萨与金刚得、金刚香、金刚灯、金刚华四供养等像，四级为药师、多宝、弥勒、释迦四佛与金刚幢、金刚利、金刚法、金刚宝四菩萨等像，五级为四只大鹏金翅鸟，六级为常、乐、我、净四大（殿）与五智如来等像，七级为尊胜佛母与天王等像[3]。整幢造像内容丰富，布局严整，刀法遒劲，造型精美，历来备受

---

[1] 参见凉山博物馆《凉山博什与黑石刻画像调查简报》，载《中国历史博物馆馆刊》总第4期（1982年）；张楠：《南诏大理国的石窟寺艺术》，载《南诏文化论》；温玉成《中国石窟与文化艺术》，第415—416页。

[2] 参见张楠《南诏大理国的石窟寺艺术》，载《南诏文化论》。

[3] 参见王海涛《古幢释神》，载《云南文物》第25期。

专家学者的推崇[①]。在中国现存石幢中，地藏寺石幢的雕刻是无与伦比的。

南诏崇圣寺内曾有雨铜观音一尊，高二丈四尺，细腰跣足，通体铜铸，体态轻盈，面目慈祥，神情庄严，工艺水平极高。此外，南诏大理保留下来的铜铸佛像极为丰富。其工艺之独特，造型之别致，很早即已引起了海内外学者的高度重视。南诏大理时期的铜铸佛像以密教造像为主，而尤以阿嵯耶观音为多，已知即有 12 尊之多。其最大者通高 49.5 厘米，小者 33.9 厘米。根据《白古通记》记载：南诏时期，阿嵯耶观音曾经屡化"梵僧"襄助南诏。故至隆舜时期，阿嵯耶观音崇拜大盛，至于大理而不少衰。而其基本形态，查平描述为：颀长纤细，宽肩细腰；上身裸露，下着薄裙；腰系围巾两块，臂戴臂钏一对，额际为一珠宝顶圈，右手戴一珠串手镯；发髻高隆，用珠玉带子束住，中坐阿弥陀佛一尊；耳佩耳环，耳垂受重下垂；额际着一圆点。这些观音铜像与内地风格颇不一致，故其渊源至今仍然争论不休[②]。

除铜铸佛像外，南诏大理时期还传下来一些其他材质的佛像，如金质阿嵯耶观音、银质阿众如来、银质金翅鸟、石雕如意轮观音、银持大日如来、水晶宝生如来、石雕阿弥陀、银质观音、金质镜佛、银质镜佛、瓷质文殊、瓷质普贤等。这些佛像多数应为南诏大理本土所作，少数则系购自域外（如瓷质文殊、普贤）。其题材与造型与铜铸佛像类似，亦以密教造像为主，简练奇异，神态祥和。

四 音乐与舞蹈

南诏的音乐舞蹈丰富多彩。贞元十六年（公元 800 年）正月，异牟寻遣使进剑南西川节度使韦皋时，曾献歌舞节目，其中有《天南滇越俗歌》四章。韦皋依据南诏的民间音乐舞蹈，编成《南诏奉圣乐》进献朝廷。《南诏奉圣乐》用正律黄钟之韵，以宫、征、角、羽之调，象征着西南归顺，蛮夷向化。乐工分为龟兹、大鼓、胡部、军乐四部，有箫、筝、

[①] 参见方国瑜《云南史料目录概况》，第 948 页；汪宁生《云南考古》（增订本），第 180 页；杨晓东《滇中大理国古幢石雕艺术》，载《南诏文化论》；李昆声《云南艺术史》，第 288 页等。

[②] 参见［美］海伦·B. 查平《云南的观音像》，林超民译，附于《南诏国与唐代的西南边疆》之后；李昆声《云南艺术史》，第 212—213 页。

笙、笛、篁篌、琵琶、鼓、钹、钲、铙、铎等乐器。有六十四名演员，身着鲜艳的南诏民族服装，由二名"赞引"指挥，在乐队伴奏下，边歌边舞，先后唱《圣主无为化》、《南诏朝天乐》等五首歌曲，每歌一曲，舞出一字，先后编排出"南诏奉圣乐"字样。演员们执羽稽首、俯伏朝拜，以表现南诏归附唐朝，忠诚不贰。整个舞蹈动用舞人、乐工、歌工百余人，乐器数十种，气势宏大，场面壮观。

南诏的音乐舞蹈以当地的"俗歌"、"俗舞"及笛子、芦笙等乐器为主，吸收了中原华夏、西北龟兹以及骠国的音乐舞蹈，五彩缤纷，姿态万千。

至于大理，（胡本）《南诏野史》记载：段素兴性好游狎，"有花遇歌则开，有草遇舞则动，兴令歌者傍花、舞者傍草，盖亦花草之妖也"。由此可知，大理宫廷蓄有乐舞艺人。《故大理陈氏墓铭》称陈□城□"手管[弦]貌辰进之姿，观才能显出群之秀"，"职以才超，功由艺立，神州锦阙，咏歌于富贵者，非一朝一夕耳"。铭文复称："温恭有礼兮，技艺难量；逝水未往兮，其身已亡；龙筝更拂兮，□不如常。"很明显，陈□城□即当为一位技艺卓著的宫廷艺人。《陈氏墓碑铭》称陈明政"少从师问道，得其……伎艺、弦歌、音律……与蒙族子弟交……前后蠲免赋役"。"蒙氏"即大理段氏，说明陈明政是一位民间艺人。那么，大理时期民间乐舞的情形我们也可以推知一二了。

陶宗仪《南村辍耕录》卷二十五"院本名目"："院本则五人：一曰副净，古谓之参军；一曰副末，古为之苍鹘……一曰引戏，一曰末泥，一曰孤装，又谓之'五花爨弄'。或曰：宋徽宗见爨国人来朝，衣装革履巾裹，傅粉墨，举动如此，使优人效之以为戏。""爨"为爨蛮，"弄"为表演。"爨弄"是一种乐舞表演当无问题。而何谓"五花爨弄"，近世学者研究极多，而分歧亦多。究其症结：一是何谓"五花"，二是表演形式。受到《南村辍耕录》的影响，一般认为"五花"是指五种角色。事实上，"五花爨弄"之"五花"当为"五花（华）楼"之省称。五花楼是大理时期的一座高级迎宾馆。"五花爨弄"即五花楼内所表演的一种爨蛮乐舞，传入内地以后被附会成了五种角色。李京《云南志略》："（金齿百夷）男子纹身，云髭须鬓眉睫，以赤白土傅面，彩缯束发，衣赤黑衣，蹑绣履，带镜，呼痛之声曰'阿也韦'，绝类中国优人。……今之爨弄实原于此。"由此推之，"五花爨弄"应该是一种带有滑稽特色的表演，或许还伴随一些杂耍魔术表演。传入内地后，在保持滑稽杂耍特色的同时，"五花爨弄"逐渐成了非以唱功为主一类戏剧的专称。陶宗仪《南村辍耕录》卷二十五《院本名目》之"诸杂院爨"所列四类名目仅第一类附有曲牌，可以为此提供证据。作为大理迎宾乐舞的"五花爨弄"传入内地，极大地影响了中国戏曲的发展。

李京《云南志略》记载："白人"少年子弟"或吹芦笙，或作歌曲"，以此结交异性；"麽些"男女动辄百数，"各执其手，团旋歌舞以为乐"。《马可波罗行记》第119章"金齿州"称："此押赤、大理、金齿三州无一医师，如有人患病，则召看守偶像之巫师至。病者告以所苦，诸巫师立响其乐器而为歌舞，迨其中一人昏厥如死始止。"凡此种种，反映出大理时期民族歌舞之盛。

在云南艺术发展史上，南诏大理时期具有非同寻常的意义。

第四节 宗教信仰

一 概况

南诏大理时期的宗教信仰以佛教为主，极呈繁盛，"谓之佛国"[①]。除此而外，道教、原始宗教的影响亦大，分别在南诏大理的腹心与边夷地区占有一定的地位。

南诏大理的原始宗教有自然崇拜，如山神、水神、天神、雷神等；有英雄崇拜，如历史和神话中的英雄人物；有图腾崇拜，如龙、蛇、马等。这些崇拜后来演变为白族的本主崇拜，本主是一村或数村的最高社神，人们的生死祸福和衣食住行、五谷六畜无不受本主的管辖和庇护，各村无不建庙宇、立牌位、塑神像供奉本主。不止于此，近代许多民族的原始宗教，如彝族的毕摩教、纳西族的东巴教等，大抵可以远溯到南诏大理时期。

二 道教

作为早期五斗米道的转型，鬼教以"鬼"作为人的对立面，而以"巫"作为协调人、鬼的祭司，事巫祀鬼并重，多禁忌，好盟诅，"一切

---

① （清）倪蜕：《滇云历年传》卷五。

信使鬼巫，用相制服"①，普遍盛行于西南少数民族之中②。

早在汉、晋时期，鬼教已在云南具有相当影响。降及南诏，根据樊绰《云南志》的记载，沿五尺道、灵关道二路分布的少数民族多为信行鬼教的部落。而且，在南诏的一些重要政治活动中，如玷苍会盟，尚有鬼教参与其中的影子③。至于大理，情形与南诏相似。《宋史·黎州诸蛮传》称："黎州诸蛮，凡十二种……夷俗尚鬼，谓主祭者鬼主，故其酋长号都鬼主。"此为灵关道一线的情况。五尺道一线的情况，《宋史·泸州蛮传》称："育水夷者，羁縻十州五囤蛮也，杂种夷獠散居溪谷中。庆历初……诏复建姚州，以得盖为刺史，铸印赐之。得盖死，其子窃号'罗氏鬼主'。鬼主死，子仆射袭其号，浸弱不能令诸族。"由此可知，大理时期鬼教的分布大体亦是在由宜宾取道昭通至于曲靖的五尺道与由西昌取道大姚至于昆明的灵关道沿线。

经过南北道教徒发展之后的道教，在南诏时期传入云南，而且颇具影响。据（倪本）《南诏野史》记载：劝丰祐时，"用银五千铸佛一堂，废道教"。这里的"道教"就应该是经过南北清整之后的道教了。至大长和国，（胡本）《南诏野史》记载："（郑）仁旻饵金丹，躁怒，常杀人，遂暴卒。"《故溪×谥曰襄宜德履戒大师墓志》亦称："（溪智）厥先出自长和之世，安□之时，撰□百药，为医疗济成□。洞究仙丹神术，明显德归；述著脉诀要书，布行后代。"两相参照，大长和时神仙道教之盛应以自明。

至于大理，在大力推崇佛教的同时，亦予道教以较高的地位。段素英时，开科取士，"定制以僧、道读儒书者应举"④，反映了大理统治者对道教的重视。（胡本）《南诏野史》：大观三年（公元1109年），"七月中元节，各方贡金银、罗绮、珍宝、犀象万计，牛马遍点苍"。中元节是道教最重要的节祭之一。大理上下如此看重此一节祭，说明道教的确是在大理社会生活中占有相当重要的地位。

考古工作者曾在大理崇圣寺塔发现一张大理时期的绢符咒，上为各种

---

① （唐）樊绰：《云南志》（又称《蛮书》）卷一。
② 参见段玉明《鬼教即五斗米道试证》，载《研究集刊》第36辑。
③ 参见段玉明《五斗米道入滇考》，载《中国史研究》1993年第4期。
④ （清）倪蜕：《滇云历年传》卷五。

古怪汉字与点线符号，下为梵文。这是一张典型的道教符箓，尽管其中杂糅了密教的成分。道教认为，礼斗朝真可以消灾解厄、增福延年。因此，在道教驱邪禳灾的符箓中常常可以见到"五斗"的图形。崇圣寺塔发现的这张绢符咒，用数目不等的点线所组成的符号正好也是5组：点（即星）的数目分别为五、六、七、八、九，代表东、南、北、西、中"五斗"。上面类似"力去田鼠"的字样，则是劫鬼、驱鬼的符。值得注意的是，在这张符箓上，除了绘有"五斗"图形与符之外，还同时绘有曼荼罗图形与梵文。这不仅向我们证实了大理时期道教较为兴盛的事实，更重要的是向我们证实了大理时期道教与密教关系很深。

三 佛教

佛教何时传入云南至今仍是一个争论不休的问题，但不会晚于南诏则是普遍看法。而且，南诏时期佛教在云南的影响已经不可等闲视之。劝龙晟时，用黄金三千两铸佛三尊，送佛顶寺。劝丰祐时，除大兴土木建崇圣寺千寻塔外，更迎"胡僧"赞陀崛多为国师，使佛教在南诏取得了近于国教的地位。至于世隆，《新唐书·南诏传》称其"俗尚浮屠法"，说明佛教在南诏晚期的社会生活中占有非常重要的位置。《白古通纪浅述》记载此时佛教之盛："建大寺八百，谓之兰若；小寺三千，谓之伽蓝，遍于云南境中。家知户到，皆以敬佛为首务。"所以，南诏晚期每以僧人为国师，而云南的许多重要佛寺也均始建于此时。

至于大理，继续推崇佛教，（胡本）《南诏野史》："（段思平）帝好佛，岁岁建寺，铸佛万尊。"开国君主如此，大理崇佛之盛可以推想。大理段氏二十二传，而有八人避位为僧，"仅此一事，足见大理国佛法之隆也"[1]。整个大理时期，段氏多次遣使入宋求佛经以归，亦是一证。不独君主，段氏之臣高氏自升泰以后世为相国，称主专柄，而奉佛特深，"善建伽蓝，众山兰若，无不周备"[2]。仅此一端，亦见大理君臣信佛之诚。至于百姓，更是盛况有加，"邦人以去天竺不远，其俗多尚浮屠法。家无贫富者皆有佛堂，人不以老壮，手不释数珠。一岁之间，斋戒过半，绝不

---

[1] 《新纂云南通志》卷一〇二。
[2] 《护法明公德运碑》。

茹荤饮酒，至斋毕乃已"①。苍洱之间，"沿山寺宇极多，不可殚记，""凡诸寺宇皆有得道居之。得道者，非师僧之比也。师僧有妻子，然往往读儒书，段氏而上有国家者设科选士，皆出此辈"②。正因如此，大理时期世人多以佛号命名，如陈观音婢、朱观音保、杨般若样、张药师莲、苏难陀智等。

南诏大理佛教来源颇杂，既有来自印度、缅甸的，也有来自西藏、中原的，而其中以中原佛教的影响最大，成为南诏大理时期的主要派别。南诏大理佛教当不止一个宗派，而尤以密、禅二宗为盛。

净土信仰虽然在云南肇始很早，但其别于他宗，历来不盛。南诏而下，净土信仰应该是一直存在民间抑或寺僧之中的。郭松年《大理行记》称其："人不以老壮，手不释数珠；斋戒过半，绝不茹荤饮酒"，述律杰《重修大胜寺碑》则称："古滇居民，慕善斋洁，茹苦食淡，手捻菩提珠，口诵阿陀者，比比皆然。"这种"称名念佛"、"把斋吃素"的普遍，反映了大理迄元净土信仰的兴盛。

南诏大理密宗称阿吒力教，亦即瑜伽密宗。南诏后期，阿吒力教相当盛行。劝丰祐时，曾将其妹下嫁给阿吒力教高僧赞陀崛多。据各种传说称，赞陀崛多法力高强，奉请建鹤庆元化寺，"先是，鹤庆地水淹，僧杖刺东隅泄之。水中得樟木，刻为佛，咒之忽灵，远近名曰活佛"③。世隆进兵四川，有阿吒力僧崇模随行，"军中乏粮，又值岁暮，士卒思归，僧咒沙成米，咒水成酒，士卒各醉饱"④。类似"穿山泄水"、"咒沙成米"、"驱龙禳灾"、"呼风唤雨"的传说颇为流行⑤，说明阿吒力教在南诏后期的影响颇大。南诏而下，由于其他各派尤其是禅宗的兴盛，阿吒力教的影响渐呈递减趋势，相关神话与传说明显减少，得道高僧所见日稀，然其地位仍然未可轻视。郭松年《大理行记》称："师僧有妻子，然往往读儒书。"李京《云南志略》亦称："有家室者名师僧，教童子，多读佛书，少知六经者。"这类有家室的僧人就是阿吒力教僧人。《张胜温画卷》所绘密教众像，近年发现的南诏大理塔藏文物以密

---

① （元）张道宗：《纪古滇说集》。
② （元）郭松年：《大理行记》。
③ 《（胡本）南诏野史》。
④ 同上。
⑤ 《白古通纪浅述·蒙氏世家谱》。

教法器为多，以及各式密教石窟造像，无不说明阿吒力教在大理时期仍然占有相当重要的地位。南诏大理的阿吒力教具有师僧制度（可有家室）、以巫代教（多行法术）、兼收并蓄（可持他宗，如兼修禅净等）几个显著特点。

据《张胜温画卷》记载，中唐时期，禅宗也已传入南诏。神会之后，画卷所绘张惟忠以降诸人，就是将荷泽禅宗传入南诏的法嗣。其中，摩诃罗嵯最为引人注目。摩诃罗嵯即隆舜，按《白古通纪浅述》记载，最后是坐化在"禅床"之上的。隆舜之后的赞陀崛多，本为阿吒力高僧，法嗣所续，说明其或者兼修、或者转修禅观。由此推之，南诏晚期禅宗应该已经颇有影响，派系也不当只有一系[①]。经过南诏始传，禅宗至大理而元突然昌盛，过于他宗。不独势力增大，法嗣亦严。而大理之时已成气候者，则有水目山系。南诏施头陀一系禅宗传至玄凝，一分凝真，一分妙澄。净妙澄禅师姓高，滇池人，"袭大理段氏国公，因读《楞严经》，至见扰离，见不能及处省，遂叩玄凝禅师，获大解悟，即为剃染，并嗣法。后游中州，叩黄龙慧南禅师……辞归，开水目山。段氏为建梵刹，乃赠净妙之号焉"[②]。临济宗从玄义而下，至慧南复开黄龙一派，时在宋初。以是观之，水目山系乃施氏禅系与临济禅系之融。又有普济庆光禅师，姚安人，姓杨，"因问净妙禅师宗门中事……遂悟。初开妙光寺，次同净妙禅师开水目山。……时诸主大族，咸往皈敬，四众钦崇，后入寂东山，建塔水目，段氏赠为普济庆光禅师"[③]。此外，皎渊本月禅师，亦高氏子，"袭大理段氏国公，因问济僧师云：'如何免得生死？'济云：'把将生死来。'师拟议，济以扇打掉一下，即有省，遂祝发，乃为法嗣。因往水目山，广导诸方，朝野尊仰"[④]。水目山《渊公碑》亦曰："号智元，字渊，遂师于玄凝尊者，又与戒尊长老求法界之游，为斫漫之友。公以病故，辞凝尊者。凤历庚申（公元 1200 年）之冬，栖托于兹山焉。"可见皎然先是师事玄凝，居水目山，复师事普济。皎渊之嗣有阿标，"阿标头陀，洱海人，未详姓氏。因问皎渊师心经无智，亦无碍义，渊曰：'你但凭么

[①] 参见段玉明《大乘佛教各派在云南的传播与发展》，载《中国西南文化研究》第一辑（1996 年）。

[②] （清）圆鼎：《滇释记》卷一。

[③] （清）圆鼎：《滇释记》卷一、卷六。

[④] 同上。

参，去看是甚么道理。'时段氏王子依山建寺，标为工匠都养，日则奔走勤劳，（夜）则悬髻寺梁，遂获灵通，乃嗣法于皎渊禅师"①。净妙、普济、皎渊、阿标号称"水目四祖"。此后，有普瑞禅师，榆城北乡人，"后见皎渊禅师印可，南诏（应为大理）为建再兴寺，请居师。"② 普瑞而后，有黄龙无相禅师，"嗣妙观（普）瑞禅师，行实末详"③。无相而后，嗣法不详。与密宗可以娶妻生子不同，南诏、大理时期的禅宗因为直嗣中原，较为严格，一般要离家别居，称为"得道"。郭松年《大理行记》："得道者，非师僧之比也。……戒行精严，日中一食，所诵经律一如中国；所居洒扫清洁，云烟静境，花木禅房，水循堂厨，至其处者，使人名利之心俱尽。"李京《云南志略》："戒律精者名得道，俗甚重之。"由于禅宗修习要求很高的思辨才智，加之必须以寺为家，故大理时期的禅宗高僧多为皇室或贵胄（如皎渊禅师即是一例）。

据载，普济禅师曾经"兼究律部"④，而普瑞禅师"常梦与清凉、贤首、华严诸祖共语……师虽印心于南宗，而恒阐华严为业"⑤，说明大理时期律宗、华严诸旨或已传入。

嘉泰二年（公元1202年），大理遣使入宋，"取《大藏经》置五华楼，凡一千四百六十五部"⑥。1956年，文物工作者在凤仪北汤天法藏寺殿中发现一批数量达两三千册之多的大理迄明的写本与刻本佛经，内容相当丰富⑦。近年维修大理各塔，也迭有发现各式写本刻本佛经。凡此种种，均见大理而下云南大乘佛教信仰之盛。

因其地接南亚、东南亚，南传上座部佛教传入云南为时当早，南诏时期应即已在边境地区得到长足发展⑧。11世纪以后，伴随大理与蒲甘王朝的频繁往还，被蒲甘王朝奉为国教的小乘佛教不可避免地要对大理发生影响，但由于受到已有大乘佛教各派的抵制，始终没有在大理统治的腹心地

---

① （清）圆鼎：《滇释记》卷一。
② （清）圆鼎：《滇释记》卷一、卷六。
③ 《万历云南通志》卷十三。
④ 由云龙：《姚安县志》。
⑤ （清）圆鼎：《滇释记》卷一。
⑥ 《（倪本）南诏野史》。
⑦ 参见周咏先《凤仪县北汤天南诏大理国以来古本经卷整理记》，载《大理白族自治州历史文物调查资料》。
⑧ 参见段玉明《南传佛教入滇考》，载《佛学研究》第三期。

区扎下根来。与此相反，在大理统治的边夷地区小乘佛教却得到了广泛发展，逐步形成政教合一的格局。1180年，叭真在西双版纳建立景龙金殿国，版图相当辽阔。与邻近的蒲甘王朝相同，这个幅员广大、人口众多的边夷政权也以上座部佛教作为国教，国王自称"景龙金殿国至尊佛主"。在叭真的登极大典上，不仅设置"把厦"等佛教仪仗，而且采用滴水栓线等佛教仪礼，这些都是佛教在傣族地区得到广为传播的表征①。明显带有东南亚风格的景洪曼飞龙塔，据傣文经典宣称，是由三个印度（疑为缅甸）僧人设计的，建造于傣历五六六年（公元1204年）。1986年海勐重建景真佛塔，于原塔址出土一块银版，上刻铭文有傣历五六七年（公元1205年），而一般认为，傣族的贝叶经书始写于傣历六三九年（公元1277年）。这些无不都是上座部佛教广为传播带给傣族文化的厚礼。

四　基督教

太和三年（公元829年）南诏攻掠成都，曾俘虏医眼大秦僧一人。所谓大秦僧人，就是基督教徒。基督教聂斯托里派在唐贞观初年传入中国后，被称为景教或大秦教。景教僧人医术甚高，以善医眼疾而闻名于唐，故多以医传道。大秦僧人进入南诏以后，景教也应随之传入南诏。世隆时，唐曾遣一名叫"景仙"的僧人前来议和②。"景"为景教信徒的公姓（如佛教的"释"），"仙"为华人对其僧徒的称呼（比照道教的称呼）。那么，此"景仙"应是一位景教僧人。世隆不拜唐使，而拜景仙，说明景教在南诏当有一定影响。根据记载，世隆最后死在越西景净寺③。这个景净寺也当是一所景教寺庙（景教寺庙统以景寺相称）。所以，景教传入南诏以后，至少是在部分人中产生过一定影响。至于大理，情况不获记载。

除此而外，南诏大理是否还有其他形式的宗教信仰存在，限于史料，我们目前尚不能轻易做出结论。

---

① 参见黄惠焜《佛教入滇及其在傣族地区的传播》，载其《从越人到泰人》。
② 《（倪本）南诏野史》。
③ 《（胡本）南诏野史》。

唐五代宋时期云南历史大事记

公元618年　唐高祖武德元年
唐改隋蜀郡为益州。置益州总管府，以段纶为益州刺史，益州总管。
经略南中地区，设置南宁州，治味县（今曲靖市麒麟区）。
爨翫子爨弘达受唐封为昆州刺史，奉其父丧归滇。
唐廷遣俞大施至南宁招谕南中，诸部归附，遣使至唐廷朝拜贡献方物。

公元619年　唐高祖武德二年
唐朝在原定笮县设置昆明县。

公元620年　唐高祖武德三年
益州刺史段纶遣使诏谕南宁州爨蛮诸部。南宁西爨遣使入贡唐朝，时在八月。

公元621年　唐高祖武德四年
唐设置南宁州总管府，以韦世冲（亦作"韦冲"）为南宁州总管。
巂州治中吉弘伟通南宁州，至洱海地区，招徕昆明蛮。昆明蛮遣使内附。
从安抚大使李英请求，设置姚州。

公元624年　唐高祖武德七年
唐廷命巂州都督长史韦仁寿检校南宁州都督，寄治越巂。使一岁至其地抚慰之。韦仁寿将兵五百人至西洱河，周历数千里，夷皆归附，承制设置七州十五县，各以其豪帅为刺史县令。夷欢欣悦服，乃命韦仁寿徙治南宁州。

公元625年　唐太宗武德八年

公元627年　唐太宗贞观元年
以爨弘达之子爨归王为南宁州都督。

公元634年　唐太宗贞观八年
罢南宁周都督，设刺史。

公元645年　唐太宗贞观十九年
巂州都督刘伯英上疏："松外诸蛮暂降复叛，请出师讨之，以通西洱河天竺之道。"

公元648年　唐太宗贞观二十二年
唐遣右武侯将军梁建方击松外蛮。击败蛮酋双舍，群蛮珍摄，亡窜山谷。梁建方谕降七十一部，户十万九千三百。署其酋长蒙和等为县令，余众感悦。梁建方遣使诣西洱河，谕其帅杨盛等，皆款降。

是年，西洱河大首领杨栋等皆入朝授官秩。

据"白古通"系史料，唐廷册封白子国（白国）酋长张乐进求为首领大将军。

公元649年　唐太宗贞观二十三年
徙莫祇、俭望诸蛮俱归附于唐，唐于其地设置傍、望、求、丘、览五洲。

据"白古通"系史料，蒙氏细奴逻以是年受张乐进求禅让，建大蒙国，号奇嘉王。以郭郡矣为武臣，波罗旁为文臣。

公元651年　唐高宗永徽二年
郎州白水蛮起兵。

八月己卯（十八日）唐遣左领军赵孝祖讨白水蛮。

十一月，赵孝祖败白水蛮于罗忤侯山。

公元 652 年　唐高宗永徽三年

夏四月，赵孝祖败白水蛮后，乘胜进击大勃弄、小勃弄二川。斩小勃弄酋长殁盛，擒大勃弄酋长杨承颠。

是年，唐廷罢郎州都督府，其所领州县，隶于戎州都督府。废糜州都督府。

公元 653 年　唐高宗永徽四年

据"白古通"系史料，细奴逻遣子罗盛入朝于唐，赐锦袍，授魏州刺史。

公元 656 年　唐高宗显庆元年

秋七月乙丑，西洱河蛮酋长杨栋附显，和蛮大首领王罗祈，郎、昆、黎、盘四州酋长王伽冲等率部众归附唐朝。

公元 664 年　唐高宗麟德元年

五月，于弄栋川设置姚州都督府，管辖二十三州，每年差遣募兵五百人镇守。

公元 671 年　唐高宗咸亨二年

西洱河蒙俭、和舍等作乱。

公元 672 年　唐高宗咸亨三年

正月辛丑以太子右卫副率梁积寿为姚州道行军总管，率梁、益等十八州募兵五千三百人讨伐蒙俭、和舍等。斩其帅诺没弄、杨虔柳等，诸蛮悉平。

是月，昆明蛮十四姓二万三千户归附唐朝。唐因其地设置殷、敦、总三州。

公元 674 年　唐高宗上元元年

唐廷命梁积寿征讨永昌蛮。

是年细奴逻卒，子罗盛（炎）嗣立。

河东州刺史王仁求卒。按：王仁求是协助唐军征讨蒙俭等的有功之臣。

公元 679 年　唐高宗调露元年
八月辛卯，唐朝改交州都督府为安南都护府。

公元 680 年　唐高宗永隆元年
七月，吐蕃以"生羌"为向导，攻陷唐朝剑南节度在茂州西南为控扼吐蕃的安戎城，并以兵据守。吐蕃乘势南下西洱河地区，西洱河诸部皆降。由是吐蕃尽据羊同、党项及诸羌地。东接唐朝凉、松、茂、巂等州，南邻天竺，陷安西四镇，北抵突厥，地方万余里，诸胡之盛，莫与为比。

是年，姚州都督府管内永昌蛮复叛。唐廷命李义再次率领兵马征讨，败，郎将刘惠之等战死。废姚州。

公元 688 年　唐高宗永隆二垂拱四年
郎将王善宝、昆州刺史爨乾福上书朝廷，请求复置姚州都督府。奏言："所有课税，自出姚府管内，更不劳扰蜀中。"

朝廷于是年复置姚州。

公元 689 年　则天后永昌元年
五月，姚州都督府浪穹州渠帅傍时昔等二十五部，先降附吐蕃，至是归唐。唐廷授傍时昔浪穹州刺史，令统州内诸部。

是年，南诏罗盛入唐廷朝拜，武后接见，大加恩赏，敕鸿胪安置，赐锦袍金带，缯䌽数百匹。

公元 694 年　则天后延载元年
六月，姚州都督府永昌蛮首领董期率部落二十余万户归附武周。

公元 697 年　则天后神功元年
七月，昆明夷归附武周，以其地设置窦州。

公元 698 年　则天后圣历元年

蜀州刺史张柬之上疏《请罢兵戍姚州疏》，建议"省罢姚州，使隶巂府。岁时朝觐，同之藩国。"不为则天后采纳。

是年，王仁求长子王善宝立王仁求碑。

公元 707 年　则天后神龙三年

姚州道诸蛮叛唐，与吐蕃侵扰西南边疆。六月，唐廷以监察御史唐九征为姚巂道讨击使，率兵征讨姚州叛蛮。吐蕃与漾水、濞水架设铁索桥，以通西洱河地区，并筑城固守。唐九征率兵夷其城垒，焚毁铁索桥，于其处立铁柱记功。

公元 710 年　唐睿宗景云元年

十二月，唐廷命监察御史李知古发兵讨伐投靠吐蕃、骚扰西南的姚州叛蛮。姚州蛮降。李知古发剑南兵筑城于遵赕，欲诛其豪杰，俘子女为奴，列置州县，征收重税，群蛮怨怒，蛮酋傍名引吐蕃攻杀李知古，以其尸祭天。姚巂路绝。

南诏罗盛依旧奉唐朝正朔。

公元 711 年　唐睿宗景云二年

姚巂蛮叛唐。唐廷以李蒙为姚州都督。李蒙召郭仲翔为判官从征。

公元 712 年　唐玄宗先天元年

南诏罗盛卒，长男炎阁立，死。炎阁弟盛罗皮继立为诏。唐廷授特进台登郡王，知沙壹州刺史，赐名归义。长男阁罗凤授特进兼阳瓜州刺史。

公元 713 年　唐玄宗开元元年

十月，姚州蛮攻击姚州，都督李蒙率兵与战，死于战阵。兵败，判官郭仲翔被俘。

南诏蒙归义攻取石桥城，阁罗凤攻取石和。唐廷封其为越国公，开府仪同三司，赐紫袍金钿带七事；加右领军卫大将军兼阳瓜州刺史左领军卫大将军。

公元 717 年　唐玄宗开元五年

唐廷任命爨归王为南宁州都督。爨归王侄子爨崇道统领曲轭川（今云南马龙），爨归王与爨崇道分别为东西两爨大鬼主。

公元 719 年　唐玄宗开元七年

升剑南节度营田处置兵马经略使为节度使，领益、彭等二十五州，府治成都。

公元 721 年　唐玄宗开元九年

二月，唐玄宗敕令姚州官员准中州官员置禄科，阶资依都督府。

公元 722 年　唐玄宗开元十年

南诏盛罗皮遣使入唐朝贡，唐廷赏赐丰厚礼物，赐予官名封号。

公元 729 年　唐玄宗开元十七年

二月，巂州都督张守素（《册府元龟》作张审素）破西南蛮，拔昆明及盐城。南诏皮罗阁遣部下张罗皮协助。张罗皮因功受封为永昌都督，南诏开始经略永昌。

公元 732 年　唐玄宗开元二十年

三月，西南蛮蒙崇先入唐朝贡，唐廷授其郎将，赠帛三十匹。

公元 734 年　唐玄宗开元二十二年

四月，南诏蒙归义遣使入唐朝贡，献麝香、牛黄等方物土产。是秋，唐玄宗遣使携《敕西南蛮大帅特进蒙归义书》至南诏慰勉，表彰其"率种归诚"，效忠赤诚。

公元 735 年　唐玄宗开元二十三年

秋中，玄宗遣内给事王承训持《敕西南蛮大首领蒙归义书》至南诏。敕书强调巂州盐井，本属国家，中间被吐蕃侵占，现已收回，但吐蕃不甘心，企图重新夺取盐井，并侵扰洱海地区的"蛮落"，提醒南诏加以提防，希望南诏"于国尽诚，在边为捍"。

公元 736 年　唐玄宗开元二十四年

姚州浪穹州刺史□傍时去世，唐玄宗遣宿卫首领王白于、姚州都督达溪守珪，带《敕蛮首铎罗望书》前往吊慰，对其祖父深表痛悼，授予铎罗望承袭浪穹州刺史，并赐绫采三百匹。

唐玄宗发表《敕安南首领爨仁哲等书》，派安道训至南宁，与都督爨归王处置爨部首领内讧，命其和好。唐廷扶持南宁州都督爨归王并灭其他势力。

公元 737 年　唐玄宗开元二十五年

皮罗阁率兵驱逐河蛮，夺取太和城。与遵赕诏咩罗皮攻取河蛮大厘城。之后，皮罗阁于苍山与洱海交接处建筑龙首关。自是南诏据有故河蛮地。

公元 738 年　唐玄宗开元二十六年

姚州管内越析诏豪酋张寻求杀诏主波冲，南诏皮罗阁请剑南节度使王昱处理此事，王昱到姚州，招来张寻求，数其罪而杀之。即以其地划归南诏所有。

皮罗阁通过王昱请求唐朝准许其和六诏为一。唐廷准许南诏兼并其余五诏的计划，派中使王承训到姚州帮助皮罗阁统一洱海区域。

皮罗阁徙治太和城。

九月，唐玄宗派中使李思敬持节至姚州册南诏蒙归义皮罗阁为云南王。

公元 739 年　唐玄宗开元二十七年

益州长史张宥奏以鲜于仲通充剑南采访支使，以军政委团练副使张仇兼琼。十二月，以章仇兼琼为剑南节度使。

公元 740 年　唐玄宗开元二十八年

唐军攻取安戎城。唐玄宗诏令改安戎城为平戎城。

公元 742 年　唐玄宗天宝元年

唐玄宗改州为郡：巂州改为越巂郡；姚州改为云南郡，仍设都督。

唐廷帮助爨归王平定爨部的纷争，进一步巩固爨归王在南宁州的地位，爨归王督南宁地区三十六州。

公元 745 年　唐玄宗天宝四年

南诏皮罗阁遣其孙凤迦异至长安朝贡，入朝宿卫。唐廷授鸿胪少卿，赏赐甚丰。赐胡部与龟兹音声各两部。

唐朝命剑南节度使章仇兼琼筑安宁城，开步头路。

公元 746 年　唐玄宗天宝五年

南宁州都督爨归王、南宁州大鬼主爨彦昌等捣毁安宁城，杀害筑城使竹灵倩。唐廷委派中使孙希庄、御史韩洽及李宓等到姚州，命云南王皮罗阁与姚州府出兵共讨诸爨。大军至波州，爨归王、爨崇道等率部众投降请罪。唐玄宗赦其罪，命其重筑安宁城以赎罪。

唐廷使者黎敬义、李宓等与南诏大将段忠国，再至安宁调和诸爨。李宓以分化、离间之策，挑起诸爨纷争。南诏占领安宁地区，立阿姹为部落主，受制于南诏。皮罗阁兼并了爨部。

公元 748 年　唐玄宗天宝七年

正月，南诏皮罗阁遣使至长安贺正。

云南王皮罗阁卒，子阁罗凤嗣立。唐廷派专史黎敬义至南诏吊祭，奉唐玄宗之命册封皮罗阁之子阁罗凤承袭云南王。加授阁罗凤之子凤迦异上卿兼阳瓜州刺史，都知兵马大将。又封阁罗凤弟诚节蒙舍州刺史，崇江东州刺史，成进双祝州刺史。

公元 749 年　唐玄宗天宝八年

十月，唐玄宗命特进左武卫大将军、安南都护何履光率十道兵马从安南讨伐云南，收取安宁。

公元 750 年　唐玄宗天宝九年

杨国忠以鲜于仲通为剑南节度使。

云南太守张虔陀贪婪淫虐，多所征求，激起南诏不满，遂起兵攻陷云南，杀张虔陀，夺取夷州三十二。

公元 751 年　唐玄宗天宝十年

唐廷命剑南节度使鲜于仲通将兵八万，与安南都护王知进进攻南诏。阁罗凤遣使请罪求和。鲜于仲通不许，囚禁使者，进兵至西洱河。南诏联络吐蕃大败唐军于江口。

公元 752 年　唐玄宗天宝十一年　南诏赞普钟元年

正月一日，吐蕃于邓川册封阁罗凤为赞普钟南国大诏，给予金印，号东帝，授其子凤迦异大瑟瑟告身都知兵马大将。阁罗凤将这一年改为赞普钟元年。

南诏与吐蕃合兵攻扰西川。

公元 753 年　唐玄宗天宝十二年　南诏赞普钟二年

唐廷命汉中郡太守司空龚礼、内史贾奇俊率军至云南郡，再置姚州都督府，任命贾瓘为都督。南诏与吐蕃合兵攻姚州府城，贾奇俊率兵与战，败，贾瓘被俘。

唐侍御史剑南留后李宓将兵七万攻南诏。左武卫大将军何履光将岭南五府兵从安南进兵云南。文单国王子随何履光进攻云南。

公元 754 年　唐玄宗天宝十三年　南诏赞普钟三年

六月，李宓率大军进攻南诏，南诏与吐蕃援兵神川都知兵马使论绮里徐联合共拒唐军，打败李宓于太和城，李宓沉江而死。唐兵几度征伐南诏，前后死亡约二十万。

公元 755 年　唐玄宗天宝十四年　南诏赞普钟四年

安禄山叛乱。

公元 756 年　唐肃宗至德元年　南诏赞普钟五年

六月，安禄山军入潼关，玄宗奔蜀。

吐蕃、南诏乘安禄山之乱，侵扰唐朝西川，南诏攻陷越巂会同军，据清溪关。南诏虏唐朝西泸令郑回，阁罗凤以郑回为凤迦异、异牟寻的教师。

公元 757 年　唐肃宗至德二年　南诏赞普钟六年

唐朝分剑南为东、西川节度。

唐朝复置越巂，以杨庭玼为都督。阁罗凤派遣大军将杨传磨侔等攻陷越巂、台登、生擒杨庭玼。吐蕃占据巂州北部，南诏占据巂州南部。

公元 758 年　唐肃宗乾元元年　南诏赞普钟七年

升安南管内经略使为节度使。

公元 759 年　唐肃宗乾元二年　南诏赞普钟八年

唐朝于西川黎州南二百三十里设置清溪关，关外三十里即巂州。

公元 762 年　唐肃宗宝应元年　南诏赞普钟十一年

阁罗凤率大军西开寻传、南通骠国，裸形、祁鲜诸部归附南诏。

阁罗凤取安宁城，设城监，镇守诸爨。

公元 763 年　唐代宗广德元年　南诏赞普钟十二年

阁罗凤巡视昆川。

公元 764 年　唐代宗广德二年　南诏赞普钟十三年

正月，合剑南东道、西道为一道。

改安南节度使为镇南大都护都防御观察使。

阁罗凤修筑阳苴咩城，亦名紫城，方圆四五里。

公元 765 年　唐代宗永泰元年　南诏赞普钟十四年

改镇南都护府依旧为安南都护府。

春，南诏阁罗凤命其子凤迦异于昆川置拓东城，居二诏佐镇抚。

公元 766 年　唐代宗大历元年　南诏赞普钟十五年

南诏于太和城立《南诏德化碑》，即所谓"揭碑国门，明不得已而叛。"

公元 767 年　唐代宗大历二年　南诏赞普钟十六年

正月，唐朝分剑南为东、西两川。

公元 769 年　唐代宗大历四年　南诏长寿元年

阁罗凤改元长寿。

公元 772 年　唐代宗大历七年　南诏长寿四年

阁罗凤筑白崖新城，周回四里。

公元 777 年　唐代宗大历十二年　南诏长寿九年

十月，吐蕃进攻黎、雅二州，剑南西川节度使崔宁大败之。南诏阁罗凤派兵援助吐蕃军，剑南西川军于望汉城败之，俘虏吐蕃大笼官论器然。

公元 779 年　唐代宗大历十四年　南诏长寿十一年

九月阁罗凤卒。子凤迦异先卒。孙异牟寻嗣立为诏，以郑回为清平官。

吐蕃封异牟寻为日东王。

十月，吐蕃、南诏合兵十万，分三路入侵西川。右神策都将李晟、金吾大将军曲环，合东川山南兵，击破吐蕃、南诏军，克维、茂二州，逐吐蕃、南诏兵于大渡河外。

异牟寻扩建阳苴咩城，将王都从太和城迁至阳苴咩城。

公元 780 年　唐德宗建中元年　南诏见龙元年

异牟寻即位，改元见龙。

七月，东爨乌蛮爨守愈等遣使至长安朝拜。

公元781年　唐德宗建中二年　南诏见龙二年
传说异牟寻于是年封五岳四渎。

五岳：中岳苍山，东岳降云露山，南岳蒙乐山、西岳高黎贡山、北岳玉龙山。

四渎：黑惠江、澜沧江、泸水（金沙江）、潞江（怒江）。

公元787年　唐德宗贞元三年
南诏苦吐蕃赋重役繁，郑回建议异牟寻归唐。异牟寻遣人因东蛮求内附。

唐德宗命剑南西川节度使韦皋与南诏联络，劝其弃蕃归唐。

公元788年　唐德宗贞元四年
异牟寻意欲归唐，但未敢断然与吐蕃决裂，自遣使至长安。

四月，异牟寻遣其东蛮鬼主骠傍、苴梦冲、苴乌星至长安朝拜。唐德宗于麟德殿设宴款待骠傍一行，封骠傍为和义王、苴梦冲为怀化王、苴乌星为顺政王，赐予冠带等。

十月，吐蕃将寇西川，令南诏出兵助战。韦皋以计离间，导致吐蕃与南诏相互猜疑。南诏引兵还。

公元789年　唐德宗贞元五年
二月，剑南西川节度使韦皋致书劝异牟寻早日归附唐朝。

十月，韦皋派大将曹有道与东蛮合力大败吐蕃于台登北谷，杀吐蕃兵两千人，杀其大将乞藏遮遮、悉多杨朱。

十二月，韦皋再次致书异牟寻，招谕南诏。

公元791年　唐德宗贞元七年
吐蕃知韦皋使者至南诏，遣使责问。异牟寻只得将唐使执以送吐蕃。吐蕃胁迫南诏大臣之子为质。南诏对吐蕃的厌恨不满加深。

六月，韦皋送阁罗凤使者段忠义带唐德宗致南诏文书返回云南，说服异牟寻及早归唐。

十二月，东蛮鬼主苴梦冲潜通吐蕃、隔绝南诏，韦皋于贞元七年十二月派总管苏嵬率兵至琵琶川捕捉苴梦冲。

公元792年　唐德宗贞元八年

二月，苏嵬俘获苴梦冲，韦皋数其罪而斩之。西川与南诏联络的道路得以通畅。

十一月，韦皋再次致书异牟寻，望南诏与西川联合，共同将吐蕃势力逐出云岭。

公元793年　唐德宗贞元九年

四月，异牟寻决定弃蕃归唐，派遣三路使团，分别取道戎州、黔中、安南。三路使节先后到达长安，觐见唐德宗，呈上异牟寻文书。德宗热情接见南诏使者，给异牟寻颁发诏书，命西川节度使韦皋抚慰南诏。

十月，韦皋遣剑南西川节度判官崔佐时赍唐德宗赐异牟寻诏书出使南诏。

公元794年　唐德宗贞元十年

正月，崔佐时至南诏阳苴哶城。异牟寻会见崔佐时，接受唐德宗诏书。异牟寻去吐蕃赐予的"日东王"封号，请唐廷恢复南诏旧名。异牟寻携清平官等与崔佐时会盟于玷苍山神祠。异牟寻遣曹长段南罗、赵迦宽等随崔佐时入朝。

南诏异牟寻率部落兵马破吐蕃，占领铁桥以东城垒十六座，擒吐蕃王五人，归降部落百姓十二万人，约三万余户。

六月，异牟寻遣其弟凑罗栋、清平官尹仇宽等二十七人，向唐朝进献地图、铎鞘、浪人，以及吐蕃所给印章，请复"南诏"。德宗接见并设宴招待，赏赐优厚。授尹仇宽检校左散骑常侍，封高溪郡王，其余各授官。

是月，唐廷以工部员外郎、御史中丞、祠部郎中袁滋充当持节册南诏使，赐银窠金印，文曰："贞元册南诏印"。

七月，唐开石门路，置行馆。

九月二十七日，袁滋等于阳苴哶城南诏王廷代表唐德宗册封异牟寻。

十一月七日，异牟寻派遣清平官尹辅酋等十七人随袁滋至京师谢恩。

是岁，南诏击破剑川，俘浪穹诏首领矣罗君、遵赕首领颠之托，徙永昌。

公元 795 年　唐德宗贞元十一年

四月，南诏谢恩使团至长安朝拜贡献。唐廷以尹辅酋为检校太子詹事兼御史中丞，其余使者皆得授官。

九月，加韦皋统押近界诸蛮及西山八国、云南安抚等使。

是月，南诏异牟寻向唐廷献马六十匹。

十月，南诏攻拔吐蕃昆明城。

公元 796 年　唐德宗贞元十二年

十二月，南诏遣使入唐朝贡。

公元 798 年　唐德宗贞元十四年

十一月，江南西川节度使韦皋进《开复西南夷事状》十卷，叙开复南诏缘由、经过及现状。

唐廷遣内侍刘希昂取道清溪关路出使南诏。

十二月，异牟寻遣大军将王丘各等至长安贺正，并进献方物。

公元 799 年　唐德宗贞元十五年

三月，韦皋以兵粮未集为由，辞南诏异牟寻共击吐蕃的请求。

十二月，吐蕃集五万兵众分击巂州、南诏，韦皋、异牟寻发兵迎战，吐蕃无功而返。

异牟寻请求韦皋准许南诏大臣子弟质于成都，韦皋推辞。异牟寻固请，韦皋允诺，乃尽舍成都，咸遣就学。

公元 800 年　唐德宗贞元十六年

正月，南诏异牟寻派杨加明送《奉圣乐舞》至成都。韦皋对舞曲加工后定名《南诏奉圣乐》派专人进奉朝廷。

韦皋与南诏合兵屡败吐蕃。十月，吐蕃国师马定德率种落出降。

公元 801 年　唐德宗贞元十七年

剑南西川与南诏合兵攻击吐蕃，转战千里，至十月，拔城七、军镇五，焚堡百五十。斩首万余级，捕虏六千，降户三千。南诏异牟寻掳获尤多，德宗遣中使慰抚之。

公元802年　唐德宗贞观十八年
正月，骠国王摩罗思那闻南诏内附而慕之，遣其子悉利移因南诏入唐至长安朝贡，献骠国乐十二曲与乐工三十五人。

公元803年　唐德宗贞观十九年
正月，唐朝授南诏朝贺使杨镆龙武试太仆少卿兼御史。

公元804年　唐德宗贞观二十年
十二月，南诏遣使入唐朝贡，弥臣国因南诏招徕，亦遣使随南诏使至长安。

公元805年　唐顺宗永贞元年
正月，德宗卒。南诏遣赵迦宽等至长安吊祭德宗。
八月，西川节度使韦皋卒于西川。
十一月，南诏遣使入唐朝拜。

公元806年　唐宪宗元和元年
八月、十二月，南诏并遣使入唐朝贡。骠国亦遣使至长安。

公元807年　唐宪宗元和二年
八月，唐宪宗授南诏使者邓榜传试殿中监。
十二月，南诏遣使入唐朝贡。

公元808年　唐宪宗元和三年
十一月，南诏异牟寻卒。子寻阁劝嗣立，改元应道，自称骠信。骠信，夷语君也。
十二月，唐宪宗因异牟寻卒废朝三日，以示哀悼。任命谏议大夫段平仲兼御史中丞，持节充册立南诏及吊祭使，封员外郎李逢吉为副使，出使南诏。仍命铸元和册南诏印。

公元809年　唐宪宗元和四年　南诏应道元年

正月，罢段平仲使南诏，改以太常少卿武少仪兼御史中丞，充册立南诏及吊祭使。

四月，唐宪宗接见南诏使者。

十一月，寻阁劝卒，年仅13岁的儿子劝龙晟嗣立。

公元810年　唐宪宗元和五年　南诏龙兴元年

南诏劝龙晟建元龙兴。

十二月，南诏遣使入唐朝贡。

公元812年　唐宪宗元和七年　南诏龙兴三年

正月，唐宪宗于麟德殿接见南诏使者。

十二月，南诏遣使入唐朝贡。

公元813年　唐宪宗元和八年　南诏龙兴四年

十二月，唐廷设宴招待南诏使者。

公元815年　唐宪宗元和十年　南诏龙兴六年

正月，唐宪宗接见南诏使者，设宴款待。

十一月，南诏使杨还奇等二十九人至长安朝贡。

公元816年　唐宪宗元和十一年　南诏龙兴七年

二月，南诏劝龙晟淫虐不道，上下怨疾，为弄栋节度使王嵯巅所杀，立劝龙晟弟劝利为南诏。劝利赐王嵯巅为蒙姓，谓之大容，即兄弟。

以南诏劝龙晟卒，唐宪宗废朝三日。遣少府少监兼御史大夫李铣为册立南诏及吊祭使，左赞善大夫许尧佐为副使，至南诏吊祭，颁发册书和册立印章。

四月，西川节度使李夷简遣使至南诏告唐顺宗皇后王氏之丧。

五月，南诏袭扰安南。

十二月，南诏遣使入唐朝贡。

公元 817 年　唐宪宗元和十二年　南诏全义元年
南诏劝利改元全义。
这一年末，另一南诏使团到达长安。
十二月，南诏遣使入唐朝贡。

公元 818 年　唐宪宗元和十三年　南诏全义二年
剑南西川节度使上奏，南诏贡献牛羊、奴婢等助军。唐宪宗下诏褒扬，不令进献。
五月，袁滋上所撰《云南志》五卷。
八月，唐宪宗发敕书规定：唐廷入回鹘、吐蕃、南诏使所奏随从，不得过三十人；回鹘、吐蕃使合授正官，不得过十人，南诏不得过五人。

公元 819 年　唐宪宗元和十四年　南诏全义三年
正月，唐宪宗于麟德殿接见南诏使者，赏赐有加。
是年，南诏劝利废王嵯巅官职，不久赦其罪。

公元 820 年　唐宪宗元和十五年　南诏大丰元年
十二月，南诏派兵两万入西川界，请求讨伐吐蕃。
是月，唐宪宗于麟德殿接见南诏使者。

公元 821　唐穆宗长庆元年　南诏大丰二年
南诏遣使入唐朝贡，唐穆宗设宴招待。

公元 823 年　唐穆宗常情三年　南诏大丰四年
七月，南诏劝利卒，弟丰祐嗣立，改元保和。丰祐慕中国，不肯连父名。
九月，南诏遣王丘佺入唐朝贡，进国信及金碧文丝十六品。唐穆宗任命京兆尹韦审规为持节册南诏使。至南诏册立丰祐，办法册，立印章。韦齐休随行，归来撰著《云南行纪》二卷。

公元 826 年　唐敬宗宝历二年　南诏保和三年
正月，南诏遣使入唐朝贡。

公元 827 年　唐文宗太和元年　南诏保和四年

十一月，南诏遣使入唐朝贡，唐文宗于麟德殿接见，设宴招待，赐予礼品。

公元 828 年　唐文宗太和二年　南诏保和五年

十二月，南诏遣使入唐朝贡，唐文宗于麟德殿接见，设宴招待。

公元 829 年　唐文宗太和三年　南诏保和六年

十一月，南诏王嵯巅探知蜀中边备松弛，讬言诛虐帅杜元颖，率兵侵扰西川，攻破成都外廓，大掠子女、百工数万人而归。自是南诏工巧文织埒于蜀中。

十二月，南诏特使入唐向文宗奏事。

公元 830 年　唐文宗太和四年　南诏保和七年

正月，王嵯巅遣使上表请罪，兼疏杜元颖过失。

公元 831 年　唐文宗太和五年　南诏保和八年

五月，西川节度使李德裕奏：遣使至南诏索所掠百姓，南诏遣还僧道、工巧四千人。

十月，李德裕奏：南诏寇巂州，陷三县。

十一月，南诏遣使入唐朝拜。

公元 832 年　唐文宗太和六年　南诏保和九年

正月，唐文宗于麟德殿接见南诏使者，设宴招待。

是岁，南诏侵骠国，俘骠民三千，徙之拓东。

是岁，南诏高将军在赵州建遍知寺。

公元 833 年　唐文宗太和七年　南诏保和十年

正月，唐文宗于麟德殿接见即将返回南诏的使者王丘伫等二十二人，设宴招待，赐予礼品。

公元 834 年　唐文宗太和八年　南诏保和十一年
正月，唐文宗于麟德殿接见南诏使者，赐予礼品。
南诏遣使入唐贡方物。

公元 835 年　唐文宗太和九年　南诏保和十二年
南诏破弥诺国，劫金银，携其族类两三千人，配丽水淘金。

公元 836 年　唐文宗开成元年　南诏十三年
十二月，南诏遣使入唐朝贡。

公元 837 年　唐文宗开成二年　南诏保和十四年
正月，唐文宗于麟德殿接见南诏贺正使洪龙君等三十人，设宴招待，赐锦彩、银器、金银带、衣服等有差。
十二月，南诏遣使入唐朝贡。

公元 838 年　唐文宗开成三年　南诏保和十五年
二月，唐文宗于麟德殿接见南诏朝贡使，赐予锦彩、银器等。

公元 839 年　唐文宗开成四年　南诏保和十六年
闰正月，南诏遣使至长安朝贡。
二月，唐文宗与麟德殿接见南诏贺正使赵酋莫等三十七人，赐予官诰、锦彩、金银带、衣服等。

公元 840 年　唐文宗开成五年
十二月，唐武宗接见即将离开长安返回南诏的使者十六人。

公元 841 年　唐武宗会昌元年
正月，南诏遣使入唐朝贡。
南诏丰祐派大军将晟君组织修筑锦浪江、潞高河等水利设施。

公元 842 年　唐武宗会昌二年
正月，唐武宗接见即将返回南诏的酋望张元佐等二十五人。
二月，南诏遣使入唐朝贡。

公元 845 年　唐武宗会昌五年
十二月　唐武宗会见即将返回南诏的使者十六人。

公元 846 年　唐武宗会昌六年
正月，南诏遣使入唐朝贡。
九月，南诏入寇安南，安南都护裴元裕率领道兵抗击。

公元 854 年　唐宣宗大中八年
南诏拓东节度使与安南七绾洞蛮酋长李由独联姻，李由独率部降服南诏。

公元 858 年　唐宣宗大中十二年
正月，南诏寇安南，未得逞。
六月，南诏再寇安南，又未得逞。

公元 859 年　唐宣宗大中十三年
南诏劝丰祐卒，子世隆嗣立。唐以其名犯玄宗讳，称之"酋龙"。南诏与唐绝。世隆自称皇帝，国号"大礼"，建元建极。
剑南西川节度使杜悰奏请节减南诏入朝使团与南诏在成都进学子弟人数；南诏王丰祐怒，招回在成都进学的全部子弟。从此双方关系变得紧张起来，南诏入贡不时，颇扰边境。
南诏遣兵寇播州。

公元 860 年　唐懿宗咸通元年　南诏建极元年
十月，安南经略使李鄠收复南诏所陷播州。
十二月，南诏攻陷安南都护府治所交趾。李鄠与监军奔武州。

公元 861 年　唐懿宗咸通二年　南诏建极二年

正月，唐懿宗诏令邕管及邻道兵救援安南，击退南诏。

七月，南诏攻邕州。

九月，南诏入寇巂州，攻邛崃关。

唐懿宗接受宰相杜悰建议，命左司郎中孟穆为南诏吊祭使，因南诏攻巂州作罢。

公元 862 年　唐懿宗咸通三年　南诏建极三年

二月，南诏再度寇扰安南，安南都护王宽告急，唐廷以蔡袭代王宽，发诸道兵三万人授蔡袭指挥，蔡袭率大军至安南，南诏退兵。

岭南西道节度使蔡京忌蔡袭立功，上奏朝请罢安南戍兵。蔡袭力争，乞留戍兵五千人。唐廷不许。

十一月，南诏命大军将杨思缙等率兵五万进攻安南。蔡袭婴城固守，救兵不得至。

公元 863 年　唐懿宗咸通四年　南诏建极四年

正月，南诏兵十万人急攻交趾。

二月，南诏攻陷交趾。蔡袭率将士突围，身中十箭，沉海自溺死。

南诏攻陷安南后置安南节度使，以段酋迁守交趾。

十二月，南诏寇扰西川。

公元 864 年　唐懿宗咸通五年　南诏建极五年

正月，南诏攻巂州，为刺史喻士珍击败。

三月，南诏攻邕州，岭南西道节度使康承训所率八千士卒皆没。

七月，两林鬼主率部落击败南诏蛮。

公元 865 年　唐懿宗咸通六年　南诏建极六年

五月，南诏蛮出兵攻打巂州。两林蛮开城门迎南诏军。南诏入巂州城，杀守城士卒。巂州刺史喻士珍降南诏。

是月，安南都护高骈奏报于邕州大败林邑蛮；于邕州大破南诏军。

公元 866 年　唐懿宗咸通七年　南诏建极七年

三月，任命刘潼为西川节度使。先前，南诏世隆曾派清平官董成等十九人入唐朝贡至成都。剑南西川节度使李福因董成拒不遵唐礼制，痛打董成一行，并将其囚禁。刘潼代李福任西川节度使即释放董成一行，奏请遣还南诏。唐懿宗诏令董成一行至京师，接见，赏赐、抚慰，并将其遣返南诏。

十月，高骈攻克交趾城，杀南诏将领段酋迁、范泥些、赵诺眉等及勾结南诏的当地酋长朱道古。南诏兵死亡三万余。

十一月，唐廷于安南设置静海军节度，以安南都护高骈为节度使，重筑安南城，造屋四十余万间。

公元 867 年　唐懿宗咸通八年　南诏建极八年

二月，西川节度使刘潼发兵助卑笼部攻近西川与南诏相接地区的六姓蛮。

十二月，南诏世隆遣杨酋庆至成都感谢放还董成一行。

公元 868 年　唐懿宗咸通九年　南诏建极九年

七月，屯戍桂林防御南诏的徐泗募兵推举粮料判官庞勋为主，发动兵变，自行北归。

公元 869 年　唐懿宗咸通十年　南诏建极十年

十月，南诏军大举进攻剑南西川。

十一月，南诏进攻清溪关。

十二月，南诏军攻陷黎、雅二州，居民逃匿山谷，南诏军焚烧城邑，劫掠金帛不计其数。定边军弃邛州城，南诏入邛州，如入无人之境。

公元 870 年　唐咸通十一年　南诏建极十一年

正月，南诏军进逼成都，蜀民扶老携幼入成都避难。

二月，南诏进攻成都城。颜庆复、宋威等率援军赶到，南诏军败退。

公元 871 年　唐懿宗咸通十二年　南诏建极十二年

三月，世隆铸就崇圣寺内大铜钟。

公元 872 年　唐懿宗咸通十三年　南诏建极十三年
世隆于今弥渡建立铁柱记功。

公元 873 年　唐懿宗咸通十四年
五月，南诏寇扰西川。又寇扰黔南，黔中经略使秦匡谋寡不敌众，弃城逃奔荆南。荆南节度使杜悰上奏朝廷。六月，唐懿宗斩秦匡谋。

是年，唐廷派遣金吾将军韩重持节使南诏。

公元 874 年　唐僖宗乾符元年
十一月，南诏进攻西川，在大渡河为黄景复所败。南诏援军至，再次渡河，黄景复兵溃败。

十二月，南诏攻陷黎州，北入邛崃关，攻雅州。

公元 875 年　唐僖宗乾符二年
正月，以高骈为剑南西川节度使。

二月，高骈至成都，遣将率步骑五千追击南诏，至大渡河，杀获甚众，擒其酋长数十人。南诏军退至大渡河以南。高骈修复邛崃关、大渡河诸城栅，筑城于戎州马湖镇，号"平夷军"。又筑城于沐源川。凡此皆南诏入蜀要道，置兵数千戍守。

六月，南诏攻西川，至雅州，为高骈击退。

公元 876 年　唐僖宗乾符三年
南诏遣使者至西川求和，但袭扰西川依然不停。高骈杀其使者。

三月，南诏送还咸通六年陷安南时所虏安南节度判官杜骧妻李瑶至西川，让其送木夹文书向高骈求和。高骈作《会云南牒》称："今则训练蕃兵，指挥汉将，铁衣十万，甲马五千，邕交合纵，黔蜀齐进。昔时汉相有七擒七纵之功，今日唐臣蕴百战百胜之术。勋名须立，国史永书。"

八月，筑西川成都罗城。十一月事毕功成。筑城期间，高骈遣僧人景仙入南诏，骠信率大臣迎拜。景仙劝骠信归顺唐朝，允诺下嫁唐公主。

公元 877 年　唐僖宗乾符四年

二月，南诏世隆卒。世隆子法（隆舜）嗣立，改元贞明，国号鹤拓，亦号大封民国。

闰二月，南诏遣陀西段瑳宝等至邕州，向岭南节度使辛谠约和。辛谠上奏朝廷，唐僖宗准其所请。辛谠遣大将杜弘等携带诏书，送段瑳宝一行返回南诏。之后，岭南道戍兵削减 7/10。

公元 878 年　唐僖宗乾符五年

四月，南诏遣酋望赵宗政等人入唐，请求和亲。南诏隆舜不上表，唯令督爽致书中书省，请为兄弟国，而不称臣。

五月，唐僖宗下诏令朝廷议南诏和亲事，争论激烈而不能决。

岭南大将杜弘等送段嵯宝还南诏，逾年返回。

五月，辛谠又遣巡官贾宏、大将左瑜出使南诏。

十二月，南诏使者赵宗政返回南诏。中书拒不回答南诏督爽牒，而由西川节度使崔安潜回答。

公元 879 年　唐僖宗乾符六年

正月，贾宏、左瑜中途病故，从者死亦大半。辛谠派摄节度巡官徐云虔出使南诏。

二月，徐云虔一行至云南鄯阐城，见骠信隆舜。骠信待云虔甚厚，但是犹未肯奉表称臣。徐云虔返回唐朝后著《南诏录》三卷。

公元 880 年　唐僖宗广明元年

六月，唐僖宗同意与南诏和亲，嫁宗室女安化长公主与南诏隆舜。令陈敬瑄抄录诏书与南诏，并以西川节度使名义致书、赠金帛等物。以嗣曹王李龟年为宗正少卿充云南使，大理司直虚云秦为副使，内常侍刘光裕为云南内使、霍承锡副之，前往南诏。

十二月，黄巢入长安。

公元 881 年　唐僖宗中和元年

正月，唐僖宗入蜀至成都。

八月，宗正少卿嗣曹王李龟年自南诏还至成都。

南诏隆舜因李龟年上表款附请悉遵诏旨。

公元882年　唐僖宗中和二年

七月，南诏遣使上书，请求唐廷早嫁公主，并献珍奇毡罽百床。唐朝辞以方议礼仪。

公元883年　唐僖宗中和三年

七月，南诏隆舜遣布燮杨奇肱等至成都行宫迎接公主出嫁。

十月，唐僖宗以宗室女为安化公主，拟以下嫁南诏隆舜。诏令检校国子祭酒张濬为礼会五礼使、徐云虔为副使，宗正少卿嗣虢王李约为婚使，准备出嫁安化公主。

唐用高骈计谋，鸩杀南诏使者赵隆眉、杨奇肱、段义宗等。遂罢和亲。

公元897年　唐昭宗乾宁四年

南诏隆舜为其大臣杨登所杀，子舜化贞嗣立，建元中兴。上书唐朝，请求恢复友好关系，唐朝未作任何答复。

公元899年　唐昭宗光化三年　南诏中兴二年

信博士内掌士酋望忍爽臣张顺、巍山主掌内书金卷赞卫理昌、忍爽臣等绘制《南诏图传》成。

公元902年　唐昭宗天复二年　南诏中兴五年

南诏清平官郑买嗣杀舜化贞及蒙氏亲族。

南诏灭亡。

郑买嗣自立建国，国号大长和，改元安国。

公元910年

郑买嗣卒，谥桓帝。子郑仁旻嗣立，改元始元。

公元 914 年
郑仁旻遣兵进攻蜀黎州、雅州,被蜀王王建击败。

公元 918 年
郑仁旻遣使向南汉进献朱鬃白马以求婚,南汉以增城公主妻之。
布燮段义宗、判官赞卫、姚岑等使蜀。

公元 926 年
郑仁旻卒,谥肃文。子郑隆亶嗣立,改元天应。

公元 927 年
剑川节度使杨干贞杀郑隆亶,谥恭惠。
立侍中赵善政为帝,国号天兴,改元尊圣。

公元 929 年
杨干贞废赵善政自立,国号义宁,改元兴圣。

公元 930 年
杨干贞弟杨诏篡杨干贞位自立,改元大明。

公元 936 年
通海节度使段思平讨杨干贞,干贞被擒。

公元 937 年
段思平即位,国号大理,改元文德。

公元 938 年　大理文德元年
段思平以董伽罗为相,高方为岳侯,爨判为巴甸侯。
免三十七部差役,蠲除苛令。
段氏使乌蛮阿历治今武定地,名罗婆部。

公元944年　大理神武

段思平卒，谥神圣文武。子段思英嗣立。改元文经。

公元945年　大理文经元年

段思良废侄段思英为僧，自立为王，改元至治。

公元951年　大理至治六年

段思良卒，谥圣慈文武。子段思聪嗣立，改元明德。

公元965年　宋太祖乾德三年

王全斌平蜀。

建昌城演习爽由黎州转牒，恭贺宋朝平蜀。

公元968年　宋太祖开宝元年　大理顺德元年

建昌城守再由黎州转牒于宋，欲求通好。

段思聪卒，谥至道广德。子段素顺嗣立，改元明政。

公元971年　宋开宝四年　大理明政三年

三军都统、皇叔布燮段子珍等平定滇东叛乱，与三十七部盟誓于石城。

公元980年左右　宋太宗赵炅时　大理明政十二年

大理国百万（白王）乞内附，宋廷册封大理国主为"云南八国都王"。

公元981年　宋太祖太平兴国六年　大理明政十三年

宋太宗诏黎州"造大船于大渡河以济西南之朝贡者"。

公元986年　宋太宗雍熙三年　大理广明元年

段素顺卒，谥应道。子段素英立嗣立，改元广明。

公元 990 年　宋太宗淳化元年　大理广明五年
大理国以马至宋黎州求市。

公元 994 年　宋太宗淳化五年　大理广明九年
李顺乱蜀，余部有散入大理国者，遣辛怡显至大理国招抚，驰赐蛮酋诰敕。

公元 995 年　宋太宗至道元年　大理广明十年
辛怡显出使大理返回，撰《至道云南录》。

公元 1004 年　宋真宗景德元年　大理广明十九年
大理国王段素英开科取士，所取悉能读儒书者。

公元 1009 年　宋真宗大中祥符二年　大理明治□
段素英卒，谥昭明。子段素廉嗣立，改元明启。

公元 1022 年　宋真宗乾兴元年　大理明启十三年
段素廉卒，谥敬明。侄段素隆继立，改元明通。

公元 1026 年　宋仁宗天圣四年　大理明通四年
段素隆避位为僧，侄段素贞继立，改元正治。

公元 1041 年　宋仁宗庆历元年　大理正治十五年
段素贞避位为僧，子段素兴嗣立，改元圣明。

公元 1042 年　宋仁宗庆历二年　大理圣明元年
段素兴于东都鄯阐广营宫室，开始在金汁河、银汁河修筑春登、云津二堤。

公元 1044 年　宋仁宗庆历四年　大理天明□
大理国废段素兴，立段思廉，改元保安。

公元 1052 年　宋仁宗皇祐四年　大理保安八年

杨允贤叛，段思廉命高智升率兵讨平。升高智升为太保，加封德侯，为鄯阐侯，世有其地。高智升使其孙大惠镇北胜。

公元 1053 年　宋仁宗皇祐五年　大理正安元年

侬智高兵败，退走大理国，至建水郡，被当地民众所杀，函首宋朝京师。

公元 1074 年　宋神宗熙宁七年　大理保德

段思廉避位为僧，子段廉义嗣立。

公元 1076 年　宋神宗熙宁九年　上德元年

大理国遣使贡金装、碧玕山、毡罽、刀剑、犀皮甲、鞍辔。

公元 1080 年　宋神宗元丰三年

杨义贞杀段廉义自立，改元德安。未几，岳侯高智升命子高升泰起兵东川诛杀杨义贞，立段廉义之侄段寿辉，改元上明。加高智升为太保，封德侯。高升泰袭鄯阐侯。高氏家族皆受封赏。

公元 1081 年　宋神宗元丰四年　大理上明元年

段寿辉避位为僧，侄段正明立，改元保立。

公元 1094 年　宋哲宗绍圣元年　大理天祐

段正明避位为僧，权相高升泰自立，国号大中。改元上治。

公元 937—1094 年，史称前理国。

公元 1095 年　宋哲宗绍圣二年　大理高升泰上治元年

高升泰卒，谥富有圣德表正皇帝。高升泰留下遗嘱，命其子还位段氏。子高泰明立段正明弟段正淳为大理国王，改元天授。史称后理国。

公元1103年　徽宗崇宁二年　大理天正元年

段正淳遣使高泰运入宋求经书六十九家，药书六十二本。

公元1105年　宋徽宗崇宁四年　大理文安元年

鄯阐高观音至大理国都朝拜，进金杖八十节、人民三万三千户。段正淳授高观音为安东将军，赐其八章礼衣、龙头剑等。缅人、昆仑、波斯同进白象、方物。

公元1108年　宋徽宗大观二年　大理文安四年

段正淳避位为僧。子段正严又名段和誉嗣立，改元日新。

公元1109年　宋徽宗大观三年　大理日新元年

大理国庆中元节，八方贡方物与牛马无数。

公元1110年　宋徽宗大观四年　大理文治元年

滇东三十七部叛乱，高泰明率兵讨平。褒高泰明忠贞，封平国公，使其子高明清镇守鄯阐。改元文治。

公元1115年　宋徽宗政和五年　大理文治六年

宋广州观察使黄璘奏：大理国慕义怀徕，愿为臣妾，欲听其人入贡。诏黄璘置局于宾州，凡有奏请，皆俟进止。

公元1116年　宋徽宗政和六年　大理文治七年

大理国遣进奉使、天驷爽、彦贲李紫琮与副使坦绰李伯祥出使宋，携马三百八十匹、麝香、牛黄、细毡、碧玕山诸物并乐队进献。

公元1117年　宋徽宗政和七年　大理文治八年

二月，李紫琮等至宋朝京师，贡献诸物。徽宗册封大理国主段正严（和誉）金紫光禄大夫、检校司空、云南节度使、上柱国、大理国王。

公元 1132 年　宋高宗绍兴二年　大理保天四年
在邕州置市马场，交易盛极一时。

公元 1133 年　宋高宗绍兴三年　大理保天五年
大理国遣使至广西请求进奉入贡并卖马。宋廷同意卖马，但不接受朝贡。

公元 1136 年　宋高宗绍兴六年　大理保天八年
广西经略安抚司奏大理贡象马。诏令：护送行在，优礼答之。

公元 1147 年　宋高宗绍兴十七年　大理广运
大理最宁所属叛，平定。未几，三十七部复叛，攻陷鄯阐。高量成率兵讨平。
段正严（和誉）避位为僧。子段正兴嗣立，改元永贞。

公元 1171 年　宋孝宗乾道七年　大理建德?
段正兴避位为僧。子段智兴嗣立，改元利贞。

公元 1173 年　宋乾道九年　大理利贞二年
大理人李观音得、董六斤黑、张盘若师等一行二十三人至邕州横山寨议马匹交易，换回大量汉文书籍。

公元 1199 年　宋宁宗庆元五年　大理安定
段智兴卒，谥功极。子智廉立，改元凤历。

公元 1202 年　宋宁宗嘉泰二年　大理凤历三年
段智廉遣使入宋求大藏经，置五华楼，凡一千四百六十部。

公元 1241 年　宋理宗淳祐元年　大理道隆三年
大理国请道黎州、雅州入贡。

公元1244年　宋理宗淳祐四年　大理道隆六年
蒙古兵入大理，大理军将高禾战死，宋朝得报，遣使吊祭。

公元1251年　宋理宗淳祐十一年　大理道隆十三年
段祥兴卒，谥孝义。子段兴智嗣立，改元天定。

公元1253年　宋理宗宝祐元年　蒙古宪宗三年　大理天定二年
蒙古兵分三路入大理国。十二月，中路兵逼近大鳌城，段兴智及其相高泰祥屡战屡败。蒙古兵两路兵皆至。段兴智奔鄯阐，高泰祥奔姚州。蒙古兵追段兴智不及，俘获高泰祥，斩于大理城五华楼下。

公元1254年　宋理宗宝祐二年　蒙古宪宗四年　大理天定三年
春，蒙古大将兀良合台攻鄯阐，擒段兴智，赦之。大理国灭亡。蒙古军得大理国五城八府三十七蛮部。

参考文献

古籍文献

常璩：《华阳国志》，顾广圻校，商务印书馆1938年版。

常璩：《华阳国志校补图注》，任乃强校注，上海古籍出版社1987年版。

（晋）常璩：《华阳国志校注》，刘琳校注，巴蜀书社1987年版。

（北魏）郦道元：《水经注》，上海人民出版社1984年版。

（唐）魏征：《隋书》，中华书局1973年版。

（唐）樊绰：《云南志》，武英殿聚珍版丛书。

（唐）樊绰：《云南志校注》，向达校注，中华书局1962年版。

（唐）樊绰：《云南志校释》，赵吕甫校释，中国社会科学出版社1985年版。

（唐）樊绰：《云南志校补》，木芹校补，云南人民出版社1995年版。

（唐）张九龄：《曲江张先生集》，四库丛刊本。

（唐）崔致远：《桂苑笔耕集》，四部丛刊本。

（唐）李德裕：《李卫公会昌一品集李卫公集别集》，吉林出版集团2005年版。

（唐）孙樵：《孙可之文集》，上海古籍出版社1979年版。

（唐）刘禹锡：《刘梦得文集》，四部丛刊本。

（唐）吴兢：《贞观政要》，上海古籍出版社1977年版。

（唐）杜佑：《通典》，中华书局1988年版。

（唐）唐玄宗御撰，李林甫奉敕注《唐六典》，陈仲夫点校，中华书局1992年版。

（唐）李吉甫：《元和郡县图志》，中华书局1983年版。

（唐）玄奘：《大唐西域记》，中华书局1985年版。

（唐）林宝：《元和姓纂》，中华书局1994年版。

（唐）刘肃：《大唐新语》，中华书局1984年版。

（唐）李肇：《唐国史补》，上海古籍出版社1979年版。

（五代）刘昫等撰《旧唐书》，中华书局1975年版。

（五代）王仁裕：《开元天宝遗事》，上海古籍出版社1985年版。

（五代）孙光宪：《北梦琐言》，上海古籍出版社1981年版。

（宋）欧阳修、宋祁等撰《新唐书》，北京中华书局1976年版。

（宋）薛居正：《旧五代史》，中华书局1976年版。

（宋）欧阳修：《新五代史》，中华书局1976年版。

（宋）司马光：《资治通鉴》，中华书局1956年版。

（宋）李焘：《续资治通鉴长编》，上海古籍出版社1986年影印本。

（宋）李心传：《建炎以来系年要录》，四库全书本。

（宋）宋敏求《唐大诏令集》，商务印书馆2008年版。

（宋）王溥：《唐会要》，中华书局1960年版。

（宋）王溥：《五代会要》，商务印书馆1935年版。

（宋）李昉：《太平御览》，中华书局1960年影印本。

（宋）王钦若等纂《册府元龟》，中华书局1960年影印本。

（宋）王应麟：《玉海》，清光绪浙江书局刻本。

（宋）乐史：《太平寰宇记》，乾隆南昌万氏重刊本，丛书集成本。

（宋）王象之：《舆地纪胜》，四川大学出版社2005年版。

（宋）王谠：《唐语林》，上海古籍出版社1978年版。

（宋）范祖禹：《唐鉴》，四库丛刊本。

（宋）李昉：《太平广记》，中华书局1961年版。

（宋）陆游：《老学庵笔记》，中华书局1979年版。

（宋）李曾伯：《可斋杂稿》，四库珍本。

（元）[意]马可·波罗：《马可波罗行记》，冯承钧译，商务印书馆1936年版。

（元）[意]马可·波罗：《〈马可波罗行记〉云南史地丛考》，方国瑜、林超民译，民族出版社1994年版。

（元）脱脱、欧阳玄等修《宋史》，中华书局1977年版。

（元）张道宗《纪古滇说集》，嘉靖己酉刊本。

（元）李京：《云南志略》，说郛本。

（元）马端临：《文献通考》，中华书局1986年影印本。

（元）郭松年：《大理行记校注》与李京：《云南志略辑校》，王叔武校注，云南民族出版社1986年版。

（元）张道宗：《记古滇说》，《云南备征志》本。

（明）宋濂等修《元史》，中华书局1976年版。

（明）杨慎编辑《南诏野史》，胡蔚刻本。

（明）杨慎编辑《南诏野史》，阮元声改订，王崧刻本，《云南备征志》本。

（明）杨慎：《滇载记》，《云南备征志》刊本。

（明）倪辂辑《南诏野史会证》，王崧校理、胡蔚增订、木芹会证，云南人民出版社1990年版。

（明）杨士奇等编《历代名臣奏议》，上海古籍出版1989年版。

（明）陶宗仪：《说郛》，上海古籍出版社1988年版。

（明）曹学佺：《蜀中广记》四库从刊本。

（明）谢肇淛：《滇略》，四库全书珍本三集。

（明）谢肇淛：《滇略》，台湾商务印书馆影印1986年版。

（明）诸葛元声：《滇史》，云南省图书馆据上海图书馆藏万里戊午刻本的抄本。

（明）诸葛元声：《滇史》，刘亚朝校点，德宏民族出版社1994年版。

（明）陈文修《景泰云南图经志书校注》，李春龙、刘景毛校注，云南民族出版社2002年版。

（明）周季凤：正德《云南通志》，嘉靖三十二年刻本。

（明）李元阳：万历《云南通志》，万历四年（1576年）版。

（明）刘文征：天启《滇志》，古永继校点，云南教育出版社1991年版。

（清）范承勋：康熙《云南通志》，康熙三十年刻本1930年重印本。

（清）鄂尔泰等修雍正《云南通志》，与雍正《贵州通志》合刊本。

（清）阮元等修道光《云南通志》，道光刻本。

（清）王崧：道光《云南志钞》，道光九年吉佑堂刊本。

（清）王崧：道光《云南志钞》，杜允中注、刘景毛点校，云南省社会科学院文献研究所印行。

（清）王崧：《云南备征志》，《云南丛书》本。

（清）岑毓英、陈灿等修光绪《云南通志》，光绪刻本。

（清）王文韶、唐炯等修光绪《续云南通志》，光绪刻本。

（清）师范：《滇系》，云南丛书本。

（清）冯甦：《滇考》，康熙重刊本。

（清）冯甦：《滇考校注》李孝友、徐文德校注，云南民族出版社2002年版。

（清）倪蜕辑《滇云历年传》，道光二十六年（1846年）版。

（清）倪蜕辑《滇云历年传》，李埏校点，云南大学出版社1992年版。

（清）檀萃辑《滇海虞衡志校注》，宋文熙、李东平校注，云南人民出版社1980年版。

（清）寂裕：《白国因由》，康熙四十五年刊本。

（清）陆心源：《唐文拾遗》，武英殿本。

（清）佚名：《僰古通纪浅述》，云南图书馆藏抄本。

（清）佚名：《僰古通纪浅述校注》，尤中校注，云南人民出版社1988年版，（清）圆鼎：《滇释记》，云南丛书本。

（清）阮福：《滇南古金石录》，文选楼丛书，《小琅嬛丛记》刊本。

（清）王昶编《金石萃编》，"经训堂"版嘉庆十年刊本。

顾祖禹：《读史方舆纪要》，中华书局2005年版。

徐松辑《宋会要辑稿》，中华书局1957年版。

方国瑜等编《云南史料丛刊》，云南大学出版社1998年版。

周钟岳等修《新纂云南通志》，1949年排印本。

王忠：《新唐书吐蕃传笺证》，中国科学出版社1958年版。

《新唐书南诏传笺证》，中华书局1963年版。

近人著作

《白族简史》编写组：《白族简史》，云南人民出版社1988年版。

陈斌：《南诏国大理国内外关系》，中国文联出版社2003年版。

陈高华、陈智超：《中国古代史史料学》，天津古籍出版社2006年版。

陈吕范主编《泰族起源与南诏国研究文集》（上中下），中国书籍出版社 2005 年版。

陈寅恪：《唐代政治史述论稿》，重庆商务印书馆 1944 年版，上海古籍出版社 1982 年版。

陈寅恪：《隋唐制度渊源略论稿》，中华书局 1963 年版。

陈寅恪：《元白诗笺证稿》，上海古籍出版社 1978 年版。

陈兆复：《剑川石窟》，云南人民出版社 1980 年版。

大理白族自治州南诏史研究学会编《南诏史研究参考资料》第一辑 1982 年版。

《大理白族自治州南诏史研究学会 1988～1989 年论文资料集》1989 年版。

大理白族自治州王陵调查课题组编《古籍中的大理》，云南民族出版社 2003 年版。

《二十世纪大理考古文集》，云南民族出版社 2003 年版。

大理市文化丛书编辑委员会编《大理市古碑存文录》，云南民族出版社 1996 年版。

傣族简史编写组：《傣族简史》，云南人民出版社 1986 年版。

邓承礼：《南诏大理国军事史略》，云南人民出版社 1988 年版。

董建中：《银苍玉洱间的神奇信仰：白族本主崇拜》，四川文艺出版社 2003 年版。

段鼎周：《白子国探源》，云南民族出版社 1998 年版。

段金录、张锡禄：《大理历代名碑》，云南民族出版社 2000 年版。

段玉明：《大理国史》，云南民族出版社 2003 年版。

范义田：《云南古代民族之史的分析》，商务印书馆 1944 年版。

方慧：《大理总管段氏世次年版历及其与蒙元政权关系研究》，云南教育出版社 2001 年版。

方国瑜：《云南史料目录概说》，中华书局 1984 年版。

方国瑜：《中国西南历史地理考释》，中华书局 1987 年版。

方国瑜：《云南民族史讲义》，云南大学 1954 年油印本。

方国瑜：《方国瑜文集》第 1—4 辑，云南教育出版社 2001 年版。

方国瑜：《滇史论丛》，上海人民出版社 1982 年版。

方国瑜主编《云南地方史讲义》（上中下），云南广播电视大学印行

1983 年版。

方龄贵：《大理五华楼新出土元碑选录并考释》（王云参与选录），云南大学出版社 2000 年版。

龚友德：《白族哲学思想史》，云南人民出版社 1991 年版。

古正美：《从天王传统到佛王传统》，商周出版社（台湾）2003 年版。

何耀华：《中国西南历史民族学论集》，云南人民出版社 1988 年版。

《武定凤氏本末笺证》，云南民族出版社 1986 年版。

黄永年：《唐史史料学》，上海书店出版社 2002 年版。

黄永年：《文史探微》，中华书局 2000 年版。

黄永年：《文史存稿》，三秦出版社 2001 年版。

黄永年：《六至九世纪中国政治史》，上海书店出版社 2004 年版。

侯冲：《白族心史——〈白古通记〉研究》，云南民族出版社 2002 年版。

江鸿：《南诏兴亡追踪》，台湾商务印书馆 1985 年版。

姜怀英、邱宣充：《大理崇圣寺三塔》，文物出版社 1998 年版。

江应樑：《中国民族史》，民族出版社 1990 年版。

《江应樑民族研究文集》，民族出版社 1982 年版。

《西南边疆民族论丛》，岭南大学 1948 年版。

李公：《南诏史稿》，民族出版社 2006 年版。

李东红：《白族佛教密宗阿叱力教派研究》，云南民族出版社 2000 年版。

李家瑞等：《大理白族自治州历史文物调查资料》，1958 年版。

李霖灿：《南诏大理国新资料的综合研究》，台湾中央研究院民族研究所 1967 年版。

李昆声：《云南艺术史》，云南教育出版社 1995 年版。

李昆声、祁庆富：《南诏史话》，文物出版社 1985 年版。

李昆声编《南诏大理国雕刻绘画艺术》，云南大学出版社 1999 年版。

李树桐：《唐史考辨》，台湾中华书局 1965 年版。

《唐史新论》，台湾中华书局 1972 年版。

李晓岑：《白族的科学与文明》，云南人民出版社 1997 年版。

李缵绪：《白族文学史略》，中国民间文艺出版社 1984 年版。

《白族文化》，吉林教育出版社 1991 年版。

李正清：《大理喜洲文化史考》，云南民族出版社 1998 年版。

连瑞枝：《隐藏的祖先：妙香国的传说和社会》，三联书店 2007 年版。

林旅之：《南诏大理国史》（上、下），台北大同印务有限公司 1981 年版、1984 年版。

林超民：《唐代前期洱海地区的部族社会与统一政权的建立》，云南大学 1981 年硕士论文油印本。

林超民：《源远流长　辉煌灿烂——云南民族简史》，云南教育出版社 2000 年版。

林超民：《林超民文集》四卷本，云南人民出版社 2008 年版。

林超民：《云南郡县两千年》，云南广播电视大学 1983 年版。

林超民主编《滇云文化史》，内蒙古出版社 2006 年版。

林超民、杨政业、赵寅松主编《南诏大理历史文化国际学术讨论会论文集》，民族出版社 2006 年版。

吕思勉：《隋唐五代史》，中华书局 1959 年版，上海古籍出版社 1984 年版。

刘光曙：《大理文物考古》，云南民族出版社 2006 年版。

刘统：《唐代羁縻府州研究》，西北大学出版社 1998 年版。

卢勋等：《隋唐民族史》，四川民族出版社 1996 年版。

马曜：《马曜学术论著自选集》，云南人民出版社 1998 年版。

《大理文化论》，云南教育出版社 2001 年版。

《马曜文集》，云南人民出版社 2008 年版。

马曜主编《云南简史》（修订本），云南人民出版社 1991 年版。

马长寿：《南诏国内的部族组成和奴隶制度》，上海人民出版社 1962 年版。

木芹：《两汉民族关系史》，四川民族出版社 1988 年版。

木芹：《中华民族历史整体发展论》，民族出版社 1995 年版。

木芹：《南诏大理社会性质论稿》，1989 年版。

纳西族简史编写组：《纳西族简史》，云南人民出版社 1984 年版。

南诏史研究学会编印《南诏史论丛（1）》（上下册）1984 年版。

南诏史研究学会编印《南诏史论丛（2）》1986 年版。

邵献书：《南诏和大理国》，吉林教育出版社 1990 年版。

宋伯胤编著《剑川石窟》，文物出版社 1958 年版。

唐长孺：《山居存稿》，中华书局 1989 年版。

《魏晋南北朝隋唐史三论》，武汉大学出版社 1992 年版。

汪宁生：《云南考古》（增订本），云南人民出版社 1980 年版。

《汪宁生论著萃编》（上下册），云南民族出版社 2001 年版。

王国维：《观堂集林》，上海书店 1992 年版。

王宏道：《王宏道云南民族史论文选》，云南大学出版社 2004 年版。

王吉林：《唐代南诏与李唐关系之研究》，台湾东吴大学中国学术著作奖助委员会 1976 年版。

王吉林：《唐代宰相与政治》，台湾文津出版社 1999 年版。

王寿南：《唐代藩镇与中央关系之研究》，台湾嘉新水泥公司文化基金会 1969 年版。

《唐代政治史论集》，台湾商务印书馆 1977 年版，其增订本 2004 年版。

王小甫：《唐 吐蕃 大食政治关系史》，北京大学出版社 1992 年版。

王仲荦：《魏晋南北朝隋初唐史》，上海人民出版社 1961 年版。

伍雄武、杨国才编《白族哲学思想史论集》，民族出版社 1991 年版。

吴金鼎：《云南苍洱境考古报告》，"中央研究院"历史语言研究所 1942 年版。

吴晓亮：《大理史话》，云南人民出版社 2001 年版。

吴晓亮：《洱海区域古代城市体系研究》，云南大学出版社 2004 年版。

夏光南：《云南文化史》，1923 年版。

夏光南：《元代云南史地丛考》，1968 年版。

薛琳编著《南诏大理国王陵之谜》，云南民族出版社 2003 年版。

向达：《唐代长安与西域文明》，三联书店 1957 年版。

熊正元：《南诏史通论》，云南民族出版社 2007 年版。

徐嘉瑞：《大理古代文化史》，云南大学西南文化研究室印 1949 年版。

《大理古代文化史稿》，中华书局 1978 年版。

《徐家瑞全集》，云南晨光出版社 2009 年版。

欧阳春、陈朴：《剑川石窟》，云南人民出版社1985年版。

严耕望：《唐代交通图考》（第一至五卷），"中央研究院"历史语言研究所1985—1986年版。

《唐代交通图考》（第六卷），"中央研究院"历史语言研究所2003年版。

《唐史研究丛稿》，新亚研究所1969年版。

《严耕望史学论文选集》，联经出版事业有限公司1991年版。

杨浚：《南诏与阿昌族文化》，德宏民族出版社1997年版。

杨聪编《大理经济发展史稿》，云南民族出版社1986年版。

杨文辉：《白语与白族历史文化研究》，云南大学出版社2009年版。

杨郁生：《白族美术史》，云南民族出版社2005年版。

杨世钰、张树芳主编《大理丛书·金石篇》（1—10），中国社会科学出版社1993年版。

杨政业：《白族本主文化》，云南人民出版社1994年版。

杨政业主编《大理文化论》，云南民族出版社2001年版。

杨政业：《大理宗教文化论集》，云南民族出版社1998年版。

杨政业：《大理文化管锥》，云南民族出版社2004年版。

杨政业主编《游国恩大理文史论集》，云南民族出版社2003年版。

杨延福：《剑川石宝山考释》，云南民族出版社1998年版。

杨明等：《白族著名历史人物与其哲学思想》，云南民族出版社1998年版。

杨仲录、张福三、张楠主编《南诏文化论》，云南人民出版社1991年版。

杨镇圭：《白族文化史》，云南民族出版社2002年版。

彝族简史编写组：《彝族简史》，云南人民出版社1987年版。

尤中：《南诏史话》，云南人民出版社1957年版。

尤中：《中国西南民族史》，云南人民出版社1985年版。

尤中：《中国西南边疆变迁史》，云南教育出版社1987年版。

尤中：《云南地方沿革史》，云南人民出版社1990年版。

余嘉华：《古滇文化思辨录》，云南教育出版社1997年版。

《云南白族起源和形成论文集》，云南人民出版社1957年版。

云南人民出版社编《云南白族的起源和形成论文集》1957年版。

云南省民族民间文学大理调查队编著《白族文学史（初稿）》，云南人民出版社 1959 年版。

云南少数民族社会历史调查组大理分组编《白族简史》（初稿）1961 年版。

云南少数民族社会历史调查组大理分组编《白族简志》（初稿）1961 年版。

云南省编委会编（民族问题五种丛书）《白族社会历史调查》（1—4）云南人民出版社 1983 年版、1987 年版、1991 年版。

云南省文物管理委员会编《南诏大理文物》，文物出版社 1991 年版。

詹承绪、张旭：《白族》，北京民族出版社 1990 年版。

詹全友：《南诏大理国文化》，四川人民出版社 2002 年版。

张国刚：《唐代政治制度论集》，台北文津出版社 1994 年版。

张了、张锡禄主编《鹤庆碑刻辑录》，大理白族自治州南诏史研究会印 2001 年版。

张泉：《白族建筑艺术》，云南民族出版社 2005 年版。

张旭：《大理白族史探索》，云南人民出版社 1990 年版。

张旭主编《南诏大理史论文集》，云南民族出版社 1989 年版。

张文勋主编《白族文学史》，云南人民出版社 1983 年版。

张锡禄：《南诏与白族文化》，华夏出版社 1992 年版。

张锡禄：《大理白族佛教密宗》，云南民族出版社 1999 年版。

张锡禄：《元代大理段氏总管史》，云南民族出版社 2006 年版。

赵鸿昌：《南诏编年版史稿》，云南人民出版社 1994 年版。

赵寅松主编《白族文化研究》（2001—2008 年），民族出版社 2002—2009 年版。

《白族研究百年》（四卷本），民族出版社 2008 年版。

赵橹：《试论白族神话与密教》，中国民间文艺出版社 1983 年版。

中国科学院民族研究所云南少数民族社会历史调查组编：《白族简史简志合编》（初稿），1963 年版。

周祜：《大理历史文化论集》，中国社会科学出版社 1993 年版。

周祜：《大理古碑研究》，云南民族出版社 2002 年版。

邹启宇主编《云南佛教艺术》，云南教育出版社 1991 年版。

国外著作

日本

白鸟芳郎：《华南文化研究》，日本六兴出版社 1985 年版。

林谦一郎：《白族的形成及其对周围民族的影响》，云南大学 1995 年博士论文。

青山定雄：《唐宋时代的交通与地志地图之研究》，日本东京 1963 年版。

藤泽义美：《西南中国民族史的研究——南诏国史研究》，日本大安出版社 1969 年版。

佐藤长：《西藏古代史研究》，京都 1958—1959 年版。

西方

艾伯特·拉考伯力（Albert Lacouttperie）：《掸族的起源》，伦敦 1885 年版。

查尔斯·巴库斯（Charles Backus）：《南诏国与唐代的西南边疆》，剑桥大学出版 1981 年版。

林超民译，云南人民出版社 1988 年版。

戴维斯（H. R. Davies）：《云南：印度和扬子江之间的链环》，英国剑桥 1909 年版。

费茨杰罗德（澳）：《五华楼——对大理民家族之研究》，英国伦敦标灯出版社 1941 年版。

哈威（G. E. Harvey）：《缅甸史》，伦敦 1925 年版。

姚枬译注，陈炎校订，商务印书馆 1943 年版。

陆韧主编《现代西方学术视野中的中国西南边疆史》，云南大学出版社 2007 年版。

伯希和（Paul Pelliot）：《交广印度两道考》刊于《东方学》卷四（1904 年）第 131—413 页。

冯承钧译，商务印书馆 1944 年版。

欧文·拉铁摩尔（Owen Lattimore）：《中国的边疆》，波士顿 1962 年版。

迈克尔·多尔比（Michael Dalby）：《唐代末期的宫廷政治》，载《剑桥中国史》第三卷第一章，第 581—681 页，英国剑桥 1979 年版。

威廉姆斯·李（Williems Lea）：《东南亚史》，纽约 1976 年版。

许烺光（Francis L. K. Hsu）：《祖荫下——中国乡村的亲属、人格与社会流动》，美国哥伦比亚大学 1948 年版。

后　记

　　《云南通史》第三卷叙述公元618—1254年云南的历史。这是中国历史上辉煌灿烂、光彩夺目、惊天动地的重要时期。这也是云南历史上至关重要、影响深远的时期。在这个时期出现了与唐朝相始终的南诏政权和与宋朝相关联的大理国。南诏国与大理国的疆域包括今云南全省、四川西南、贵州西部、广西西部以及缅甸北部、老挝、泰国北部地区。南诏在唐朝的支持下从统一洱海区域开始，进而统一云南，与吐蕃、唐朝相互依存、相互交流，以至相互争战，从而连成难以分离的整体。《新唐书·南诏传》说："唐亡于黄巢，而祸基于桂林。"虽不尽妥当，但亦道出南诏对唐王朝的影响之大。大理国在相对稳定、和平的历史时期，推动云南社会、经济、文化向前发展。宋王朝消极地汲取"唐亡于黄巢，而祸基于桂林"的教训，为集中全力应对来自北方的威胁，对大理国采取不进取亦不排斥的和平共处原则，不采取军事行动，不开展政治活动，仅保持经济文化的交流，对双方的发展不无益处。但是，宋王朝忽视大理国的战略地位亦大吃苦头。蒙古大军轻而易举地占领大理后，宋王朝顿时陷入腹背受敌的危局。蒙古人利用大理的物质资源与爨、僰军，从云贵高原挥师东进，宋王朝的灭亡也就无可挽回。宋的灭亡难道不与其立国以来一直忽视大理有关？南诏、大理奠定了元明清云南发展的根基，为元明清的大一统创造了良好的条件。没有南诏、大理，今天的云南就不会有如此值得各族人民自豪的多姿多彩的灿烂文化。唐宋两代的云南给我们留下了丰富、深厚的历史遗产。对于这些遗产，我们还是小学生。我们刚刚入门，还没有登堂入室，仅将自己学习的点滴体会撰写成文，以为引玉之砖，期望有更多的学者在南诏、大理史上做出更大的成就，以科学研究的成果，为我们伟大的时代提供历史的经验与教训。

《云南通史》第三卷由林超民与段玉明合作撰著。前言、第一篇"唐代云南"由林超民撰写，第二篇"五代与宋代云南"由段玉明撰写。第二篇的第八章由段玉明与林超民合作撰写。附录的大事记由林超民与段玉明合作编写。本卷由林超民统稿。从1996年我们接受撰写《云南通史》第三卷的任务以来，相互信任、相互切磋、相互补益，在愉快的合作中，学识与友谊俱增，责任共良知同在。

赵启燕博士为本卷的校对、初稿打印等工作作出了贡献；博士研究生田玲为本卷扫描图片付出了辛劳；硕士研究生姚勇为本卷的图片资料制作下了工夫，在本卷付梓前他又为全书做了精心校对；在此向他们致以衷心的感谢！

我们的写作吸取了方国瑜等老一辈学者的学术成果，也采用或借鉴了当代学者的论著。我们在行文中对引用的论著都一一标识。谨对我们尊敬的前辈学者与当代同仁深表谢忱。

由于材料、学识、时间的局限，我们不可能对此一重大时期的所有问题一一表陈清楚，很多有争议的问题也只是我们的一家之言。在此卷中，我们只是力图尽可能详尽地把这一重大历史时期的原貌展示出来。诚盼专家与读者不吝赐教与是正。